皮书系列为
"十二五""十三五""十四五"国家重点图书出版规划项目

BLUE BOOK

智库成果出版与传播平台

江苏蓝皮书
BLUE BOOK OF JIANGSU

江苏农村发展报告（2022）

ANNUAL REPORT ON RURAL AREAS DEVELOPMENT OF JIANGSU (2022)

主　编／周　力

社会科学文献出版社
SOCIAL SCIENCES ACADEMIC PRESS (CHINA)

图书在版编目（CIP）数据

江苏农村发展报告 . 2022/周力主编 . -- 北京：
社会科学文献出版社，2022. 2
（江苏蓝皮书）
ISBN 978 - 7 - 5201 - 9619 - 2

Ⅰ. ①江… Ⅱ. ①周… Ⅲ. ①农村经济发展 - 研究报
告 - 江苏 - 2022 Ⅳ. ①F327. 53

中国版本图书馆 CIP 数据核字（2022）第 018769 号

江苏蓝皮书
江苏农村发展报告（2022）

主　　编/周　力

出 版 人/王利民
组稿编辑/任文武
责任编辑/连凌云
文稿编辑/李惠惠
责任印制/王京美

出　　版/社会科学文献出版社·城市和绿色发展分社（010）59367143
　　　　　地址：北京市北三环中路甲 29 号院华龙大厦　邮编：100029
　　　　　网址：www. ssap. com. cn
发　　行/社会科学文献出版社（010）59367028
印　　装/三河市东方印刷有限公司

规　　格/开 本：787mm × 1092mm　1/16
　　　　　印 张：30. 25　字 数：455 千字
版　　次/2022 年 2 月第 1 版　2022 年 2 月第 1 次印刷
书　　号/ISBN 978 - 7 - 5201 - 9619 - 2
定　　价/128. 00 元

读者服务电话：4008918866

　　本书受到南京农业大学人文社科处的资助和金善宝农业现代化发展研究院的协助。

江苏蓝皮书编委会

专家委员会

顾　　问　　陈利根　陈发棣　刘德海

主　　任　　丁艳锋

副 主 任　　黄水清

成　　员　　（按姓氏笔画排序）

丁艳锋　卢　勇　朱　晶　刘志民　许益军

汪兴国　尚庆飞　钟甫宁　郭忠兴　黄水清

董维春　蔡　恒

编写人员名单

总 负 责 人　　周　力

子报告及专题负责人　　（按姓氏笔画排序）

马贤磊　朱　娅　任广铖　伽红凯

张龙耀　周　力　郑华伟　姜　萍

展进涛　黄惠春　韩正彪　黎孔清

参 与 编 写 的 成 员　　（按姓氏笔画排序）

马　静　王　淦　车序超　孔安妮

主编简介

周　力　南京农业大学农业经济管理专业博士，南京大学理论经济学博士后。"国家特支计划"青年拔尖人才，国家社会科学基金重大项目首席专家，江苏省"青蓝工程"中青年学术带头人，江苏省"333工程"中青年学术技术带头人，南京农业大学"钟山学术骨干"，南京农业大学经济管理学院"盛泉学者"。先后赴美国康奈尔大学、日本IDE－JETRO、北京大学从事访问学者工作。主要从事环境经济学与发展经济学的研究工作。现任南京农业大学经济管理学院教授、博士生导师。主持国家社会科学基金重大项目1项、国家自然科学基金面上项目2项、国家自然科学基金青年项目1项。以通讯作者（且/或第一作者）身份，在《经济研究》、*China Economic Review*等核心期刊发表CSSCI/SSCI/SCI论文80余篇，出版学术专著3部。

摘　要

　　本书基于 2021 年"中国土地经济调查"（China Land Economic Survey，CLES）的调研结果，介绍 2021 年江苏省农村经济及社会发展概况，并针对相关问题对现有政策提出补充和完善建议。本书共分为五个部分：第一部分是总报告，概括了 2021 年江苏农村发展总体形势，并对今后提出展望；第二部分是建党百年特别报告，分别从建党以来江苏土地政策、农业经营、农村金融、减贫经验四个方面展开讨论；第三部分是乡村振兴专题报告，重点关注了江苏工商资本下乡、数字乡村发展、农业绿色发展、农产品地理标志品牌发展、农村乡风文明建设、农村医疗卫生事业发展、农村居民生活发展、农村人居环境整治等热点问题，深入剖析现实问题；第四部分是案例篇，选取了 7 个具有代表性的案例，以实际情况展示江苏省在乡村振兴中的探索道路；第五部分是附录，整理总结了 2021 年江苏乡村振兴发展大事记和重要政策文件。

　　本书认为，江苏农户乡村振兴满意度基本达到"较为满意"程度，但在涉及农户收入的项目上，农户的预期和现实之间还存在一定差距；江苏省在土地政策探索和实践方面取得了积极成效，并积累了宝贵经验；粮食单产显著提高；农村正规信贷可得性提升明显；参与信贷农户的平均信贷规模、正规信贷可得性和信贷的生产用途比例都有了很大提高；农村营养、健康、教育、住房等多维贫困问题得到根本解决，要将摆脱相对贫困、实现共同富裕作为新征程的重要目标，在防止返贫的基础上，采用开发与救助并举、城乡统筹的方式促公平、谋发展；江苏工商资本下乡对农户收入的带动作用较

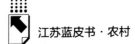

强，要加大对工商资本下乡投资的行业指引，畅通工商资本上山下乡渠道，并使广大农民群众得益；江苏数字乡村建设处在起步阶段，要增强数字乡村建设的机遇意识，加强和推进乡村的数字基建工作，构建高效的数字乡村治理模式，提升农民数字化素养的培训质量；江苏农业碳排放总量及其占江苏碳排放比重和全国农业碳排放比重逐年下降；农产品地理标志品牌建设提升农户人均纯收入；乡风文明建设已取得一定成效，但仍需在提升农民主体意识、完善农村公共服务和加强移风易俗工作上继续推进；加快推进分级诊疗制度建设，农村居民"小病不出村、大病不出县"目标初步实现。

同时，江苏农村居民收入和消费存在区域间不平衡、区域内不平等的问题，本书提出发挥区域优势、推动三大区域协调发展、促进融合互补，以实现区域间均衡发展、促进共同富裕；农村居民受传统生产生活习惯的影响，对农村人居环境整治必要性的认识不足，对政府推动农村人居环境整治行为不能充分理解，责任意识、参与意识不足。

关键词： 乡村振兴　减贫经验　数字乡村　江苏

Abstract

Based on the survey results of the "China Land Economy Survey" in 2021, this book introduces the general situation of rural economic and social development in Jiangsu Province in 2021, and provides supplementary and improvement suggestions for existing policies based on related issues. This book is divided into five parts. The first part is the general report, which broadens the overall form of rural development in Jiangsu in 2021, and puts forward prospects for the future; the second part is a special report for the past century, covering Jiangsu's land policy, rural management, rural finance, and poverty reduction experience since the founding of the party. The third part is a special report on rural revitalization, focusing on Jiangsu industrial and commercial capital to the countryside, digital rural development, agricultural green development, agricultural product geographical indication brand development, rural rural customs and civilization construction, rural medical and health services development, The development of rural residents' life, the improvement of rural living environment and other hot issues, in-depth analysis of practical problems; the fourth part is the case chapter, which selects 7 cases with outstanding performance, and shows the exploration path of Jiangsu Province in the rejuvenation of rural areas with the actual situation. . The fifth part is the appendix, which summarizes the memorabilia and important policy documents of Jiangsu rural revitalization and development in 2021.

This book believes that in terms of the project of designing farmers' income, the rural revitalization satisfaction of Jiangsu farmers has basically reached a "relatively satisfied" level, but there is still a certain gap between farmers' expectations and reality. Positive results have been achieved and valuable experience has been accumulated; the yield per unit of grain has been improved; the availability of formal credit in rural areas has been significantly improved; the average credit scale of participating credit users, the availability of formal credit and the proportion of credit for production purposes have been greatly improved. Rural nutrition, health, education, housing and other multidimensional poverty issues have been fundamentally resolved. It is necessary to rely on relative poverty and achieve common endowment as an important goal of the new journey. Jiangsu industrial and commercial capital to the countryside has a strong driving effect on the income of farmers, and it is necessary to add industry guidelines for industrial and commercial capital to go to the countryside to invest, smooth the channels for Gongshan capital to go to the mountains and the countryside, and benefit the vast number of farmers; Jiangsu digital village construction is still in its infancy. Opportunities to enhance the digital village construction are to strengthen and promote the rural digital infrastructure, build an efficient digital village governance model, and improve the training quality of farmers' digital literacy. Jiangsu's total agricultural carbon emissions and the proportion of carbon emissions in Jiangsu and the country has been decreasing year by year; the geographical indication brand of agricultural products has increased the net income of farmers; the construction of rural customs and civilization has achieved certain results, but it is still necessary to enhance the awareness of democracy, improve rural public services and strengthen the work of changing customs Continue to advance; accelerate the construction of a hierarchical diagnosis and treatment system, and initially achieve the goal of rural residents "not leaving villages for minor illnesses, and soldiers not leaving the county".

At the same time, the income and consumption of rural residents in Jiangsu have problems of regional imbalance and intra-regional inequality. This book proposes to give full play to regional advantages, promote the development of the three major regions, and promote integration and complementarity, so as to achieve balanced development among regions and promote common prosperity; rural areas. Influenced by traditional production and living habits, residents do not have enough awareness of the necessity of rural living environment improvement, do not fully understand the government's promotion of rural living environment improvement, and have insufficient sense of responsibility and participation.

Keywords: Rural Revitalization; Poverty Reduction Experience; Digital Village; Jiangsu

目 录 ↘

I 总报告

II 建党百年特别报告

III 乡村振兴专题报告

Ⅳ　案例篇

V 附录

皮书数据库阅读**使用指南**

CONTENTS ⟨⟩

I   General Report

II   Special Reports on the Centennial of the Founding of the Party

III Thematic Reports on Rural Revitalization

IV Cases

V   Appendices

总 报 告

General Report

B.1
2021年江苏农村发展形势与展望

周 力*

摘 要： 2021年是"十四五"开局之年，也是全面推进乡村振兴的开局之年。本报告基于2021年"中国土地经济调查"（CLES）数据，计算得到乡村振兴指数、乡村振兴满意度指数、农户幸福感等指标，展示2021年江苏农村经济社会发展的新面貌和新问题。本报告最后总结展示了本书的主要观点和结论，对江苏省农村发展形势进行分析和展望。

关键词： 乡村振兴指数 乡村振兴满意度指数 民生热词 江苏省

2021年是"十四五"开局之年，也是全面推进乡村振兴的开局之年。"十四五"时期，是乘势而上开启全面建设社会主义现代化国家新征程、向

---

* 周力，南京农业大学经济管理学院教授。

第二个一百年奋斗目标进军的第一个五年。

民族要复兴，乡村必振兴。全面建设社会主义现代化国家，实现中华民族伟大复兴，最艰巨最繁重的任务依然在农村，最广泛最深厚的基础依然在农村。解决好发展不平衡不充分问题，重点难点在"三农"，迫切需要补齐农业农村短板，推动城乡协调发展；构建新发展格局，潜力后劲在"三农"，迫切需要扩大农村需求，畅通城乡经济循环；应对国内外各种风险挑战，基础支撑在"三农"，迫切需要稳住农业基本盘，守好"三农"基础。党中央认为，新发展阶段"三农"工作依然极端重要，须臾不可放松，务必抓紧抓实。要坚持把解决好"三农"问题作为全党工作重中之重，把全面推进乡村振兴作为实现中华民族伟大复兴的一项重大任务，举全党全社会之力加快农业农村现代化，让广大农民过上更加美好的生活。

2021年1月4日，中共中央、国务院发布《关于全面推进乡村振兴加快农业农村现代化的意见》（以下称《意见》），提出了2021年"三农"工作的主要任务。《意见》指出，2021年，农业供给侧结构性改革深入推进，粮食播种面积保持稳定，产量达到1.3万亿斤以上，生猪产业平稳发展，农产品质量和食品安全水平进一步提高，农民收入增速继续快于城镇居民，脱贫攻坚成果持续巩固。农业农村现代化规划启动实施，脱贫攻坚政策体系和工作机制同乡村振兴有效衔接、平稳过渡，乡村建设行动全面启动，农村人居环境整治力度加大，农村改革重点任务深入推进，农村社会保持和谐稳定。

2021年3月3日，江苏省委一号文件《关于全面推进乡村振兴加快农业农村现代化建设的实施意见》（以下简称《实施意见》）发布。《实施意见》指出，产业兴旺是乡村振兴的重点。突出强调要强化乡村产业高质量发展，要提升现代农业科技装备支撑能力，开展乡村振兴科技支撑行动，加强农业科技创新。要提升农业绿色发展水平，推进化肥农药减量增效，强化养殖污染治理，加强废旧农膜和化肥农药包装废弃物回收利用等。要构建现代乡村产业体系，大力发展地方优势特色产业，打造农业全产业链。推动三次产业融合发展，大力发展电子商务、乡村旅游、手工文创等新产业新业态，深入推进品牌强农营销富民工程。《实施意见》将农房改善作为现阶段乡村振兴的"牛鼻子"、美丽田园乡村建设的关键抓手，并明确要求到2021年底，全面完成苏北地区"三年30万户"农房改善任务。

在"十四五"开局之年、全面推进乡村振兴的开局之年，江苏乡村振兴发展状况如何？取得了哪些成效？面临哪些新问题？回答以上一系列的问题，需要全面分析江苏农村经济社会发展状况。本报告基于2021年"中国土地经济调查"（China Land Economic Survey，CLES）调查数据，计算得到乡村振兴指数、乡村振兴满意度指数、农户幸福感等指标，试图展示2021年江苏农村经济社会发展的新面貌和面临的新问题，为江苏省探索乡村振兴长效路径提供参考。

一　调研说明

《江苏农村发展报告（2022）》根据 CLES 2021 的追踪调研数据撰写而成。该调研项目于2020年完成了基线调研，范围覆盖江苏省13个地级市，每个地级市调研2个县，每个县调研2个村，共计52个行政村、2600户农户。2021年，CLES 项目进行了追踪调研，受到疫情影响，截至2021年10月，项目完成了10个地级市的追踪调研，平均追踪率为63.8%。对于未追踪到的农户，按照数量用该村其他农户补充，保持样本总量不变。

CLES 2021 的问卷相比2020年增加了部分内容。基于2020年问卷，在人居环境、农房改善、乡风文明、资金需求、家庭支出、创业情况、认知偏好模块中增加了少量问题，并新增了生育意愿模块。与2020年的问卷相比，2021年的调查问卷更加关注当下的热点问题，更加关注巩固脱贫攻坚成果同乡村振兴的有效衔接，对乡村振兴阶段农村地区可能存在的问题进行分析。

《江苏农村发展报告（2022）》项目启动会于2021年6月5日举行，参会老师讨论确定了研究思路、框架设计、问卷设置等重要问题。2021年6月上旬，负责人通过线上招募的方式，招募了169名来自不同学院的专业的调研员，涵盖了本科生、硕士生和博士生。2021年6～7月，调研活动在确保安全防疫的前提下，由南京农业大学联合江苏省农业农村厅组织协调开展。首先，周力教授带队前往南通市进行了示范调研。随后，剩余12支调研队分成两批，在各队老师的带领下，开展调研活动。受到疫情影响，截至2021年10月，有3支调研队伍未能顺利完成调研，因此，《江苏农村发展报告（2022）》的报告内容基于2021年10支队伍的2000户农户样本进行撰写。

二 乡村振兴指数

（一）指标设计

本报告结合了《乡村振兴战略规划（2018—2022年）》和《江苏省乡村振兴战略实施规划（2018—2022年）》对乡村振兴指数进行研究设计，并根据CLES调研数据进行了修改，最终使用的指标体系见表1。

表1 CLES乡村振兴指标体系

维度	指标	测算方式	单位	数据来源	熵权法权重
产业兴旺	粮食综合生产能力	粮食总产量（包含小麦、稻谷、玉米、大豆、薯类）	吨	村问卷	0.010
	农业全要素生产率	基于农户数据计算DEA指数	%	农户问卷	0.077
	农业劳均增加值	农业总产值/农业劳动力人数	元/人	村问卷	0.041
	农产品加工产值与农业总产值比	农产品加工产值/农业总产值	%	村问卷	0.087
	休闲农业和乡村旅游接待人次	休闲农业和乡村旅游年接待人次	人次	村问卷	0.154
生态宜居	畜禽粪污综合利用率	畜禽粪污还田、生产沼气、生产生物天然气、沼液就近就地还田、无害化处理量/粪污总产生量	%	村问卷	0.003
	村庄绿化	本村是否开展村庄主道路绿化	%	村问卷	0.000

续表

维度	指标	测算方式	单位	数据来源	熵权法权重
生态宜居	是否垃圾分类	村庄是否开展垃圾分类	%	村问卷	0.018
	是否对污水处理	本村是否有生活污水处理设施	%	村问卷	0.016
	农村无害化卫生厕所普及率	家中是否有卫生厕所(厕所有墙、有顶、贮粪池不渗、不漏、密闭有盖)	%	农户问卷	0.001
乡风文明	是否建有综合性文化服务中心	村庄是否有综合性文化服务中心(包括村党组织活动场所、文化活动室等)	%	村问卷	0.012
	是否为县级及以上文明村	村庄是否为县级及以上文明村	%	村问卷	0.016
	农村义务教育学校专任教师本科以上学历占比	农村小学、初中本科学历教师占比	%	村问卷	0.083
	农村居民文化娱乐支出占比	农村居民文化娱乐支出/总支出	%	农户问卷	0.009
治理有效	是否有村庄规划	村庄是否制定管理规划(划定不同种类的用地范围等)	%	村问卷	0.011
	是否建有综合服务站	村庄是否建有综合服务站(可提供交党费、领补贴、办低保、交社保等民政事务办理)	%	村问卷	0.014
	村党组织书记是否兼任村委会主任	村党组织书记是否兼任村委会主任	%	村问卷	0.003
	村民自治	村庄是否制定村规民约	%	村问卷	0.000
	集体经济	村集体经营收入(包括出租集体土地、出租工商用地、出租厂房、利息收入等)	万元	村问卷	0.040
	是否为农村和谐社区	村庄是否通过农村和谐社区建设验收	%	村问卷	0.047
生活富裕	恩格尔系数	调查农户食品支出/总支出	%	农户问卷计算	0.003
	城乡居民收入比	城镇居民人均可支配收入/农村居民人均可支配收入	%	统计年鉴、农户问卷	0.007
	农户供水入户率	家中是否接通自来水	%	农户问卷	0.000
	行政村双车道四级公路覆盖率	村庄双车道四级公路里程/道路总里程	%	村问卷	0.054
	人均收入	农村居民人均收入	万元	农户问卷	0.056
	医疗保障	人均农村合作医疗支出	元/人	村问卷	0.093
	养老保障	人均农村养老保险支出	元/人	村问卷	0.145

（二）指标计算

农业全要素生产率采用分作物的平均生产率表示。由于多数农户种植小麦、水稻和玉米，因此本文选取这3种作物的平均生产率作为农业生产率的代理变量。先分别计算农户每种农作物的生产率，再将3种作物的生产率取均值，得出每个农户的农业生产率。该村当年的农业全要素生产率为当年所有农户的农业生产率平均值。

作物的生产率采用 DEA 方法进行计算。假定规模报酬不变，本文的DEA 模型在投入既定的情况下最大化作物产出，用多阶段计算方法计算生产效率。以每种作物总产量的价值作为产出变量，该作物生产中投入的劳动和土地要素作为投入变量（见表2），计算得出每种作物的技术效率。

表2　农作物的投入、产出变量

变量说明	变量含义	计算方式	单位
产出变量	该作物总产量的价值	总产量×收购单价	元
投入变量	劳动	自投工日的价值折算＋雇工费用	元
	土地	该作物的播种面积	亩

（三）权重设置

参考张挺等的研究成果①，本报告选取熵权法进行权重设置。首先，运用熵权法计算指标权需要对数据进行标准化或归一化处理。由于本报告所用数据的量纲不同，并且有目标值对照，因此本报告区分了正向、负向指标的标准化处理。其次，本报告计算了每项指标的熵值。再次，根据每个指标的熵值，计算出冗余度。最后，某个指标的权重就等于该指标的冗余度与所有指标的冗余度之比。将27个指标分别与各自的权重

---

① 张挺、李闽榕、徐艳梅：《乡村振兴评价指标体系构建与实证研究》，《管理世界》2018年第8期。

相乘，得到各个指标的得分，最后将 27 个指标得分相加，就得到每个村乡村振兴指数的综合得分。

（四）乡村振兴指标体系结果

本报告基于表 1 指标体系设置及权重设置，以 2021 年 40 个调研村为样本，计算出江苏省全省平均得分和分地区得分，对江苏省乡村振兴实施效果进行评价研究。

计算结果显示，2021 年江苏省乡村振兴指数综合得分为 19.44 分。其中，产业兴旺得分为 3.29 分，生态宜居得分为 2.80 分，乡风文明得分为 3.81 分，治理有效得分为 4.91 分，生活富裕得分为 4.63 分。从地区层面看，苏南地区乡村振兴指数综合得分为 26.88 分，高于苏中地区的 14.68 分和苏北地区的 14.25 分（见表 3）。

表 3　2021 年江苏省乡村振兴指数得分

项目	苏南	苏中	苏北	全省
产业兴旺	5.20	1.82	2.20	3.29
生态宜居	3.06	2.43	2.84	2.80
乡风文明	4.03	3.79	3.52	3.81
治理有效	4.10	4.02	3.20	4.91
生活富裕	6.85	2.63	2.50	4.63
综合得分	26.88	14.68	14.25	19.44

注：1. 本报告计算的江苏省乡村振兴指数为省级层面平均数据计算得出，该得分的值域为 [5.54，40.53]；2. 值域是根据村级层面数据计算得出，值域的下限是评分最低村的得分，值域上限是评分最高村的得分。

资料来源：CLES 2021。

从分项指标来看，江苏乡村振兴指数的主要贡献来自治理有效和生活富裕两方面。在治理有效项目中，"集体经济"指标所占权重较大。调研数据显示，2020 年调研村平均集体经营性收入达到 82.5 万元，87.5% 的村庄完成了股份合作制改革。近年来，全省上下深入贯彻落实省委、省政府决策部署，顺利完成农村集体产权制度改革整省试点工作，全面建立健全村级集体经济组织，因地制宜创新集体经济发展体制机制，有力促进了农村集体经济发展壮大和农民增收致富。新形势下，进一步发展壮大新型农村集体经济，有利于巩固完善以家庭经营为基础、统分结合的双层经营体制，有利于巩固夯实党在农村的执政基础、乡村全面振兴的物质基础和乡村治理体系的组织基础，对于推动脱贫攻坚成果与乡村振兴有效衔接、带领广大农民群众实现共同富裕具有十分重要的现实作用和长远意义。

江苏省乡村振兴指数存在明显的区域差异。苏南地区的乡村振兴指数高出苏中地区 83.1%，高出苏北地区 88.6%。苏南地区之所以得分较高，是因为产业兴旺和生活富裕两项的得分较高。在产业兴旺项目中，苏南地区的"农产品加工产值与农业总产值比"指标得分明显高于苏中和苏北地区。调研数据显示，2020 年，苏南地区农村平均农产品加工业产值为 769.19 万元，苏北地区为 61.33 万元，而苏中地区只有 47.08 万元。苏南地区农村产业发展水平较高，从农业生产到农业产品加工，有较为完善的产业链，对提高农产品附加值、推进三次产业融合具有重要作用。得益于较为发达的农村产业，苏南地区农村人均可支配收入达到 30786.75 元（2019 年数据），显著高于苏中和苏北地区。①

（五）乡村振兴探索中的问题分析

全省平均乡村振兴指数综合得分不高，区域差异明显。2021 年全省平均乡村振兴指数综合得分为 19.44 分，存在明显的区域差异。地区之间乡村发展水平差异持续扩大会给不同地区的农户带来心理上的负效用，使发展相对落后地区的农户产生不平等心理。这种不平等心理正是相对剥夺和相对贫困产生的重要原因。② 相对贫困会显著降低居民对未来的信心，相对贫困群

---

① 各市农村居民可支配收入数据来自《江苏统计年鉴 2020》，苏南、苏中、苏北地区农村居民可支配收入分别由 3 个地区各市数据平均计算得到，其中苏南地区农村人均可支配收入为 30786.75 元，苏中地区为 23584 元，苏北地区为 20064 元。

② Q. Zhang, S. A. Churchill, "Income Inequality and Subjective Wellbeing: Panel Data Evidence from China," *China Economic Review*, 4 (2020), pp. 1 - 10; 徐舒、王貂、杨汝岱：《国家级贫困县政策的收入分配效应》，《经济研究》2020 年第 4 期。

体也具有"不患寡而患不均"的心理特征，产生相对剥夺感。相对剥夺感一般并不来源于自己资产的不足，更多来源于外生性资产的不足。同时，相对剥夺感会产生不同的短期和长期影响。研究表明，收入差距在扩大之初会产生一定的积极影响，但收入差距持续扩大、收入不平等对穷人幸福感的影响会转为负向影响。

在 5 个分项指标中，产业兴旺和生态宜居两个指标得分落后于其余 3 个分项指标。在产业兴旺分项中，"休闲农业和乡村旅游接待人次"所占权重最大。但是在 40 个调研村中，只有 5 个村有乡村旅游业，2020 年接待游客总数从 300 人到 12900 人不等。有乡村旅游业的农村，产业兴旺平均得分为 8.74 分，没有发展乡村旅游的农村，产业兴旺平均得分为 2.51 分。乡村旅游对农村的经济发展有积极的推动作用。乡村旅游业作为第三产业，是带动农户增收的重要渠道，同时也是第一产业和第二产业价值链的延伸。乡村旅游能够充分利用农村区域的优美景观、自然环境和建筑、文化等资源，对农村经济的贡献不仅表现在给当地农户增加了收入、创造了就业机会，同时还给当地衰弱的传统经济注入了新的活力。[1] 例如，乡村旅游给当地农副产品加工业带来了更大的市场，相应农副产品加工业的规模可能增大，又给当地农户提供了更多的就业岗位。根据调研数据，有乡村旅游业的 5 个村中，有 4 个村发展了农产品加工业，平均年产值 446.25 万元。在未发展乡村旅游的 35 个村中，只有 12 个村发展了农产品加工业，年产值差异较大，平均年产值无法反映数据分布特征。由此看出，乡村旅游与当地农产品加工业发展密切相关，发展乡村旅游对农村经济发展具有重要作用。

在生态宜居分项中，"是否垃圾分类"所占权重最大。调研数据表明，截至 2021 年 6 月，实行垃圾分类的农村有 29 个，占此次调研样本村数量的 72.5%。习近平总书记指出："实行垃圾分类，关系广大人民群众生活环

---

① 王小林、冯贺霞：《2020 年后中国多维相对贫困标准：国际经验与政策取向》，《中国农村经济》2020 年第 3 期。

境，关系节约使用资源，也是社会文明水平的一个重要体现。"① 农村生活垃圾治理是美丽乡村建设和农村生态文明建设的一项基础性工程，也是实施乡村振兴战略的重要内容。《2021 年江苏省政府工作报告》将"推进农村生活垃圾分类处理"列入 2021 年重点工作。调查发现，不少实现了垃圾分类的乡村，垃圾分类管理规范有序，乡村面貌焕然一新。相较于城市，农村垃圾成分复杂、量多分散、随意堆放且收运困难，相关基础设施不完善，农村居民的垃圾分类意识也不强。因此，在推进垃圾分类工作的过程中，应建立健全符合农村实际、方式多样的生活垃圾收运处置体系，有条件的地区推行垃圾就地分类和资源化利用。在农村垃圾处理过程中，忽视垃圾分类、二次污染等问题还不同程度地存在，应当引起进一步重视。

三　主观效应评价

"小康不小康，关键看老乡"②，习近平在精准扶贫阶段发表的这一重要论述，体现了以人为本的发展观念，同时为乡村振兴阶段的发展目标指明了方向。乡村振兴成果最终需要人民来检验，切实提高农户的获得感和幸福感是乡村振兴的重要目标。通过调研收集农户对乡村振兴各个方面的满意程度，对客观反映江苏省乡村振兴实施的成效与存在的问题具有重要意义。

（一）乡村振兴满意度指数

调查问卷中，对乡村振兴的 5 个方面（产业兴旺、生态宜居、乡风文明、治理有效、生活富裕）分别设置问题，采集农户对乡村振兴 5 个方面阶段性成果的满意度。满意度分为 5 个选项，赋值为 1～5。满意度为 1 代表非常不满意，满意度为 5 代表非常满意。

---

① 《习近平：实行垃圾分类，关系人民群众生活环境》，中新经纬网，2019 年 6 月 3 日，http：//www.jwview.com/jingwei/html/m/06－03/236082.shtml。

② 《【每日一习话·远山的回响】小康不小康　关键看老乡》，"央视新闻"百家号，2020 年 11 月 9 日，https：//baijiahao.baidu.com/s？id＝1682857732952085294&wfr＝spider&for＝pc。

表4为2020年和2021年农户乡村振兴满意度的平均得分。2021年的总体得分为3.94，基本达到"较为满意"的水平。在分项上，产业兴旺和生活富裕的满意度分别为3.61和3.68，满意度略低。生态宜居、乡风文明、治理有效3项满意度较高，分别为4.15、4.10和4.18，均超过"较为满意"的程度。从农户对乡村振兴5个方面的满意度可以看出，在涉及农户收入的项目上，农户的预期和现实之间还存在一定差距。

从时间上看，农户对现阶段乡村振兴实施的满意度高于2020年。在5个分项指标上，农户的满意度都有所提高。产业兴旺满意度从3.44增加到3.61，增长了4.9%。生态宜居满意度从4.10增加到4.15，增长了1.2%。乡风文明满意度从3.98增加到4.10，增长了3.0%。治理有效满意度从4.03增加到4.18，增长了3.7%。生活富裕满意度从3.56增加到3.68，增长了3.4%。从提升幅度可以看出，农户对乡村产业发展和乡村治理满意度提升较快，侧面反映了农户对产业发展和乡村治理工作的认可。但是，也应该注意到二者之间还是有一定差别。尽管农户对产业兴旺的满意度提升最快，但是其绝对得分不高，还停留在"一般满意"与"较为满意"之间。相比之下，乡村治理已经达到"较为满意"的程度，农户对乡村治理的认可是在较高水平下的进一步提高，更加反映了乡村治理工作取得的显著成效。

表4 2020~2021年农户乡村振兴满意度平均得分

项目	2020年	2021年	提升幅度（%）
产业兴旺满意度	3.44	3.61	4.9
生态宜居满意度	4.10	4.15	1.2
乡风文明满意度	3.98	4.10	3.0
治理有效满意度	4.03	4.18	3.7
生活富裕满意度	3.56	3.68	3.4
加权总分	3.82	3.94	3.1

注：1. 在满意度选项中，1=非常不满意；2=较不满意；3=一般；4=较为满意；5=非常满意。满意度的分项得分和总分的值域为［1，5］；2. 为使计算结果可比，2020年的满意度结果是去除2021年未调研的3个市的计算结果。

资料来源：CLES 2021。

　　表 5 为 2021 年农户乡村振兴满意度分区域的平均得分。从地区层面来看，苏南、苏中、苏北的乡村振兴满意度得分呈现由低到高的趋势。苏南农户的乡村振兴满意度较低，苏北农户的满意度较高。但是苏南地区较低的满意度并不意味着苏南地区的乡村振兴发展水平较低。实际上，苏南地区农村建设投资并不低。如果比较各市 2019 年"一般公共服务"支出，苏南地区的平均公共服务支出水平最高。[①] 比较"农林水事务"支出，苏南地区的平均支出位于中间位置。[②] 因此，苏南地区较低的满意度和政府的投入没有相关性。本报告认为，苏南地区的经济发展水平相对较高，农户对乡村振兴可能有更高的预期，当较高的预期得不到满足时，产生的心理落差可能是造成满意度较低的原因。

表 5　2021 年农户乡村振兴满意度分区域平均得分

项目	苏南	苏中	苏北	全省
产业兴旺满意度	3.45	3.69	3.75	3.61
生态宜居满意度	4.10	4.15	4.22	4.15
乡风文明满意度	4.03	4.13	4.16	4.10
治理有效满意度	4.10	4.18	4.28	4.18
生活富裕满意度	3.58	3.74	3.77	3.68
加权总分	3.85	3.98	4.04	3.94

资料来源：CLES 2021。

（二）农户幸福感

　　农户幸福感一直是社会学与心理学研究的重要主题。自 Easterlin[③] 对美

---

① 2019 年苏南地区平均"一般公共服务"支出为 112.87 亿元，苏中地区平均"一般公共服务"支出为 83.78 亿元，苏北地区平均"一般公共服务"支出为 65.76 亿元。参见《江苏统计年鉴 2020》。

② 2019 年苏南地区平均"农林水事务"支出为 64.41 亿元，苏中地区平均"农林水事务"支出为 59.52 亿元，苏北地区平均"农林水事务"支出为 82.07 亿元。参见《江苏统计年鉴 2020》。

③ R. A. Easterlin, "Does Economic Growth Improve the Human Lot? Some Empirical Evidence," *Nations and Households in Economic Growth* (1974), pp. 89 – 125.

国跨时期的收入变化与主观幸福感变化之间关系论述的文章发表以来，主观幸福感逐渐吸引了大量经济学家的关注。①

在本次调研中，农户给自己的幸福程度打分，满分为10分。不同地区农户主观幸福感平均得分如表6所示，2021年全省农户的主观幸福感平均得分为8.08分。从分区域的结果来看，苏南农户主观幸福感平均得分为7.99分，低于苏中农户的8.13分，也低于苏北农户的8.16分。苏南地区农户的幸福感相比苏中和苏北略低，这一结论同苏南地区乡村振兴满意度较低具有一致性。

从时间上看，2021年全省农户的主观幸福感平均得分为8.08分，比2020年提高了3.1%。其中，苏南和苏中的农户幸福感平均得分分别提升0.3%和0.4%。幸福感得分提升最多的是苏北地区，农户平均幸福感得分从2020年的7.42分提高到2021年的8.16分，提升了10.0%（见表6）。

表6　2020~2021年不同地区农户主观幸福感平均得分

地区	2020年	2021年	提升幅度(%)
苏南	7.97	7.99	0.3
苏中	8.10	8.13	0.4
苏北	7.42	8.16	10.0
全省	7.84	8.08	3.1

注：1. 农户主观幸福感得分值域为 [1，10]；2. 为使计算结果可比，2020年的主观幸福感结果是去除2021年未调研的3个市的计算结果。

资料来源：CLES 2021。

本报告认为，苏北农户幸福感的提升与2021年政府在苏北地区的农村投入加大和农房改善工程密不可分。在农林水事务投入上，苏北地区各市的平均投入较苏中和苏南地区都高，平均支出82.07亿元。同时，苏北地区三年30万户农房改善任务将于2021年底完成。截至2020年底，苏北地区农村4类重点对象存量危房"清零"，超过20万户农民群众实现住房升级。苏北各地在打造品质农房的同时，注重完善产业配套和产业布局，加强产业

① 罗楚亮：《城乡分割、就业状况与主观幸福感差异》，《经济学》2006年第2期。

建设，确保每个农房项目都有产业支撑。例如，宿迁制定 4 个大类 39 项集成项目清单，围绕农房项目区推动"水电路气绿田网"整体提升，整合实施道路交通、环境整治、污水治理等集成配套项目 624 个，彰显农房改善整体效应。[①] 农房改善工程让农民住上了好房子，农村有了好样子，但更重要的是随之配套的产业规划让农民过上了好日子。

（三）经济地位

农户对本地经济地位的自评等级，能够在一定程度上反映当地农户收入差距的情况。2021 年的调研发现，67.63% 的农户认为自己在本地所处的经济地位"一般"，这一份额比 2020 年增加了 3.15 个百分点；2.50% 的农户认为自己在本地所处的经济地位"非常低"，这一份额比 2020 年减少了1.36 个百分点；0.90% 的农户认为自己在本地所处的经济地位"非常高"，这一份额比 2020 年减少了 0.5 个百分点（见表 7）。

表 7　2020～2021 年本地经济地位自评等级占比及变化

单位：%，个百分点

本地经济地位自评	2020 年	2021 年	同比变化
非常低	3.86	2.50	-1.36
比较低	17.59	14.69	-2.9
一般	64.48	67.63	3.15
比较高	12.68	14.29	1.61
非常高	1.40	0.90	-0.5

注：2020 年的自评经济地位结果是去除 2021 年未调研的 3 个市的计算结果。
资料来源：CLES 2021。

农户经济地位的上述变化，反映了村内农户收入差距不断缩小。首先，自评经济地位为"非常低"和"比较低"的份额都减少了，说明农户对自己的收入水平更加有信心。究其原因，一方面可能是原先收入较低的农户取得

---

① 《我省发力苏北农房改善"后半篇文章"》，江苏省人民政府网站，2021 年 6 月 27 日，http://www.jiangsu.gov.cn/art/2021/6/27/art_ 60095_ 9860849.html。

了收入的增长,另一方面说明村内农户之间的收入差距没有之前那么大了。因此,认为自己收入较低的农户份额才会下降。其次,农户在自评经济地位时,通常是将自己同本村的一般收入水平进行比较。处于"一般"经济地位的农户份额提高,说明更多农户认为自己的收入能够达到当地的中等水平,从而有更多的农户收入水平接近,能够一定程度反映整体差距的缩小。再次,位于"比较高"经济地位的农户占比上升,意味着农户对自身收入增长的幅度表现出更大的信心,是农户收入增长的有力证据。最后,位于"非常高"经济地位的农户占比下降,意味着对自身收入非常有信心的农户数量下降了。因为选择"非常高"的农户,会认为自身收入相对于村里其他农户的收入有比较明显的优势。这一类型农户数量的减少,恰恰说明了高收入农户认为原先的经济优势开始下降,农村内部的收入差距正在缩小。

从地区层面看,苏南地区农户自评经济地位处于"非常低"和"比较低"的份额为18.32%,高于苏中的15.24%和苏北的17.74%。苏南地区农户自评经济地位处于"一般"的份额为69.80%,高于苏中的67.00%和苏北的65.37%。同时,苏南地区农户自评经济地位处于"比较高"和"非常高"的份额为11.88%,低于苏中的17.76%和苏北的16.89%(见表8)。从调查结果来看,苏南的收入差距小于苏中和苏北地区。但是,考虑到苏南地区经济发展水平较高,农户对当地平均收入的估计可能偏高,因此对自身经济地位的评估可能会偏低,从而造成对实际收入差距的评估出现偏误。

表8 2021年分地区经济地位自评等级占比

单位:%

本地经济地位自评	苏南	苏中	苏北	全省
非常低	2.48	1.84	3.21	2.50
比较低	15.84	13.40	14.53	14.69
一般	69.80	67.00	65.37	67.63
比较高	11.26	16.75	15.71	14.29
非常高	0.62	1.01	1.18	0.90

资料来源:CLES 2021。

四　民生热词

为了更好地了解农户在乡村振兴阶段关注的主要问题，本次调研增加了民生热词的有关问题。在问卷中预先设置了 24 个关键词和 1 个其他选项，要求农户在这些选项中选择不超过 3 个作为其最关注的问题。

收入和公共服务供给是农户最关注的方面。在填写民生热词的农户中，47.90% 的农户选择了"收入增长"。按照农户的关注程度排序后，排在第 2~5 位的分别为"养老保险""农村道路建设""医疗保险"和"看病贵"。在农户最关注的前 5 个问题中，养老、医疗、道路建设都属于农村公共服务范畴，体现了农户对农村公共服务供给和乡村治理的更高要求。排在第 6~10 位的分别为"生态环境""子女教育""看病难""农村互助医疗"和"卫生站建设"（见表 9）。

表 9　民生热词统计

单位：%

排序	民生热词	占比	排序	民生热词	占比	排序	民生热词	占比
1	收入增长	47.90	10	卫生站建设	8.40	19	寿命	4.66
2	养老保险	20.24	11	居住环境	7.63	20	集体经济发展	4.56
3	农村道路建设	19.88	12	农房改造	7.12	21	非农就业机会	3.23
4	医疗保险	16.39	13	疫苗接种	6.76	22	厕所革命	2.92
5	看病贵	14.86	14	路灯安装	6.61	23	土地租金	2.10
6	生态环境	14.40	15	低收入人口帮扶政策	6.45	24	工商资本下乡	1.64
7	子女教育	13.06	16	疫情防控	6.25	25	其他	1.33
8	看病难	10.50	17	食品安全	4.87			
9	农村互助医疗	9.27	18	农作物生长情况	4.76			

资料来源：CLES 2021。

在前 10 个民生热词中，与医疗相关的有 5 个，可以看出农户对农村医疗卫生非常关注（见图 1）。本次调研发现，2020 年农户家庭全年医疗支出占家庭总支出的 20% 左右，是家庭支出的重要组成部分，这也解释了农户对医疗问题为何如此关注。目前农村的老年人口较多，并且老年人口中患有慢性病的比重较高。如果老年人口长期服用治疗高血压、糖尿病等慢性病的药物，每年的药费都是一笔不小的支出。

图 1　民生热词词云

资料来源：CLES 2021。

五　主要发现和基本观点

2021 年是"十四五"开局之年，也是全面推进乡村振兴的开局之年。《江苏农村发展报告（2022）》展现了江苏省农村发展在开局之年取得的成效和面临的问题。《江苏农村发展报告（2022）》的主体部分由总报告、建党百年特别报告、乡村振兴专题报告和案例篇四个部分组成，现将各部分的主要发现和基本观点总结如下。

（一）积极探索土地制度改革，"江苏模式"成效显著

本书通过对国家与江苏省自新中国成立以来农村土地制度改革历程的系统梳理发现，江苏省在积极贯彻落实中共中央改革精神的前提下，在土地政策探索和实践方面取得了积极成效，并积累了宝贵经验。特别是新时期以来，江苏省在宅基地制度改革、集体经营性建设用地入市以及城乡统一的土

地市场建设中形成的"江苏模式",进一步凸显了江苏省对推动国家土地制度改革进程的突出贡献与辉煌成就(见表10)。

表10 新中国成立以来江苏省农村土地政策改革成功经验

领域	成功经验
以常州市武进区为代表的农村宅基地制度改革	①完善宅基地使用权的用益物权属性,以多样化的形式进一步显化宅基地资源的产权效能与财产价值; ②通过探索宅基地向集体经营性建设用地转化的制度路径,促进城乡统一的土地市场的建设。
以"权能放活和入市制度完善"为特点的江苏省集体经营性建设用地改革	①完善集体经营性建设用地的产权管理与审批程序,保障城乡建设用地同权同价,为加快城乡统一土地市场的建设奠定基础; ②以保障公平的思想建立均衡利益分配机制,以规范化的方式完善集体经营性建设用地增值收益的均等化分享,防范土地增值收益的分配失衡; ③完善集体经营性建设用地入市管理体系,消除外部性影响和降低交易成本,促进城乡统一的建设用地市场的建立。

资料来源:根据江苏省人民政府网站公开文件整理。

(二)扛稳粮食安全责任,粮食单产显著提高

数据显示,江苏省粮食单产显著提高。粮食单产先后跨越1000公斤/公顷、2000公斤/公顷、3000公斤/公顷、4000公斤/公顷、5000公斤/公顷、6000公斤/公顷六个台阶,特别是2003年以后,江苏省粮食单产整体上保持逐年增长,有力地保证了全省粮食总量的充分供给。2020年达到6898公斤/公顷,比1949年的934公斤/公顷增加了5964公斤/公顷,增长6倍以上(见图2)。

(三)推行惠农金融政策,农村正规信贷规模明显提升

党的百年农村金融政策始终坚持以保护农民的根本利益为立足点,以服务"三农"为历史使命。通过比较20世纪20年代的"卜凯农村调查数据"和CLES 2021数据这两组横跨近百年的江苏省农户信贷参与数据,发现参与信贷农户的平均信贷规模、正规信贷可得性和信贷的生产用途都有了很大提高(见表11)。

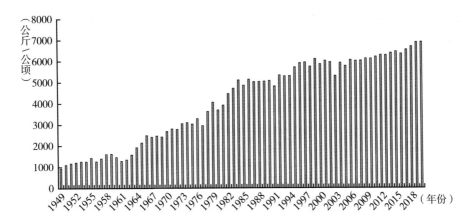

图 2 1949～2020 年江苏粮食单产

资料来源：《江苏农村经济 50 年》《江苏统计年鉴》《2020 年江苏省国民经济和社会发展统计公报》。

表 11 百年农村金融主要指标变化

	卜凯农村调查数据		CLES 2021 数据	
受访样本(户)	1408		2016	
信贷参与(户)	711		329	
平均信贷规模(万元)	1.03		23.28	
获得正规信贷(户)	2		212	
信贷用途(万元)	生活用途	生产用途	生活用途	生产用途
	551.90	195.03	2214.71	4196.65

资料来源：表中卜凯农村调查数据来自卜凯《中国土地利用》统计数据。

（四）注重提升农民福利，农村多维贫困问题得到有效解决

中国共产党的百年史是一部党领导人民实现减贫与发展的奋斗史。一方面，中国共产党大力推动农业生产效率提升，促进农户增收；另一方面，将提升农民福利作为目标，切实解决营养、健康、教育、住房等多维贫困问题。本书基于卜凯农村调查数据和 CLES 2021 数据进行了多维度比较，发现百年来减贫成效斐然，农村生产与生活条件呈现质的飞跃（见表12）。对此，本书提出要将摆脱相对贫困、实现共同富裕作为新征程的重要目标，在

防止返贫的基础上，采用开发与救助并举、城乡统筹的方式促公平、谋发展。

表 12　江苏省农村百年多维贫困变化

维度	指标	卜凯农村调查数据	CLES 2021 数据
农业生产	土地生产率(以水稻为例,公斤/亩)	200.1	585.7
农产品销售	农产品商品化率(以水稻为例,%)	17	97.3
收入结构	农户农业来源收入比例(%)	87	52
营养	人均每日肉蛋奶消费量(g)	15	213
消费	农户恩格尔系数(%)	55.9	28.5
教育	未受教育农户户主比例(%)	33.3	1.0
医疗	农户医疗支出占比(%)	1.1	20.3
住房	人均住房面积(m²)	16.7	71.9

资料来源：表中卜凯农村调查数据来自卜凯《中国土地利用》统计数据。

（五）推动工商资本下乡，带动农户增收效果明显

本书测算了江苏省工商资本下乡雇工及带动农户收入作用。结果显示，江苏省工商资本下乡农户收入带动作用的平均得分为 2.71 分，表明工商资本下乡投资可以促进农户的收入增长（见表 13）。对此，本书提出要加强对工商资本下乡投资的行业指引，畅通工商资本上山下乡渠道，并使广大农民群众得益。

表 13　江苏省工商资本下乡雇工及带动收入情况

单位：分

地区	雇工难易程度均值	农户收入带动作用均值
苏南	1.78	2.78
苏中	2.14	2.60
苏北	1.80	2.71
全省	1.88	2.71

注：雇工难易程度（1 = 雇工难度较小，2 = 雇工难度一般，3 = 雇工难度较大）；收入带动作用（1 = 带动作用较小，2 = 带动作用一般，3 = 带动作用较大）。

资料来源：CLES 2021。

（六）加快数字乡村建设，基础设施数字化改造稳步推进

本书从乡村信息基础设施建设、农村数字经济新业态、农业生产数字化、乡村数字化治理等多维度分析了江苏省数字乡村的建设现状。结果显示，江苏省数字乡村建设已经进入全面推进的新时期，苏南、苏中、苏北地区存在一定的差异（见表14）。对此，本书提出了增强数字乡村建设的机遇意识、加强和推进乡村的数字基建工作、构建高效的数字乡村治理模式和提升农民数字化素养的培训质量等建议。

表14　江苏省数字乡村建设现状

单位：%

一级指标	二级指标	苏南	苏中	苏北	全省
乡村信息基础设施建设	5G网络	62.50	25.00	25.00	37.50
	快递点	37.50	58.33	75.00	56.94
	电网升级改造	75.00	91.67	66.67	77.78
	公路数字化改造	43.75	91.67	25.00	53.47
农村数字经济新业态	"互联网+"农产品出村进城项目	25.00	33.33	41.67	33.33
	电商进村综合示范项目	25.00	25.00	25.00	25.00
农业生产数字化	种植业	18.75	8.33	8.33	11.81
	渔业	18.75	0.00	0.00	6.25
	种业	12.50	0.00	0.00	4.17
	农机装备	6.25	0.00	8.33	4.86
	农垦	0.00	8.33	8.33	5.56
乡村数字化治理	"互联网+党建"	93.75	75.00	83.33	84.03
	"互联网+政务服务"	56.25	58.33	58.33	57.64
	"互联网+疫情防控管理"	43.75	66.67	58.33	56.25

资料来源：CLES 2021。

（七）推进贯彻"碳中和"目标，农业碳排放总量逐年下降

据统计分析，江苏省农业碳排放总量由 2009 年的 475.88 万吨下降到 2019 年的 424.57 万吨（见图3），增长率为 -10.78%；江苏省农业碳排放

总量占全省碳排放总量比重由 2009 年的 3.74% 下降到 2019 年的 2.83%，下降了 0.91 个百分点（见图 4）；江苏省农业碳排放总量占全国农业碳排放总量的比重由 2009 年的 6.80% 下降到 2019 年的 5.91%，下降了 0.89 个百分点（见图 5）。若按照目前的化肥减量政策，到 2030 年农用化肥产生的碳排放量将下降 49.02 万吨，占本省农业碳排放总量的比重有望降至 50% 以下（见图 6）。

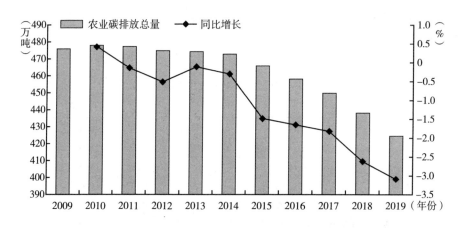

图 3　2009～2019 年江苏省农业碳排放总量及同比增长

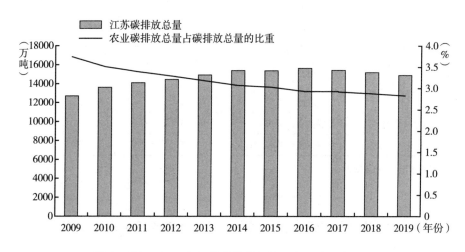

图 4　2009～2019 年江苏碳排放总量及农业碳排放占比

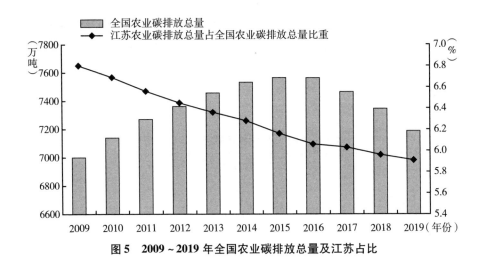

图5 2009~2019年全国农业碳排放总量及江苏占比

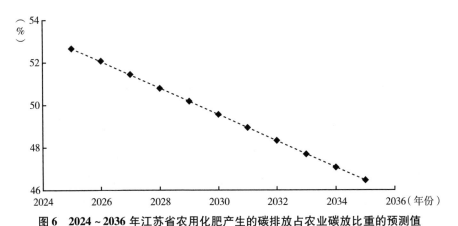

图6 2024~2036年江苏省农用化肥产生的碳排放占农业碳放比重的预测值

（八）推进农产品地理标志品牌建设，农户人均纯收入明显提升

数据显示，农产品地理标志品牌在一定程度上提升了村庄的人均纯收入水平，使村庄劳动力流失现象有所改善。具体表现为农产品地理标志品牌建设范围内村庄的人均纯收入均值达到31959.58元，高出非农产品地理标志品牌建设范围内村庄人均纯收入均值近50%；农产品地理标志品牌建设范围内村庄的年末常住人口均值为4289.58人，外出打工6个月以上人口均值为497.08人，非农产品地理标志品牌建设范围内村庄的年末常住人口均值为

3189.18 人，外出打工 6 个月以上人口均值为 627.24 人，农产品地理标志品牌
建设范围内村庄在年末常住人口多于非农产品地理标志品牌建设范围内村庄的
同时，外出打工 6 个月以上人口相对较少，占比为 11.21%，比非农产品地理标
志品牌建设范围内村庄的 17.18% 低了 5.97 个百分点（见表 15）。

表 15 CLES 2021 村庄经济与人口情况

指标	农产品地理标志品牌建设范围内村庄	非农产品地理标志品牌建设范围内村庄
经济薄弱村比例(%)	25.00	48.15
人均纯收入(元)	31959.58	22272.61
年末常住人口(人)	4289.58	3189.18
外出打工 6 个月以上人口(人)	497.08	627.24
常住人口平均占比(%)	87.78	82.82
外出打工 6 个月以上人口占比(%)	11.21	17.18

资料来源：CLES 2021。

（九）注重培育农村精神文明，乡风文明建设取得一定成效

调研结果显示，90% 的村庄建有新时代文明实践站，72.5% 的村庄被评
为县级以上文明村，农村居民文化娱乐支出占总支出的 13.54%，与 2019
年相比增加了 2.04 个百分点，该项指标呈增长趋势。但是，在 40 个调研村
中，具有本科学历的小学教师仅有 115 名，该项指标略显劣势（见表 16）。
本书指出，江苏省乡风文明建设已取得一定成效，但仍需在提升农民主体意
识、完善农村公共服务和加强移风易俗工作上继续推进。

表 16 江苏省乡风文明建设状况

相关指标	苏南	苏中	苏北	全省
建有新时代文明实践中心/站(个)	16	11	9	36
村庄为县级及以上文明村(个)	12	9	8	29
具有本科学历的小学初中教师人数(名)	53	25	37	115
农村居民文化娱乐支出/总支出(%)	12.79	14.21	14.45	13.54

资料来源：CLES 2021、国家统计局网站。

（十）推进分级诊疗制度建设，"小病不出村，大病不出县"目标初步实现

江苏加快推进分级诊疗制度建设，农村居民"小病不出村，大病不出县"目标初步实现。根据 CLES 2021 数据，农户选择首诊医疗机构中排名第一位的是县（区）属医院的占比为 33.10%；其次是乡镇卫生院，占比为 31.24%；第三位的是村卫生室，占比为 22.15%，县域就诊率为 86.49%。但是农户对村卫生室信任度不高，认为"村卫生室看病水平低"而不选择村卫生室看病的农户占比为 81.01%（见表17）。

表17　农户首诊医疗机构

单位：人，%

医疗机构	人数	占比
村卫生室	346	22.15
乡镇卫生院	488	31.24
县（区）属医院	517	33.10
省辖市属医院	164	10.50
省/直辖市/自治区属医院	45	2.88
其他	2	0.13
合计	1562	100

资料来源：CLES 2021。

（十一）改善农村居民生活状况，区域不平衡问题仍需重视

基于 CLES 2021 调研数据，江苏省苏南、苏中、苏北三大区域农村居民人均纯收入和人均消费支出存在较大差异，苏南农村居民收入和消费水平明显高于苏中、苏北地区。同时，江苏省及三大区域内部均存在较大不平等程度，特别是消费的不平等现象，苏中和苏北地区变异系数[①]均高于1.5（见表18）。对此，本书提出发挥区域优势，推动三大区域协调发展、促进融合互补，以实现区域间均衡发展、促进共同富裕。

---

① 变异系数为标准差除以均值，变异系数越大，样本内差异越大。

表18　2020年江苏省三大区域农村居民收入和消费状况

	苏南	苏中	苏北	全省
人均纯收入(元)	29663	22955	21019	24865
比值(各地区/全省平均)	1.2	0.92	0.85	—
变异系数	0.51	0.38	0.36	0.47
人均消费支出(元)	14439	10579	9845	11923
比值(各地区/全省平均)	1.21	0.89	0.83	—
变异系数	1.01	1.51	1.54	1.29

资料来源：CLES 2021。

（十二）推进农村人居环境整治，农户主体作用发挥不足

农村居民受传统生产生活习惯的影响，对农村人居环境整治的必要性认识不足，对政府推动农村人居环境整治行为不能充分理解，责任意识、参与意识不足。调研结果显示，对于农村生活污水由谁负责处理，在获得的39个有效村庄样本当中，43.90%的受访对象认为应由村（居）委会免费处理，仅有26.83%的村民认为自己应该参与处理。对于农村生活垃圾的清运，在获得的39个有效村庄样本当中，51.16%的受访对象认为应由村（居）委会免费处理，18.60%的受访对象认为应缴费、村（居）委会处理，仅有20.93%的受访对象认为自己应该参与负责处理（见表19）。

表19　农村生活污水处理情况

单位：人，%

选项	农村生活污水处理情况		农村生活垃圾处理情况	
	人数	占比	人数	占比
村民自己	11	26.83	9	20.93
缴费、村(居)委会处理	4	9.76	8	18.60
村(居)委会免费处理	18	43.90	22	51.16
无专人负责	4	9.76	1	2.33
其他	4	9.76	2	6.98

资料来源：CLES 2021。

六 展望

《江苏农村发展报告（2022）》展现了 2021 年江苏乡村振兴发展状况，是对全面推进乡村振兴开局之年的总结和归纳，总结了江苏省在 2021 年取得的成就，归纳了乡村振兴工作中发现的新问题，为江苏省探索乡村振兴长效路径提供了参考。

中央农村工作会议于 2021 年 12 月 25～26 日在北京召开。习近平指出，应对各种风险挑战，必须着眼国家战略需要，稳住农业基本盘、做好"三农"工作，措施要硬，执行力要强，确保稳产保供，确保农业农村稳定发展。保障好初级产品供给是一个重大战略性问题，中国人的饭碗任何时候都要牢牢端在自己手中，饭碗主要装中国粮。保证粮食安全，大家都有责任，党政同责要真正见效。乡村振兴的前提是巩固脱贫攻坚成果，要持续抓紧抓好，让脱贫群众生活更上一层楼。要持续推动同乡村振兴战略有机衔接，确保不发生规模性返贫，切实维护和巩固脱贫攻坚战的伟大成就。①

新冠肺炎疫情、极端天气等因素给全球粮食生产带来不确定性，我国还面临水地资源约束、农资价格上涨等挑战，粮食安全必须立足国内。保障经济社会发展稳定，必须稳住"三农"基本盘和粮食"压舱石"，以国内粮食稳产保供的稳定性来应对外部环境的不确定性。

江苏省作为我国的产粮大省，粮食安全保障工作走在全国前列。为保障国内粮食安全，江苏省将坚决按照党中央统一部署，扛稳保障粮食安全的政治责任，坚守底线，稳面积、稳产量、稳政策，确保粮食安全责任制落实工作继续走在全国前列。

---

① 《中央农村工作会议在京召开》，《光明日报》百度号，2021 年 12 月 28 日，https：//baijiahao. baidu. com/s？id = 1720374015571746326&wfr = spider&for = pc。

建党百年特别报告

Special Reports on the Centennial of the Founding of the Party

B.2
新中国成立以来农村土地政策
演变及江苏经验

马贤磊　车序超　郭恩泽*

摘　要： 土地是关乎人类生存和发展的重要自然资源。新中国成立以来，我国农村土地政策在不同时期呈现差异化的特征。社会主义建设时期（1949～1978年）的农村土地政策呈现农村土地集体化特征；改革开放时期（1978～2012年）主要以"效率优先"为导向，创造性地建立了家庭联产承包责任制，激发农户的生产热情，并鼓励土地流转，提升农业生产效率；新时代（2012年至今）以来，农村土地制度的"三权分置"通过土地经营权、宅基地使用权的还权赋能，有力推动了乡村振兴战略。江苏省积极贯彻落实中央精神，结合自身发展阶段与特点，以常州市武进区为

---

* 马贤磊，南京农业大学公共管理学院教授，主要研究方向为土地经济与政策；车序超，南京农业大学公共管理学院硕士生，主要研究方向为土地经济与政策；郭恩泽，南京农业大学公共管理学院博士生，主要研究方向为土地经济与政策。

主战场，对农村土地制度进行了大量积极的创新探索：一是在宅基地制度改革方面，以"一户一宅，户有所居"为标准，完善宅基地保障和管理体系，并以还权赋能为主线，探索多样化的宅基地财产价值实现机制，为我国宅基地制度改革提供宝贵经验；二是在集体经营性建设用地入市改革试点方面，通过建立规范的集体经营性建设用地使用审批制度和城乡统一建设用地市场体系，有力地提升了县域内城乡融合发展水平，提高了农民财产性收入；三是在长江经济带自然资源保护和利用规划方面，通过建立系统化、协同化和法治化的自然资源资产管理体系和管理制度，促进了江苏省生态文明建设的快速推进。展望未来，江苏省需要在四个方面深入探索和实践：一是推进农村土地、集体经营性建设用地、宅基地制度改革，增加农民财产性收入，释放改革红利；二是推进农村集体产权制度改革，维护农民合法权益，巩固农村基本经营制度；三是加快转变农业生产方式，促进农业现代化发展；四是建立健全生态产品价值实现机制，激活农村新经济增长点。

关键词： 农村土地政策　宅基地制度改革　集体经营性建设用地入市制度改革　自然资源保护和利用　长江经济带

土地是财富之母、发展之基、民生之本、生态之依。决定土地占有和分配关系的土地政策是国家的基本政策，一套好的土地政策兼具促进经济发展和保障社会稳定的双重功能。[1] 新中国成立以来，党和政府始终以人民为中心，注重土地政策在促进国家稳定与发展层面的重要作用。1949~1978年社会主义建设时期，中央政府颁布了《中华人民共和国土地改革法》等一

---

[1] 严金明、郭栋林、夏方舟：《中国共产党百年土地制度变迁的"历史逻辑、理论逻辑和实践逻辑"》，《管理世界》2021年第7期；刘守英：《土地乃江山之基　人民乃江山之本——中国共产党推动土地制度百年变革的历史昭示》，《中国领导科学》2021年第2期。

系列法律和政策条文，推动了我国农村土地制度从私人所有到集体所有的演变；1978年改革开放后，我国土地制度以提高效率为核心，家庭联产承包制的建立和完善提高了粮食生产效率；新时代以来，我国土地制度以全面深化改革为核心，2014年《关于全面深化农村改革加快推进农业现代化的若干意见》的颁布标志着我国农村土地制度开始进行"三权分置"改革。在坚持农村土地集体所有的基础上，我国政府不断推动土地政策向着效率提高、还权赋能的方向改革。

江苏省结合自身发展阶段与特点，积极贯彻落实中央精神，聚焦提升土地利用效率和深化土地政策改革，在农村宅基地制度改革、农村集体经营性建设用地入市制度改革以及长江经济带自然资源保护和利用规划等领域取得了突破和成绩。在农村宅基地制度改革领域，常州市武进区基于"还权赋能、收益共享"的总体思路，在规划引领和政策引导的基础上，探索宅基地制度改革模式，形成了可复制推广的"武进经验"；在集体经营性建设用地入市制度改革领域，江苏省通过完善集体经营性建设用地入市和审批制度，推动了集体经营性建设用地权能的放活和拓展；在长江经济带生态文明建设方面，江苏省坚持构建系统化的国土空间规划体系和协同化的国土空间生态保护修复体系，促进了生态环境改善。

在国内国际双循环背景下，为进一步调动农民生产积极性，缓解市场环境带给农民的压力，江苏省乃至全国需继续推进"三块地"改革，推动农村集体产权制度改革与农业现代化发展，建立健全生态产品价值实现机制。基于此，本报告拟在梳理国家和江苏省层面土地政策变革史的基础上，总结江苏省土地政策改革的成功经验，并对江苏省土地政策的改革发展方向提出展望。

一　新中国成立以来我国及江苏农村土地政策演变

新中国成立以来，我国在结合实际发展情况的基础上，坚持"以人民为中心"的土地政策制定理念，在满足国家发展需要和实现人民生活水平提高的基础上，以"效率优先，放权赋能"为主线，制定了一系列的土地政策。江苏省深入贯彻中央相关政策和精神，因地制宜，对农村土地制度进行了一系列的变革，在改革开放以后的家庭联产承包责任制改革和 2014 年以来的"三块地"改革①等领域取得了一系列成就，为江苏省经济的腾飞和现代化建设奠定了重要基础。

（一）社会主义建设时期（1949～1978年）：农村土地集体化

1. 我国农村土地政策部署

经历长期战火的洗礼，新中国在成立初期百废待兴，一方面新解放区的土地革命尚未完成，中农和贫农对大部分土地没有所有权，广大农民迫切要求进行土地改革；另一方面我国还面临国内外反动势力的侵扰，党和政府迫切需要稳定国内局势，促进农业发展，并为工业化发展奠定基础。在此背景下，中央政府在 1950 年颁布《中华人民共和国土地改革法》，在法律层面确立了农民土地所有制的基础地位，这为战乱后国民经济的恢复和新中国的工业化进程开辟了道路。随着 1953 年土地改革的基本完成，相较于 1949 年，农民净货币收入增长 123.6%。②

土地改革后，全国范围内产生了大量分散的小农经济，在个体私有制的制约之下，部分农户由于生产资料的匮乏而愈加贫困，迫切希望互助合作。20 世纪 50 年代初期，我国农民为了解决农业生产中生产资料匮乏的困境，在自愿互利的基础上成立了"农业生产互助组"，尝试将农业领域的个体私有经济转变为社会主义大集体经济，并在各地开始普遍试办以"土地入股、统一经营"为主要内容的初级农业生产合作社。该阶段涌现的互助组和初级农业生产合作社实现了生产资料私有制向公有制的转变，互助合作调动了农民的生产积极性，促进了农业的发展。

随着 1956 年 9 月中共第八次全国代表大会的召开，我国开始了社会主

---

① "三块地"改革是指 2014 年以来中央推动的农村土地征收、集体经营性建设用地入市、宅基地制度改革。

② 廖鲁言：《三年来土地改革运动的伟大胜利》，《人民日报》1952 年 9 月 28 日，第 2 版。

义建设道路的初步探索。中央政府在 1958 年颁布了《关于在农村建立人民公社问题的决议》，在全国推行"政社合一""队为基础，三级所有"的人民公社。① 1953～1958 年，我国粮食总产量从 16684 万吨上升到 19766 万吨，单位粮食面积产量从 1317.4 公斤/公顷上升到 1548.8 公斤/公顷，② 粮食总产量显著提高。国家利用人民公社的体制优势，顺利实现了依靠农业积累建立工业化基础。

在社会主义建设时期，我国农村宅基地所有权从私人所有转为集体所有。在新中国成立初期，大量贫农住无所居，为了满足农民住有所居的愿望，1950 年《中华人民共和国土地改革法》规定没收地主的土地及其在农村中多余的房屋等，分配给无地少地的贫苦农民所有；1956 年，《高级农业生产合作社示范章程》规定"社员原有的坟地和房屋地基不必入社"。为了更好地集中更多的人力、物力，通过农业快速发展为工业化积累基础，在已经基本上实现了生产资料公有化的基础上，社员应将私有的房基、牲畜、林木等生产资料转为全社公有（即农村宅基地出现"两权分离"）（见表 1）。③

2. 江苏省贯彻落实国家政策的实践

在中共中央的指导下，江苏省在新中国成立初期同样开展了土地改革。江苏省解放老区和新区的土地权属不同，苏北老解放区早在 1946 年就废除了封建土地所有制。新中国成立后，江苏省贯彻落实《中华人民共和国土地改革法》，苏北老解放区政府为其余 600 万尚未颁发土地证的农业人口颁发了土地证。到 1951 年 3 月底，苏北老区的土地改革工作全部完成。由于苏南新解放区长期处于国民党的统治之下，土地改革的基础较为薄弱，因此

---

① 1959 年《关于人民公社管理体制的若干规定（草案）》，1962 年《农村人民公社工作条例（修正草案）》。

② 历年《中国农业统计资料》。

③ 1958 年 8 月 7 日《嵖岈山卫星人民公社试行简章（草稿）》第五条；1962 年《农村人民公社工作条例（修正草案）》，即"人民公社六十条"。参见张清勇、刘守英《宅基地的生产资料属性及其政策意义——兼论宅基地制度变迁的过程和逻辑》，《中国农村经济》2021 年第 8 期；张清勇、杜辉、仲济香《农村宅基地制度：变迁、绩效与改革——基于权利开放与封闭的视角》，《农业经济问题》2021 年第 4 期。

苏南新解放区于 1950 年秋后才逐渐开始开展减租减息工作，进入土地改革的准备阶段。苏南政府在调查和实践的基础上，在部分地区进行土地改革试点工作，初步总结了土地改革的经验，并将这些成功经验逐渐向苏南各地推广。到 1951 年 12 月，苏南新解放区的土地改革工作逐渐完成。[①] 通过土地改革，江苏省逐步摧毁了封建残余势力，加强了农村政权建设，为江苏省工业化发展奠定了基础。

土地改革完成后，江苏省积极响应国家号召，在全省逐步推开农业合作化。1953 年 12 月 31 日，江苏省首个高级农业生产合作社在滨海县试办，取得经验后在全省逐渐推开。[②] 1958 年"大跃进"开始，江苏省继续贯彻落实中共中央关于人民公社化的政策，取消交易市场。通过生产资料集中管理等方式，江苏省最大限度地发挥了社会主义集中力量办大事的优势，促进了农业的发展和"以农养工"的实现（见表2）。

表 1　社会主义建设时期（1949~1978 年）我国农村土地政策演变脉络

土地政策演进阶段	重要政策文件	政策演变核心要点	政策绩效
社会主义建设时期（1949~1978 年）：土地集体化	·1950 年 《中华人民共和国土地改革法》 ·1953 年 《关于发展农业生产合作社的决议》 ·1956 年 《高级农业生产合作社示范章程》 ·1958 年 《关于在农村建立人民公社问题的决议》 ·1958 年 《嵖岈山卫星人民公社试行简章(草稿)》 ·1959 年 《关于人民公社管理体制的若干规定(草案)》 ·1962 年 《农村人民公社工作条例(修正草案)》("人民公社六十条")	耕地和农村宅基地由农民土地所有制向"集体所有、统一经营"转变	实现了社会主义制度的建立

资料来源：严金明、郭栋林、夏方舟：《中国共产党百年土地制度变迁的"历史逻辑、理论逻辑和实践逻辑"》，《管理世界》2021 年第 7 期。

---

① 孙家坤：《新中国成立以来江苏农村土地制度变革的实践与思考》，《中共南京市委党校学报》2019 年第 6 期。

② 孙家坤：《新中国成立以来江苏农村土地制度变革的实践与思考》，《中共南京市委党校学报》2019 年第 6 期。

表2　社会主义建设时期（1949～1978年）江苏农村土地政策实践

土地政策演进阶段	时间阶段	江苏农村土地政策实践	政策绩效
社会主义建设时期（1949～1978年）：土地集体化	1949～1951年12月	1951年3月底,苏北老区土地改革工作完成; 1951年12月底,苏南新解放区土地改革工作完成	◆摧毁了封建残余势力,加强了农村政权建设 ◆促进了农业的发展和"以农养工"的实现
	1953年12月31日～1978年	全省逐步推开农业合作化	

资料来源：孙家坤：《新中国成立以来江苏农村土地制度变革的实践与思考》,《中共南京市委党校学报》2019年第6期。

（二）改革开放时期（1978～2012年）："效率优先"的市场化土地政策

1.我国农村土地政策部署

在耕地政策探索层面,1978～1982年是家庭联产承包责任制的探索期。随着"文化大革命"期间各项激进政策的废止,吃"大锅饭"的人民公社制度已经不能激发农民的生产积极性,农民迫切希望获得土地的承包权,摆脱"干多干少一个样"的状况。1978年,安徽凤阳小岗村首先开始探索土地承包。面对当时城市粮食不足等社会经济问题,中央肯定了小岗村"分田到户"的探索实践,进而放松对包产到户、包干到户的农业经营方式的限制,并提出正确处理粮食生产和多种经营的关系,[①] 提高农业生产效率。1982年中央一号文件正式承认包产到户的合法性,在全国建立了土地所有权与承包经营权的"两权分离"制度。[②] 以"两权分离"为主要特征的家庭联产承包责任制纠正了长期存在的管理高度集中问题,

---

① 1980年《关于进一步加强和完善农业生产责任制的几个问题》；1981年《关于积极发展农村多种经营的报告》。
② 陈方南：《新中国农村土地政策评析》,《学习与探索》2006年第4期。

发挥了农村劳动力和土地生产的潜力。

之后，为了满足改革开放后人民日益增长的物质文化需要，大力发展农业，推动社会主义工业化改革的探索和实践，1983 年中央一号文件（即《当前农村经济政策的若干问题》）等重要政策文件鼓励全国各地发展以家庭联产承包为主的责任制和统分结合的双层经营体制，并肯定了家庭联产承包责任制的法律地位。[①] 到 1998 年，我国农村居民家庭人均纯收入较 1978年增长 16.18 倍，粮食总产量增长 1.68 倍。[②] 家庭联产承包责任制改革为中国社会经济发展做出了巨大的贡献，对保障农民的权益和农村经济社会稳定具有重要意义。

在农村宅基地政策探索层面，改革开放后，随着农村生产力的进一步解放，农民也迫切希望进行宅基地改革，保障自己的财产权利。随着1982 年《村镇建房用地管理条例》的颁布，我国农村宅基地制度逐渐形成集体所有、无偿取得、房地分离、农民长期使用的制度架构。改革后的农村宅基地制度保障了农民的财产权利，为农民安心进行农业生产提供了物质基础和生活保障。20 世纪 90 年代以来，部分地区农村出现宅基地超占乱建问题，我国对农村宅基地进行严格的管理和控制，规定了"一户一宅、限定面积"。[③]

在集体经营性建设用地制度改革方面，改革开放以来，在部分地区崛起的乡镇企业和集体经济组织需要更宽松的环境和条件进行发展。2004 年第二次修正的《中华人民共和国土地管理法》规定兴办乡镇企业和村民建设住宅经依法批准使用集体土地无须申请国有土地。这促进了集体建设用地使用权权能放活，促进了乡镇企业崛起和工业化发展（见表 3）。

---

① 1995 年《关于稳定和完善土地承包关系意见的通知》；2002 年《农村土地承包法》。

② 历年《中国农村统计年鉴》《中国农业统计资料》。

③ 1997 年《关于进一步加强土地管理切实保护耕地的通知》；1998 年《中华人民共和国土地管理法》。

表3 改革开放时期（1978～2012年）我国土地政策演变脉络

土地政策 演进阶段	重要政策文件	政策演变 核心要点	政策绩效
改革开放时期 （1978 ～ 2012 年）："效率优 先"的土地政 策改革	·1979 年 《中共中央关于加快农业发展若干问题的决定》 ·1980 年 《关于进一步加强和完善农业生产责任制的几个问题》 ·1981 年 《关于积极发展农村多种经营的报告》 ·1982 年 《全国农村工作会议纪要》 ·1982 年 《村镇建房用地管理条例》 ·1983 年 《当前农村经济政策的若干问题》 ·1995 年 《关于稳定和完善土地承包关系意见的通知》 ·1997 年 《关于进一步加强土地管理切实保护耕地的通知》 ·1998 年 《中华人民共和国土地管理法》 ·1999 年 《关于加强土地转让管理严禁炒卖土地的通知》 ·2002 年 《农村土地承包法》 ·2003 年 《中共中央关于完善社会主义市场经济体制若干问题的决定》 ·2004 年 《中华人民共和国土地管理法》	◆耕地：以家庭联产承包责任制为主的土地制度提高农业生产效率 ◆宅基地：集体所有、无偿取得、房地分离、农民长期使用；一户一宅，限定面积，严格管控 ◆集体经营性建设用地：简化使用审批制度	◆促进了粮食问题的解决和农业经济的发展 ◆保障了农民的财产权利 ◆促进了集体经营性建设用地权能放活

资料来源：严金明、郭栋林、夏方舟：《中国共产党百年土地制度变迁的"历史逻辑、理论逻辑和实践逻辑"》，《管理世界》2021 年第 7 期。

2. 江苏省贯彻落实国家土地政策的实践

改革开放后，江苏省也在中央的指示下逐步开展包干到户工作。1978年冬，面对粮食严重不足的状况，泗洪县上塘公社垫湖大队的 30 多户农民，在安徽省小岗村包干到户经验的启发下，将 260 多亩集体土地包产到户。在垫湖经验的基础上，江苏省各地共选择 56000 个生产队（占全省生产队总数的 13.1%），进行了粮、棉等大宗作物联产计酬的试点。[①]

但是，江苏省农村在实行家庭联产承包责任制的过程中出现了生产资料

---

① 孙家坤：《新中国成立以来江苏农村土地制度变革的实践与思考》，《中共南京市委党校学报》2019 年第 6 期。

过于分散，不能适应市场发展要求的问题。从 1987 年起，省委、省政府本着"大稳定，小调整"的原则，逐步完善家庭联产承包责任制，解决了土地承包过于零碎的问题。

在宅基地制度探索和集体经营性建设用地制度探索层面，江苏省也贯彻落实《关于加强土地转让管理严禁炒卖土地的通知》和新修正的《中华人民共和国土地管理法》，一是实行严格的农村宅基地管控制度，二是简化集体经营性建设用地使用审批制度，这促进了苏南乡镇企业的崛起（见表 4）。

表 4　改革开放时期（1978～2012 年）江苏农村土地政策实践

土地政策演进阶段	时间阶段	江苏农村土地政策实践	政策绩效
改革开放时期（1978 ～ 2012 年）："效率优先"的土地政策改革	1979～1980 年	进行了粮、棉等大宗作物联产计酬的试点	◆农业生产全面丰收，规模效益明显 ◆保障了农村居民的财产权利 ◆促进了集体经营性建设用地权能放活
	1981～1984 年	多种形式的生产责任制由点到面逐步推开	
	1987～2012 年	◆逐步完善以家庭联产承包责任制为基础，统分结合的双层经营体制 ◆实行严格的农村宅基地管控制度 ◆简化集体经营性建设用地使用审批制度	

资料来源：孙家坤：《新中国成立以来江苏农村土地制度变革的实践与思考》，《中共南京市委党校学报》2019 年第 6 期。

（三）新时代（2012年至今）：城乡统一土地市场的建设

1. 我国农村土地政策部署

党的十八大以来，我国发展步入新时代，党和政府迫切需要在土地政策上大力探索创新并积极试点。在这一时期，我国经济水平进一步提高，农业生产力进一步发展，城市化进程加快，农民在实际生产中显现出强烈的保留土地承包权、流转土地经营权的意愿，同时也显现出强烈的显化宅基地财产价值以及集体经营性建设用地入市的需求。2013～2018 年，中央政府在强

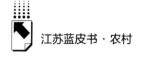

调农村基本政策及土地承包关系要维持稳定、长久不变的同时，对农村土地"三权分置"进行探索和全面系统的部署。

在耕地政策改革方面，党和政府积极推进耕地政策改革，继续以稳定农村土地承包关系长久不变为核心，2013 年《中共中央关于全面深化改革若干重大问题的决定》提出赋予承包经营权抵押、担保权能的制度构想，随后，这一内容写进了 2014 年的中央一号文件《关于全面深化农村改革加快推进农业现代化的若干意见》，该意见要求进行农村耕地所有权、承包权、经营权"三权分置"改革，将"三权分置"纳入现行农地产权制度体系，"让农地的资产属性得以显现"。自 2013 年到 2019 年，我国粮食总产量从61223 万吨增长到 66384 万吨，农村经济进一步发展。① 耕地"三权分置"改革是继家庭联产承包责任制后耕地政策改革的又一重大创新。

在宅基地政策改革和集体经营性建设用地入市制度改革方面，2013 年党的十八届三中全会提出"坚持同等入市、同权同价"，② 这标志着我国农村"三块地"改革正式进入试点阶段。2019 年的《中华人民共和国土地管理法》又为集体经营性建设用地入市提供了法律保障，增强了制度支持。一系列法规和政策不断扩放相关土地的用益物权和担保物权等，进一步明确、深化了农村土地制度改革的方向、重点和要求（见表 5）。

在农业现代化发展层面，随着我国经济水平、科技水平的提高以及城镇化进程的加快，传统的小农经营由于其封闭性和生产力水平的有限性，已经不能满足经济社会发展的要求，农业生产迫切需要通过规模效应和提高科技水平来提高生产效率。因此，党和政府开始加快培育新型农业经营主体，全面推动乡村振兴和现代化农业发展。③ 到 2019 年，经农业农村部认定的家庭农场数量达到了 34.3 万户。规模化、专业化和现代化农业的发展以及新

---

① 历年《中国农村统计年鉴》。

② 2014 年《关于农村土地征收、集体经营性建设用地入市、宅基地制度改革试点工作的意见》。

③ 2017 年 10 月 18 日，党的十九大提出实施乡村振兴战略；2020 年 3 月 3 日农业农村部发布《新型农业经营主体和服务主体高质量发展规划（2020—2022 年）》；2019 年 2 月 21 日中共中央办公厅、国务院办公厅印发实施《关于促进小农户和现代农业发展有机衔接的意见》。

型农业经营主体的出现极大地提高了我国的农业生产效率，促进了农民收入增加，增强了我国的国际竞争力。

表5　2012～2021年我国农村土地政策演变脉络

土地政策演进阶段	重要政策文件	阶段发展情况	政策绩效
2012～2021年：新时代"以全面深化改革为战略"的土地政策探索	·2013年《关于加快发展现代农业进一步增强农村发展活力的若干意见》 ·2013年《中共中央关于全面深化改革若干重大问题的决定》 ·2014年《关于全面深化农村改革加快推进农业现代化的若干意见》 ·2015年《关于加大改革创新力度加快农业现代化建设的若干意见》 ·2015年《生态文明体制改革总体方案》 ·2016年《关于完善农村土地所有权承包权经营权分置办法的意见》 ·2018年《中共中央国务院关于实施乡村振兴战略的意见》 ·2018年《中华人民共和国农村土地承包法》 ·2018年《中共中央国务院关于实施乡村振兴战略的意见》 ·2019年《关于进一步加强农村宅基地管理的通知》 ·2019年《中华人民共和国土地管理法》 ·2020年《新型农业经营主体和服务主体高质量发展规划（2020—2022年）》 ·2021年《关于全面推进乡村振兴加快农业农村现代化的意见》	◆赋予耕地承包经营权抵押、担保权能 ◆积极探索落实宅基地集体所有权、保障宅基地农户资格权和农民房屋财产权、适度放活宅基地和农民房屋使用权的具体路径和办法 ◆推动集体经营性建设用地入市和城乡统一要素市场的建设 ◆促进农业规模化、专业化和现代化发展，加快培育新型农业经营主体	◆增加了农民的财产性收入 ◆消减了城乡两级土地市场的不均衡、不对等情况，推动城乡统一土地市场建设 ◆推动了乡村振兴进程

资料来源：严金明、郭栋林、夏方舟：《中国共产党百年土地制度变迁的"历史逻辑、理论逻辑和实践逻辑"》，《管理世界》2021年第7期。

2.江苏省贯彻落实国家土地政策的实践

新时代以来，江苏省抓住江苏农村综合改革试点的重大契机，按照"确权、赋能、搞活"的思路，积极探索和丰富农村土地"三权分置"的具体实现形式。

2014年1月25日，江苏省积极贯彻落实中央一号文件的方针政策，明确适度规模经营的江苏标准。同时，为规范土地流转，制订全省统一的土地流转示范合同文本。此外，江苏省各地因地制宜地采取多种农地经营权抵押价值评估方法，促进了土地产权关系的明晰，有效保障了农民的财产权利。

在宅基地制度改革和集体经营性建设用地制度改革方面，江苏省部分地区探索开展了农村宅基地管理改革试验，规范宅基地保障资格权认定流程，开发建设农村宅基地综合管理系统，实现基础数据全覆盖、功能布局全涵盖、审批监管全流程，持续深化宅基地管理改革，激活农村沉睡资源。同时，在反复调研和全面论证的基础上，江苏省明确了集体经营性建设用地入市的相关规定。① 这在完善集体经营性建设用地入市制度的同时，推动了集体经营性建设用地入市进程（见表6）。

表6　2012～2021年江苏农村土地政策实践

土地政策演进阶段	制度改革类型	江苏农村土地政策实践	政策绩效
2012～2021年：新时代"以全面深化改革为战略"的土地政策探索	耕地政策改革	◆进行农村土地承包经营权确权登记颁证 ◆制订全省统一的土地流转示范合同文本 ◆因地制宜采取多种农地经营权抵押价值评估方法 ◆加快推进土地集中型和统一服务型规模经营，促进农业现代化发展的实现	◆提高了农民生产积极性，促进了江苏省农产品质量和农业经济效益的提高 ◆促进宅基地管理改革的持续深化，有利于激活农村沉睡资源 ◆完善集体经营性建设用地入市制度，推动城乡统一土地市场建设
	宅基地制度改革	部分地区探索开展了农村宅基地管理改革试验，规范宅基地保障资格权认定流程	
	集体经营性建设用地制度改革	明确集体经营性建设用地入市的管理制度	

资料来源：孙家坤：《新中国成立以来江苏农村土地制度变革的实践与思考》，《中共南京市委党校学报》2019年第6期。

① 2017年5月3日常州市自然资源和规划局武进分局印发《农村集体经营性建设用地入市管理办法》。

改革过程中，江苏注重因地制宜，坚持试点完善的工作方法，把中央精神和本地实际结合起来，坚持"试点—完善—推广"的办法，确保了土地政策改革的顺利进行和社会的和谐稳定。虽然新中国成立初期苏南和苏北地区土地制度的发展阶段有所不同，但江苏省政府在工作中克服困难，逐步完成了一系列的土地政策改革工作。改革开放以来，由于经济发展水平和地理位置的差异，苏南在宅基地制度改革、集体经营性建设用地制度改革以及土地生态文明建设领域的发展都优于苏北地区。

二 土地政策制定和管理中的江苏经验

新中国成立以来，江苏省积极探索土地管理和经济发展的方法，在农村宅基地制度改革、集体经营性建设用地制度改革以及江苏长江经济带生态文明建设等领域取得了重要成绩，为全国"三块地"改革和生态文明建设等领域的发展提供了经验和模板。

（一）江苏省宅基地制度改革的发展历程及经验：以常州市武进区为代表

2015年中央部署农村土地制度改革试点以来，常州市武进区在宅基地保障体系、管理体系建设等领域取得了一系列优异成绩，为宅基地制度改革提供了成功借鉴。

1. 常州市武进区宅基地制度改革的发展历程

2014年，中央全面深化改革领导小组第七次会议审议通过了《关于农村土地征收、集体经营性建设用地入市、宅基地制度改革试点工作的意见》，这标志着新时代农村土地制度改革进入了试点阶段。常州市武进区作为33个农村土地改革三项试点地区之一，认真贯彻中央改革精神，加快任务布置，加强分析研究，并完成实施方案编制上报工作。2015年，武进区先后印发了配套政策，正式启动了宅基地制度改革工作。武进区改革试点办公室围绕"可复制、能推广、利修法、惠百姓"的目标，在农村宅基地制

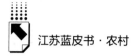

度改革方面采取了一系列措施，建立起依法公平取得、节约集约利用、自愿有偿退出的农村宅基地制度。2020年，中央农办、农业农村部公布了全国新一轮农村宅基地制度改革试点地区名单，常州市武进区再次入选，继续承担国家赋予的宅基地制度改革重任。

2. 常州市武进区宅基地制度改革的成绩

常州市武进区宅基地制度改革完善了当地以"户有所居"为宗旨的宅基地保障体系和管理体系，为我国宅基地制度改革提供了经验和改革样本。武进区通过明确"区总控、镇审批、村分配"的三级职责和创新制定分层级、差别化的有偿使用制度，率先在全国推出了农房抵押贷款业务，并建立起风险基金补偿机制。

3. 常州市武进区宅基地制度改革的成功经验

（1）完善宅基地使用权的用益物权属性，以多样化的形式进一步显化宅基地资源的产权效能与财产价值

"两权分离"背景下，宅基地产权的财产权能发挥受限，具有用益物权属性的宅基地使用权仅包含占有和使用权能，收益权能与流转权能的缺失使宅基地使用权无论在法律层面或是现实层面，均与一般意义上的用益物权有较大差距。[①] 自2015年武进区进行宅基地制度改革试点后，区委、区政府积极探索多种途径显化宅基地使用权的财产价值，极大地丰富了农村宅基地用益物权的实现形式。

从现实实践来看，一是鼓励将宅基地和集体经营性建设用地使用权流转给农户，将法律和政策层面上的权利"变现"给农民。二是探索了农民和非本集体经济组织成员的宅基地使用权退出机制，在自愿的前提下主动退出的宅基地，由农村集体经济组织给予合理补偿后注销登记，同时强化了宅基地所有权的收回权能，也保障了退出农户的经济权益。[②]

---

① 陈吉栋、李康佳：《乡村振兴背景下宅基地"三权分置"审视——以用益物权处分权能的赋予为中心》，《上海法学研究》2019年第19卷。

② 陈会广等：《农村宅基地制度改革的武进试验（2015—2019年）：回顾、评析与展望》，《土地经济研究》2020年第2期。

（2）通过探索宅基地向集体经营性建设用地转化的制度路径，促进城乡统一土地市场的建设

鼓励农户自愿、有偿退出宅基地，是实现宅基地所有权收回权能，将宅基地转为集体经营性建设用地，实现城乡统一土地市场建设的基础前提与重要途径。武进区在宅基地制度改革试点中，在充分保障农民权益的前提下，充分探索了以"宅基地有偿使用和有偿退出"为核心的闲置宅基地收回机制，通过将收回的宅基地合法转化为集体经营性建设用地，有效地促进了城乡统一土地市场的发育。

一是以"户"为单位，制定合理的宅基地有偿使用标准和缴费办法。在保障"一户一宅"的前提下，制订符合当地实际的宅基地面积标准和房屋建设标准，对"一户一宅"不超过面积标准的实行无偿使用，对于超面积使用的宅基地制订差别化的有偿使用标准，通过宅基地的有偿使用促使农户退出超占面积。

二是在保障农民权益的基础上建立农村宅基地有偿退出激励机制。按照"依法自愿、合理补偿"的原则，建立农村宅基地有偿退出激励机制，[①] 激励有条件的农户退出闲置宅基地。

（二）江苏省集体经营性建设用地改革的发展历程及成功经验：权能放活和入市制度完善

1. 江苏省集体经营性建设用地发展历程

自 2004 年第二次修正《中华人民共和国土地管理法》以来，江苏省积极贯彻落实农村集体经济组织使用农村集体土地审批程序，不断完善和简化集体经营性建设用地使用审批程序，促进集体经营性建设用地权能放活和拓展，鼓励乡镇企业发展。同时，针对乡镇企业的不同行业和经营规模，分别规定用地标准，规范乡镇企业用地制度。

---

① 《武进成为全国新一轮农村宅基地制度改革试点》，"中国江苏网"百家号，2020 年 11 月 5 日，https：//baijiahao. baidu. com/s？ id = 1682481891459086400&wfr = spider&for = pc。

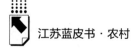

自2008年十一届三中全会印发《中共中央关于推进农村改革发展若干重大问题的决定》起，江苏省便聚焦如何进行集体经营性建设用地入市和农村土地征收制度改革，常州市武进区是江苏省集体经营性建设用地入市改革的"先行者"。2017年，武进区印发了《常州市武进区农村集体经营性建设用地入市管理办法（试行）》《关于全面深化土地征收制度改革的实施意见》等主体和配套改革政策，逐步构建了"同权同价、流转顺畅、收益共享"的集体经营性建设用地入市制度，并不断健全"程序规范、补偿合理、保障多元"的农村土地征收制度。自此，武进区先后出台试点政策30多项、配套文件40多个，[①] 通过系统性的探索与实践，基本形成了相对完善的土地制度改革政策体系，多项改革试点成果被吸收到新法修订中。

2. 江苏省集体经营性建设用地改革的成绩

一是促进了权能的放活和拓展，推动了苏南乡镇企业的发展。江苏省不断完善和简化乡镇企业使用农村建设用地的审批程序，为乡镇企业的发展奠定了土地和政策基础，促进了苏南工业化的迅速发展。

二是集体经营性建设用地权能的完善和土地增值收益分配办法的优化，促进了城乡统一土地市场的建设。江苏省集体经营性建设用地入市改革的代表常州市武进区，通过灵活运用低效产业用地再开发政策和入市改革授权政策，盘活存量集体经营性建设用地。并且江苏省武进区鼓励企业以改革试点允许的出让方式取得集体经营性建设用地使用权后挂牌，使之成为"活资产"。同时，武进区积极推进集体经营性建设用地使用权抵押贷款，切实维护了集体权益和社会稳定。截至2019年9月底，武进区土地增值收益总计38亿元，惠及农村集体经济组织股东60余万人。[②]

---

① 盛照宇：《常州市武进区农村集体经营性建设用地入市研究》，硕士学位论文，中国矿业大学，2020。

② 《〈新华日报〉头版报道！常州武进这样唤醒600亿沉睡资产》，"中国江苏网"百家号，2018年11月5日，https://baijiahao.baidu.com/s? id = 1616256932373710102&wfr = spider&for = pc。

3.江苏省集体经营性建设用地制度改革的成功经验

（1）完善集体经营性建设用地的产权管理与审批程序，保障城乡建设用地同权同价，为建设城乡统一土地市场奠定基础

一是以还权赋能为核心，通过制度建构保障集体经营性建设用地与城市建设用地的同权同价。在集体经营性建设用地的产权形式方面，以常州市武进区为代表的"三块地"改革试点在制度层面明确了集体经营性建设用地享有与国有建设用地使用权同等的转让、出租、抵押权能，并履行与国有建设用地同等的义务，逐步构建起了"同权同价、流转顺畅、收益共享"的集体经营性建设用地入市制度，为城乡统一土地市场的建设奠定了产权基础。[1]

二是通过有为政府的有效治理，以严格的政府初次配置保障城乡建设用地市场平稳发展。以武进区为代表的"三块地"改革试点地区的相关行政部门坚持以"依法、高效、权责一致"为集体经营性建设用地入市审批的原则，立足强化土地管理和土地调控手段，做到"能简则简，能并则并，能放则放"，逐步完善建设用地入市审批制度。这些措施通过强化政府的有为治理，使得政府对集体经营性建设用地的初次配置更为严格，保障了城乡建设用地市场的平稳发展。[2]

（2）以保障公平的思想建立均衡利益分配机制，以规范化的方式完善集体经营性建设用地增值收益的均等化分享，防范土地增值收益的分配失衡

实现权利平等和利益公平是完善城乡关系、推进城乡统一的土地市场建设的改革主线，因此，在集体经营性建设用地入市过程中如何建立城乡均衡的入市利益分配机制、防范土地增值收益的分配失衡成为各方关注的焦点。以常州市武进区为代表的"三块地"改革试点地区，在保障公平的思想指导下，通过建立以"两确保、一增强"为核心的土地增值收益分配机制，

---

① 盛照宇：《常州市武进区农村集体经营性建设用地入市研究》，硕士学位论文，中国矿业大学，2020。

② 《关于印发〈常州市武进区农村集体经营性建设用地入市管理办法（试行）〉的通知》，常州市自然资源核规划局武进分局网站，2017 年 5 月 3 日，http：//zrzy.jiangsu.gov.cn/czwj/gtzx/ztzl/nctd/201705/t20170503_ 427973.htm。

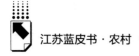

保证农民取得的直接性补偿收益与土地征收收益基本一致，完善了集体经营性建设用地增值收益的均等化分享方式，有效抑制了土地增值收益分配失衡现象的出现。①

（3）完善集体经营性建设用地入市管理体系，消除外部性和降低交易成本，促进城乡统一的建设用地市场的建立

消除外部性和降低交易成本是实现城乡统一土地市场的低成本运行和高效率治理的关键。武进区建立了"六统一"的城乡建设用地市场体系，统一平台、统一规则、统一管理、统一登记、统一权能、统一监管，通过明确集体经营性建设用地的产权归属和搭建统一市场交易平台消除外部性和降低交易成本。② 这完善了集体经营性建设用地入市的管理体系，促进了城乡统一建设用地市场的建立。

（三）江苏省长江经济带自然资源保护和利用规划

平衡经济发展与生态保护之间的关系，建立和完善资源与环境的经济补偿机制，对保护资源与环境意义重大。"十三五"时期和"十四五"时期，江苏省积极开展国土空间规划体系与用途管制制度建设，大力实施国土空间生态保护修复。

1. 江苏省长江经济带自然资源保护和利用规划的发展历程

党的十八大形成了中国特色社会主义建设"五位一体"总布局。21 世纪以来，江苏省逐步构建完成了以系统化的国土空间规划体系、协同化的国土空间生态保护修复体系和法治化的自然资源资产管理体系和管理制度为核心的长江经济带自然资源保护和利用规划体系。

2. 江苏省长江经济带自然资源保护和利用规划发展的成绩

江苏省通过出台《江苏省国土空间规划（2021—2035 年）》《国土资源

---

① 何虹、叶琳：《集体经营性建设用地入市改革的实践与思考——以江苏省常州市武进区的实践探索为例》，《中国土地》2018 年第 1 期。

② 何虹、叶琳：《集体经营性建设用地入市改革的实践与思考——以江苏省常州市武进区的实践探索为例》，《中国土地》2018 年第 1 期。

"四全"服务规范》等政策文件,发挥国土空间规划和国土空间管制在生态文明建设中的作用,在长江经济带生态文明建设领域取得了重要成绩。

一是国土空间开发保护格局不断优化。通过推进建立省、市、县、乡"四级",总体规划、专项规划、详细规划"三类"的江苏国土空间规划体系和科学编制《江苏省国土空间规划(2021—2035年)》,江苏省推进了市县国土空间总体规划和"多规合一"的实用性村庄规划编制。

二是资源保护与生态修复成效显著,自然资源利用效益持续提升。通过推进具有江苏特色的"绿色矿山与绿色矿业发展示范区"建设、严格实施生态公益林占补平衡措施,林地和湿地保护力度有所加大。

三是江苏省长江经济带自然资源保护和利用规划为国土空间规划编制、地质工作内容拓展、技术方法创新、成果集成应用开辟了新路子。江苏省长江经济带自然资源保护和利用规划工作进一步拓展了地质工作和国土空间规划工作新领域,为地质调查事业和国土规划事业转型升级奠定了良好基础。下一步,地质调查成果将更加精准、智慧地服务于重大专题研究和国土空间规划,国土空间规划工作的开展将更为顺利。

3. 江苏省长江经济带自然资源保护和利用规划发展的成功经验

(1)构建系统化的国土空间规划体系,促进合理的空间发展格局形成

通过出台《江苏省国土空间规划(2021—2035年)》强化国土空间规划作为各类开发保护建设活动基本依据的地位,在全省建立四级三类的国土空间规划体系和"生态优先、带圈集聚、腹地开敞"的空间发展格局,逐步加强国土空间用途管制和"三区三线"国土空间用途管控体系。

(2)构建协同化的国土空间生态保护修复体系,提升生态系统质量和稳定性

在"两纵三横六区七类多层级"国土空间生态保护与修复总体格局和以"三区三线"为核心的国土空间用途管控体系下,江苏省统一规划和管理,加强大型湖泊及里下河低洼湖荡和其他塘库湿地保护,强化海岸滩涂湿地生态保护修复。严格控制自然岸线占用,持续实施海岸线生态化改造与保护。

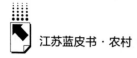

（3）完善法治化的自然资源资产管理体系和管理制度，健全自然资源管理体系

一是健全完善自然资源资产产权制度。建立全民所有自然资源资产所有权委托代理机制，探索生态产品价值实现机制，推进建设用地使用权分层设立，健全海域海岛滩涂资源产权制度。

二是推进自然资源资产市场化配置改革。探索增加混合产业用地供给，创新开发区土地资产配置机制。持续推进补充耕地和城乡建设用地增减挂钩节余指标交易。

三是提升自然资源法治能力。制定出台《江苏省土地管理条例》《江苏省测绘地理信息市场管理规定》。扎实推进农村乱占耕地建房问题专项整治、土地违法违规问题"清零"行动等各类专项行动。

（4）开展自然资源统一调查监测和确权登记，夯实自然资源治理基础

全面推进自然资源基础调查和专项调查。江苏省自然资源厅办公室公布"2020年度江苏自然资源和不动产统一确权登记工作十件有影响事件"，在全省范围内开展自然资源资产的实物量清查与价值量核算。

三 未来展望

新中国成立以来，在农村土地政策变革的实践中，江苏省一直认真贯彻中共中央精神和各项土地法律法规，取得了宝贵经验，形成了以常州市武进区为代表的宅基地制度改革样板，完善了集体经营性建设用地审批、管理和入市制度，构建了系统化的国土空间规划体系、协同化的国土空间生态保护修复体系以及法治化的自然资源资产管理体系和管理制度，促进长江经济带自然资源保护和利用规划，加快生态文明建设进程。进入新时代，面对世界格局的迅速变化以及中国开放程度的进一步加深，农业生产中面临的国际竞争日益激烈，如何实现农业规模化、专业化和现代化发展成为江苏省未来土地政策改革实践中需要考虑的重要问题。未来江苏省需要在以下四个方面深入探索和实践。

一是继续推进农村"三块地"改革,增加农民财产性收入,释放改革红利。2014 年《关于全面深化农村改革加快推进农业现代化的若干意见》提出将"三权分置"纳入现行农地产权制度体系,进一步巩固并完善农村基本经营制度。农村"三块地"改革促进了土地产权权能放活,在提高农民生产积极性、农民财产性收入的同时,激活了"沉睡的资产",有利于释放改革红利。在未来的农村土地政策改革和实践中,江苏省应深入领会中央文件精神,进一步规范土地征收程序,明确集体公共利益的内涵与范畴;开展兼顾宅基地财产性与保障性功能的制度改革,明晰宅基地资格权的内涵与范畴;厘清集体经营性建设用地入市管理制度和收益分配机制。

二是推进农村集体产权制度改革,维护农民合法权益,巩固农村基本经营制度。农村集体产权制度改革不仅保障了农民的合法权益,也为农村生产合作社的建立奠定了基础,有利于提高我国农产品的市场竞争力。在未来的农村土地政策改革和实践中,江苏省应把清产核资搞实、把权属关系理清、把集体资产管好,进一步盘活用好集体资产资源,维护农民的合法权益,巩固农村基本经营制度。

三是加快转变农业生产方式,促进农业现代化发展。2017 年党的十九大报告提出,加快推进农业农村现代化;在"十四五"开局之年,《关于全面推进乡村振兴加快农业农村现代化的意见》再一次提出"举全党全社会之力加快农业农村现代化"。在市场经济大潮下,转变农业生产方式,强化农业科技支撑,促进农业规模化经营,加快农业现代化发展是提高农民收入、提升我国农产品市场竞争力的必要条件。在未来的农村土地政策改革和实践中,江苏省应深入领会中央文件精神,推动土地流转和规模经营,促进现代农业发展。

四是建立健全生态产品价值实现机制,激活农村新经济增长点。2021 年 4 月,中共中央办公厅和国务院办公厅联合印发了《关于建立健全生态产品价值实现机制的意见》,指出带动广大农村地区发挥生态优势。在此背景下,未来应侧重提供生态产品的农村地区,按照意见指示,坚持"山水林田湖草是生命共同体"的理念,确保自然资源的优先保护,促进生态产

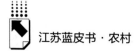

品的价值增值，拓展生态产品的价值实现模式。

参考文献

蒋远胜：《改革开放四十年中国农地制度变迁的成就、逻辑与方向》，《农村经济》2018 年第 12 期。

林毅夫等：《关于我国经济改革近中期措施的建议》，《改革》1989 年第 4 期。

林毅夫、蔡昉、沈明高：《我国经济改革与发展战略抉择》，《经济研究》1989 年第 3 期。

刘俊杰：《探寻宅基地"三权分置"实现路径》，《农村经营管理》2021 年第 4 期。

B.3
百年来江苏农业经营的变迁与转型

孙滨 李豪 张婷宁 展进涛*

摘　要： 新中国成立以来，江苏农业发展发生了翻天覆地的变化，为推进农业高质量发展、全面建成小康社会和农业农村现代化奠定了坚实基础。本报告以 20 世纪 20 年代至今将近一个世纪作为研究时段，以江苏农业发展变迁为主线，从生产要素配置、生产率水平、种植业结构、农户就业及收入等视角回顾并全面分析近一个世纪以来江苏农业经营的历史演变与现代化转型趋势。本报告既从历史演变的视域也从江苏省区域层面（苏南、苏中、苏北）空间变化的维度把握江苏省百年来的农业经营变化趋势，为江苏省制定农业发展战略、释放改革活力提供经验与启示。

关键词： 农业经营　要素投入　种植结构　现代农业

中国自古以来就是农业大国，农业生产经营深刻影响着我国的政治、经济和文化等。自 20 世纪 20 年代以来，我国的政治、经济、社会、科技、文化都发生了剧烈的变革，中国从一个农业社会逐渐向一个工业社会转型。在这一转型背景下，江苏的农业生产经营也发生了巨大的变化。本报告将从江苏近百年的历史变迁过程中探讨江苏农业与农村现代化的运行轨迹，总结江

---

* 孙滨，南京农业大学经济管理学院硕士生；李豪，南京农业大学经济管理学院硕士生；张婷宁，南京农业大学经济管理学院硕士生；展进涛，南京农业大学经济管理学院教授，主要研究方向为农业技术创新与推广政策、生物技术经济与政策。

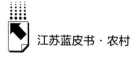

苏地区过去的农业、农村经济发展规律，以期为江苏未来会出现的"三农"问题提供参考。

本报告将江苏区域划分为苏南、苏中、苏北，各区域内部的经济发展水平相似、文化习俗相通且自然条件相近。具体而言，苏南地区包括苏州、无锡、常州、镇江、南京，苏中地区包括扬州、泰州和南通，苏北地区包括徐州、淮阴、宿迁、连云港、盐城。省内区域间农业生产经营情况的横向比较有利于理清江苏省整体发展脉络，且三个发展程度不同的区域间的比较探究也能为中国的东、中、西部的农业农村经济发展提供经验。

本报告主要依据《20世纪30年代的中国农业》、《江苏省志·农业志》和《江苏统计年鉴》等文献资料，对江苏省近一百年来的农业发展历程进行回顾并做出展望。

一 农业生产要素投入的变化及比较

农业生产要素投入对农业生产起着重要作用。本报告主要将农业生产要素投入分为农业耕地投入、农业资本投入、农业劳动力投入三部分。20世纪40年代江苏人均耕地面积仅为0.22公顷。农业资本投入方面主要靠畜力和人力，几乎不施用化肥，水利建设近乎停滞。1949年至1958年各类农业生产要素投入增加，1958年至1978年化肥工业、农用机械工业和水利灌溉逐步发展，集体化时期江苏农业生产经营水平缓慢提高。1978年至今的现代化时期，江苏农业资本要素投入全面提高，尤其是农业机械化水平和水利建设水平迅速提高，同时江苏农村开始了工业化进程，农村劳动力逐渐向第二、三产业转移，在一定程度上缓解了江苏农村人地矛盾。

（一）农业耕地投入变化

土地生产要素投入用农作物播种面积和人均农作物播种面积两个指标来衡量。其中人均农作物播种面积的计算公式为：人均农作物播种面积＝农作物播种面积/农林牧渔劳动力。江苏农作物播种面积占全国农作物播种面积的百分比在近百年间是下降的，从 20 世纪 30 年代的 6.10% 下降到 2019 年的 4.49%。[①] 总体而言，随着江苏工业化进程的推进，江苏农业耕地更多转化为工业用地。江苏粮食产量占全国比重从 1952 年的 6.10% 上升至 1980 年的 7.55%，再降至 2019 年的 5.58%。江苏粮食产量占全国比重从 1952 年至 2019 年大致呈现倒 U 形。具体数据见表 1。

表 1　1952～2019 年江苏粮食产量占全国比重及江苏农作物播种面积占全国比重

单位：%

年份	江苏粮食产量占全国比重	江苏农作物播种面积占全国比重
1952	6.10	5.90
1962	6.25	5.11
1970	7.01	4.87
1980	7.55	4.88
1990	7.24	4.71
2000	6.72	5.04
2005	5.86	4.68
2010	6.01	4.91
2019	5.58	4.49

资料来源：历年《江苏统计年鉴》《中国统计年鉴》。

1. 纵向比较：农业耕地投入的三个阶段

（1）新中国成立前

20 世纪 30 年代江苏耕地总面积较多，但人均耕地面积仅为 0.33 公顷。到了 20 世纪 40 年代耕地总面积降至 593.40 万公顷，人均耕地面积也降至 0.22 公顷（见表 2）。

---

① 唐文起：《三十年代江苏农业经济发展浅析》，《中国农史》1983 年第 1 期。

表2　20世纪30年代、40年代江苏人均耕地面积、耕地总面积

年份	人均耕地面积(公顷)	耕地总面积(万公顷)
20世纪30年代	0.33	732.67
20世纪40年代	0.22	593.40

资料来源:《江苏省志·农业志》;唐文起:《三十年代江苏农业经济发展浅析》,《中国农史》1983年第1期。

（2）新中国成立后改革开放前

新中国成立后到1957年农作物播种面积得以增长,农业人口迅速恢复,人均耕地面积增长较缓。1958年后,农作物播种面积大幅下降。由于耕地总面积下降和人口激增,人均农作物播种面积在1978年降至新中国成立初的近1/2,人地矛盾突出（见表3）。

表3　1949～1978年江苏人均农作物播种面积、农作物播种面积

年份	人均农作物播种面积(公顷)	农作物播种面积(万公顷)
1949	0.92	750.02
1952	0.96	833.22
1957	0.89	835.22
1962	0.78	716.48
1965	0.68	684.99
1970	0.55	698.78
1975	0.47	744.85
1978	0.44	735.60

资料来源:历年《江苏统计年鉴》;张义主编《江苏农村经济50年（1949—1999）》,中国统计出版社,2001。

（3）改革开放后

自1978年后江苏耕地面积总体呈现缓慢下降趋势,农作物播种面积持续下降到1994年的661.89万公顷后,随着耕地保护力度的加大再次缓慢回升。从人均农作物播种面积来看,2012年农业人口转移使得人均农作物播种面积再次回升到新中国成立时的0.92公顷（见图1）。

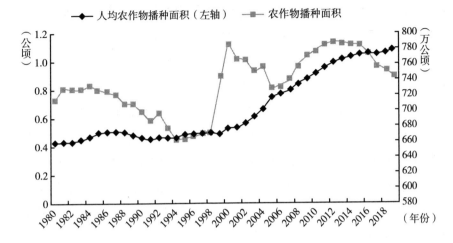

图 1 1980～2019 年江苏人均农作物播种面积和农作物播种面积

资料来源：历年《江苏统计年鉴》、《江苏农村经济 50 年（1949—1999）》。

2. 横向比较：苏中、苏南、苏北间的比较

由于解放前未有苏中概念，苏中和苏北放在一起统计。广义上苏北耕地面积要多于苏南，而苏北的人均耕地面积为 0.17 公顷，同样多于苏南的 0.14 公顷（见表 4）。出现这种现象的原因主要是，与苏南相比，苏北平原山地更多且水网密布，苏南人地矛盾更加突出。

表 4 解放前苏南、苏中和苏北人均耕地面积和耕地面积

地区	人均耕地面积（公顷）	耕地面积（万公顷）
苏南	0.14	160
苏中、苏北	0.17	348

资料来源：吴玉琴：《解放前江苏省的土地占有状况探析》，《中国农史》1998 年第 1 期。

1949 年，苏南和苏中农作物播种面积均为 220 万公顷，苏北农作物播种面积约为 300 万公顷。1949 年至 1957 年三个地区农作物播种面积短暂扩大，到 1978 年三地面积相近。1978 年改革开放后苏南、苏中开始工业化，苏中农作物播种面积维持在 200 万公顷，苏南农作物播种面积则减少较快。1998 年后因为省内严格的耕地红线限制，为了保证江苏省整体农作物播种

面积不变，1998~2019 年，苏北农作物播种面积增加了 170 万公顷。随着苏南耕地不断减少，苏北耕地不断增加，苏南和苏北农作物播种面积呈现喇叭状开口趋势（见图 2）。从人均农作物播种面积来看，新中国成立初苏南和苏北人均农作物播种面积均为 1.1 公顷左右，苏中地区人均农作物播种面积为 0.7 公顷，1952 年后三个地区人均农作物播种面积均迅速减少，到 1975 年时仅约为新中国成立初的 1/2。从改革开放至 2000 年，三地人均农作物播种面积在低水平波动，2004 年三地人均农作物播种面积均为 0.65 公顷，2004 年后随着农业劳动力流出，三地人均农作物播种面积总体增长迅速。在 2010 年后，农业人口流入城市放缓，人均农作物播种面积增长随之放缓（见图 3）。

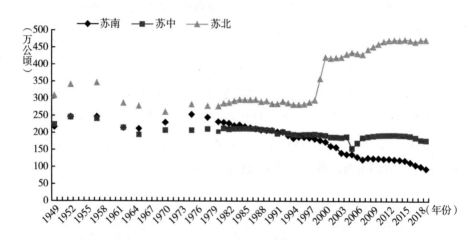

图 2　1949~2019 年苏南、苏中、苏北农作物播种面积

资料来源：历年《江苏统计年鉴》、《江苏农村经济 50 年（1949—1999）》。

（二）农业资本投入变化

农业资本投入，指的是在直接农业生产过程中消耗的各种农业生产资料、购买各项服务以及与生产相关的其他实物投入，包括化肥投入、机械作业、水利灌溉等。本报告中用农用化肥施用量、农业机械总动力和灌溉面积来衡量农业资本投入。

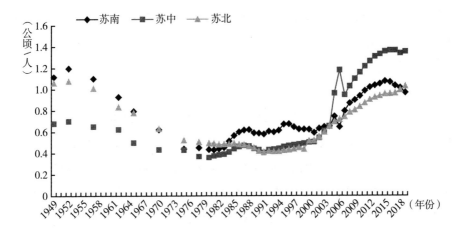

图3　1949～2019年苏南、苏中、苏北人均农作物播种面积

资料来源：历年《江苏统计年鉴》、《江苏农村经济50年（1949—1999）》。

1. 纵向比较：农业资本投入变化的三个阶段

（1）新中国成立前

新中国成立前江苏的农业机械化水平较低，农业动力主要依靠家畜和人力。1935年，江苏农村户均畜力仅为0.67头，大部分地区依靠人力。新中国成立前，江苏化肥使用量较少，因为农业科学知识缺乏和资金匮乏，农民主要依靠农家肥，当时购买化肥的农家仅占3.10%。此外耕地灌溉水平也较差，据统计，除1932年外，1927～1937年，均发生水患，新中国成立前水利建设严重不足。[①]

（2）新中国成立后改革开放前

新中国成立后，农业资本投入增速不断加快，总量不断上升。1949～1978年，农业机械投入水平尚处于起步阶段，农业机械总动力从1949年的仅4.11万千瓦增长到1975年485.2万千瓦，增长较快，总体来看对农业生产支持有限（见图4）。1962年前农用施肥量也较低，但在1978年达到顶峰（见图5）。江苏有效灌溉面积在1949～1977年迅速发展，新中国成立后兴修水利成效显

---

① 唐文起：《三十年代江苏农业经济发展浅析》，《中国农史》1983年第1期。

著（见图6）。江苏每公顷农业机械动力在1949～1977年的增长曲线与江苏农业机械总动力的增长趋势相似但较为平缓。每公顷化肥施用量、每公顷有效灌溉面积与化肥施用量、有效灌溉面积的增长趋势和增长速度几乎一致。

（3）改革开放后

1978～2000年江苏农业机械总动力增长较快，2000年达到3103.45万千瓦，2000～2006年为瓶颈期，2006年后农业机械总动力仍然以较快速度增长。1985～1998年农用化肥施用量快速增长，2000年后农用化肥施用量反弹，2006年后持续下降。1978～2000年，江苏有效灌溉面积明显增加。江苏农业各种生产要素在时间线上先后交替投入，有效地促进了江苏农业发展。江苏每公顷农业机械动力在1977年后总体呈增加态势，仅在2000～2005年增长较为平缓。1977～2000年每公顷化肥施用量与农用化肥施用量趋势相近，2000～2006年与农用化肥施用量略有不同，呈现一定增长，2006年后每公顷施肥量下降比较明显。1977～2000年每公顷灌溉面积也与有效灌溉面积趋势相似。

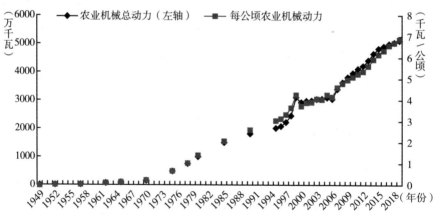

图4　1949～2020年江苏农业机械总动力和每公顷农业机械动力

资料来源：历年《江苏统计年鉴》、《江苏农村经济50年（1949—1999）》。

2. 横向比较：苏中、苏南、苏北间的比较

从空间分异角度来看，三个区域农业机械总动力、农用化肥施用量两个变量在1998年出现喇叭状开口，苏北耕地面积在1998年出现大幅度上升，

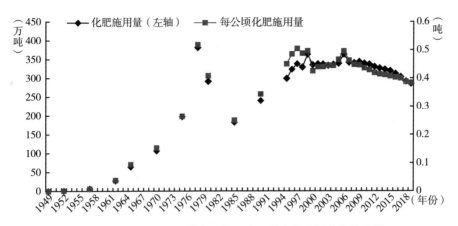

图5　1949～2019 年江苏农用化肥施用量和每公顷化肥施用量

资料来源：历年《江苏统计年鉴》、《江苏农村经济 50 年（1949—1999）》。

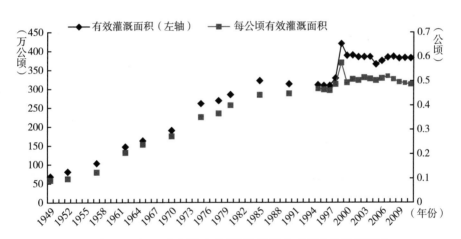

图6　1949～2011 年江苏有效灌溉面积和每公顷有效灌溉面积

资料来源：历年《江苏统计年鉴》、《江苏农村经济 50 年（1949—1999）》。

因此苏北的各种农业资本要素在 1998 年后也迅速增加，2001 年后随着苏南耕地面积进一步减少，苏北各种农业资本要素投入也在增加。而苏南工业化进程对耕地的占用，使得苏南各种农业资本要素投入持续下降。从每公顷农业机械动力来看，苏南、苏中、苏北的每公顷农业机械动力呈现上升趋势。三个区域的农业机械总动力在 2000 年之前总体呈现上升趋势。2000 年后三地农业机械总动力出现分异现象，苏北农业机械总动力增长迅速，苏南农业机械总动力缓慢下降。苏南每公顷化肥施用量波动较大，苏中化肥施用量先上升后下降，苏北化肥施用量波段式增长。苏北有效灌溉面积总体处于增长趋势，苏中有效灌溉面积增长至1978年左右开始水平波动，苏南有效灌溉面积增长到1990年后缓慢下降。苏南和苏北每公顷有效灌溉面积波动式增长，苏中每公顷有效灌溉面积增长至1980年后增长不明显（见图7至图12）。

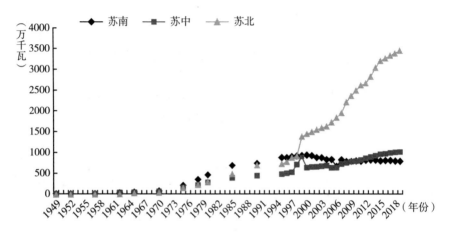

图7　1949～2019年苏南、苏中、苏北农业机械总动力

资料来源：历年《江苏统计年鉴》、《江苏农村经济50年（1949—1999）》。

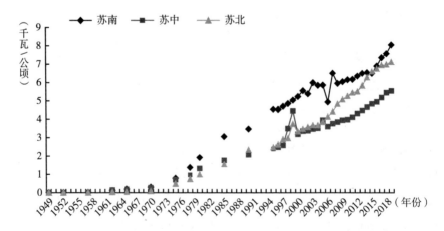

图8　1949～2019年苏南、苏中、苏北每公顷农业机械动力

资料来源：历年《江苏统计年鉴》、《江苏农村经济50年（1949—1999）》。

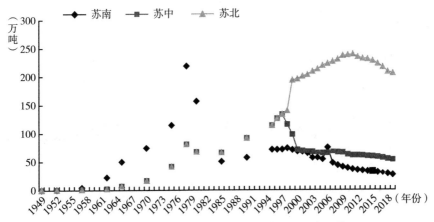

图 9　1949～2019 年苏南、苏中、苏北化肥施用量

资料来源：历年《江苏统计年鉴》、《江苏农村经济 50 年（1949—1999）》。

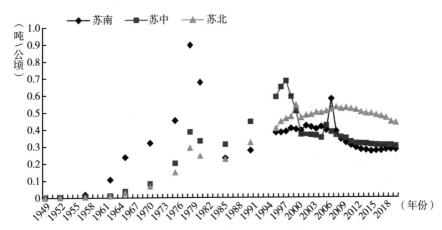

图 10　1949～2019 年苏南、苏中、苏北每公顷化肥施用量

资料来源：历年《江苏统计年鉴》、《江苏农村经济 50 年（1949—1999）》。

（三）农业劳动力投入变化

农业劳动力投入是指从事农业生产的劳动力数量，用农林牧渔劳动力人口反映。郝大明用第一产业就业人口描述农业劳动力，[①] 此处用江苏第一产

[①]　郝大明：《中国经济增长中的劳动配置结构效应：1953～2018》，《中国人口科学》2020 年第 2 期。

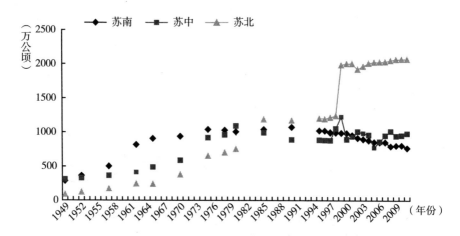

图11　1949～2011年苏南、苏中、苏北有效灌溉面积

资料来源：历年《江苏统计年鉴》、《江苏农村经济50年（1949—1999）》。

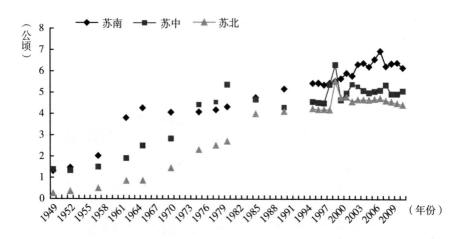

图12　1949～2011年苏南、苏中、苏北每公顷有效灌溉面积

资料来源：历年《江苏统计年鉴》、《江苏农村经济50年（1949—1999）》。

业就业人口占全国第一产业就业人口比例来反映江苏的农业劳动力投入变化。1952～2019年，江苏第一产业就业人口占全国第一产业就业人口比例总体呈下降趋势（见表5），这反映了从全国范围来看江苏农业劳动力投入总体是下降的。

表5　1952～2019 年江苏第一产业人口占全国第一产业人口比例

单位：%

年份	江苏第一产业人口占全国第一产业人口比例
1952	9.37
1962	6.86
1970	7.09
1980	6.82
1990	6.14
2000	5.25
2005	4.18
2010	3.80
2019	3.78

资料来源：历年《江苏统计年鉴》《中国统计年鉴》。

1. 纵向比较：农业劳动力投入变化的三个阶段

（1）新中国成立前

20 世纪 30 年代，江苏总人口达到 2776 万人，20 世纪 40 年代达到 3400 万人，而同时期江苏城市人口占总人口的 19%，反推出 20 世纪 30 年代、40 年代江苏农村人口分别达到 2285.60 万人和 2754 万人。新中国成立前城市化水平较低，绝大多数人口从事农业（见表6）。

表6　20 世纪 30 年代、40 年代江苏农业劳动力投入变化

单位：万人

年份	农业劳动力
20 世纪 30 年代	2285.60
20 世纪 40 年代	2754.00

资料来源：《江苏省志·农业志》。

（2）新中国成立后改革开放前

1949～1962 年，江苏农业劳动力增长较为缓慢，此时战后刚刚恢复重建，人口增长缓慢，这一时期仅增长 100 万人。1957～1962 年，因为"大

跃进"等原因,农村人口小幅度下滑。1962~1978年农业劳动力从1000万人迅速提高到1600万人左右,原因是战后高生育率给农村补充了大量劳动力(见图13)。

(3)改革开放后

1978~2000年,江苏农业劳动力波动下降。2000年中国加入WTO后,江苏农业劳动力快速向第二、三产业转移。尤其是2010左右出现刘易斯拐点后,江苏农业劳动力数量逐年下降。

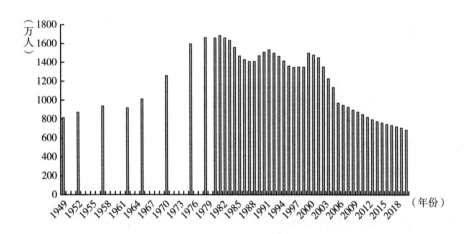

图13 1949~2019年江苏农业劳动力数量

资料来源:历年《江苏统计年鉴》、《江苏农村经济50年(1949—1999)》。

2.横向比较:苏中、苏南、苏北间的比较

从区域角度来看,1949~1978年,苏南、苏中、苏北农业劳动力均出现快速上升且在1977年均达到570万人左右。1978年改革开放之后,江苏三个区域农业劳动力出现分化,苏南和苏中均在1978年左右达到农业劳动力顶峰后下降,苏南地区农业劳动力下降速度在1978~2004年比苏中地区稍快,苏南、苏中地区在2006年后农业劳动力数量开始趋同下降。苏北地区农业劳动力则在1978年后总体缓慢上升并在1998~2000年迅速跳涨,2000年后农业劳动力开始转移至第二、三产业,截至2019年,苏北农业劳动力几乎分别是苏南、苏中的4倍(见图14)。

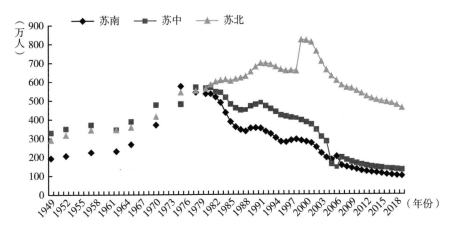

图 14　1949～2019 年苏南、苏中、苏北农业劳动力变化

资料来源：历年《江苏统计年鉴》、《江苏农村经济 50 年（1949—1999）》。

二　农业生产率水平的变化及比较

本报告从江苏省及各市的土地生产率、劳均生产率及农业全要素生产率三个方面进行比较分析，发现虽然江苏省粮食播种面积呈现下降趋势，但粮食产出不断上升，这表明江苏省土地生产率不断上升。农林牧渔业实现跨越式发展，2019 年全省农林牧渔业总产值达到 7221.56 亿元，比 1949 年增长 318 倍左右，而这归功于劳均生产率的稳步上升。虽然总体要素（例如土地、劳动力）投入在减少，但全要素生产率在不断增长。

（一）土地生产率的变化及比较

土地生产率是反映土地生产能力的一项指标，通常用生产周期内单位面积土地上的产品数量或产值来表示。本报告以历年粮食产量作为总产出，粮食播种面积作为总耕地面积，计算历年江苏省农业土地生产率。

1. 纵向比较：土地生产率变迁的三个阶段

（1）新中国成立前

1924～1933 年，江苏水稻平均每公顷产量为 2713.35 公斤，小麦平均

每公顷产量为1319.25公斤（见表7），虽然单产较低，但在当时比其他省份要高，因此江苏在全国居重要地位。

表7　1924～2020年江苏水稻和小麦单产比较

单位：公斤/公顷

	1924～1933年	1980年	2000年	2005年	2010年	2020年
水稻	2713.35	4592.40	8173.50	7726.35	8090.40	8731.88
小麦	1319.25	3711.75	4072.50	4327.80	4817.70	6447.52

资料来源：胡浩、钟甫宁、C. G. Turvey：《20世纪30年代的中国农业》，施普林格·自然集团，2019，第74～75页；历年《中国农村统计年鉴》；CLES 2021。

（2）新中国成立后改革开放前

1949～1977年，江苏省粮食单产呈现波动上升趋势，由1949年的933.50公斤/公顷上升到1977年的2953.03公斤/公顷。1958年"大跃进"开始，由于盲目追求高速度、高产量，片面强调发展重工业，农业生产受到重大挫折，[1] 江苏粮食单产由1958年的1600.51公斤/公顷下降到1962年的1345.51公斤/公顷。从1963年开始，国家对人民公社进行调整，江苏粮食单产由1963年的1576.42公斤/公顷上升到1965年2145.83公斤/公顷（见图15）。"文革"期间，粮食生产力总体上并未受到影响。

（3）改革开放后

1978～2020年，江苏省粮食单产总体呈现平稳上升趋势，由1978年的3628.59公斤/公顷上升到2020年的6898.08公斤/公顷。1978年12月，党的十一届三中全会召开，开始推行农村家庭联产承包责任制，1983年上半年江苏全面实行包产到户、包干到户等激励措施，粮食单产由1983年的4719.43公斤/公顷上升到2000年的5857.84公斤/公顷（见图16）。步入21世纪，粮食单产总体稳步上升。

---

① 吴玉琴：《解放前江苏省的土地占有状况探析》，《中国农史》1998年第1期。

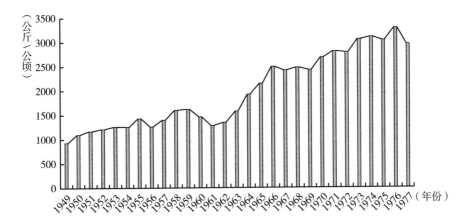

图 15　1949～1977 年江苏粮食单产

资料来源：《江苏农村经济 50 年（1949—1999）》。

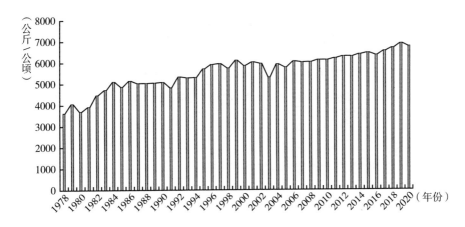

图 16　1978～2020 年江苏粮食单产

资料来源：《江苏农村经济 50 年（1949—1999）》、历年《江苏统计年鉴》、《2020 年江苏省国民经济和社会发展统计公报》。

2. 横向比较：苏南、苏中、苏北间的比较

改革开放前，苏南、苏中、苏北粮食单产增长较为均衡。1978 年，苏南地区粮食单产为 2931.58 公斤/公顷，相比于 1949 年的 957.25 公斤/公顷增长了 2.06 倍；苏中地区粮食单产为 2853.60 公斤/公顷，相比于 1949 年的 696.67 公斤/公顷增长了 3.10 倍；苏北地区粮食单产为 2491.35 公斤/公

顷，相比于1949年的534.39公斤/公顷增长了3.66倍。改革开放40多年，江苏农村改革发展取得重大突破，极大地解放了农村生产力。2020年，苏南、苏中、苏北地区粮食单产分别达4871.90公斤/公顷、4670.53公斤/公顷、4657.58公斤/公顷（见图17）。

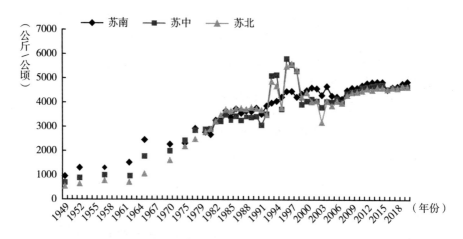

图17　1949～2020年苏南、苏中、苏北粮食单产

资料来源：《江苏农村经济50年（1949—1999）》、历年《江苏统计年鉴》和各市的统计年鉴、江苏省人民政府。

（二）农业劳均生产率的变化及比较

本报告以历年农林牧渔业总产值作为总产值，并以1949年为基期进行平减处理，以第一产业从业人员作为全部职工平均人数，计算历年江苏省农业劳均生产率。

1. 纵向比较：农业劳均生产率变迁的三个阶段

（1）新中国成立前

由于缺乏第一产业劳动人员的数据，因此用农业人口代替第一产业从业人员，计算农业劳均生产率。通过对江苏1931～1937年每人每年生产粮食的比较，来分析新中国成立前江苏农业劳均生产率的变化。

表 8 1931～1937 年江苏省农业劳均生产率

单位：公斤/人

年份	劳均生产率
1931	382. 01
1932	461. 96
1935	508. 90
1937	517. 59

资料来源：《江苏省志·农业志》。

（2）新中国成立后改革开放前

这一阶段的农业劳均生产率呈波动上升趋势。由 1952 年的 167 元/人上升到 1959 年的 350 元/人。后受到"大跃进"和三年困难时期的影响，快速下降到 1963 年的 256 元/人，1963 年国家对人民公社进行调整，上升到 1967 年的 366 元/人。但很快受到"文化大革命"的影响，农业生产在经历了一个停滞时期后呈现上升趋势，一直上升到 1976 年的 487 元/人，1977 年下降到 427 元/人（见图 18）。

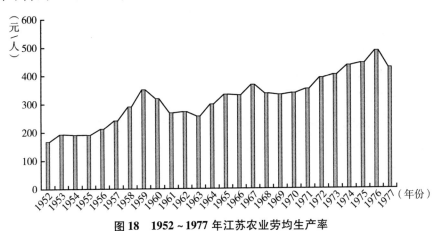

图 18 1952～1977 年江苏农业劳均生产率

资料来源：《江苏农村经济 50 年（1949—1999）》；张卫东主编《数据见证辉煌 江苏 60 年》，中国统计出版社，2009。

（3）改革开放后

这一时期，全省农业劳均生产率实现了 3000 元/人的突破，1993 年达到

3785 元/人，比 1978 年增加了 3251 元/人。随着 1992 年邓小平南方谈话和中共十四大的召开，江苏农业劳均生产率由 1994 年的 5994 元/人增加到 2002 年的 10421 元/人。2001 年中国加入 WTO，江苏农业劳均生产率从 2003 年的 10739 元/人高速增长到 2015 年的 84974 元/人，之后受非洲猪瘟的影响，农业劳均生产率出现波动，且幅度较大（见图 19）。

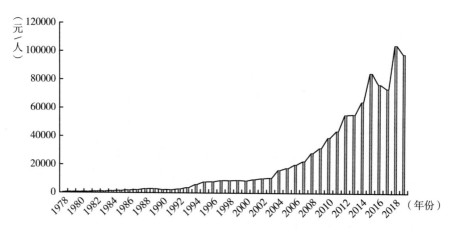

图 19　1978～2019 年江苏农业劳均生产率

资料来源：《江苏农村经济 50 年（1949—1999）》、历年《江苏统计年鉴》。

2. 横向比较：苏中、苏南、苏北间的比较

改革开放后，江苏实现了由计划经济体制向市场经济体制的重大转变，区域经济活力被充分激发，经济增长加快。2019 年，苏南、苏中、苏北地区农林牧渔总产值分别达 1538.70 亿元、1786.56 亿元、4178.11 亿元，占全省比重分别为 20.51%、23.81%、55.68%，可以看出重心逐渐向苏北转移。三地农业劳均生产率分别达 43641.00 元/人、28431.61 元/人、22119.25 元/人（见图 20），虽然苏南农林牧渔总产值占全省比重处于三大区域之末，但农业劳均生产率最高。

（三）全要素生产率的变化及比较

Fare 等将 Malmquist 指数全要素生产率（TFPCH）进行了分解，分解为技术

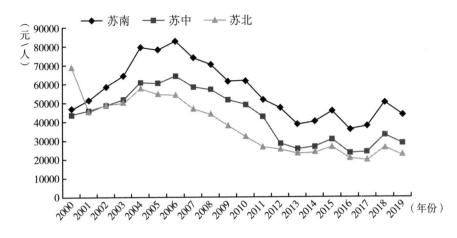

图 20　2000～2019 年苏南、苏中、苏北劳均生产率

资料来源:《江苏农村经济 50 年（1949—1999）》、历年《江苏统计年鉴》以及各市的
统计年鉴。

进步变化（TECHCH）和技术效率变化（EFFCH），在规模报酬可变（VRS）
的假设下，进一步把技术效率变化分解为纯技术效率变化（PECH）和规模
效率变化（SECH）。[①] 本报告运用 DEA 方法测度中国农业全要素生产率变
化指数，计算各个决策单元（DMU）在各期的全要素生产率及其分解因素
的变动，对江苏省 13 个地级市农业全要素生产率做出动态分析，并得出江
苏省农业全要素生产率。以历年农业总产值作为产出变量，并以 1990 年为
基期进行平减处理，投入变量包括劳动、土地、机械、化肥。其中，劳动投
入用农林牧渔业劳动力表示；土地投入以农作物可耕地面积表示；机械投入
选取农业机械总动力表示；化肥投入为年度农用化肥施用量。

1. 纵向比较：全要素生产率变迁的三个阶段

（1）新中国成立前

全要素生产率是用来衡量生产效率的指标，它有两个来源：一是技术效
率的改善；二是技术进步。从技术效率角度来看，新中国成立前的江苏农村

---

① R. Fare, S. Grosskopf, R. R. Russell, *Index Numbers: Essays in Honor of Sten Malmquist*
（Boston: Kluwer Academic Publishers, 1998）.

所使用的各种劳动工具中，耕畜仍占最重要的地位。然而，全省农村的耕畜却很少。《中国近代农业史资料》显示，1935 年江苏全省将所有牛、马、骡、驴加起来平均每农户只有 0.67 头。在缺乏耕畜的地方，用锄头钉耙翻地，用人力代替畜力的现象普遍存在。例如无锡礼社镇耕田翻土，全用人力。其他农具绝大部分是延续几千年的古老农具。从技术进步角度来看，新中国成立前的江苏，农业技术的改良还只限于农业试验场和有关农业学校，无法走到农村去。据 1932 年的调查，江苏省普通及特种农事试验场有 28 个，但与农村处于隔绝状态。由于农业科学知识的缺乏，资金的困难，全省购买化肥的农家只占 3.1%。很多农民连进行简单、经济、多效的盐水选种的盐都买不起。采用改良稻种，要施优质肥料，又费工，还要特别保存，农民嫌麻烦，即使能多收稻子农民也不愿多种。综上所述，新中国成立前江苏的农业是落后的，其根本原因是以封建土地所有制为基本特征的生产关系限制了全要素生产率的发展。

（2）新中国成立后改革开放前

1949~1977 年江苏农业总产值（扣除物价因素后）年平均增长 25.82%。同期，化肥、机械、土地等农业生产投入年均增长分别为 18.32%、-0.60%、0.37%。产出增长率减去投入增长率等于全要素生产率的增长率，1949~1977 年农业全要素生产率年均增长率达 7.73%，对农业增长起到极其重要的作用。

（3）改革开放后

图 21 是 1996~2019 年江苏省农业全要素生产率变动情况，江苏省农业全要素生产率的正向增长是由技术进步、技术效率共同驱动的，其中技术效率又可分解为纯技术效率和规模效率。江苏省农业全要素生产率年均增长率为 4.65%，技术进步年均变化率为 6.33%，纯技术效率年均变化率为 0.05%，规模效率年均变化率为 0.17%。技术进步对全要素生产率的增长具有显著的推动作用，但技术效率对全要素生长率增长的推动作用相对较弱。

2. 横向比较：苏中、苏南、苏北间的比较

从总体上看，江苏省大部分地区的农业全要素生产率获得了增长（见图 22 至图 24），说明地区农业可持续发展能力得到增强，农业技术进步仍

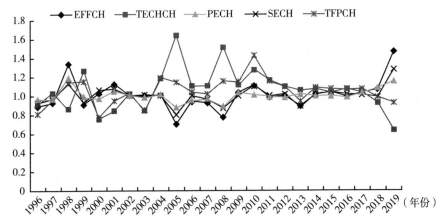

图21　1996～2019年江苏农业全要素生产率指数及其因素分解

资料来源：各市历年的统计年鉴。

然是农业全要素生产率提高的主要原因。同时，步入21世纪以来，江苏省全要素生产率呈现较强的地域差异。平均而言，苏南地区农业全要素生产率的年均增长率为0.11，苏中和苏北地区都为0.05，苏南地区增长迅速，可能与我国对苏南地区引资引才政策相关，该地区具有雄厚的研发技术实力、丰富的高端市场产品体系、健全的人才培养体系，所以全要素生产率的增长速度也相对较快。

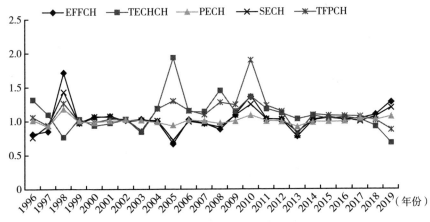

图22　1996～2019年苏南地区农业全要素生产率指数及其因素分解

资料来源：各市历年的统计年鉴。

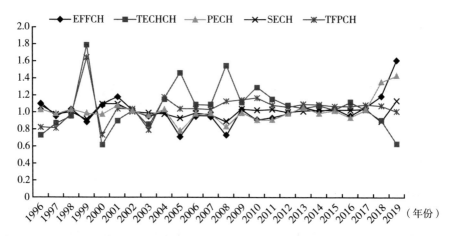

图 23　1996～2019 年苏中地区农业全要素生产率指数及其因素分解

资料来源：各市历年的统计年鉴。

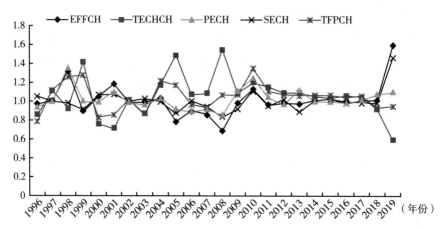

图 24　1996～2019 年苏北地区农业全要素生产率指数及其因素分解

资料来源：各市历年的统计年鉴。

三　农业种植结构的变化及比较

本报告从时间和空间角度进行比较，分析农业种植结构的变化，发现农业种植结构趋向于多元化。2019 年，全省粮食总产量达到 3729.10

万吨，创历史最高水平。人们在吃饱的同时逐步向吃好方面转变。2019年，江苏蔬菜产量为5700万吨，居全国第4位。肉类产量为298万吨，禽蛋产量为220万吨，生鲜乳产量为56吨。经济作物中油菜产量总体呈上升趋势，2019年产量达93万吨，产量是1949年的6倍左右。

（一）纵向变化：农业种植结构变迁的三个阶段

1. 粮食作物

（1）新中国成立前

1931～1937年，江苏主要粮食作物播种面积占全国主要粮食作物播种面积的10%左右，粮食产量占全国的11%左右。全省粮食产量增长缓慢，遇灾年产量不稳定，宜采用移动平均法，用连续3年的平均数作为中间一年的平均数，然后互相比较。1931～1937年，粮食产量增长17.8%（见表9）。

表9　1931～1937年江苏省每三年平均粮食产量增长指数

单位：万吨

年份	三年平均粮食产量	指数
1931～1933	1108.00	100.00
1932～1934	1132.00	102.10
1933～1935	1171.50	105.70
1934～1936	1216.50	109.80
1935～1937	1305.50	117.80

资料来源：唐文起：《三十年代江苏农业经济发展浅析》，《中国农史》1983年第1期。

（2）新中国成立后改革开放前

改革开放前，江苏省粮食生产情况变化大体分为三个阶段。1949～1956年，这一阶段粮食产量从1949年的748.50万吨上升到1956年的1077万吨；粮食播种面积从1949年的648.10万公顷上升到1956年的853.50万公顷。1957～1961年，这一阶段粮食产量从1957年的1163万吨下降到1961

年的 904 万吨；粮食播种面积从 1957 年的 832.10 万公顷下降到 1961 年的 765.20 万公顷。1962～1977 年，这一阶段粮食产量从 1962 年的 965 万吨上升到 1977 年的 1905 万吨；粮食播种面积从 1962 年的 717.20 万公顷下降到 1977 年的 645.10 万公顷（见图 25）。

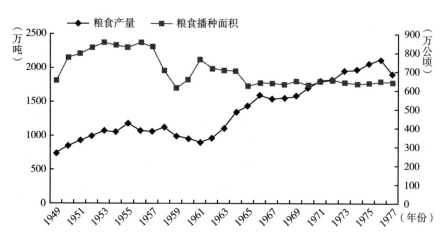

图 25　1949～1977 年江苏省粮食产量、粮食播种面积

资料来源：《江苏农村经济 50 年（1949—1999）》。

（3）改革开放后

1978～1981 年，江苏省粮食产量一直在 2500 万吨上下浮动，变动幅度较小。1983 年江苏省粮食产量首次突破 3000 万吨，1985 年受水灾等因素影响，江苏粮食产量下降到 3127 万吨。江苏省粮食播种面积从 1978 年的 631.10 万公顷下降到 1998 年 594.60 万公顷。因为城市化进程加快，粮食产量下降到 2003 年的 2472 万吨，同期江苏省粮食播种面积降到最低点 465.90 万公顷，后随着农村税费改革加快，强农惠农政策力度加大，粮食生产得以恢复，粮食播种面积总体呈上升趋势，2020 年分别达到 3729 万吨和 540.60 万公顷（见图 26）。

2. 主要经济作物

（1）新中国成立前

据历史资料，江苏省棉花播种面积占全国棉花播种面积的 16%～22%。

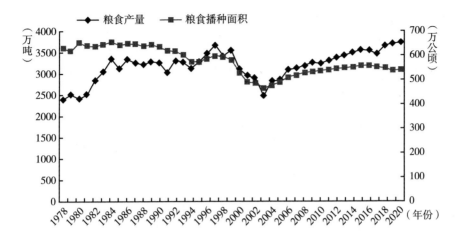

图 26　1978～2020 年江苏省粮食产量、粮食播种面积

资料来源：《江苏农村经济 50 年（1949—1999）》。

棉花产量最高的 1935 年产 18.73 万吨，占全国的 26.02％，大丰收的 1932 年全省产油料 57.74 万吨、棉花 19.29 万吨（见表 10）。

表 10　1931～1937 年江苏省油料及棉花产量

单位：万吨

年份	油料产量	棉花产量
1931	—	15.29
1932	57.74	19.29
1935	56.81	18.73
1937	58.83	15.32

资料来源：唐文起：《三十年代江苏农业经济发展浅析》，《中国农史》1983 年第 1 期。

（2）新中国成立后改革开放前

从经济作物内部结构来看，除油料作物外，其余两大主要经济作物播种面积及产量总体呈上升趋势，个别年份有所调减。1949 年，江苏省棉花播种面积达到 17.20 万公顷，产量仅为 2.81 万吨；同期油料作物播种面积达到 22.22 万公顷，产量仅为 15.94 万吨；麻类作物播种面积最小，仅为 1.75 万公顷，产量仅为 1.60 万吨。到 1977 年，江苏省棉花播种面积达到 58.80

万公顷，较 1949 年上涨 2.42 倍，产量达到 38.06 万吨；油料作物播种面积有所下降，为 19.62 万公顷，产量仅有小幅上升，为 19.08 万吨；麻类作物播种面积为 2.46 万公顷，比 1949 年增加了 41%，产量仅有小幅提升，为 4.64 万吨（见表 11）。

表 11　1949～1977 年江苏省主要经济作物产量及播种面积

单位：万吨，万公顷

年份	棉花		油料作物		麻类作物	
	产量	播种面积	产量	播种面积	产量	播种面积
1949	2.81	17.20	15.94	22.22	1.60	1.75
1952	9.28	49.20	21.68	25.84	3.43	2.77
1955	19.57	64.50	31.72	30.40	3.60	2.78
1958	20.54	51.20	22.10	21.29	2.78	2.57
1961	13.93	44.20	7.95	13.03	1.29	1.97
1964	33.38	53.50	22.32	19.41	1.77	1.75
1967	38.45	59.90	23.49	19.68	4.35	3.41
1970	32.82	59.20	21.67	16.41	2.63	2.23
1973	44.73	58.20	31.69	23.94	3.91	2.84
1976	41.43	58.80	21.99	19.55	4.81	2.31
1977	38.06	58.80	19.08	19.62	4.64	2.46

资料来源：《江苏农村经济 50 年（1949—1999）》。

（3）改革开放后

1978 年，江苏棉花播种面积达到 59.00 万公顷，产量达到 47.54 万吨，之后总体呈现下降趋势。2020 年，江苏棉花播种面积仅有 0.80 万公顷，产量仅有 1.10 万吨。油料作物播种面积在改革开放后总体呈上升趋势，2003 年油料作物播种面积达到历史最高值 91.10 万公顷，之后油料作物播种面积总体呈下降趋势，2020 年下降到 27.90 万公顷，产量为 93.00 万吨。麻类作物的播种面积自改革开放后，总体呈下降趋势，虽然中间也有回升，但幅度不大，2019 年播种面积为 0.02 公顷，产量仅为 0.10 万吨（见表 12）。

表12　1978～2020年江苏省主要经济作物产量及播种面积

单位：万吨，万公顷

年份	棉花		油料作物		麻类作物	
	产量	播种面积	产量	播种面积	产量	播种面积
1978	47.54	59.00	37.44	23.27	7.01	2.73
1982	57.60	68.00	91.87	49.51	4.88	1.50
1986	40.11	49.70	116.77	62.42	5.82	2.71
1990	46.42	57.21	112.39	55.58	1.90	0.81
1994	45.71	53.46	133.59	67.03	0.82	0.28
1998	46.19	41.62	115.63	62.68	0.33	0.10
2002	36.30	31.14	217.00	90.70	0.50	0.20
2006	35.52	33.04	176.47	66.80	0.45	0.10
2010	26.08	23.57	151.97	48.20	0.20	0.10
2011	24.68	23.93	144.05	44.40	0.18	0.10
2012	22.00	17.06	146.90	52.77	0.20	0.07
2013	20.93	15.52	150.37	38.20	0.19	0.10
2014	15.95	13.18	104.12	35.20	0.14	0.05
2015	11.69	9.43	143.11	32.10	0.10	0.04
2016	3.69	3.17	88.67	28.30	0.08	0.03
2017	2.57	2.10	85.36	26.80	0.08	0.03
2018	2.10	1.66	86.00	26.28	0.06	0.02
2019	1.60	1.16	94.30	28.32	0.10	0.02
2020	1.10	0.80	93.00	27.90	—	—

资料来源：《江苏农村经济50年（1949—1999）》、历年《江苏统计年鉴》。

2. 横向比较：苏南、苏中、苏北间的比较

（1）粮食作物

从图27可以看出，苏北地区一直是江苏省粮食主产区，相较于苏中、苏南，苏北地区粮食产量大致呈现上升趋势。自1949年新中国成立到1990年，粮食产量总体呈现上升趋势，但播种面积总体却在下降，2010年苏北地区粮食产量和播种面积进入平稳上升状态。苏中、苏南粮食播种面积总体呈下降趋势（见图28），产量虽有提升，但在2010年之后就开始下降。

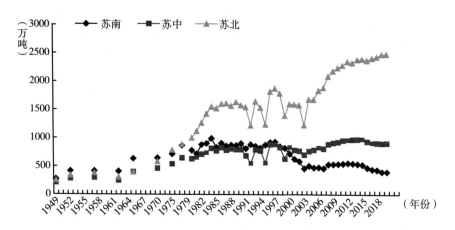

图 27　1949～2020 年苏南、苏中、苏北粮食产量

资料来源：《江苏农村经济 50 年（1949—1999）》和各市历年的统计年鉴。

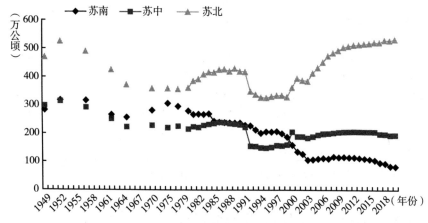

图 28　1949～2020 年苏南、苏中、苏北粮食播种面积

资料来源：《江苏农村经济 50 年（1949—1999）》和各市历年的统计年鉴。

（2）经济作物

三大区域棉花、油料作物产量均有剧烈波动，比较有规律的一个转折点是 1978 年，与 1949 年相比，三大区域棉花、油料作物产量均有明显的上升。相较于 1949 年，苏北地区棉花产量上升了 18 倍，播种面积也有了大幅度的增长；油料作物产量上升了 0.94 倍，但播种面积却减少到 6.99 万公顷，可见油料作物生产率有所上升。苏中地区棉花产量达到了最高峰，为23.18 万吨，播种面积与1949 年相比增长了1 倍多，油料作物产量上升到10.66 万吨，播种面积增长幅度不大，为5.75 万公顷。苏南地区棉花、油料作物相较于其余两区域上升幅度不大，棉花产量为4.90 万吨，播种面积为7.04 万公顷，油料作物产量达到15.74 万吨，播种面积为10.38 万公顷（见图29 至图32）。

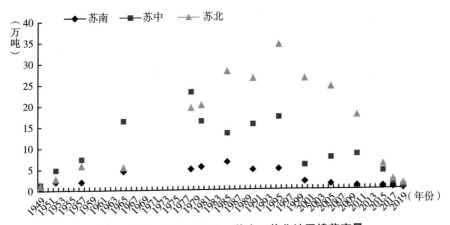

图29 1949~2019 年苏南、苏中、苏北地区棉花产量

资料来源：《江苏农村经济50 年（1949—1999）》和各市历年的统计年鉴。

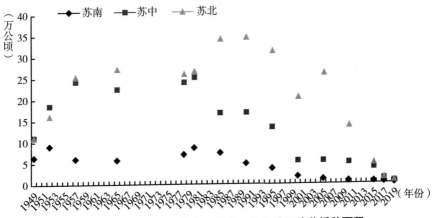

图30 1949~2019 年苏南、苏中、苏北地区棉花播种面积

资料来源：《江苏农村经济50 年（1949—1999）》和各市历年的统计年鉴。

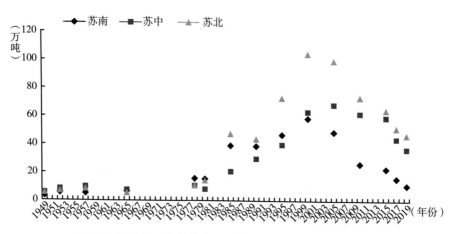

图31 1949~2019年苏南、苏中、苏北地区油料作物产量

资料来源:《江苏农村经济50年(1949—1999)》和各市历年的统计年鉴。

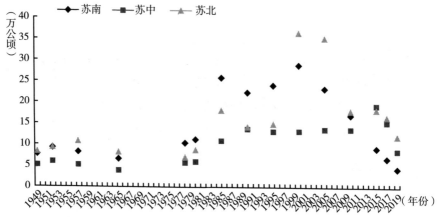

图32 1949~2019年苏南、苏中、苏北地区油料作物播种面积

资料来源:《江苏农村经济50年(1949—1999)》和各市历年的统计年鉴。

四 农户家庭收入的变化及比较

经过经济不断发展,江苏省的农户收入情况有了一个质的飞跃,收入结构也发生了巨大改变。工资性收入成为农民的主要收入来源,基本是农户收入的一半,这主要是由三大区域间的经济发展水平和发展模式不同导致的。

本报告主要从纵向、横向两个角度分析农民收入变化情况，分析江苏农业的发展历程以及转型趋势。

（一）农户家庭收入结构的变化

参照统计年鉴和统计指标，本报告的农户家庭收入均指农民人均纯收入，即农村常住居民的人均收入扣除各项费用后所剩余的那一部分收入，可直接用于建设投资、生活消费以及储蓄。根据来源渠道，农民人均纯收入又可分为工资性收入、家庭经营收入、财产性收入和转移性收入。为了方便比较，本报告农民人均收入数据都以1978年的江苏省GDP为基期价格进行了平减处理。

1. 纵向比较：农户家庭收入结构变迁的三个阶段

（1）新中国成立前

根据《20世纪30年代的中国农业》中的数据，分别用农民平均收入和恩格尔系数来反映新中国成立前江苏农民收入结构。农民平均收入单位是银元。恩格尔系数指的是食品支出总额占消费支出总额的比重，是衡量富裕程度的重要指标，农村居民的恩格尔系数高，说明该地区经济落后，农民富裕程度低。20世纪30年代江苏省农民平均收入为104.73银元，江苏地区恩格尔系数为0.12。结合全国以及中部、西部的农民平均收入水平及恩格尔系数，江苏农民平均收入水平最高，恩格尔系数最低（见表13）。可以发现江苏农村在20世纪30年代相对于全国来说富裕程度较高。

表13　江苏省20世纪20年代、30年代农民平均收入及恩格尔系数

单位：银元

地区	农民平均收入	恩格尔系数
江苏省	104.73	0.12
中部	84.70	0.21
西部	65.69	0.22
全国	89.44	0.24

资料来源：胡浩、钟甫宁、C. G. Turvey：《20世纪30年代的中国农业》，施普林格·自然集团，2019，第74~75页；CLES 2021。

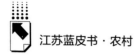

（2）新中国成立后改革开放前

1949年新中国成立后，江苏逐步建立了社会主义经济制度，国民经济得到快速恢复，农民收入逐渐好转。江苏省农村居民纯收入也逐年增加，到1951年时达到人均99.60元。尤其是经过十年"文革"后，江苏省围绕"把国民经济搞上去"的目标，对江苏国民经济进行了整顿，工业交通全面恢复，农副业生产、多种经营和社队企业得到发展，新建了一批重点骨干工程，到1978年农民人均纯收入已达到155元。

（3）改革开放后

随着家庭联产承包责任制的推行，江苏农村经济得以快速发展，农民收入大幅增加，到1984年多数农民已摆脱贫困，过上了温饱生活。在此期间农民收入的提高主要归功于家庭经营收入的提高，其在收入总量中所占比重由20%迅速上升到60%以上。① 1985～1988年，商品经济思潮开始涌动，农村产业结构适时进行了调整，不少乡镇企业异军突起，非农产业及多种经营方式得到较快发展，带动了工资性收入的较快增长。

市场经济体制的建立，为江苏农民再一次吹响了快速增长收入的号角，江苏省农民收入水平快速增长，收入结构也发生了显著变化。大批农村剩余劳动力转变了就业观念，积极投身二、三产业，促进了工资性收入和非农经营收入的增加。由表14可知，工资性收入成为近30多年里江苏农民收入增长的首要功臣，尽管部分年份有所降低，但基本保持在50%以上。这主要是因为工资性收入占农民收入的比重最高，是农民最主要的收入来源。

截至1995年，江苏农民人均纯收入已达2277.32元。随着收入结构的调整，家庭经营收入的贡献也在增加。有些年份受政策利好影响，家庭经营收入对农民收入增长的贡献大大提高，但依然不敌工资性收入的贡献率。转移性及财产性收入在农民收入中所占比例最低，即使是在2020年，也只占22.19%，其对农民收入增长的贡献程度也是有升有降，但就长期趋势来看，

---

① 姚涵、刘畅：《江苏省农村居民收入差距变化的实证研究——基于基尼系数的结构分解》，《农村经济与科技》2015年第5期。

其对农民收入增长的贡献日益提高。但总体来看，两者仍然无法成为农民收入的主要组成部分，只能是农民收入的重要补充。

表 14　1978～2020 年江苏省农民人均纯收入及来源结构

单位：元，%

年份	农民人均纯收入		工资性收入		家庭经营收入		转移性及财产性收入	
	绝对数	比重	绝对数	比重	绝对数	比重	绝对数	比重
1978	155.00	100	—	—	35.00	22.58	—	—
1980	210.02	100	—	—	55.88	26.61	—	—
1985	472.27	100	129.32	27.38	305.58	64.71	37.36	7.91
1990	835.62	100	261.84	31.33	550.15	65.84	23.63	2.83
1995	2277.32	100	761.89	33.46	1431.09	62.84	84.35	3.70
2000	3250.45	100	1503.62	46.26	1601.27	49.26	145.57	4.48
2001	3434.66	100	1651.54	48.08	1617.97	47.11	165.15	4.81
2002	3577.44	100	1785.14	49.90	1607.88	44.94	184.42	5.16
2003	3731.51	100	1926.94	51.64	1579.23	42.32	225.35	6.04
2004	4141.11	100	2128.05	51.39	1758.71	42.47	254.36	6.14
2005	4607.86	100	2433.19	52.81	1855.90	40.28	318.78	6.92
2006	5059.18	100	2677.11	52.92	2001.74	39.57	380.33	7.52
2007	5710.18	100	3025.24	52.98	2221.06	38.90	463.88	8.12
2008	6527.95	100	3456.97	52.96	2495.12	38.22	575.87	8.82
2009	7121.89	100	3771.35	52.96	2614.77	36.72	735.77	10.33
2010	8090.51	100	4344.28	53.70	2852.71	35.26	893.52	11.04
2011	9679.46	100	5377.48	55.56	3144.41	32.49	1157.57	11.96
2012	11020.35	100	6154.31	55.85	3518.53	31.93	1347.50	12.23
2013	12336.95	100	5801.46	47.03	4140.88	33.56	2394.62	19.41
2014	13761.18	100	6596.41	47.93	4627.87	33.63	2536.89	18.44
2015	14983.13	100	7387.00	49.30	4650.32	31.04	2945.81	19.66
2016	16331.73	100	8099.91	49.60	4900.83	30.01	3330.98	20.40
2017	17871.27	100	8874.07	49.66	5241.98	29.33	3755.22	21.01
2018	19536.18	100	9579.76	49.04	5638.80	28.86	4317.62	22.10
2019	21371.72	100	10439.87	48.85	5929.78	27.75	5002.07	23.41
2020	23389.05	100	12201.23	52.17	5997.85	25.64	5189.97	22.19

资料来源：历年《国家统计年鉴》《江苏统计年鉴》。

2. 横向比较：苏南、苏中、苏北间的比较

新中国成立后，苏南开始着力发展乡镇工业，苏北却依旧把重心放在农

业种植业上。1984 年，苏南乡镇企业工业产值已经达到全国乡镇企业总产值的 1/6，著名的"苏南模式"正是大力发展乡镇企业的模式。苏南经济蓬勃发展，苏南、苏中、苏北三个区域的人均收入相差巨大。改革开放以来，江苏农村居民收入总体水平有了很大的提高，分配格局也发生了重大变化，最值得关注的是苏南、苏中、苏北三大区域间农民收入差距的逐步扩大。

从图 33 可以看出，三大区域农民人均年收入的变化趋势大体上是一致的，都是随着时间的推移慢慢增长，并且 2010 年后，增长速度有变快的趋势。虽然收入增长的模式相似，但三大区域之间农民收入的差距正在逐渐扩大，苏中与苏北 2000 年的差距仅为 426.76 元，到了 2007 年，苏中与苏北的差距达到了 1238.47 元，而到了 2020 年，苏中与苏北的差距更是达到了 4213.23 元。苏南与苏中 2000 年的差距为 988.25 元，到了 2007 年，苏南与苏中的差距达到了 2089.64 元，而到了 2020 年，苏南与苏中的差距更是达到了 6680.63 元。这说明无论是苏南与苏中、苏南与苏北还是苏中与苏北，它们之间的收入差距均随着时间的推移逐渐拉大，且从南向北呈现阶梯状变化。其主要原因是苏南工业发达，在农村企业的农村人口较多，苏北外出务工人员较多，只有苏中种植一些经济作物，收入也较为可观。

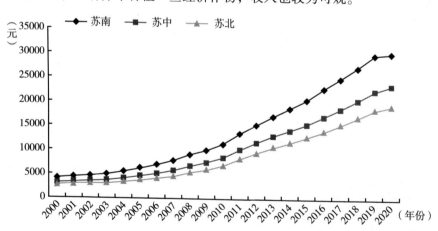

图 33　2000~2020 年江苏省三大区域农民人均年收入

资料来源：历年《江苏统计年鉴》。

五 江苏农业发展的转型与展望

江苏不仅是经济大省，也是农业大省。通过农业生产要素配置、农业生产率水平、农业种植结构、农户家庭收入等几个方面来分析近一个世纪以来江苏农业经营的演变过程和转型趋势。目前，江苏省正处于加快转变农业发展方式、推进农业基本现代化的关键时期，要实现确保粮食安全和农产品有效供给，促进农民持续增收的目标，就必须构建完善的社会化服务体系和注重农业可持续发展，走出一条有江苏特色的现代农业科技创新之路。

现代农业赋予了农业更多的发展维度，也为农业的转型升级指明了发展方向。江苏省发展现代农业基础较好，具有独特的经济优势、产业优势和科技优势。江苏发展现代农业的根本在于提高农业劳动生产率，坚持走规模化、集约化的道路，重点做好"稳粮、增效、开放、可持续"等。为了发展好江苏农业，本报告主要提出以下建议。

大力培育新型经营主体。在坚持农村基本经营制度、依法保护农民土地权益的基础上，加大财政对农村土地规模流转的补贴力度，引导农村土地向规模经营主体流转。[1] 各类涉农补贴和农业科技项目要向种养大户、家庭农场、农民专业合作社等新型农业经营主体倾斜。目前江苏全省农民专业合作组织已超10万家，有很大的发展潜力，只有大力促进各种农民专业合作组织的发展，才能使江苏省农业发展之路更加顺畅。随着我国农村土地不断流转和家庭经营规模的扩大，家庭农场也成为现代农业经营的重要模式，要对其加强培育，使其规范发展。

加快人才战略实施。围绕江苏省农业优势特色产业和新兴产业发展的需要，引进高层次、战略型领军人才，并着力培养一批创新创业杰出人才。不

---

[1] 孙晓欣：《江苏省农业现代化转型的驱动机制及其区域效应》，硕士学位论文，江苏师范大学，2017。

仅要吸纳一批精技术、善经营、会创业的农技推广人才，还要提高县乡一级农业技术推广机构人员的待遇、工作运转、推广服务保障水平，逐步改善基层农技推广人员的工作条件，完善落实农技人员聘任制度，确保基层农业技术推广体系队伍的稳定。

推进农业科技创新。科技进步是建设现代农业的重要支撑，也是农业转型升级的内在要求。应不断完善江苏省农业科技创新体系，要加强农业新品种选育，攻克关键技术难题，形成一批具有自主知识产权和自主品牌的设施农业新品种、新技术、新模式。应认真抓好重大项目的实施，加强对优质高效安全生产技术、农产品精深加工技术、农业资源可持续开发利用技术和农业工程与装备技术的研发，加快推进设施蔬菜、花卉苗木、规模养殖、观光农业等生产技术发展。

强化农业财政支持保护体系。加大财政支农资金扶持力度，重点支持大中型农业基础设施建设、粮食机械化生产、农业科技、生态保护、农业公共服务体系以及农村公共事业等项目，同时创新农村金融制度。要实现农业现代化，一个现代化且高效的农村金融体系必不可少。一是积极探索金融行业支撑农村经济发展的新思路、新模式，鼓励发展适合农业农村特点和需求的金融服务；二是创新农业抵押担保体系，建立政策性和互助型担保公司，形成政策性、商业性、互助性担保相辅相成的农业担保体系；三是大力发展村镇银行、小额贷款公司等新型农村金融组织，允许农村小型金融组织从金融机构融入资金，允许有条件的农民专业合作社开展信用合作。

完善农业服务体系。一是健全服务网络，拓宽服务领域，创新服务方式，搭建服务平台，逐步建立起以公共服务机构为依托、专业服务组织为基础、农业龙头企业和合作社为骨干、其他社会力量为补充的农业社会化服务体系。① 二是运用现代市场营销理念，鼓励发展连锁经营、电子商务、

---

① 韩曙平、郭军盈：《江苏省农业产业转型升级的现状及程度分析》，《山西农业大学学报》（社会科学版）2018 年第 12 期。

物流配送等新业态，开展农产品展销活动，搞好产销对接，加大促销力度，扩大农产品销售空间，提高市场占有率。三是加快推进农业科研院所、农业科技园区、农业科技企业等参与农业科技成果转化与示范推广。加强农村网络建设，将工作落实到村一级，加快构建新型高效能农业科技服务体系。

B.4

百年农村金融：沿革脉络与现实变迁

张龙耀　徐建奎*

摘　要： 党的百年农村金融政策始终坚持以保护农民的根本利益为立足点，以服务"三农"为历史使命。本报告通过回顾中国共产党领导下百年农村金融发展的沿革脉络，总结其发展特点和实践经验，并结合江苏省农村金融发展的经验，以及通过江苏省横跨近百年的农村金融数据分析，更加直观地呈现百年来党领导下农村金融改革的丰硕成果，在此基础上总结出诸多成功经验与启示，为我国农村金融改革的进一步深化提供指导意见。

关键词： 农民利益　农村金融政策　农村金融改革

自中国共产党成立以来，中国农村金融先后经历了新民主主义革命时期现代农村金融发展萌芽阶段、社会主义建设时期农村金融制度探索阶段以及改革开放后农村金融变革发展阶段。立足不同历史阶段的中国国情，围绕不同时期党的中心工作需要，党的农村金融政策切实服务于党在政治经济社会等领域的工作目标，最终落脚于维护农民群众的根本利益。

本报告通过回顾中国共产党领导下百年农村金融的沿革脉络，总结其发展特点和实践经验，并通过横跨近百年的农村金融数据比较，更加直观地呈现党领导下农村金融改革的丰硕成果，在此基础上对党领导下

---

* 张龙耀，南京农业大学金融学院教授，主要研究方向为农村金融、数字金融、普惠金融；徐建奎，南京农业大学金融学院博士研究生，要研究方向为农村金融、数字金融、普惠金融。

的农村金融发展方向进行展望，为提高我国新时代农村金融服务水平提供政策建议。

一 新民主主义革命时期："群众路线"下的农村金融

（一）1921～1927年：大革命时期农村金融事业的初步尝试

辛亥革命虽然成功推翻了清王朝的政权，但是中国封建社会的农村土地所有制却一直保留着，农民阶级仍然遭受地主阶级的压迫，生活困苦，封建土地所有制严重限制了社会的进步和生产力的发展。同时封建土地所有制和农村金融市场上的高利贷结合在一起，使得广大农民饱受盘剥之苦，此时，迫切需要能为广大农民提供服务的金融机构。这一时期党在农村金融事业上做了许多尝试，具体体现在建立农民银行等金融机构、实行低息借贷以及自主发行货币上。1924年12月，萧山衙前信用合作社成立，这是我国农民协会自发组织成立的第一个合作金融机构。1926年4月，中国共产党又创建了第一家农民银行——柴山洲特别区第一农民银行。这一时期中国共产党在农村金融发展上做了非常多的有益探索，完成了农村金融领域多个"第一次"的尝试，为以后在革命根据地建立银行积累了大量宝贵的实践经验。

（二）1927～1937年：土地革命时期农村金融事业的初步建立

1927年，第一次国共合作破裂，大革命失败后，中国共产党开始废除封建土地制度，建立工农民主政权，相继领导建立了以江西中央革命根据地为中心的多个革命根据地。为应对国民党对根据地的军事"围剿"和经济封锁，许多革命根据地建立了自己的金融体系，并发行货币，[①] 中国共产党领导下的新民主主义革命金融事业开始建立。这一时期党的农村金融政策，

---

① 湖南耒阳工农兵苏维埃政府1928年发行的"劳动券"，是全国第一张地方苏维埃政府发行的纸币。

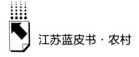

除了打击高利贷、组建革命根据地银行、发行货币外，还积极动员农民群众参加储蓄，① 将个人储蓄存入革命根据地银行，银行将这些资金投放到苏区的生产建设当中。

（三）1937~1945年：抗日战争时期农村金融体系的初步发展

在抗日战争初期，抗日根据地的流通货币仍以国民政府"四行"② 发行的法币为主，同时，市面上还流通着其他货币③，金融市场秩序十分混乱，严重地扰乱了根据地金融和商业贸易秩序。④ 为发展经济、改善人民生活、调剂军需支援抗日、防止敌伪钞的侵入和流通，中国共产党在抗日根据地先后建立了近40家金融机构，形成了自己的金融体系，并且随着根据地的发展，整个金融体系也在逐步扩大。这一时期，在贷款投放上，以生产性贷款为主，把支援农业放在首位。在利率政策上，党始终禁止高利贷，实行低利政策，不以营利为目的，为发展生产服务，为农民大众服务。

（四）1945~1949年：解放战争时期农村金融体系开始建立

抗日战争胜利后，国民党反动派撕毁了停战协定和政治协商决议，并悍然对解放区发动全面进攻。人民解放军在中国共产党的直接领导下，开始为推翻国民党统治、全面解放中国而进行伟大的解放战争。伴随解放战争的节节获胜和新解放区的日渐扩展，各解放区稳固了已形成的金融体系，并积极地发展新解放区的金融事业，金融机构也逐步从散乱走向集成统一。广大解放区遭受战争破坏，农村资金枯竭，生产停滞，农民生活困难。建立新的借

---

① 毛泽东认为开展个人储蓄有极重要的意义：在阶级利益面前，可以运用广大工农群众的资金投入苏区的生产建设当中；在私人利益方面，工农群众的储蓄存入银行既可以生息也可以解决困难时的不时之需。见中国人民银行编著《中国共产党领导下的金融发展简史》，中国金融出版社，2012，第57页。

② 中央银行、中国银行、交通银行、中国农民银行。

③ 主要包括其他省的地方流通券和各县自制的土票。

④ 中国金融思想政治工作研究会编著《中国红色金融史》，中国财政经济出版社，2021。

贷关系，发展农村金融，发展生产已经迫在眉睫。党在农村金融发展上，充分认识到了开办农村信用合作社的重要意义。信用合作社在动员和集中农村游资，解决社员生产和生活的资金困难，抵制高利贷剥削和发展边区生产等方面均起到了积极作用。

在大革命时期，共产党敏锐洞悉了广大农民群众对金融的需求，在农村金融市场上，一方面打击高利贷，另一方面积极组建农村金融机构，发放低利借贷。到了土地革命时期，除了在革命根据地组建银行、发行货币外，还吸收公家存款和个人存款①，共产党利用这些资金支持苏区经济发展，打破国民党的经济封锁，保障战争供给。在抗日战争和解放战争时期，共产党组建农村信用合作组织为遭受战争破坏的广大农村地区提供金融支持。可以说，党在新民主主义革命时期的农村金融发展政策充分贯彻了"一切为了群众，一切依靠群众，从群众中来，到群众中去"的基本工作路线。

二 社会主义建设时期：党领导人民探索农村金融制度

（一）1949～1957年：社会主义改造时期蓬勃发展的农村金融

新中国成立初期，百废待兴。党带领人民选择了社会主义制度，积极开展社会主义改造，充分解放生产力。在社会主义改造时期，广大农民分得土地，生产积极性也得到了巨大提高，扩大再生产带动了广大农民对农村金融的需求。在这一时期，中国人民银行是全国唯一的银行，同时是唯一的金融机构，中国人民银行的农业部，从中央政府到乡镇一级政府机构，都设有分部，统一负责农村金融业务的经营与管理。② 1951 年中国人民银行提出加强农村金融工作和积极发展信用合作任务，将银行金融机构下设至乡镇，在乡

---

① 公家存款包括财政存款，机关、企业存款等，而个人存款则主要来自广大工农群众。
② 李海峰：《中国农村金融发展理论与实践研究》，博士学位论文，吉林大学，2012。

镇上建立营业所，同时帮助农村发展信用互助合作组织，建立信用互助合作社。在这一时期，我国初步形成了以中国人民银行为领导、以农村信用合作社为基础的农村金融体系，对促进农业生产、金融支农等方面起到了重要作用。到1954年底，我国农村信用合作社发展到12.6万个，70%左右的乡建立农村信用合作社10.3万个。[①]

（二）1958~1978年：曲折中前行的农村金融

在社会主义建设事业接连取得重大成就后，全国上下急切需要彻底改变贫穷落后的面貌。在1958年，我国进入"大跃进"时期，农村地区开始实行人民公社制度，受其影响农村金融乃至整个金融方面形成高度集中统一、以行政管理为主的体制。1962年，农村信用合作社由农业银行领导，到1966年，农村信用合作社的管理职能又由生产大队予以行使。这一时期的农村金融体系紧密地依附于人民公社制度，由于经常出现资金挪用现象，农村信用合作社的业务经营秩序遭到严重破坏，业务发展停滞不前，农村金融事业发展较为缓慢。

社会主义建设道路的探索是前人未曾开创的事业，难免经历艰难与挫折。这一时期农村金融的作用实质是为我国的重工业化发展而服务，并没有形成独立的农村金融制度。这些经验教训被下一代中国共产党人认真汲取总结，为改革开放后的中国农村金融政策的制定提供了历史借鉴。

三　改革开放后：坚守服务"三农"
初心下的变革与发展

（一）1978~1992年：农村金融制度重新确立

1978年十一届三中全会上明确提出"恢复中国农业银行，大力发展农村信贷事业"。十一届三中全会以后，我国逐步废除了人民公社体制，开

---

① 张乐柱：《需求导向的竞争性农村金融体系重构研究》，中国经济出版社，2008，第47页。

始实行家庭联产承包责任制。同时伴随着这一时期我国农业的发展、社会主义市场经济制度的进一步健全，为配合整个农村经济体制改革的深入，农村金融体制得以重新制定。[①] 在这一时期，中国农业银行的主要任务是对支农资金和农村信贷进行统一管理，领导农村信用合作社服务"三农"，发展农村金融事业。1980年8月中央财经领导小组又对农村信用合作社改革做了明确批示，农村信用社要办成真正集体的金融组织，在银行领导下，实行独立核算，自负盈亏，要把农村信用社办得活一些，不一定接受银行一套规定的约束。这一时期我国的农村金融政策主要包括：扩大农村信用合作社业务经营自主权、放宽信贷政策和信贷范围以及在农村地区增设农村信用合作社网点等。农村金融市场开始形成以中国农业银行和农村信用合作社为主的局面。

（二）1992~2003年：农村金融体系在改革中发展

1992年中共十四大召开，在确立了构建社会主义市场经济体制的改革目标以后，我国农业和农村经济沿金融市场发展走向深化的速度进一步加快。与此同时，我国农业经济政策性、商业性和合作性金融机构"三足鼎立"的基本格局逐步形成。1993年11月，中共十四届三中全会上提出加快金融体制改革。根据金融体制改革的要求，农村金融也采取了相应的改革措施：第一，中国农业发展银行成立，这是中国第一家农业政策性银行；第二，农村信用合作社脱离中国农业银行的管理，成为独立的金融机构，并逐步推进了改革试点。这一时期，农村信用合作社开始试行并推广小额信贷业务。到20世纪90年代末，农村信用合作社改革试点在江苏进行得如火如荼，在改革过程中，农村信用合作社为"三农"服务的初心始终未变。

（三）2004~2012年：现代农村金融制度构建探索阶段

2004年中央一号文件提出要从农村和农民的实际需要出发，按照有利

---

① 温涛、王煜宇：《改革开放40周年中国农村金融制度的演进逻辑与未来展望》，《农业技术经济》2018年第1期。

于改善农村金融服务的要求，加快改革和创新农村金融体制。2005 年中央一号文件提出制定农村金融总体改革方案，推进农村金融改革和创新。2008年十七届三中全会《关于推进农村改革发展若干重大问题的决定》更是明确提出建立现代农村金融制度。农村金融发展进入了新的探索阶段。这一时期，众多外资银行和四大国有商业银行开始入驻农村金融市场，再加上股份制商业银行业务逐步下沉，在农村地区设置分行网点，民间借贷市场放开，中国农村金融已形成了商业性金融、社会合作性金融、政策性金融相结合的新格局。①

（四）2013年至今：农村金融改革深化阶段

党的十八大确立了"为全面建成小康社会而奋斗"的目标，并把解决好"三农"问题作为全党工作重中之重，"三农"发展离不开金融的支持，此时，农村金融制度改革创新正式进入深化阶段。2013 年中央一号文件提出切实加大商业性金融支农力度，确保持续加大涉农信贷投放力度，创新金融产品和服务，优先满足农户信贷需求。2014～2017 年中央一号文件都强调了农村金融制度的改革创新以及推动金融资源向"三农"领域倾斜，并对金融机构服务"三农"提出多条指导性建议。2018 年和 2019 年中央一号文件则聚焦金融对贫困地区脱贫的重要作用，鼓励金融机构加大对贫困地区的支持。2020 年中央一号文件提出稳妥扩大农村普惠金融改革试点，鼓励金融机构推出更多迎合广大农民需求的免抵押、免担保、低利率、可持续的普惠金融产品。2021 年中央一号文件提出农村金融坚持为农服务宗旨，持续深化农村金融体制改革，鼓励银行业金融机构建立服务乡村振兴的内设机构以及发展农村数字普惠金融。

改革开放 40 余年，不断深化的经济金融体制改革夯实了中国农村金融事业发展的经济基础。在改革开放后的农村金融变革发展阶段，历年的

---

① 温涛、王煜宇：《改革开放 40 周年中国农村金融制度的演进逻辑与未来展望》，《农业技术经济》2018 年第 1 期。

中央一号文件都表明了共产党利用金融资源为"三农"事业服务的宗旨和决心。

四 江苏农村金融发展经验

新中国成立以来，江苏省积极贯彻落实各项农村金融政策，为全国农村金融体制改革、金融支持乡村振兴、农村数字普惠金融发展等领域提供了丰富的发展经验。本报告从苏南的南京市、苏中的兴化市以及苏北的沭阳县三个地区各挑选一个典型案例来介绍江苏农村金融发展的先进经验。

（一）南京市"金陵惠农贷"支持新型农业经营主体发展经验

1. 基本情况

为解决新型农业经营主体在生产经营过程中遇到的融资难题，南京市多部门于 2015 年联合紫金农商银行推出"金陵惠农贷"业务。"金陵惠农贷"的贷款对象为具备与贷款申请额度相适应的生产经营基础条件、管理能力和较为规范的财务管理水平的新型农业经营主体。客户申请贷款时提供的资料包括：个人身份证件、营业执照、机构代码证、经营情况、财务报告、经营的农场土地承包合同、经营性现金流水、日常销售记录或合同订单、能够反映合作社成员构成的相关证明材料等。

2. "金陵惠农贷"业务流程

（1）新型农业经营主体贷款申请流程

新型农业经营主体先向其所在地的镇级农业部门提交信贷申请，然后经过镇级、区级以及市级农业部门审批，各部门审批无误后，由市级农业部门将审批通过的新型农业经营主体名单递交经办贷款的商业银行，商业银行根据审批通过的名单向申请贷款的新型农业经营主体进行贷款营销。

（2）金融机构授信审批流程

新型农业经营主体向贷款经办行提交贷款申请材料，随后会有相关信贷人员登门核实申请材料。信贷人员会依据登门调查收集的信息写一份调查报告，

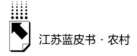

然后将新型农业经营主体提供的贷款申请材料和自己撰写的实地调查报告一同提交给银行授信审批部门进行审批，接着将审批结果反馈给将要办理这笔贷款的经办行，经办行将授信审批结果反馈给提交申请的新型农业经营主体。

（3）金融机构放款流程及贷后管理流程

新型农业经营主体向商业银行提交放贷申请书，商业银行与新型农业经营主体签署相关协议后提交给审核部门进行放贷审批，在审批通过之后，商业银行与新型农业经营主体签署贷款合同并完成放款。在贷款发放后，新型农业经营主体须及时向商业银行还本付息，同时，商业银行也会为新型农业经营主体进行日常贷后管理工作。

（4）金融机构坏账认定及代偿流程

一旦新型农村经营主体在信贷期满后没有及时归还贷款造成信贷违约，商业银行会先采用书面形式或电话形式进行催收，在催收未果后，商业银行会向人民法院进行起诉。胜诉以后，商业银行会向政府相关部门提交代偿申请书，有关部门依据商业银行的代偿申请材料加以审核，审核合格后发出代偿批复，并告知商业银行进行扣款。

（二）乡村振兴背景下兴化市金融支持家庭农场发展经验

1. 基本情况

本项目课题组在2021年7月调查了江苏省兴化市千垛镇、沙沟镇、沈伦镇、陶庄镇这4个乡镇共84家家庭农场，其中37家获县级及以上示范农场称号，占44.05%。调查样本统计显示，在贷款方面，2020年兴化市家庭农场平均借款金额为48.97万元，线上贷款率为11.48%，正规贷款占78.47%。在保险方面，2020年家庭农场种植业保险投保比例为68.42%，其中线上投保率为5.17%；水稻收入保险参保率为12.50%；生猪保险投保比例为50%，主要为能繁母猪和育肥猪养殖保险。

2. 兴化市金融支持家庭农场发展相关举措

（1）持续完善农场名录，摸清农场发展基础

兴化市各乡镇（街道）农业服务中心根据《关于做好2020年全国家庭

农场名录系统信息填报等相关工作的通知》，建立工作联络机制，明确专门单位和人员负责系统数据收集、填报、维护和审核工作，引导各家庭农场和规模农业经营户主动开展填报工作并定期更新，确保系统数据及时准确地反映全市农业规模经营状况。截至 2020 年 11 月，全市共录入农业规模经营户7535 户。

（2）加大政策扶持力度，促进农场高质量发展

在土地利用规划中保障家庭农场设施用地，并继续实施财政扶持政策，支持家庭农场推进种养业结构调整和规范化建设。根据《关于 2019 年度推动农业农村优先发展加快提升现代农业发展水平的奖励办法》，向 230 个家庭农场发放奖励资金 196.77 万元；出台《2020 年度推进乡村振兴战略实施的奖励办法》，家庭农场注册登记实行零收费，对新创部、省和泰州市级示范家庭农场、绿色家庭农场等新型经营主体，分别给予 1.5 万元、1 万元、0.5 万元的奖励。同时，加大金融支持家庭农场发展的力度，创新符合不同发展阶段家庭农场的金融支持项目，在 2020 年向兴化市 33 个家庭农场发放农村土地承包经营权抵押贷款 1616 万元。

（3）打造典型示范农场，扩大农场品牌影响力

积极开展家庭农场主培训，全面提升家庭农场生产、管理以及金融知识水平，举办高素质农民培育粮食高质增效专题培训班、兴化市第三届电商产销对接大会等培训。同时，加强与邮政系统合作，召开协同促进全市农民合作社和家庭农场高质量发展工作会议，印发了《协同促进兴化市农民合作社和家庭农场高质量发展实施方案》，为全市各级示范家庭农场量身定制一系列惠农服务，组织开展新型农业经营主体农副产品社区行系列活动。

（三）沭阳农商行数字化转型经验

1. 基本情况

江苏省沭阳县农村商业银行（以下简称"沭阳农商行"）为解决农户的融资难题，在 2007 年推出"阳光信贷"业务的基础上，近几年通过数字化

转型推出了"阳光 e 贷"数字信贷产品。该产品的推出是沭阳农商行推进阳光数字金融工程的一大壮举，通过将获得的内外数据输入阳光数字金融信贷产品的前、中、后等关键流程模型，输出授信准入、额度定价、贷后风险预警等结果，最终实现客户信息标签化，以此为基础推动阳光数字金融提档升级，为客户提供个性化、定制化及综合化服务，降低信贷交易过程中的成本，提高效率。

2. 沭阳农商行数字化转型具体的做法经验

沭阳农商行的数字化转型的特点如下：第一，数字信贷产品采用"线上 + 线下"相融合的模式。沭阳农商行将贷款流程线上化的同时，在贷前调查、风险评估和预授信等环节仍进行线下的信息采集，体现了农村商业银行长期扎根农村金融市场所累积的数据优势，有效防控了线上业务风险。第二，数字化转型依靠自主研发。沭阳农商行数字化转型 100% 依靠自主研发，具备完全知识产权的 App，在行内组建科技人才团队并实现人才力量输出。自身科技部门自主研发的数字化产品更具有可持续性，贴合当地需求，将数字技术与金融服务真正融合，并且能够针对问题及时对应用程序进行调整，整合线上线下资源实现辖区内客户标签化。第三，数字化转型坚持以客户需求为导向。一步步走来，无论是升级还是转型，沭阳农商行都是以客户需求为导向，不断改变自身的策略并升级自身技术，为客户提供更合适的产品和服务。这些举措既为沭阳农商行积累了大量客户信息，又为沭阳农商行在授信与贷后管理方面积累了经验，为数字化转型打下了坚实基础。

在技术上，沭阳农商行以"全数据驱动、全流程在线、全自动审批、全贷后跟踪"为指导思想，以云计算、大数据、AI 为技术平台，以移动端为介质，以客户交互为核心，整合线下线上资源，开发了沭阳农商行 App，并建设沭阳在线金融生态圈式交互平台。实现全线上、纯信用、低利率、高效率放贷，满足客户"指点金融"的体验。沭阳农商行 App 自 2019 年 1 月 29 日正式上线以来，成效显著，截至 2019 年末，线上贷款余额为 234560 万元，比年初增加 65645 万元，不良贷款为 1616 万元，不良率仅为 0.69%。

具体做法如下：

（1）制定数据分析规则

制定线上数据分析处理授信准入规则，通过数据比对剔除低保户和五保户，剔除有重大疾病生活不能自理的，剔除在沭阳农商行有不良余额（核销，含担保不良）的，剔除在沭阳农商行有负面信息的，剔除风险探测不通过的。通过系统过滤，筛选待授信客户。

（2）研发验证评级模型

主要利用客户信用记录、业务黏度、履约能力及身份特质，结合沭阳农商行存量授信反推验证，充分挖掘数据，包括不限于客户历史授信数据、历史用信记录、历史季检记录、客户行为数据、交易数据及客户产品信息数据、身份核查、征信数据、税收数据、工商数据、房产数据等。

（3）开展多维验证回归

一是将拟授信户与存量授信进行批量验证；二是拟授信清单下发至基层单位组织问卷、交叉验证；三是选取部分农户开展上门现场验证；四是系统上线后再与系统同类型客户开展交叉验证。

（4）综合运用外部信息

通过授权解读客户征信、查询客户汇法网数据、房产信息、交易信息、关联客户家庭信息等与该行数据信息进行综合分析，针对不同的客户群体拟定相应的授信策略和模型。

（5）运用科技手段风控

移动应用自动化安全检测实现了移动应用的自动评估、检测，采用多维多态检测模型，解决 App 风险的深度评估与检测问题。针对提交待评估的应用，进行静态代码扫描、动态行为分析、内容合规检查、数据保护检查等，通过 IT 系统实现应用安全评估、检测的自动化，提升应用风险评估能力，同时结合手工方式评估，完成应用的安全评估，生成评估报告。

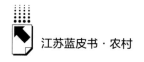
五 江苏农村金融百年变迁

本报告通过20世纪20年代的卜凯农村调查数据和中国土地经济调查2021（CLES 2021）数据横跨近百年的江苏省农村金融数据，在农户信贷参与、信贷来源、信贷用途等方面直观地呈现百年来农村金融改革的丰硕成果。

（一）数据来源及数据说明

卜凯农村调查数据来自原金陵大学著名农业经济学家卜凯（John Lossing Buck）教授在1929～1933年发起的中国土地调查，共计调查了22个省区168个县16786户农户。卜凯农村调查数据填补了民国统计的空白，让后人通过数据加深了对该历史时期的理解。

CLES 2021数据来自南京农业大学于2021年发起创立的"中国土地经济调查"（China Land Economic Survey，CLES）。调查的抽样范围覆盖了卜凯教授当年调研的地区。调查对象为在江苏省10个①地级市中随机抽取的40个村中的2016户农户，每个地级市抽取2个县级市（区），每个县级市（区）抽取2个村。

本报告通过分析比较苏南、苏中和苏北三个地区百年来的农户信贷参与、信贷获得以及信贷用途等信贷需求具体体现百年来江苏省农村金融的变迁。党的一切工作都是为了造福人民，党始终把广大人民群众的根本利益作为一切工作的出发点和落脚点，从需求层面更能体现党的农村金融政策真正造福于农民。两组数据调研的县域如表1所示。

---

① 受新冠肺炎疫情影响，原计划全省13市的抽样调查只完成了10个市的调研工作。
② 卜凯农村调查数据中金额单位为美元，根据美元购买力的变化换算得到卜凯农村调查数据的1美元约等于CLES 2021的109.97元人民币。1913～2019美元购买力变化，https：//howmuch.net/articles/rise–and–fall–dollar。

表 1　卜凯农村调查数据与 CLES 2021 数据来源县域

地区	卜凯农村调查数据	CLES 2021
苏南	昆山县(今苏州市昆山市)、无锡县(今无锡市锡山区)、武进县(今常州市武进区)、常熟县(今苏州市常熟市)	南京高淳区、溧水区;苏州昆山市、太仓市;无锡宜兴市、江阴市;镇江丹徒区、丹阳市
苏中	江都县(今扬州市江都区)、泰县(今泰州市姜堰区)	扬州江都区、仪征市;泰州高港区、兴化市;南通海安市、如东县
苏北	盐城县(今盐城市盐都区)、阜宁县(今盐城市阜宁县)、灌云县(今连云港市灌云县)、淮阴县(今淮安市淮阴区)	徐州丰县、睢宁县;盐城亭湖区、东台市;连云港赣榆区、灌云县

（二）信贷参与比较

由表 2 可知，与近百年前相比，全省农户的信贷参与率下降了 34.18 个百分点，但信贷参与农户的平均信贷规模由 1.03 万元涨到 23.28 万元。由表 3 可知，各地区的信贷参与率都大幅下降，其中苏南地区下降 29.42 个百分点，苏中地区下降 17.12 个百分点，苏北地区下降 42.2 个百分点。各地区的信贷需求在缩减，缩减的比例也不均衡。

表 2　全省信贷参与率与平均信贷规模

数据	受访样本量(户)	信贷参与(户)	信贷参与率(%)	平均信贷规模(万元)
卜凯农村调查数据*	1408	711	50.50	1.03
CLES 2021	2016	329	16.32	23.28

注：卜凯农村调查数据中仅有苏州昆山地区的 2 家农户当时获得了农民银行的贷款。

表 3　分地区信贷参与率与平均信贷规模

地区	信贷参与率				平均信贷规模(万元)	
	卜凯农村调查数据		CLES 2021		卜凯农村调查数据	CLES 2021
	受访样本量(户)	参与率(%)	受访户(户)	参与率(%)		
苏南	496	47.38	813	17.96	1.46	34.93
苏中	192	31.77	396	14.65	0.71	10.44
苏北	720	57.64	803	15.44	0.87	14.73
全省	1408	50.50	2016	16.32	1.03	23.28

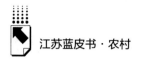

（三）信贷来源比较

按现在衡量正规信贷与非正规信贷的标准来看，卜凯农村调查数据中的信贷来源都为非正规信贷。本报告将卜凯农村调查数据的信贷来源区分为私人借贷和组织借贷。私人借贷来源包括私人、亲友、同村人、农民、邻村邻镇等，组织借贷来源包括地主、米行、当铺、改进会、卿公会、农民银行等。由表4可以发现，卜凯农村调查数据多为私人借贷，仅有私人借贷的农户占比达到71.73%，仅有组织借贷的农户占比为8.16%，两者都有的农户占比仅有2.67%。由于数据时代久远，17.44%的信贷来源未知。CLES 2021数据中仅有非正规信贷的农户占比为33.12%，仅有正规信贷的农户占比为14.83%，两者都有的农户占比为52.05%。CLES 2021中参与信贷的农户中有66.88%的农户能够获得正规的银行信贷。分地区来看，卜凯农村调查数据中苏中地区私人借贷比例最高，达到88.54%，而苏南地区组织借贷的占比遥遥领先于苏北和苏中地区，说明苏南地区当时农村金融活动活跃。而在CLES 2021中，总体来看，农户正规信贷和非正规信贷的占比已经差距不大。近百年前的农村金融体系尚未成型，近百年后，正规借款占了借款来源的绝大部分。

表4 信贷来源比较

单位：户，%

地区	卜凯农村调查数据*						CLES 2021					
	仅有私人借贷		仅有组织借贷		两者都有		仅有非正规信贷		仅有正规信贷		两者都有	
	农户	占比	农户	占比	农户	占比	农户	占比	农户	占比	农户	占比
苏南	156	66.38	43	18.30	16	6.81	43	29.45	28	19.18	75	51.37
苏中	54	88.54	1	1.64	3	4.92	31	65.96	2	4.26	14	29.78
苏北	300	72.29	14	3.37	0	0	31	25.00	17	13.71	76	61.29
全省	510	71.73	58	8.16	19	2.67	105	33.12	47	14.83	165	52.05

注：卜凯农村调查数据中有124户的信贷来源未知。

由信贷来源可知，近百年前的江苏地区农村借贷仍然是非正规信贷占绝对的主导地位，鲜有农户能够获得农民银行的贷款。而如今，参与信贷的农户中66.88%的农户能够获得正规信贷，这得益于各项普惠金融政策，切实增加了"三农"领域的信贷供给，满足了农户的金融需求。

（四）信贷用途及信贷利率比较

由表5可知，卜凯农村调查数据中，总借款为746.93万元，其中551.90万元用于生活，使用率为73.89%；195.03万元用于生产，使用率为26.11%；生活性借款平均月利率为2.36%，生产性借款平均月利率为2.19%。CLES 2021中，总借款为7656.75万元，其中2214.71万元用于生活，使用率为28.92%；4196.65万元用于生产，使用率为54.81%；其他为1245.39万元。

表5　信贷用途

数据来源	信贷参与（户）	总借款（万元）	生活性借款（万元）	平均月利率（%）	生产性借款（万元）	平均月利率（%）
卜凯农村调查数据	711	746.93	551.90	2.36	195.03	2.19
CLES 2021	329	7656.75	2214.71	—*	4196.65	—*

注：CLES 2021 没有区分不同用途贷款的贷款利率。

在信贷利率方面，由表6可知，2021年各类贷款来源的年利率均大幅低于高利贷预警线。①

表6　CLES 2021 贷款年利率分析

单位：户，%

CLES 2021	银行贷款*	农商行贷款	私人借贷	其他贷款
贷款农户	153	174	251	167
贷款平均年利率	4.60	4.04	2.60	0

注：银行贷款指不包括农商行在内的其他银行的贷款。

---

① 2020年最高法正式发布的《最高人民法院关于审理民间借贷案件适用法律若干问题的规定》中指出：民间借贷利率的司法保护上限为15.4%。

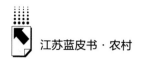
（五）储蓄投资比较

由表 7 可知，江苏省农户的平均储蓄金额由近百年前的 2.17 万元，提高到了 2021 年的 8.01 万元。在 20 世纪 30 年代，年利率超过 20% 即被认定为高利贷，① 年利率为 20%，平均月利率即为 1.67%。由表 8 可以看到，近百年前全省的农户放债平均月利率为 1.64%，刚好低于高利贷的"预警线"。分地区比较，苏南地区储蓄用于放债的平均月利率为 1.18%，苏中地区为 1.66%，苏北地区为 1.92%。

表 7　全省储蓄情况

数据	受访农户 （户）	有储蓄农户数 （户）	平均储蓄金额 （万元）	储蓄用于放债的 平均月利率(%)
卜凯农村调查数据	1408	239	2.17	1.64
CLES 2021	2016	1233	8.01	2.60

表 8　分地区储蓄规模（卜凯农村调查数据）

地区	受访数 （户）	拥有储蓄率 （%）	平均储蓄规模 （万元）	储蓄用于放 债的平均月 利率(%)
苏南	496	15.93	1.54	1.18
苏中	192	29.69	1.75	1.66
苏北	720	14.31	1.72	1.92
全省	1408	16.97	1.67	1.64

由表 9 可知，在储蓄用途上，近百年前全省的储蓄绝大多数用于放债和摇会，且用途分布均匀。苏南地区更倾向于摇会，苏中地区更倾向于放债，而苏北地区在放债和摇会上，几乎没有偏好倾向。

---

① 李金铮：《民国时期现代农村金融的运作方式——兼与传统高利贷比较》，《江海学刊》（南京）2002 年第 3 期。

表 9　分地区储蓄用途（卜凯农村调查数据）

单位：户

地区	仅放债	仅摇会	即放债又摇会	其他
苏南	10	50	18	1
苏中	46	10	0	1
苏北	52	50	0	1
全省	108	110	18	3

近百年来，党的农村金融政策使农村金融市场焕然一新，农户的信贷参与情况发生了翻天覆地的变化。在信贷参与方面，信贷参与率有所降低，但平均信贷规模有了大幅提升。在信贷来源方面，随着农村金融体系的不断健全，农村金融机构数量不断增加，[①] 与近百年前相比，江苏省农户正规信贷获得大幅提高；在贷款利率方面，无论是正规信贷还是非正规信贷，贷款平均年利率均远低于高利贷预警线。在信贷用途方面，农村信贷的生产性用途占比大幅提高，生活性用途占比大幅下降，农村信贷不再是"生存贷"。

六　启示与展望

建党百年来，中国农村金融体系发生了巨大的变化，从新中国成立前的由非正规金融主导，转变为新中国成立后的正规金融主导；从传统民间社会的自发主导，转变为国家政策行政主导；改革开放以来，又经历了由行政主导到市场主导的改革进程。[②] 从党的百年农村金融政策沿革以及农村金融现实变迁中可以总结出诸多成功经验与启示，对我国农村金融体制改革有重要的指导和借鉴作用。

[①] 根据人民银行南京分行的数据，2019 年末，江苏省农村中小法人银行合计 136 家，农村地区银行网点 6993 个，每万人拥有银行网点 1.31 个。

[②] 周立：《中国农村金融体系的政治经济逻辑（1949～2019 年）》，《中国农村经济》2020 年第 4 期。

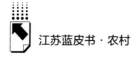

（一）启示

建党百年来，中国共产党的农村金融政策始终坚持以保护农民利益为中心。在共产党成立之初，坚决打击高利贷，组建农村金融机构向农民发放低利借贷。社会主义改造时期，党带领人民积极探索农村金融制度，发展农业生产；改革开放后，不断变革农村金融制度，满足"三农"领域对金融的需求。历史证明，党的百年农村金融政策始终坚持以保护农民利益为出发点和落脚点，始终把农民利益摆在至高无上的地位。新发展阶段要继续推进农村金融改革的深化，让金融资源更好地用于农村和农业，造福于农民。

（二）展望

1. 农村金融体制改革要坚持市场化的改革方向

农村金融体制是整个金融体制的重要组成部分，金融体制服务于经济体制。因此，我国农村金融体制的改革要与经济体制改革的方向保持一致，坚持市场化的改革方向，发挥市场在金融资源配置中的决定性作用。让市场化改革给农村金融市场带来活力，确保农村金融体系的多层次、广覆盖、可持续。[1]

2. 农村金融体制改革要重视二元结构的协调性与互补性

我国农村金融体系长期呈现二元结构的特点，即正规金融和非正规金融并存运行。实践经验表明二者之间并不具备替代性，应以"互补"的视角看待正规金融和非正规金融之间的关系及农村金融未来的发展。[2] 正规金融和非正规金融之间的效应协调性和功能互补性是农村金融体制改革要重视的关键问题，需要厘清正规金融和非正规金融的功能特色和作用边界，因地制

---

① 温涛、王煜宇：《改革开放 40 周年中国农村金融制度的演进逻辑与未来展望》，《农业技术经济》2018 年第 1 期。

② 刘西川、杨奇明、陈立辉：《农户信贷市场的正规部门与非正规部门：替代还是互补？》，《经济研究》2014 年第 11 期。

宜、因时制宜，发挥正规金融和非正规金融不同的特色功能。

3. 农村金融体制改革要运用好数字化技术

商业银行等金融机构利用金融科技等数字化技术可以降低处理客户信息的成本，缓解与客户之间的信息不对称。信息处理成本的降低，使得金融机构能够实现经营绩效和业务普惠的双重目标，促进普惠金融业务的可持续发展。农村金融机构要积极加快数字化转型的步伐，同时，各地方政府也要加速农村信息基础设施建设步伐，积极推进数字化技术的引进和落地，并通过"有效市场"与"有为政府"的良性合作，助力农村金融摆脱路径依赖，有效支持国家乡村振兴战略与实体经济发展。[①]

4. 农村金融体制改革要完善法律规范

农村金融市场的健康可持续发展离不开相应政策法规的保障。当前，农村金融相关法律法规的不完善已经成为制约农村金融改革发展的瓶颈。我国农村金融体制改革发展面临的部分问题无法通过市场和行政手段解决，需要适时启动小额信贷、互联网金融、农业保险等相关农村金融领域的立法工作。

参考文献

孙同全等：《中国农村金融体制变迁70年》，《农村金融研究》2019年第10期。

张龙耀、邢朝辉：《中国农村数字普惠金融发展的分布动态、地区差异与收敛性研究》，《数量经济技术经济研究》2021年第3期。

中国人民银行编著《中国共产党领导下的金融发展简史》，中国金融出版社，2012。

周立：《由生存经济看农村高利贷的表达与实践》，《财贸经济》2006年第4期。

[①] 张龙耀、邢朝辉：《中国农村数字普惠金融发展的分布动态、地区差异与收敛性研究》，《数量经济技术经济研究》2021年第3期。

B.5
江苏百年减贫的历程、经验及展望

周力 邹璠*

摘　要： 1921~2021 年，中国共产党走过了整整一百年的历程。百年征程中，中国共产党始终抓住反贫困这一主题，并将其融入、贯穿于实现现代化的全过程。百年间，江苏全面落实党中央、国务院的统一部署，有计划、有组织地连续实施多轮大规模扶贫开发。本报告系统描述了江苏省百年来的脱贫工作历程。在此基础上，本报告基于卜凯农村调查数据与 CLES 2021 年调查数据的对比，发现中国共产党百年减贫成效斐然，江苏省农民生产与生活条件呈现质的飞跃。现阶段，摆脱相对贫困、实现共同富裕，已成为党和政府在全面建设社会主义现代化国家新征程中的重要目标，江苏省应在防止返贫的基础上，采用开发与救助并举、城乡统筹的方式促公平、谋发展。

关键词： 扶贫　脱贫　防止返贫　相对贫困　江苏

中国共产党的百年史是一部党领导人民实现减贫与发展的奋斗史。中国共产党从成立之日起，就坚持把为人民谋幸福、为中华民族谋复兴作为初心使命。从新民主主义时期的土地革命到新时代的精准扶贫，充分彰显了中国共产党人的初心本色。特别是党的十八大以来，以习近平同志为代表的党中

---

* 周力，南京农业大学经济管理学院教授，主要研究方向为农业经济管理、发展经济学；邹璠，南京农业大学经济管理学院博士研究生，主要研究方向为农业经济管理。

央和人民政府，实行扶持对象、项目安排、资金使用、措施到户、因村派人、脱贫成效"六个精准"，实行发展生产、易地搬迁、生态补偿、发展教育、社会保障兜底"五个一批"，为打赢脱贫攻坚战奠定了坚实基础。在中国共产党的带领下，全国累计 7.5 亿人摆脱贫困，对世界减贫贡献率超过 70%。①

百年以来，江苏省在党中央的统一部署和指导下，大力推进和实施减贫工作。尤其是自 1992 年以来，为推动省内经济薄弱地区的快速发展和农村低收入人口的脱贫增收，江苏省有计划、有组织地开展了几轮大规模扶贫开发行动。在多年减贫行动的探索与推进下，全省包括苏北地区已全面建成小康社会。2020 年，江苏省的脱贫攻坚战取得了全国瞩目的重大成就，绝对贫困全部消除，300 万农村低收入人口全部达到人均每年纯收入 6000 元的省内脱贫标准；12 个省定重点帮扶县（区）已全部摘帽；省定 821 个经济薄弱村全部实现了现行的"八有"目标②；村级集体收入全部达到 18 万元省定标准。在长期的探索实践中，江苏省实现了整体帮扶向精准扶贫的有效转变、区域开发与个体帮扶的协同推进、集体增收与农户增收互促互救，并且形成了一系列经验措施。基于此，回顾江苏省人民在共产党的领导下摆脱贫困、走向共同富裕的伟大征程，不仅有助于江苏省进一步巩固脱贫攻坚成果，还能够为全国范围内乡村振兴战略的实施提供启示与借鉴。

脱贫摘帽不是终点，而是新生活、新奋斗的起点。解决发展不平衡不充分问题、缩小城乡区域发展差距，仍然任重道远。现阶段，贫困的性质发生了根本性变化，解决多维的、持续的、空间集聚的相对贫困问题，将成为今后反贫困政策的重中之重。站在新的起点上，对建党百年以来的减贫思路、减贫成效进行总结提炼尤为重要。本报告第一部分分别从全国层面和江苏层面的减贫历程出发，论述不同阶段的减贫目标、思路与政策措施。在此基础

---

① 《外交部：中国对世界减贫贡献率超过 70%》，"新华网客户端"百家号，2020 年 10 月 19 日，https://baijiahao.baidu.com/s?id=1680991280522861575&wfr=spider&for=pc。

② "八有"目标指有"双强"领导班子、有科学合理的发展规划、有高产高效的农业设施、有特色鲜明的主导产业、有持续稳定的集体收入、有先进适用的信息网络、有健康向上的文明村风、有村容整洁的居住环境。

上，进一步列举江苏省的特色减贫措施。第二部分基于卜凯农村调查数据与2021年中国土地经济调查的对比，展示江苏省百年减贫的成效。第三部分则基于百年经验的总结，对下一阶段江苏省的减贫思路进行展望。

一 百年减贫的实践历程

（一）中国共产党减贫历程回顾

1.1921~1953年：以土地改革为纲的减贫时期

1921年，中国共产党诞生于半殖民地半封建的社会背景下，此时的中国面临西方列强与封建统治的双重剥削与压迫，贫困问题尤为突出。1925年，中共四大提出建立工农联盟。在农业社会，土地是农民最根本的生产要素，中国共产党深刻认识到，不合理的土地所有制度是中国广大农民贫困的根源。① 在封建地主所有制下，土地分配严重失衡。农民租赁地主的土地，并以分成或定额地租的形式缴纳租金。据统计，当时的地租约占农业总产出的一半。② 与此同时，外来工业制成品占据了本土农民的手工业等副业产品市场，农民失去兼业收入，收益微薄。1927~1949年，中国共产党以农民问题为革命的基本问题、以土地革命为主线，采取了一系列减贫措施。

1927年，中共中央召开八七会议，确定了土地革命和武装反抗国民党反动派的总方针；1928年，颁布的《井冈山土地法》提出"没收一切土地归苏维埃政府所有"等规定，否定了封建土地所有制；1929年，中共中央通过《关于土地问题决议案》，进一步规定了"没收地主土地和富农多余土地"、保留自耕农的田地。20世纪20年代的江苏，农村经济逐渐破产、农民生计贫困。在党的八七会议精神的指导下，1927年中共江苏省委制定

---

① 新中国成立前，占总人口比例不到1/10的地主和富农占有全国1/2以上的土地，而绝大比例的贫农、雇佃农和中农只占有很小部分土地。
② 〔美〕黄宗智：《明清以来的乡村社会经济变迁：历史、理论与现实》（卷二），法律出版社，2014。

《江苏农民运动计划》，特别强调没收地主土地，实行耕者有其田，组织农民军，实现乡村政权归农民委员会。随后，中共江苏省委在宜兴、无锡、常州、淮安、泰兴等地先后发动和组织开展多起以土地问题为核心的农民起义运动。[①]

1947 年，中共中央正式公布《中国土地法大纲》，明确提出"废除一切地主的土地所有权""使全乡村人民均获得同等的土地，并归各人所有"。新中国成立后，中国共产党将继续深入推进土地制度改革作为减贫事业的抓手。1950 年，中央人民政府颁布《土地改革法》，明确规定农民拥有土地，重新将生产生活资料分配给贫农或无地的农民。根据中央的部署，江苏省也于 1950 ~ 1951 年开展了土地改革运动。其中，在苏北老解放区，明确规定"凡地主在敌占期间向农民倒算的土地财产，应一律退还给农民"；在苏南及部分苏北新解放区，采取了放手发动群众、组织土地改革工作队等措施。土地改革完成后，苏北地区原地主阶级仅占有 2% 的土地；苏南地区土地改革得益户占农户总数的 2/3。农民的生产积极性也大幅提升，全省粮食产量由 1950 年的 849 万吨增加至 1951 年的 930.5 万吨。[②]

新民主主义革命期间，中国共产党依靠贫农、联合中农、限制富农、消灭地主阶级，探索出符合中国国情的土地制度和路线。[③] 随着 1953 年土地改革的基本完成，我国约 3 亿无地少地农民共获得了约 7 亿亩土地。通过没收地主土地、实现耕者有其田，使农民群体拥有了生产资料，农村生产力得到一定的提升，也为日后的减贫事业奠定了坚实基础。

2. 1953 ~ 1978 年：合作化运动减贫时期

土地改革完成后，我国仍存在普遍的贫困问题。此时，中国共产党的主要目标是缓解人民群众的生存型贫困，将我国从落后的农业国变为先进的工

[①] 《江苏省志·地方志》，江苏省情网，http://jssdfz.jiangsu.gov.cn/szbook/slsz/gmdzjl/HTM/Noname31.htm。

[②] 《中共江苏地方简史》，江苏党史网站，http://www.jsdsw.org.cn/web/more/more.html?id=79。

[③] 孙乐强：《农民土地问题与中国道路选择的历史逻辑——透视中国共产党百年奋斗历程的一个重要维度》，《中国社会科学》2021 年第 6 期。

业强国。土地改革虽然均分了土地，但是无法均分牲畜、大型农具等生产要素。当时农村资源匮乏，人均农业生产资料占有量少，小农家庭较难依靠自身努力摆脱贫困，因而合作化生产道路是大势所趋。中国共产党通过开展农业合作化运动，旨在将生产资料私有制转变为集体制，完成社会主义改造。我国合作化运动经历了由互助组向合作社，再向人民公社过渡的过程。

（1）互助组

1951年，中共中央讨论通过了《关于农业生产互助合作的决议》后，截至1952年底全国40%的农民加入了互助组。在互助组内部，小农户可以用劳动力来简单交换少数农户的牲畜和大型农具服务。[①] 其间，江苏省互助合作运动迅速开展，1952年底，全省互助组已超过50万个，43%的农户加入了互助组。[②]

（2）初级合作社

在互助组的基础上，初级合作社以土地、牲畜和农具作价入股，由合作社统一经营，社员参加集体劳动并按照劳动力投入和投资入社的生产资料进行分配，进而可以缓解互助组成员间在作业顺序等问题上的话语权不平等。[③] 自1951年起，江苏一些地区就开始试办农业生产初级合作社。到1953年底，江苏省的初级合作社已开始迅速推进。

（3）高级合作社

初级合作社在运行过程中，由于大农具和牲畜不是来自市场租赁，没有固定价格，在分配时出现了收益和投入的不匹配现象。[④] 为解决这一问题，将生产资料变为集体资产、实现按劳分配成为一个必然选择。高级合作社将净收益按劳分配，通过扩大合作生产规模来实现规模经济。1953年中共中央通过了《关于发展农业生产合作社的决议》，要求全面推进互助组逐步过

---

① 杜润生主编《中国的土地改革》，当代中国出版社，1996。
② 《中共江苏地方简史》，江苏党史网站，http://www.jsdsw.org.cn/web/more/more.html? id=79。
③ 在农时紧迫的情况下，拥有更多生产资料的"大户"往往拥有更多话语权，因此自家土地可以得到优先作业，而作业顺序会影响到产量。
④ 钟甫宁：《从要素配置角度看中国农业经营制度的历史变迁》，《中国农村经济》2021年第6期。

渡到有较多公共财产的农业生产初级合作社，再到具有完全社会主义性质的农业生产高级合作社，生产资料归农民集体所有。截至1956年底，全国加入合作社的农户比例达96.3%。[①]

江苏省试办的第一个社会主义性质的农业生产高级合作社诞生于1954年。1957年，全省绝大多数基础较好的乡都有高级合作社，基本实现了完全的社会主义农业合作化。合作化运动大大提高了江苏省农业生产水平。1952～1955年，全省粮食产量平均每年增长6.1%，农民收入水平普遍较入社前显著增加。[②]

（4）人民公社

中共八大以后，我国的基本矛盾已变为"人民对于建立先进的工业国的要求同落后的农业国的现实之间的矛盾""人民对于经济文化迅速发展的需要同当前经济文化不能满足人民需要的状况之间的矛盾"。为了实现"小社并大社"，1958年中共中央通过了《关于在农村建立人民公社问题的决议》。随后，江苏省农村迅速掀起了办社运动热潮，不到一个月全省就实现了人民公社化。人民公社是生产规模和经营范围扩大版的高级合作社，也将净收益按劳分配，同时通过构建"三级所有、队为基础"体制[③]，试图实现基本生产资料的平均分配，切断收入差距的根源。

通过人民公社集体积累的资源，中国共产党初步建立了以农村五保、储备粮救济等为基础的自上而下的社会保障体系，[④] 有效遏制了处于极端贫困的农民贫困程度的加深。人民公社还发挥了教育、医疗、农田水利、道路等基础设施建设的综合职能，促进了农村公共事业的发展和人民生活质量的提高，为改革开放后的减贫事业奠定了人力资源基础。

合作化运动减贫时期虽未提出明确的扶贫计划，但极端贫困问题得到一

① 白寿彝主编《中国通史·中华人民共和国卷》，上海人民出版社出版，1999。
② 《江苏省志·政府志》，江苏省情网，http://jssdfz.jiangsu.gov.cn/szbook/slsz/zfz/ZFZ/D6/D2J1.HTM。
③ 指包括基本农业生产资料的所有权和管理权属于人民公社、生产大队、生产小队三级单位。
④ 农村五保制度旨在对集体内缺乏劳动力、生活无依靠的农民提供生产和生活照料；储备粮救济制度旨在为遭遇天灾人祸的农民供应临时救济粮。

定的治理与改善。产权改革通常被认为是最根本的减贫政策，[①] 农业合作化运动使落后、小规模的个体生产向先进、大规模的合作生产转变，全面开发了土地和劳动力要素的生产效益，为减贫事业提供了初期物质积累。尽管如此，但合作化运动中监督困难以及"搭便车"的问题无法避免。

3. 1978～1986年：体制改革减贫时期

由于生产积极性与效率低下，合作化时期的人民公社体制不再适应生产力发展的需求。1978年，我国进入经济体制改革与社会主义现代化建设的新阶段。针对整体性的贫困问题，通过推行一系列土地、市场制度等体制改革来促进农村经济和农民收入增长。首先，逐步确立了以家庭联产承包责任制为代表的农业经营体制。集体的土地由农户承包，自主经营、自负盈亏。农民获得了农业生产经营与产品销售的自主权，生产经营收入除上缴税收部分外，均可自由支配，生产积极性大幅提高。其次，通过农产品购销和流通体制的市场化改革打通了城乡贸易渠道。农民可以根据自身比较优势从事非农行业，我国农村逐渐走上商品化、市场化与城镇化的道路。再次，提高了农产品的收购价格，改善工农业"剪刀差"问题，进一步促进农民增收。以1979年为例，江苏省粮食产品统购价平均提高约20%。

江苏省在农村改革的过程中，经历了从试点摸索到比较选择，再到全面推开的三个过程：从十一届三中全会到1980年底，联产计酬责任制试点在全省逐步推进；从1981年至1982年上半年，多种形式的生产责任制在全省同步推进，比如苏北地区全面推行"大包干"（包干到户），苏中以及苏南部分地区推行联产到劳制度[②]；从1982年下半年至1983年上半年，以包产到户、包干到户等形式为主的生产责任制得到全面发展与完善。苏南部分地区还在联产到劳制度的基础上，探索出适合区域特点的"专业承包、包干

---

① 周其仁：《中国农村改革：国家和所有权关系的变化（下）——一个经济制度变迁史的回顾》，《管理世界》1995年第4期。
② 指在统一播种、育秧、耕田、施肥杀虫、晒谷等前提下，把土地分配到户，插秧、除草、收割由农户自行安排。由生产队规定土地产量，若承包地减产，则需承担责任补足；若超产，则归承包者所有。

分配"①，农村生产力得到进一步解放。②家庭联产承包责任制的实行显著促进了农业生产效率的提升。另外，乡镇企业的发展也增加了农民的增收途径。

然而，家庭联产承包责任制也会凸显家庭和个人层面资产对生产分配的影响，进而导致区域间发展差距扩大。③针对区域性贫困问题，我国陆续进行了一系列探索：例如，1980年，为帮助革命老区和民族自治县等地区发展，专门设立了"支援经济不发达地区发展资金"；1983年，开展了"三西"地区④专项扶贫建设工程，每年拨款2亿元专项资金用于支持农业发展；1984年，专门设立以工代赈资金，以帮助贫困地区加快基础设施建设。

经济体制改革阶段，中国共产党的减贫理论与实践得到科学发展，农村生产力大大解放，农民的温饱问题基本解决。尽管该时期大部分扶贫政策较为零散且不成体系，但仍使部分极端贫困地区的经济发展与生产生活条件得到了改善，也为后期农村地区的大规模扶贫开发工作奠定了良好基础。

4.1986～2001年：区域开发式减贫时期

在农村经济体制改革的推动下，大部分贫困区域凭借其自身资源条件实现了脱贫，但部分区域受制于较差的自然禀赋，区域性集中连片贫困问题严重。⑤20世纪80年代中期，我国展开了有组织、有计划的大规模扶贫开发工作。该阶段，将减贫对象瞄准至"县"一级，着力突出"区域发展带动"和"开发式扶贫"。在管理机制方面，1986年国务院贫困地区经济开发领导小组及其办公室成立，1993年更名为"国务院扶贫开发领导小组"。地方各级政府也成立了各自的扶贫机构，统筹开展本地减贫工作，同时构建了资

---

① 指将村集体土地分配给能人承包，其余劳动力转移至工业，这成为集体经济的雏形。
② 《中共江苏地方简史》，江苏党史网，http://www.jsdsw.org.cn/web/detail/detail.html? id
=7232。
③ 汪三贵、胡骏：《从生存到发展：新中国七十年反贫困的实践》，《农业经济问题》2020年
第2期。
④ 指定西、河西与西海固地区。
⑤ 汪三贵：《中国扶贫绩效与精准扶贫》，《政治经济学评论》2020年第1期。

金、任务、权利、责任"四个到省"的扶贫工作制度。1986～1993年，我国陆续划定了331个国家级贫困县，通过安排专项扶贫资金①来支持贫困县的发展。这些贫困县大多分布于革命老区、少数民族地区、边远地区和欠发达地区。1994年，我国出台了扶贫纲领文件《国家八七扶贫攻坚计划》，提出利用未来7年的时间解决当时全国8000万农村贫困人口的温饱问题，并将国家级贫困县个数增加至592个。1996年，我国创新探索了东部地区支持西部地区的协作机制，以解决东西部间的区域不平衡问题。②

江苏省方面，随着市场经济体制改革的深化，苏南、苏北之间发展不平衡的问题凸显。苏南地区借助国家政策倾斜和区位优势率先实现了快速发展。而苏北地区工业落后，仍以农业经济为主。③ 数据显示，1993年苏南、苏中、苏北地区人均GDP之比为4.4∶2.1∶1。④ 在《国家八七扶贫攻坚计划》的指导下，江苏将"区域共同发展战略"作为推动全省经济发展的三大重要战略之一，将淮北扶贫作为五项重点工作之一。1995年，江苏制定了《江苏省扶贫攻坚计划》，并提出高于全国水平的扶贫政策目标。通过实施扶贫攻坚计划，苏北地区15个省定经济薄弱县的贫困状况大幅缓解：1994～2000年，GDP增长88%，农村居民人均纯收入增长150%，2000年达到2871元。⑤ 苏北地区的基础设施建设也得到了显著改善，超过500万亩中低产田被改造为稳产高产农田；1997年，苏北地区通电工程完成，主要干道高速化、市县道路等级化等均得到实现；教育、医疗等农村公共事业也全面发展。

在区域开发式减贫阶段，中国共产党在实践过程中深刻认识到贫困问题

---

① 包括专项扶贫贷款、以工代赈资金和财政发展资金等。
② 1996年，中共中央最初确定9个东部省（市）和4个计划单列市与西部10个省（市）开展扶贫协作。
③ 主要指包括丰县、睢宁、宿豫、沭阳、泗阳、泗洪、盱眙、淮阴、涟水、灌南、灌云、东海、阜宁、滨海、响水15县的苏北相对贫困带。
④ 刘德海、刘西忠：《改革开放以来江苏区域发展的历史进程与经验启示》，《现代经济探讨》2018年第12期。
⑤ 2000年、2006年《江苏统计年鉴》。

的主要诱因来源于落后的社会生产力，提供物资的"输血式"扶贫具有一定成效，但很难保证减贫的持续性。因此，我国的扶贫政策措施也从直接发钱、发物的救济式扶贫向开发式扶贫转变。尤其是 1994 年以后，中国共产党开始强调扶贫与扶志、扶智相结合，高度重视劳动力培训转移、产业扶贫、教育和医疗等在减贫中的作用，并实施了教育扶贫、卫生扶贫、科技扶贫、生态搬迁等综合举措。相对于救济式扶贫，开发式扶贫用市场化的手段鼓励贫困人口将自我发展能力同政府扶持相结合，是中国特色减贫道路的鲜明特征。

5.2001～2012 年：整村推进与"两轮驱动"减贫时期

2000 年以后，我国贫困群体规模减小，且更多集中分布于贫困村而非贫困县。为迎合新形势，我国将扶贫重点单元由县转向村，并在全国范围内确立了 14.8 万个贫困村。2001 年，国务院印发了《中国农村扶贫开发纲要（2001—2010 年）》，该时期的扶贫开发战略以"一体两翼"为主，"一体"即整村推进，"两翼"即促进贫困地区的产业开发和劳动力转移。2007 年，国务院发布了《关于在全国建立农村最低生活保障制度的通知》，要求全面实施农村最低生活保障制度，为丧失劳动能力的农民提供维持基本生活的补贴。农村低保制度与扶贫政策相互补充、相互衔接，形成了"两轮驱动"战略体系，有效避免了极端贫困问题。

考虑到贫困人口基本分布于农村地区，政府还出台了一系列强农惠农政策，以普惠的方式促进农民增收。具体而言，根据"以工补农、以城补乡"的城乡统筹发展思路，2001 年，我国开始实施退耕还林计划以及农村税费改革试点工作；2003 年，开展新型农村合作医疗试点工作；2004 年，实施粮食直补、粮种补贴、农机购置补贴等优惠政策，直接增加了农业人口的转移性收入；2006 年，农业税在全国范围内全部取消。

江苏省减贫工作进度一直位于全国前列。2000～2011 年，江苏省先后制定了《江苏省扶贫开发"十五"规划纲要》和《江苏省扶贫开发"十一五"规划纲要》。"十五"期间，江苏省将减贫瞄准对象向村级下移，对苏北地区 1025 个扶贫重点村实施省市县三级包干帮扶。同时，继续将苏北地区的 16 个经济薄弱县（区）① 作为扶贫工作的重点，通过"五方挂钩"结对帮扶、派遣扶贫工作队等方式予以支持，还将黄桥革命老区、茅山革命老区、少数民族聚居区等重点地区纳入进来。"十一五"期间，江苏省根据全省年均纯收入不到 1500 元的 310 万农村贫困人口和苏北地区 1011 个经济薄弱村的实际情况，进一步将减贫重心下移，创新性地开展"千村万户帮扶"扶贫到户工程。2008 年，江苏省重新将苏北地区 11 个县（区）确定为省脱贫攻坚重点县，由省派驻扶贫工作队实施重点帮扶。② 同时，为提高扶贫工作的针对性、"让贫困人口直接受益"，对 450 万人年均纯收入不到 2500 元的农村低收入人口建档立卡，予以重点帮扶。③ 经过"十五""十一五"的扶贫开发工作，2011 年江苏省 1011 个经济薄弱村全部实现"八有"目标，村集体收入均达到 5 万元，全省建档立卡低收入人口年均纯收入均达到 3200 元，且收入增长速度快于全省农村平均水平。④

在整村推进与"两轮驱动"减贫时期，中国共产党仍然高度关注贫困地区和贫困人口的发展问题，进一步强调了"授人以渔"的重要性。

6.2012～2020 年：精准扶贫时期

随着我国经济长期高速增长，收入不平等现象出现，这意味着收入水平处于底部的人口难以共享经济增长的好处。⑤ 为此，中国共产党对既有的扶贫理念进行创新，精准扶贫战略应运而生，旨在直接扶持余下的最难脱贫的群体。"精准扶贫"理念最早由习总书记在湘西考察时提出，并通过实行扶持对象、项目安排、资金使用、措施到户、因村派人、脱贫成效"六个精

---

① 包括丰县、睢宁、泗洪、泗阳、宿豫、沭阳、灌云、灌南、东海、赣榆、淮阴、盱眙、涟水、滨海、响水、阜宁。
② 《江苏省确定苏北 11 个县（区）实施重点帮扶脱贫攻坚》，中国政府网，2008 年 3 月 3 日，http://www.gov.cn/gzdt/2008-03/03/content_907619.htm。
③ 《江苏省建立低收入农户电子档案 实施针对性帮扶》，中国政府网，2006 年 6 月 23 日，http://www.gov.cn/gzdt/2006-06/23/content_318252.htm。
④ 肖宜滨、张立冬、包宗顺：《江苏脱贫攻坚历程、举措、绩效与展望》，《南京农业大学学报》（社会科学版）2019 年第 6 期。
⑤ 汪三贵、胡骏：《从生存到发展：新中国七十年反贫困的实践》，《农业经济问题》2020 年第 2 期。

准"，实行发展生产、易地搬迁、生态补偿、发展教育、社会保障兜底"五个一批"，为打赢脱贫攻坚战奠定了坚实基础。

党的十八大以来，我国探索实施了一系列新制度。一是建立建档立卡制度。[1] 2014 年，我国通过建档立卡识别出 12.8 万个贫困村 2948 万户贫困户 8962 万贫困人口，将扶贫瞄准对象从区域层面转向个体与区域相结合层面。针对贫困地区和贫困人口的实际情况，要求因户施策、实施"五个一批"工程。二是首次将贫困人口实现"两不愁，三保障"（不愁吃、不愁穿，义务教育、基本医疗和住房安全有保障）纳入政策目标，拓展了长期以来以收入为单一目标的扶贫理念。三是扶贫工作机制得到不断拓展。2016 年中共中央办公室、国务院办公厅印发《关于进一步加强东西部扶贫协作工作的指导意见》，提出开展东西部扶贫协作和对口支援工作，以推动区域间的协同发展。同时建立驻村工作队、第一书记、帮扶责任人等联结式帮扶制度，构建了各负其责、层层落实、权责清晰、合力攻坚的治贫体系。

江苏省在"十一五"期间就已率先推行"千村万户帮扶"扶贫到户工作。2014 年，全省范围的财政扶贫资金直接扶持到户工作开展。"十二五"期间，江苏提出了帮助农村低收入人口脱贫、经济薄弱村发展的双重工作目标，同时制定了高于全国的贫困线。截至 2015 年底，全省 411 万农村低收入人口均达到年均纯收入 4000 元的脱贫标准，成为最先基本消除绝对贫困的地区之一。

"十三五"期间，江苏省确立了"6 + 2"个扶贫开发重点片区[2]，并明确了 12 个省重点帮扶县（区）[3]，规定由驻省委帮扶工作队予以重点帮扶。江苏省还高度重视村级集体经济的发展与扶贫工作相结合，2016 年江苏省被列为全国扶持村级集体经济发展试点省。从理论上看，家庭联产承包责任

---

[1] 建档立卡贫困户是各省（自治区、直辖市）在已有工作基础上，坚持扶贫开发和农村最低生活保障制度有效衔接，按照县为单位、规模控制、分级负责、精准识别、动态管理的原则，对每个贫困户建档立卡，建设全国扶贫信息网络系统。

[2] 包括苏北的成子湖片区、西南岗片区、涟沭结合部片区、石梁河水库片区、丰县湖西片区、灌溉总渠以北片区，以及黄桥革命老区和茅山革命老区。

[3] 包括丰县、睢宁、灌云、灌南、淮安、淮阴、涟水、响水、滨海、沭阳、泗阳、泗洪。

制实施后也面临与土地改革时期类似的问题，即机械、牲畜等资产无法均分。实施家庭分散经营与村集体统一经营相结合的"双层经营"体制，能够帮助小农户突破自身资源的局限、充分利用现代生产要素。通过壮大村级集体经济的减贫模式就是这种"共享经济"的体现。截至2020年底，江苏省完成了既定的目标任务：300万左右的农村低收入人口年均纯收入达到6000元；800多个省定经济薄弱村实现"新八有"目标①，村级集体经济收入达到18万元；重点片区的生产生活条件明显改善，12个省定重点帮扶县（区）全部退出。

2021年2月25日，习近平总书记在全国脱贫攻坚总结表彰大会上宣告，我国9899万农村贫困人口全部脱贫、832个贫困县全部摘帽。与粗放的区域开发扶贫相比，精准扶贫的目标更明确、措施更有针对性、管理更精细，将减贫事业提升至前所未有的高度。

（二）江苏省减贫特色举措

1."五方挂钩"

"五方挂钩"指组织省级机关、大型国有企业、高等院校及科研院所、苏南经济发达县（市）与苏北经济薄弱县（区）建立挂钩帮扶关系，是江苏省探索创新出的扶贫开发重要措施。"五方挂钩"帮扶机制于1995年建立，旨在发挥各方社会扶贫力量的优势，充分利用机关、院校、企业和苏南发达地区的人才、技术、资金、管理、信息等优势资源，帮助苏北相对落后的地区发展优势产业，提高自身造血能力。以"十二五"期间为例，全省共有247家成员单位参与挂钩帮扶，投入帮扶资金74.39亿元，其中包括单位自筹资金10.51亿元，共开展帮扶项目4397个，其中到村项目3393个。基于"五方挂钩"，江苏实施了苏北开发区南北共建政策，通过财政扶持、用电补贴、用地倾斜、金融支持和技能培训等具体政策，引导苏南地区科技

---

① 指有"双强"领导班子、有科学合理的发展规划、有高产高效的农业设施、有特色鲜明的主导产业、有持续稳定的集体收入、有先进适用的信息网络、有健康向上的文明村风、有村容整洁的居住环境。

水平好、效益高、能够大量吸纳劳动力的企业在苏北地区进行投资。2019年，江苏印发《关于推动南北共建园区高质量发展的若干政策措施》，进一步促进了南北优势互补、协调发展的区域发展格局的形成。①

2. 省委派驻扶贫工作队

选派省委扶贫工作队到苏北经济薄弱地区进行帮扶工作，是长期以来江苏省减贫工作的优良传统。自1992年起，每年江苏省委、省政府都会从省直属单位抽选300名左右干部组成省委派驻扶贫工作队（组），前往省定重点扶贫县和乡镇参与扶贫开发工作。以2020年为例，省直单位派出238名干部组成省委帮扶工作队，赴苏北12个县（区）开展帮助工作，队员平均年龄为39.7岁。② 被帮扶地区低收入人口和经济薄弱村的收入被列为工作队的年度考核指标。近30年来，省委派驻扶贫工作队协助经济薄弱地区发展农业产业、建设乡镇企业、推动劳动力输出、强化基础设施建设、开展危房改造、提供资金及物资等，有力地推动了苏北地区经济发展和人民增收。

3. 贴息扶贫小额贷款

为低收入人口提供由政府财政担保和部分贴息的扶贫小额贷款，是江苏金融扶贫的代表性特惠政策。自1998年扶贫小额贷款制度实施以来，江苏不断加大贷款的发放力度。2020年，全省农商行全年累计发放36.2亿元扶贫小额贷款、惠及建档立卡低收入农户超过10万户，分别同比增长7.7亿元、1.5万户。③ 扶贫小额贷款政策为低收入农户解决了发展创业增收的资金缺口瓶颈问题：首先，扶贫小额贷款相较于一般贷款门槛低，低收入农户可以贷到；其次，扶贫小额贷款成本低，低收入农户实际支付的贷款利息大致相当于一年期的储蓄存款利息；再次，扶贫小额贷款办理便利，低收入农户去农商行即可办理，获得创业项目的启动资金。实施期间，江苏省也不断根

---

① 江苏省乡村振兴局。

② 《又是一年出征时! 江苏省委派驻12个重点帮扶县（区）工作队奔赴一线》，"中国乡村振兴"百家号，2020年3月23日，https：//baijiahao. baidu. com/s? id = 1661954178322880736&wfr = spider&for = pc。

③ 《我省农商行2020年累放36亿扶贫小额贷款惠及10万低收入农户》，江苏省国资委网站，2021年2月22日，http：//jssasac. jiangsu. gov. cn/art/2021/2/22/art_ 11789_ 9678413. html。

据低收入农户的实际需求完善扶贫小额贷款制度。比如提高了贷款额度，2008年低收入农户单户贷款额度上限由"首贷3000元、续贷5000元"，调整为"1万元"，2016年进一步调整为"2万元"，2018年又调整为"5万元"。

4. 苏北经济薄弱地区基础设施建设

为从根源上消除苏北经济薄弱地区的贫困问题，江苏省一直高度重视基础设施的建设。自20世纪90年代起，江苏省连续实施了通电、通达、改水、粮田改造、安居等五大工程。其中，扶贫通电工程于1994年实施、1997年完成，其间共投入资金11亿元，使苏北农村地区实现通电；农村卫生改水工程于1996年实施、2000年完成，其间共投入资金6亿元，基本解决了高氟和污染严重地区居民的安全饮用水问题；中低产田改造工程于1996年实施、2000年完成，其间共投入资金5.11亿元，总共改造中低产田超过500万亩，为农业产量提高、农民增收提供了有利的条件；农村通达工程于1998年实施、2000年完成，帮助苏北经济薄弱地区实现了县乡道路灰黑化、农村道路砂石化的"村村通"目标；农村安居工程，于1999年实施、2000年完成，其间省投入补助资金9000万元，市县投入配套资金4000万元，基本完成1998年全省约14万户草危房的改造工作。① 随着近年来"两不愁、三保障"目标的提出，江苏省政府持续关注苏北经济薄弱地区农户生活条件的改善。2019年，江苏再次全面启动苏北农房改造工程。2021年，江苏省委一号文件再次提出"加快改善农民住房条件"，力争到2021年底完成苏北地区约30万户农户的农房改善工作。

二 百年减贫的主要成就

20世纪20~30年代，金陵大学的卜凯教授先后组织了两次农村社会调查，并发表了《中国农家经济》② 和《中国土地利用》③ 两部农村经济著

① 江苏省乡村振兴局。
② 〔美〕卜凯：《中国农家经济》，张履鸾译，商务印书馆，1936。
③ 〔美〕卜凯主编《中国土地利用》，金陵大学农业经济系，1937。

作。其中，前者基于第一次调查（1921～1925年）编著，调研范围涉及安徽、河南、河北、山西、福建、江苏、浙江七省。江苏省主要调研了南京江宁与常州武进两地；后者基于第二次调查（1929～1933年）编著，调研范围基本遍及全国。本报告首先总体概括近年来江苏的脱贫成效，随后将这两本著作的调查数据进行整理，并与现阶段江苏省农村的相关统计及调查资料进行对比，以分析近百年来江苏省农业生产经营及农户生计等的变化，进而反映近百年来的减贫成效。

（一）江苏省总体脱贫成效

江苏省自2006年起，就专门制定了高于全国的扶贫标准（人均纯收入1500元），将扶持政策瞄准贫困标准以下的绝对贫困人口。具体而言共经历了三个阶段。

2007年，省委十一届三次全会提出，2008～2011年江苏组织实施脱贫攻坚工程，将扶贫对象聚焦于农村年人均纯收入2500元以下的450万农村贫困人口。2011年，江苏省全面消除了2500元标准以下的绝对贫困现象，其中2500元标准的制定依据主要是相当于当时汇率下的1天1美元。

2012年，江苏实施新一轮扶贫开发工作，并将绝对贫困标准定为年人均纯收入4000元。在此标准下，全省农村贫困人口规模为411万人，约占农村总人口的8.1%。截至2015年末，所有实行精准扶贫建档立卡的农村低收入人口全部达到预期脱贫目标。至此，江苏扶贫开发已经从消除绝对贫困转入缓解相对贫困的新阶段。

2015年，江苏省确立了"十三五"时期的新一轮扶贫开发工作标准，为年人均纯收入6000元。这一标准主要借鉴了中等收入国家以国民收入中位数的40%～60%确定相对贫困线的普遍做法。例如，2014年，江苏省农民的年人均收入中位数为13312元，6000元相当于45%。在此标准下，全省农村贫困人口规模为300万人（见表1），约占农村总人口的6%。2020年，江苏省的脱贫攻坚战获得了全面胜利，绝对贫困全部消除，农村建档立卡低收入人口全部达到6000元脱贫标准。

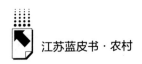

表1　2008～2020年江苏脱贫标准及脱贫人口情况

单位：元，万人

年份	全国脱贫标准	江苏脱贫标准	脱贫人口
2008～2011	2300	2500	450
2012～2015	2800	4000	411
2016～2020	4000	6000	300

资料来源：《中国农村贫困监测报告》《关于建立科学发展评价考核体系的意见》《江苏省农村扶贫开发"十二五"规划纲要》《江苏省"十三五"农村扶贫开发规划》。

（二）基于农业生产的减贫成效

农村是江苏省相对贫困人口的主要聚集地。农业为基础产业，经济薄弱地区的农业人口生计及经济发展都和农业生产经营紧密相关。在农村减贫实践中，为提高农业生产率、提高农民收入，我国高度重视增强农民掌握实用技术的能力、利用先进生产技术改造传统农业。

1. 农业生产要素投入

20世纪20年代，江苏农业生产呈现劳动密集的形态，在依靠大量人力投入的基础上，存在一定役畜的使用，而机械使用基本不存在。由于当时农户之间缺少有效的资源共享方式，畜力的利用率也极为有限，卜凯曾在调查中看到"无畜农业"景象。[1] 1929～1933年，江苏省户均仅拥有约不到1个役畜，拥有黄牛的农户仅占20.2%，拥有马、骡、驴的农户分别仅占0.5%、2.7%、11.5%。随着农机技术的不断推广和普及，畜力逐渐被机械力替代。1978～2019年，江苏省农业机械总动力由不到0.01千瓦每亩增长至0.45千瓦每亩。[2] 表2中2020年的数据显示，江苏省的农业机械化水平大幅提高，尤其苏南地区机械使用程度较高，机械力基本取代了

---

① 卜凯在《中国土地利用》中描述道"牛、马在树荫下乘凉，人类却在酷暑中耕作"。

② 国家统计局国民经济综合统计司编《新中国六十年统计资料汇编》，中国统计出版社，2010；国家统计局编《中国统计年鉴（2020）》，中国统计出版社，2020。

役畜。①

除机械外,合理增加肥料等资本投入也有利于提高产量、缓解农民生存压力。20 世纪二三十年代,全国的化肥进口量已呈增长趋势。但由于交通不便且不具备购买化肥的经济条件,广大农民仍然以施用厩肥、堆肥、人粪等有机肥料为主。1929～1933 年,江苏省人畜粪肥料施用量为每亩 121.3斤。与化学肥料相比,人畜粪肥料所增加的作物产量较低。同时,约有60% 的农户由于资金或肥料不足而未达到理想的施用量。新中国成立后,江苏省开始大力利用现代农业技术改造传统农业,指导农民化肥与有机肥配合科学施用,因而化肥逐渐在农业生产中发挥越来越重要的作用。2021 年CLES 调研数据显示,2020 年江苏省平均化肥投入量为 132.8 斤/亩,苏中地区高于平均水平,为 140.9 斤/亩。

表2 1929～1933 年与 2020 年江苏农户农业生产要素投入比较

调查地区	1929～1933 年		2020 年	
	役畜投入量 (单位/公顷)	有机肥投入量 (斤/亩)	户均农机数 (台)	化肥投入量 (斤/亩)
全省	1.2	121.3	0.6	132.8
苏南	0.8	110.2	0.9	122.4
苏中	0.9	153.9	0.5	140.9
苏北	2.4	120	0.5	130.5

注:单位公顷役畜投入量折算成标准单位统计,根据《中国土地利用》界定,每一黄牛、骡、马、驴为1 单位,每一水牛为2/3 单位。

资料来源:1929～1933 年数据来源于卜凯《中国土地利用》,2020 年数据来源于 CLES 2021。

表 3 为江苏省两个时期的户均耕地面积比较。近百年来,农户的平均耕地面积下降较大,从承包面积看,2020 年不到 1929～1933 年的1/3。但从实际经营面积来看,2020 年户均耕地面积为 21.6 亩,与近百年前相差不大。这主要是因为近年来随着土地流转制度的完善,不同经

---

① 根据 2021 年的实际调研情况,江苏省绝大部分农户没有使用畜力。

营主体间展开自发的土地流转，村集体也推动了适度规模流转。从区域
对比看，相较于苏中和苏北地区，苏南地区的户均经营规模明显更大，
达到37.9亩，远超近百年前的情况。

表3　1929~1933年与2020年江苏农户户均耕地面积比较

单位：亩

	全省	苏南	苏中	苏北
1929~1933年	19.9	17.8	17.1	24.5
2020年承包面积	6.2	7.0	5.8	5.8
2020年经营面积	21.6	37.9	16.1	14.5

资料来源：1929~1933年数据来源于卜凯《中国土地利用》，2020年数据来源于CLES 2021。

　　为了进一步反映农业生产对土地资源的利用程度，本报告进一步对比
了百年来复种指数的变化。复种指数能够从耕地利用次数的角度来反映土
地要素投入情况。数据显示，江苏省农户的耕地复种指数从1929~1933
年的1.6下降至2020年的1.4，① 这说明随着"藏粮于地"和"藏粮于
技"等战略的推进，江苏省农户不再一味追求通过增加复种面积来生产更
多的产品。

　　总体来看，近百年来江苏省农业生产的要素投入结构发生了显著变化，
呈现机械、化肥等资本替代劳动力的发展趋势。表4对比了江苏省20世纪
20年代与2020年农业生产要素投入情况。考虑到卜凯农村调查中并未汇报
不同作物的投入结构以及当时农民以粮食种植为主，因而2020年的数据仅
选取了3种粮食作物的平均水平进行比较。可以看出，1921~1925年，包
括家庭用工及雇工在内的劳动投入占农业生产各要素投入的55.6%，肥料
以及机械投入比例极小。2020年，劳动投入占比不到30%，机械投入以及
肥料投入占比则分别增加到28.3%和16.2%。

---

　　① 耕地复种指数=农作物总播种面积/耕地面积。1929~1933年数据来源于卜凯《中国土地
利用》，2020年数据来源于CLES 2021。

表4 1921~1925年与2020年江苏农业生产各要素投入占比

单位：%

年份	家庭用工	雇工	肥料	机械	土地	畜力	其他
1921~1925	33.6	22.0	5.9	—	7.5	5.0	26.0
2020	25.8	3.3	16.2	28.3	30.1	—	12.9

注：本表汇报的数值为各项支出占总支出的比例。其中，1921~1925年的土地投入支出为地税，2020年的土地投入支出为流转地租金和自营地折租，机械投入支出为机械作业费和燃料动力费。其他投入包括农药、种子、农膜、灌溉、固定资产折旧等支出。

资料来源：1921~1925年数据来源于卜凯《中国农家经济》，2020年数据来源于CLES 2021。

2. 农业生产率

近百年前，农业生产主要依靠人力，机械技术以及生物化学技术的投入几乎没有，受自然条件的影响也比较大，因此产量水平较低。我国的减贫事业通过引入现代生产要素和优化要素配置，有效促进了农业生产率的提高。图1比较了两个时期江苏省单位面积的平均作物产量，以衡量土地生产率的变化情况。可以发现，近百年来江苏省主要农作物单位面积产量实现了大幅增长。2020年水稻单产为1929~1933年近3倍，小麦单产为1929~1933年的1.7倍，玉米、大豆、花生及薯类则分别为1929~1933年的10倍、3.5倍、2倍及10.5倍。进一步，使用劳均产量来观察劳动生产率的变化情况，对比发现仅就谷物而言，劳均产量从1929~1933年的580.0斤增长至2020年的1392.4斤，增长了1倍多。

3. 农业种植结构

农业种植结构的变化可以反映农户的耕地利用偏好及种植业结构调整。1929~1933年，江苏农业种植结构的决定性因素是土壤、气候等自然资源禀赋，加上当时的生产力水平低，外部环境也不稳定，农业种植以解决温饱问题的水稻、小麦、高粱、马铃薯、棉花等为主。近百年来，农业生产力得到了极大的解放，温饱问题不再是决定农业种植结构的主要因素，农户的种植决策更多受到市场需求的影响。表5表明，水稻、豆类、大麦种植面积占比分别从1929~1933年的46.5%、9.8%、6.9%下降至2020年的27.9%、3.9%、0.1%，小麦种植面积占比略有上升，而玉米、油菜和花生的种植面积占比大幅度增加。

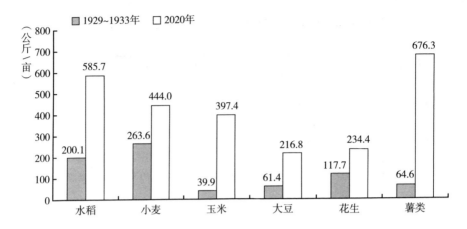

图1　1929～1933年与2020年江苏主要农作物单位面积产量比较

说明：卜凯调查数据统计值为各地区作物的通常单产情况，非算数平均数。
资料来源：1929～1933年数据来源于卜凯《中国土地利用》，2020年数据来源于CLES 2021。

表5　1929～1933年与2020年江苏主要农作物种植面积占比

单位：%

年份	小麦	水稻	豆类	大麦	玉米	油菜	花生
1929～1933	24.4	46.5	9.8	6.9	1.2	0	0.1
2020	26.2	27.9	3.9	0.1	10.1	2.9	2.9

资料来源：1929～1933年数据来源于卜凯《中国土地利用》，2020年数据来源于CLES 2021。

（三）基于收入贫困的减贫成效

促进农户收入增长是减贫的主要目标。本报告分别考察了江苏省农产品商品化率、农户非农就业、农户税负与补贴等几个主要方面的变化，来分析促进农户农业收入、非农收入、转移性收入等增长的减贫成效。

1. 农产品商品化率

近百年前，江苏省农业产出较为低下，小农户生产的农产品主要用于自家消费、上缴地租与偿还高利贷利息等，可向市场出售的余粮较少，社会整体缺少生产分工和市场交换的有效机制。随着农业生产率的提升以及农产品市场的成熟，农产品商品化率持续增长，生产剩余的增加使得农民可以获得更多销售收入。图2显示，江苏省水稻、小麦、玉米、油菜、蔬菜几种主要农产品的商品化率分别从1929~1933年的17.0%、32.0%、24.0%、64.0%、34.0%上升至2020年的97.3%、96.2%、96.8%、75.2%、99.8%，水稻、小麦、玉米三类农产品的商品化率接近100%。

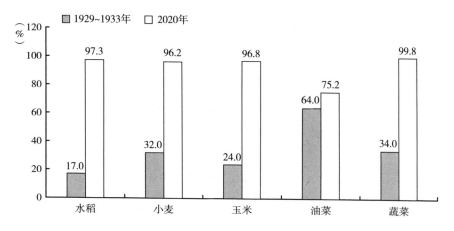

图2 1929~1933年与2020年江苏主要农产品商品化率比较

说明：农产品商品化率＝出售产量/产品产量；《中国土地利用》中仅汇报了按农业大区划分的农产品商品化率情况，由于江苏省是扬子水稻小麦区中最具有代表性的省份，故此处将扬子水稻小麦区的情况近似作为江苏情况的替代。

资料来源：1929~1933年数据来源于卜凯《中国土地利用》，2020年数据来源于CLES 2021。

当然，落后的运输条件也是造成江苏过去农产品商品化程度低下的原因。据卜凯农村调查，20世纪二三十年代，农产品主要通过肩挑手扛、畜力或人力牵引独轮车等农具进行运输。1929~1933年，江苏平均仅不到10%的农户将农产品销售至本县以外的地区。近百年来，我国增加了农村道路等非排他性的公共投资，降低了农民的交易成本，扩展了销售区域，提高了交易效率和市场参与水平。同时，农民对于各类市场信息和生产资料的可获得性也大大增强。根据CLES调查，2021年江苏村庄硬化道路占道路总长度的比例上升至约90%。

2.农户非农就业

由于农业生产的季节性特征，农民需要依赖农闲时间从事其他工作维持生计。卜凯指出当时中国农村的兼业情况，"农业人口以全部时间从事田场工作者，仅稍逾三分之二，从事副业者，八分之一。兼事田场工作及副业者，五分之一"①，副业一般以家庭手工业或经商为主。1929~1933年，江苏省农户存在兼业经营行为，但兼业化程度不高。虽然农户的剩余劳动力较多，但受当时经济发展水平的影响，从事农业工作及非农副业的人口比例高于仅从事非农副业的人口比例（见表6）。提高非农劳动参与率以及增加就业机会一直是江苏省的减贫主线。从表7中2021年江苏存在各类职业的农户占比来看，绝大部分的农户拥有其他职业，还有52.5%的农村家庭拥有受雇稳定工作、6.3%的农村家庭从事非农经商。

表6　1929~1933年江苏农村劳动力从业情况

单位：%

调查地区	劳动力比例			农业类工作占所有工作量比例
	仅从事农业	仅从事非农副业	从事农业工作及非农副业	
全省	72.9	5.1	22.1	82.9
苏南	60.2	6.9	32.9	74.3
苏中	84.3	6.4	9.4	89.4
苏北	78.7	3.3	18.0	87.2

资料来源：〔美〕卜凯主编《中国土地利用》，金陵大学农业经济系，1937。

表7　1929~1933年与2021年江苏存在各类型职业的农户占比

单位：%

	1929~1933年	2021年
农场雇工	15.5	—
有技能工人	8.4	31.0

---

① 胡浩、钟甫宁：《近一个世纪中国农业经营变化之研究——基于与20世纪初期Buck资料的比较》，《农业经济问题》2008年第7期。

	1929～1933 年	2021 年
无技能工人	9.9	78.1
家庭工业(手工业)	15.9	—
非农经商	8.1	6.3
教员	1.5	—
士兵	0.4	—
官吏	0.2	—
受雇稳定工作	—	52.5

资料来源:1929～1933 年数据来源于卜凯《中国土地利用》,2021 年数据来源于 CLES 2021。

图 3 显示,1929～1933 年江苏农户的农业经营收入占比高达 87%,农外收入很少。到了 2020 年农业经营收入仅占 21%,农业已不再是主要收入来源。同时,从调研情况来看,江苏内部各地区的差异明显,苏南地区农户非农来源的收入占比高于苏中及苏北地区。

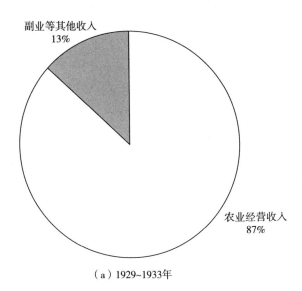

(a)1929~1933年

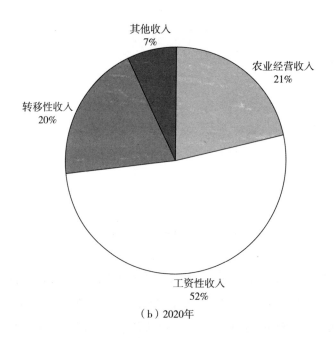

（b）2020年

图3　1929～1933年与2020年家江苏农户收入结构比较

资料来源：1929～1933年数据来源于卜凯《中国土地利用》，2020年数据来源于CLES 2021。

3. 农户税负与补贴

农户近百年来收入来源的变化还体现为转移性收入的提高，其中很大一部分源于减贫事业使农民实现了从承受苛捐杂税向获得各类补贴福利转变。近百年前，国民政府向农村征收大量的田赋，给广大农民带来了极大的经济负担。[①] 例如，1931年江苏无锡、武进地区平均每公顷耕地的地税总额分别为14.608元、14.014元。[②] 农业是弱质性产业，面临较高的自然风险和市场风险。为了实现对农业的反哺，我国实施了一系列强农惠农

[①] 翁有为：《民国时期的农村与农民（1927—1937）——以赋税与灾荒为研究视角》，《中国社会科学》2018年第7期。

[②] 卜凯《中国土地利用》。税额单位为当时的货币单位元，1931年，其价值为1美元＝0.64元。

政策。^① 同时，中央财政与省财政还逐步加大对扶贫项目的财政支出，通过自上而下的"专项转移支付"和"项目制"等形式向经济薄弱地区注入资源。^② 来自政府的转移支付直接增加了受益群体的收入。如表 8 所示，2020 年江苏省农村居民人均可以得到农业支持保护补贴 45.3 元、农机购置补贴 43.8 元、征地补偿款 200.6 元，并可享有养老金 4108.2 元（且不局限于上述几种）。这些来自政府的补贴直接增加了受益群体的转移性收入。同时，平均每人可以得到集体经济分红 131.4 元，但是分区域来看，苏南的集体经济发展较好，而苏中及苏北地区的集体经济发展较为滞后。

表 8　2020 年江苏农村居民各项主要补贴收入

单位：元/人

地区	农业支持保护补贴	农机购置补贴	集体经济分红	征地补偿款	养老金
全省	45.3	43.8	131.4	200.6	4108.2
苏南	66.4	89.2	472.3	348.6	6913.9
苏中	29.5	49.5	13.4	210.9	2620.8
苏北	46.1	2.8	37.1	83.9	3101.3

资料来源：CLES 2021。

　　另外，虽然江苏省脱贫攻坚战已全面胜利，但是仍贯彻"脱贫不脱政策、脱贫不脱帮扶"的政策导向。如图 4 所示，2020 年苏北地区的建档立卡农户还能够获得以下专项转移性收入：一是专门针对低收入户的公益性岗位补助，人均补助 37.7 元；二是逢年过节发放的贫困慰问金等直接性转移支付，一般通过为每户低收入户安排的帮扶责任人发放，人均补助 216.0

---

① 土地革命时期，中国共产党结合自然灾害等情况降低根据地的农业税；抗战时期，中国共产党要求地主阶级"减租减息"；在新中国成立初期，我国提出"调整税收，酌量减轻民负"，降低了约 1/4 的农业税；2004 年，我国实施粮食最低收购价、临时收储、粮食直接补贴、良种补贴、农资综合补贴、农机购置补贴等政策；党的十六大以后，我国积极推行农村税费改革，并于 2006 年全面取消农业税。

② 例如，2020 年江苏省共下达 6.41 亿元省以上的专项扶贫资金，主要用于支持苏北重点片区的帮扶项目、支持建立解决相对贫困长效机制、支持苏北地区的脱贫攻坚和防返贫工作等。

元；三是为家中有学龄青少年的低收入家庭提供的教育补助，人均 63.1 元；四是乡镇政府、村委会或者县集中统筹使用扶贫资金，建设标准化厂房、养殖场、超市、农贸市场或光伏发电站等能连续产生收益的开发项目，并将收益分配给低收入户，人均可获得资产收益类项目分红 188.7 元；此外还有医疗补助等其他补助，人均可获得 256.2 元。

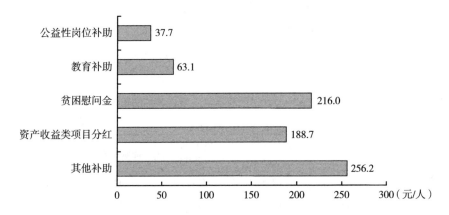

图 4　2020 年苏北地区建档立卡低收入农户主要转移性收入

资料来源：CLES 2021。

（四）基于多维贫困的减贫成效

"贫困是一种福利的剥夺"，[1] 因此减贫工作必定是以提升贫困人口的福利水平为最终目的。我国将低收入人口的多维贫困指标纳入政策体系，注重解决农村低收入人口的"两不愁、三保障"问题，进而带来了人民生活水平的全面提升。

1. 农户营养膳食

营养水平是反映居民生活质量的重要指标，主要体现在两方面：一是卡路里、蛋白质等摄入是否足量，二是膳食结构是否合理。从摄入数量来看，

---

① World Bank, *World Development Report 2000/2001：Attacking Poverty*（New York：Oxford University Press，2001）.

1929～1933 年江苏省农村居民每成年男子每日摄入的热量为 3510.4 卡、蛋白质为 86.9 克。除少部分地区由于粮食歉收或自然灾害等原因，农民偶尔存在"吃不饱"的现象外，大部分农民供给身体所必需的热量充足。当然，繁重的农业劳动也会导致农民对热量及蛋白质的需求量较高。近年来，收入水平的提升使得江苏居民的食物消费能力增强，农户"不愁吃饱"，2011 年江苏省农村居民每成年男子每日摄入蛋白质 92.6 克，高于近百年前的水平。[①]

然而从膳食结构来看，由于近百年前农民的经济水平仅能满足最基本的生活，饮食结构单一、以食用粮食为主，普遍存在营养结构失衡问题。当时农民热量摄入的 83% 来自谷类，动物性食物仅占热量来源的 2%（见图5）。同样的，农民每天摄入的蛋白质中，动物性蛋白仅占 4%，其余基本上来自谷类、豆类等（见图6）。动物性食物消费的短缺会造成微量营养素摄入不足，比如 1929～1933 年每成年男子平均每日钙摄入量仅为 0.46 克，远不及标准水平。营养水平低下对当时农民的工资和生产效率带来了负面影响，进而产生营养贫困陷阱。[②] 相较之下，2012 年我国农村居民热量、蛋白质来源中的动物性食物份额则分别提高到 29%、25%。[③]

以连云港市某县为例，1929～1933 年成年男子平均每日食用谷类 795 克、豆类 133 克、薯类 143 克、蔬菜 245 克，肉类及水产品、蛋类仅分别为 9 克、6 克。而 2021 年成年男子平均每日食用谷类 403 克、豆类 39 克、薯类 48 克、蔬菜 275 克、水果 135 克、奶类 35 克、蛋类 37 克、肉类及水产品 142 克，动物性食品食用量显著上升（见图7）。

2. 农户消费结构

消费能够直接反映家庭的经济福利和资源的丰裕程度。表9 对比了 20 世

---

① 1929～1933 年数据来源于卜凯《中国土地利用》，2011 年人均热量及蛋白质摄入量数据来源于中国健康与营养调查（CHNS），并根据卜凯调查给出的标准体系换算成以成年男子为单位。

② 周力，J. Sun，C. . G. Turvey，"Conflicts, Calamities and Nutritional Poverty Traps in a Peasant Economy: Evidence from Rural China 1929 – 1933," *Singapore Economic Review* (2019), pp. 1 – 31。

③ 因分地区的热量、蛋白质来源结构难以获取，故此处仅汇报全国层面的统计结果。

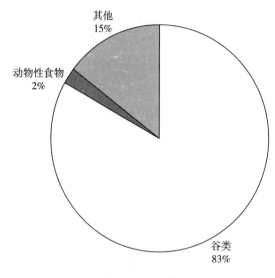

（a）1929~1933年

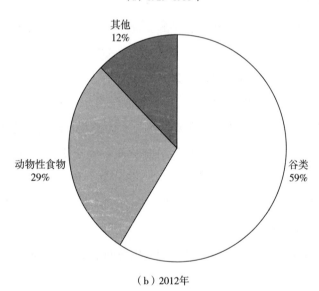

（b）2012年

图5　1929～1933年与2012年农村居民热量来源比较

资料来源：1929～1933年数据来源于卜凯《中国土地利用》，2012年数据来源于《中国卫生健康统计年鉴（2020）》。

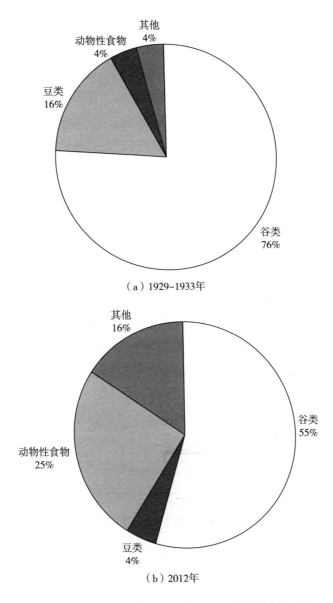

（a）1929~1933年

（b）2012年

图6　1929~1933年与2012年农村居民蛋白质来源比较

资料来源：1929~1933年数据来源于卜凯《中国土地利用》，2012年数据来源于《中国卫生健康统计年鉴（2020）》。

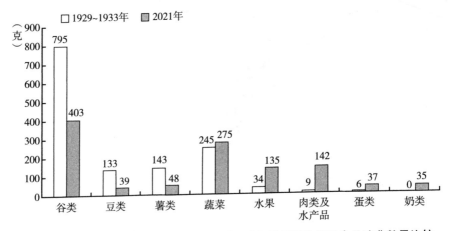

图 7　1929～1933 年与 2021 年连云港市某县成年男子平均每日食品消费数量比较

资料来源：1929～1933 年数据来源于卜凯《中国土地利用》，2021 年数据来源于 CLES 2021。

纪 20 年代与 2019 年江苏省农村家庭消费支出结构。根据恩格尔定律，随着收入水平的提高，食物在总支出中的比重逐渐下降。1921～1925 年，江苏省农户的平均恩格尔系数达到 55.9%，处于温饱状态。食物、燃料①、衣服、住房四项生存资料的支出占比近 80%，用于满足医疗卫生、生活改善、个人嗜好等需要的发展及享受型消费占比很低。近百年来，江苏省农村家庭消费结构由生存型消费向发展型、享受型消费演变，表现为平均恩格尔系数下降至 2019 年的 26.2%。CLES 调查数据显示，所调查的江苏省农户 2020年平均恩格尔系数为 28.5%。

表 9　1921～1925 年与 2019 年江苏农村家庭消费支出结构

单位：%

年份	食物	住房	衣着	燃料	医疗	其他
1921～1925	55.9	5.4	7.3	10.5	1.1	19.8
2019	26.2	24.1	5	—	9.5	35.2

资料来源：1921～1925 年数据来源于卜凯《中国农家经济》，2019 年数据来源于《中国统计年鉴（2020）》。

---

① 主要用于灯油照明及烹饪。

从苏北地区建档立卡低收入户的情况来看（见图8），家庭基本已实现
"不愁吃、不愁穿"。2020年全省建档立卡低收入户人均消费12021元，其
中人均食品支出为4303元，占消费支出的比重为35.8%，已经属于联合国
粮农组织提出标准的富裕水平。建档立卡低收入户的教育支出及医疗支出分
别占7.6%和34.8%，还有3.9%用于文化支出，体现出除满足基本衣食住
行外，农户生活水平有所提高。

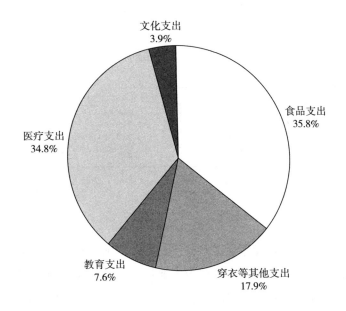

图8　2020年苏北地区建档立卡低收入户消费结构

资料来源：CLES 2021。

农民的当期收入除了用于消费之外，还可以通过储蓄增加资本存量，用
于未来的消费。根据边际消费倾向递减定律，随着收入增长，储蓄率会有所
提高。根据卜凯1929～1933年的调查统计，当时江苏省农户基本没有任何
储蓄，仅不到1%的农户有现款蓄藏，有超过半数的农户需要借款以满足生
产或生活需要。而根据CLES调查，2020年江苏省农村居民储蓄率已达
到10.8%。

3. 农户受教育程度

教育在巩固脱贫攻坚成果和促进农村长期发展中起到重要作用。近百年来，江苏农村人口的教育水平得到提升。表 10 对比了近百年来江苏省农户的受教育程度，可以发现 20 世纪 20 年代江苏 1/3 的户主从未受过教育，其余农户户主也仅受过很少的教育。2021 年，江苏省农户户主文盲率已下降至 1%，受过教育的农户户主平均受教育年限也增加至 8.3 年。同时，在小学及初中阶段的适龄青少年基本没有辍学现象。

表 10　1921～1925 年与 2021 年江苏农户受教育程度比较

单位：%，年

年份	未受教育户主占比	受教育户主平均教育年限	7～16 岁青少年受教育者占比
1921～1925	33.3	5.0	68.4
2021	1.0	8.3	100.0

资料来源：1921～1925 年数据来源于卜凯《中国农家经济》，2021 年数据来源于 CLES 2021。

4. 农户医疗情况

近百年前农村居民健康及医疗状况的相关情况记载较少。根据卜凯的整理分析，20 世纪 20 年代，江苏仅有不到一半的农村家庭有医药费支出。[1]乃至新中国成立后的相当一段时间，我国农村居民都饱受传染病、由营养不良造成的疾病的威胁，这既与当时的经济发展水平有关，也与农村落后的公共卫生设施和农民的卫生习惯密不可分，甚至很多农民有患病后依靠宗教祈福的习惯。[2] 近百年来，农村的经济发展、公共卫生事业以及农民的健康理念都有了很大进步。当前，江苏省建立了基本医疗保险、大病保险、医疗救助、商业保险四项医疗保障制度。为了避免低收入户因病返贫，近年来江苏规定低收入人口在定点医院住院可以享受"先诊疗后付费"、一站式结算、托底医疗保障等优惠政策。农户个人自付费用从 2016 年的平均每次 1364 元

---

① 〔美〕卜凯：《中国农家经济》，张履鸾译，商务印书馆，1936。
② 余成普：《中国农村疾病谱的变迁及其解释框架》，《中国社会科学》2019 年第 9 期。

下降到 2021 年的 367 元，自付费用占住院费用的比例由 2016 年的 32% 下降到 2021 年的 7.6%。[①]

根据 CLES 调查数据，江苏 93.9% 的农户中所有成员都参加了医疗保险（见表 11）。在所调研的 2000 多户农户中，农户所有成员在患重病时基本能够得到及时治疗，仅 8 户农户因经济条件、6 户农户因交通不便而未及时就医。同时，江苏省还选派省属省管医院医疗队前往重点帮扶县，以提升经济薄弱地区的医疗服务能力和医疗技术水平。根据 CLES 调查情况来看，基本每个村庄都有至少一个卫生室或诊所，平均每年举办 3.8 次健康教育讲座或活动以提高村民的健康意识。

表 11   2021 年江苏农村地区医疗情况

地区	所有成员都参加医疗保险的农户比例(%)	所有成员患重病都及时就医的农户比例(%)	村庄平均卫生室或诊所数量(个)	村庄举办健康教育讲座或活动次数(次)
全省	93.9	99.5	1.2	3.8
苏南	96.5	99.5	1.1	3.8
苏中	93.1	99.7	1.2	3.9
苏北	91.8	99.2	1.3	3.6

资料来源：CLES 2021。

5. 农户住房情况

1929～1933 年，江苏农村居民的住房较为狭小、房间数量少，人均面积仅约 16.7 平方米，多数家庭住房甚至与农用房、牛栏猪圈等相连。房屋建造也相对简陋，房屋基本用砖瓦造成，还有近 60% 的家庭房顶为茅草覆盖，约 1/3 的家庭墙壁由泥土筑成，73.1% 的家庭为泥地（见表 12）。为了改善苏北经济薄弱地区贫困人口的生产生活条件，江苏省自 20 世纪 90 年代起，连续推进扶贫通电、卫生改水、通达、安居等工程。到 2000 年底，约

[①]《我省多举措防止低收入人群因病致贫、因病返贫》，江苏省人民政府网，2021 年 4 月 8 日，http://www.js.gov.cn/art/2021/4/8/art_60095_9745746.html。

14 万户的草危房改造工作基本完成。2019 年，大规模的苏北农村危房改造工作开始实施，农村居民住房条件显著改善。当前农村家庭的住房更为宽敞，内部构造完备。2021 年江苏农村人均拥有住房面积已达到 71.9 平方米，且有 34.1% 的房屋为牢固程度较好的钢筋混凝土结构。

表 12　1929~1933 年与 2021 年江苏农户住房面积及建造特点

单位：m^2，%

	年份	特点	全省	苏南	苏中	苏北
人均住房面积	1929~1933	—	16.7	10.2	5.9	23.43
	2021	—	71.9	74.1	72.4	70.7
各类型房屋占比	1929~1933	草屋顶	59.6	12.5	100	75
		瓦屋顶	48.4	87.5	0	2.3
		土墙	33.9	11	50	42.4
		砖墙	49.4	57	50	44.9
		泥地	73.1	87.5	100	57.1
		砖地	25.6	8.3	0	42.9
	2021	钢筋混凝土结构	34.1	44.6	23.1	34.4
		砖混结构	60.3	50.9	71.1	59.0
		砖石木结构	5.6	4.5	5.8	6.6

资料来源：1929~1933 年数据来源于卜凯《中国土地利用》，本表选取中型规模农场数据；2021 年数据来源于 CLES 2021。

6. 农户幸福感

长期以来，中国共产党在扶贫工作中十分重视人民的幸福感，积极"为中国人民谋幸福"。幸福感受绝对收入、相对收入以及生活质量等多方面因素的影响。从图 9 中 2010 年江苏省居民幸福感情况可以看出，低保户由于收入及生活水平较低，幸福感低于普通户。但随着近年来一系列扶贫与社会救助工作效果的显现，尤其是精准扶贫政策带来的显著成效，低保户各方面的福利均有所改善，幸福感也呈现上升趋势。低保户以及普通户幸福感得分分别由 2010 年的 3.22 分、3.67 分上升至 2018 年的 3.53 分、3.75 分。

图 10 为 2021 年江苏省建档立卡户与普通户各项主观指标的比较情况。

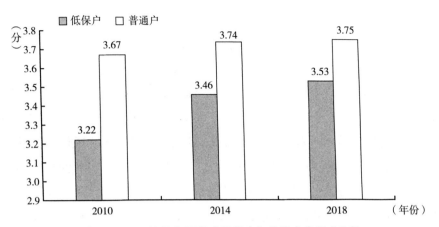

图9　2010～2018年江苏省低保户与普通户幸福感比较

说明：分值为1～5分，分数越高，表明主观幸福感越强。
资料来源：中国家庭追踪调查数据（CFPS）。

从幸福感和生活满意度的情况来看，建档立卡户与普通户的情况相差不大，反映出近年来通过扶贫政策的帮扶，经济地位较低的农户可以获得较好的生活保障。但是需要引起注意的是，由于建档立卡户与普通户之间仍存在较大的收入差距，其主观经济地位得分较低。

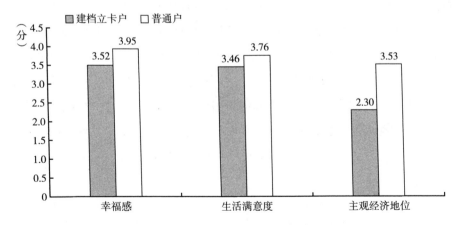

图10　2021年江苏省建档立卡户与普通户主观指标比较

说明：分值为1～5分，分数越高，表明幸福感、生活满意度及主观经济地位越高。
资料来源：CLES 2021，主观经济地位指标来源于农户针对"您觉得自己在本地的经济地位如何？"问题进行的打分。

三　启示与展望

摆脱贫困是实现中华民族伟大复兴的现实基础。伟大脱贫攻坚精神①深深扎根于江苏大地，有力推动着全省"率先全面建成小康社会、率先基本实现现代化"事业的进程。站在新的历史起点上，本报告回顾了近百年间中国共产党反贫困的历史脉络，提炼减贫过程中的规律，以期为脱贫攻坚与乡村振兴的有效衔接出谋划策，实现第二个百年奋斗目标。绝对贫困的消除并不意味着贫困的消失。全面建成小康社会后，农村的贫困形式更多转变为以多维度的福利和收入差距为特征的相对贫困。对此，未来应重点关注以下几个问题。

（一）建立解决相对贫困的长效机制

早在2016年全国两会期间，习近平总书记就提出"相对贫困、相对落后、相对差距将长期存在"的警示。② 相对贫困是指依靠个人或家庭的劳动力所得（或其他合法收入）虽能维持食物保障，但无法满足在当地条件下被认为是最基本的其他生活需求的状态。世界银行在《1981年世界发展报告》中指出："当某些人、某些家庭或某些群体没有足够的资源去获取他们那个社会公认的、一般都能享受到的饮食、生活条件、舒适和参加某些活动的机会，就是处于贫困状态。"这也是一种相对贫困的描述。欧盟等发达地区采用人均收入中位数的一定比例作为相对贫困标准线。这一标准反映了社会的收入分配情况，也就是说无论平均收入达到多高水平，只要人均收入不完全相等，就存在相对贫困。相对贫困具有以下特征。

---

① 习近平总书记将其深刻阐述为"上下同心、尽锐出战、精准务实、开拓创新、攻坚克难、不负人民"。《中国共产党人的精神谱系｜上下同心　尽锐出战——脱贫攻坚精神》，新华网，2021年10月15日，http://www.gx.xinhuanet.com/newscenter/2021 - 10/15/c_1127959268.htm。

② 《习近平谈如何打赢脱贫攻坚战》，新华网，2018年8月14日，http://www.xinhuanet.com/politics/2018 -08/14/c_1123264758.htm。

多维性。相对贫困将个体发展机会、社会参与权以及社会剥夺感纳入分析框架。多维性决定了需要多元化的治理政策，不同于消除绝对贫困时期的"超常规"短期见效的措施，而是更加常态化的体系。

持续性。相对贫困无论从对象识别还是标准制定来看都具有动态性与持续性。江苏省应根据实际经济水平动态调整相对贫困标准，可每 5 年或更短周期调整一次。

集聚性。区域和城乡内部较大的发展差距表明，即便贫困标准设定方式有所变化，但所关注群体的区域分布特征并未发生太大变化。长期以来，江苏始终存在苏南、苏中、苏北区域发展不平衡的基本省情。2018 年，苏北地区人均 GDP 和居民人均可支配收入分别仅为苏南地区的 43.8% 和 52.9%。苏北地区全面现代化也是江苏实现区域协调发展、共同富裕的重中之重。

考虑过往扶贫政策的有效性和衔接性，后全面小康社会江苏省相对贫困治理思路大致可归纳为以下几点。一是要高效赋能，通过狠抓产业发展，促进小农户和现代农业发展有机衔接，扩大相对贫困群体的增收空间。应激活苏北经济薄弱地区发展的内生动力和创造力，加速推动苏北地区人口、空间、生态、资源等优势转化为经济、产业和环境优势。二是应以县为单位，编制一个立足全局、切合实际、科学合理的县域开发与乡村振兴有机衔接的规划，充分发挥县域融合城乡的凝聚功能。江苏省在脱贫攻坚阶段选取了苏北地区部分相对落后的县域作为重点帮扶对象。未来仍应对重点县域予以重点支持，革新"五方挂钩"机制，发挥南北各方优势。三是要积极引导相对贫困群体克服"等、靠、要"思想，树立自力更生、艰苦奋斗的观念，依靠自身劳动实现致富。

（二）完善开发与救助并重的发展模式

在全面建成小康社会后，我国全民动员、大规模的减贫工作将转向常规化、制度化的减贫工作。以后不再出台全国范围的扶贫标准，但各地应设定各自的低保标准及社会援助计划，制度化地完善本地社会保障网络。当前，我国相对贫困群体人口结构较为复杂，既有缺乏劳动力的人群，也有具备劳动能力的人群。部分边缘人口的非生产性收入占比较高、经济自我维持能力相对不足。开发式帮扶和救助式帮扶需要明确区分。[①] 对于缺乏劳动能力的特殊群体，坚持"应保尽保"原则，由民政部门开展救助式帮扶工作；对于具备劳动能力的群体，应当开展开发式帮扶工作，根据实际情况补充个人及家庭的资源"短板"，使其通过帮扶获得经济自我维持能力。

从江苏省目前的情况来看，农村低收入人口大多为身患大病、残疾等缺乏劳动力的特殊群体。因此，建立完善开发式与救助式并重的发展模式，使政策覆盖所有低收入群体尤为重要。

（三）把防止大规模返贫摆在重要位置

江苏省虽然已全面打赢脱贫攻坚战，但部分已脱贫人口的转移性收入占比较高、自我发展能力不足、发展基础仍相对薄弱。无论是长期因素（如农村人口变化导致的劳动力转移速度放缓）、偶然性因素（如突如其来的疫情、旱涝灾害），还是周期性因素（如商品价格波动），都会产生返贫风险。对此，一是要对易返贫致贫人口加强监测、分级预警，做到早发现、早干预、早帮扶，特别是部分产业发展薄弱地区的农村人口以及处于贫困线边缘的人口；二是监测内容方面，不仅要监测收入状况，还要监测支出状况；三是监测方式方面，除了充分发挥基层政府和村两委班子的职能，通过入户采集核实家庭情况外，还要充分发挥大数据平台的作用，通过相关费用审核机制来监测脱贫户的医疗费用等支出情况。

在全面脱贫后，江苏省需要设立 5 年过渡期，切实保证"摘帽不摘责任、摘帽不摘政策、摘帽不摘帮扶、摘帽不摘监管"。包括"建档立卡""五方挂钩""扶贫小额贷款"等在内的工作机制仍不能中断，要让脱贫攻坚阶段的各类帮扶措施、帮扶队伍、监管责任体系在相对贫困治理时期发挥承上启下的关键作用。

---

① 钟甫宁：《中国农村脱贫历史性成就的经济学解释》，《农业经济问题》2021 年第 5 期。

（四）探索城乡统筹的减贫发展新格局

中国共产党百年减贫的成就，主要体现在农村减贫上，而在新征程中，实现城乡一体化的相对贫困治理显得意义重大。我国前期的贫困治理是农村地区以扶贫开发为主、城镇地区以社会救助为主的二元格局，存在不同组织机构和职能之间的分离。绝对贫困的解决离不开城市化和工业化的带动作用，虽然江苏省 2020 年常住人口城镇化率已达到 73.4%，但城乡融合发展过程中存在的制度性障碍可能会使大量农民工群体成为潜在的相对贫困人口。新阶段的贫困治理应及时解决这个问题。同时，城乡之间的基本公共服务存在较大差距，制约了农村经济社会以及农民个人的发展，特别是医疗、养老、教育三个方面。应完善农村基础设施配套、促进公共服务均等化发展：医疗方面，加大农村公共医疗资源投入，提升农村医疗保障水平，切实解决农民看病难、看病贵的问题；养老方面，完善"基础养老金＋职业年金＋商业养老保险"三位一体的养老保险体系，提升农民养老保险水平；教育方面，以公平为目标，通过以财政资源为重点的教育资源优化配置保障农村教育发展。

近年来，江苏省连续出台《江苏省新型城镇化与城乡发展一体化规划（2014—2020 年）》《江苏省乡村振兴战略实施规划（2018—2022 年）》等多项政策，加强城乡区域的协同发展。然而，在城乡要素的双向流动与优化配置方面，仍然存在不少体制机制上的障碍。对此，需要加快城乡一体化土地交易市场的建设，建立完善在全省范围内以常住人口和实际贡献为根据的城乡建设用地增减挂钩机制；要实施城乡统一的户籍管理制度，促进城乡之间劳动力要素的充分转移与流动；要充分发挥商业银行、村镇银行等基层金融机构的"资金池"功能，依托特色小镇、特色园区等载体，加快资本要素的流动和增值。只有打破城乡、区域间要素的空间限制，才能较好地利用城市群、都市圈的辐射作用。

乡村振兴专题报告

Thematic Reports on Rural Revitalization

B.6
2021年江苏工商资本下乡专题报告

黄惠春　钱 诚*

摘　要： 工商资本是推动乡村振兴的重要力量，分析江苏省工商资本下乡现状及面临的问题，对优化江苏省乡村资源要素配置、活跃乡村经济、完善乡村治理，促进城乡融合发展具有重要的现实意义。本报告利用 CLES 2021 和相关调研数据，分析了近两年江苏省工商资本下乡情况，发现江苏省工商资本下乡面临乡村要素供给不足、资本与农民利益冲突、资本盲目投资等问题。为打破江苏省工商资本下乡困境，促进农民增收，本报告提出优化乡村资源配置、构建制度化维权机制、加大对工商资本投资的行业指引等建议。

关键词： 工商资本　土地流转　江苏

---

* 黄惠春，南京农业大学金融学院教授，主要研究方向为农村金融；钱诚，南京农业大学金融学院博士研究生，主要研究方向为农村金融。

一　江苏工商资本下乡支持政策

近年来，中国致力于加快乡村振兴的步伐，工商资本是推动乡村振兴发展过程中不可或缺的力量，对于优化农村生产要素结构、改善农村营商环境、带动农村经济发展具有关键的促进作用。自党的十八大以来，中共中央、国务院采取了多种举措，在一定程度上提升了工商资本下乡的主动性。江苏省根据中央和相关部委的政策文件及指示精神，出台了一系列激励政策，皆在吸引和引导工商资本下乡，促进城乡融合，形成工业反哺农业、城市支持农村的发展格局。

（一）江苏省工商资本下乡财政支持政策

近年来，江苏省积极贯彻国家关于鼓励工商资本下乡的政策部署，运用多种财政手段，有力地提高了工商资本投资农业农村的热情。2017年1月，为了吸引工商资本参与农村发展，省政府办公厅印发了《关于推进农村一二三产业融合发展的实施意见》，为资本下乡提供了相应的财政支持。该意见提出，要给予参与农产品初加工的企业一定的税收优惠，完善其所得税优惠条目，从而带动小微企业参与农产品初加工；同时提出，政府应该加大投入力度，促进农村产业融合发展。

2018年12月，江苏省出台了《关于引导社会资本更多更快更好参与乡村振兴的意见》，其目的是为社会资本下乡提供道路指引，从而加快社会资本参与农村发展的步伐。主要内容包括：增强对社会资本投资项目的支持力度、优化审判环节、稳定社会资本投资收益等。具体的举措有：统筹整合财政涉农资金，通过政府购买、以奖代补等方法支持社会资本投资项目；进一步提高项目在立项、选址、用地等方面的审核速度，提高工作效率；支持采取财政奖励、投融资补贴等方式，保障社会资本的预期投资收益。在吸引社会资本下乡的同时，充分利用社会资本的专业优势，挖掘适合采取PPP模式的项目，加强政府与社会资金的合作。

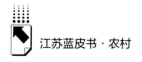

2019 年 4 月，江苏省为了引领各类涉农资金投资农业科技领域，加快农业高新技术产业的发展，在发布的《关于推进农业高新技术产业示范区建设发展的实施意见》中提出，省政府有关部门要统筹使用科技专项资金，引导各类涉农资金向高新技术产业聚拢，有力推动农业高新技术企业的成立与孵化；通过 PPP 等模式，吸引社会资本参与农业科技领域建设，促进农业科技的进步。

2020 年 4 月，为了吸引各类资本下乡，形成市场化、多元化、多向化的投入机制，省政府在发布的《关于加强农业农村标准化工作促进乡村振兴的实施意见》中提出，要发挥财政资金的引导作用，带动企业、组织等投资主体加大对农村的投入力度。相关政策文件及其主要内容如表 1 所示。

表 1   江苏省财政政策一览

时间	文件名称	相关政策内容
2017 年 1 月 5 日	《关于推进农村一二三产业融合发展的实施意见》	加大政府资金的倾斜力度，给予小微企业税收优惠
2018 年 12 月 22 日	《关于引导社会资本更多更快更好参与乡村振兴的意见》	增强对社会资本投资项目的支持力度，优化审批环节，稳定社会资本投资收益
2019 年 4 月 28 日	《关于推进农业高新技术产业示范区建设发展的实施意见》	统筹使用科技专项资金，通过 PPP 等模式，吸引社会资本参与农业科技领域建设
2020 年 4 月 5 日	《关于加强农业农村标准化工作促进乡村振兴的实施意见》	要充分发挥财政资金对社会资金的引领作用，强化标准化工作经费保障

资料来源：江苏省人民政府办公厅。

（二）江苏省工商资本下乡金融支持政策

工商资本下乡投资农村产业，可以优化农村生产要素供给，可以有效提升农村产业整体发展质态，但是工商资本下乡需要一定水平的金融服务。2018 年 12 月，省政府颁布的《关于引导社会资本更多更快更好参与乡村振兴的意见》为支持社会资本下乡提供了一系列金融支持政策，主要政策内容包括：通过政府投资基金让利社会资本的方式，在一定程度上提高社会资本的收益，吸引更多的资本下乡；加快完善农村普惠金融，对于符合条件的金融机构，政府部门可以在涉农贷款方面给予一定的奖励，加大涉农贷款的发放力度，对符合条件的涉农信贷担保机构提供一定的风险补偿；加大金融产品的创新力度，全面拓宽企业的融资渠道，加大农业保险保障力度，鼓励农业企业挂牌上市等。

2019年4月，江苏省发布了《关于推进农业高新技术产业示范区建设发展的实施意见》，提出要引导各种资本对农业高新技术企业提供融资支持，鼓励社会资本参与农村金融机构的建立；推动优质企业进行上市融资，加大对符合条件的经营主体的信贷支持；鼓励和引导社会资本参与设立现代农业领域创业投资基金。

2020年2月，江苏省发布了《关于促进乡村产业振兴推动农村一二三产业融合发展走在前列的意见》，提出要全方位地加强对涉农企业的金融支持力度，完善整体金融服务体系。对于从事农村产业和农业创新创业的经营主体提供融资优惠政策，支持涉农企业申报国家农村产业融合发展专向债券以及上市融资，推进农业融资担保体系的建设，扩大农村可抵押物范围，加大农业风险补偿，支持利用国内国外各方贷款进行涉农载体建设，鼓励各地因地制宜创新金融产品，比如开展优势特色农产品保险等，支持开创贷款利率低、免抵押的农村青年创业金融产品。

2021年3月，江苏省印发《国家城乡融合发展试验区（江苏宁锡常接合片区）实施方案》，提出鼓励社会资本投入城乡融合发展基金等典型项目，健全政银企对接机制，加大贷款规模和力度；鼓励创业投资、股权投资等机构入驻试验区；支持涉农企业发行非企业融资产品（产业融合发展债券、中期票据等）；积极引导符合条件的建设主体发行股票并上市。同年8月江苏省印发《江苏省"十四五"金融发展规划》，提出要用好用足支农再贷款、再贴现政策工具，鼓励金融机构发行"三农"专项金融债券，通过乡村振兴投资基金吸引更多金融资本参与农村建设，鼓励金融机构加大对涉农企业的信贷支持力度，扩大农村资产抵押担保融资范围，稳妥推进农村承包土地的经营权抵押贷款业务。相关政策文件及其主要内容如表2所示。

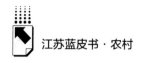

表 2　江苏省金融支持政策一览

时间	文件名称	相关政策内容
2018 年 12 月 22 日	《关于引导社会资本更多更快更好参与乡村振兴的意见》	政府投资基金让利社会资金，大力发展农村普惠金融，完善涉农贷款风险分担与补偿机制，坚持农业保险"扩面、增品、提标"的发展方向
2019 年 4 月 28 日	《关于推进农业高新技术产业示范区建设发展的实施意见》	加大对企业的融资支持和信贷支持力度，推动企业上市融资，推动社会资本参与农业创业投资基金建设
2020 年 2 月 24 日	《关于促进乡村产业振兴推动农村一二三产业融合发展走在前列的意见》	加大金融支持"三农"的力度，引导社会资本投入农业农村领域，创新金融产品，扩大农业可抵押物范围，推进全省农业融资担保体系建设
2021 年 3 月 3 日	《国家城乡融合发展试验区（江苏宁锡常接合片区）实施方案》	鼓励社会资金发展城乡融合债券；建立激励约束机制，加大涉农企业的贷款力度；支持企业发行非企业融资产品
2021 年 8 月 31 日	《江苏省"十四五"金融发展规划》	引导金融资源向"三农"倾斜，深化"万企联万村共走振兴路"行动，上线相应金融服务平台，构建村企对接常态化融资配套机制

资料来源：江苏省人民政府办公厅。

（三）江苏省工商资本下乡土地支持政策

用地难是制约工商资本下乡的一大难题，江苏省先后出台了一系列措施来破解这一难题。2018 年 12 月，江苏省公布《关于引导社会资本更多更快更好参与乡村振兴的意见》，提出要落实土地利用整体规划，各地可以根据自身需求制定土地利用计划。为了盘活农村闲置的土地资源，该意见提出了两项措施：第一项措施是，农村集体建设用地可以通过作价入股的方式，与社会资本建立可以合法转让的经营设施；第二条措施是，农民可以在不改变自有宅基地使用权、农村集体土地所有权的情况下，与社会资本合作建房。

2020 年 2 月，江苏省颁布《关于促进乡村产业振兴推动农村一二三产业融合发展走在前列的意见》，提出要加强农村规划战略导向和政府监管功能，以整合筹划增量存量规划空间；引导各区通过与城乡建设用地增减挂钩来盘活土地资源；完善并推进农村集体经营性工程建设项目用地入市改革，鼓励农民以自有房屋住宅参与产业建设，从而有效增加产业发展的房屋供给；扶持农村集体经济组织依法通过使用建设用地自办或者以土地使用权入股、联营等方式，与其他个人和单位共同兴办企业，盘活农村存量土地资源。同年9月，江苏省印发《江苏省自然资源厅关于强化资源要素保障助推"万企联万村共走振兴路"行动的通知》，提出生产配套设施农业用地，不需办理农用地转用登记，可以使用一般耕地，也不需落实占补平衡；县级自然资源主管部门要会同有关农业部门积极指导联建村设施农业项目的合理选址，择优使用荒山荒坡、滩涂、坑塘水域、农村闲置设施农业用地等发展设施农业，鼓励有条件的联建村集体经济组织与企业探索设施农业规模化生产的联合共建。

2021年8月，江苏省颁布《江苏省"十四五"新型城镇化规划》，提出要优化农村集体经营性建设用地就地入市、调整入市和集中整治等入市制度，建立公平合理的入市增值收益分配机制；完善农村宅基地分配、使用、流转管理制度，制定宅基地所有权、承包权以及经营权的分置实现形式；允许土地的经营权以作价入股的方式，参与农业产业经营；建立被征地农民和农民集体权益保障与利益分享机制，完善农村土地征收制度；健全农村产权交易市场，使农村土地产权流转交易更加公开公正。相关政策文件及其主要内容如表3所示。

表3　江苏省土地支持政策一览

时间	文件名称	相关政策内容
2018年12月22日	《关于引导社会资本更多更快更好参与乡村振兴的意见》	加强农业用地供给保障,落实土地利用规划,盘活农村闲置的土地资源
2020年2月24日	《关于促进乡村产业振兴推动农村一二三产业融合发展走在前列的意见》	细化农业用地管理政策,科学编制土地使用规划;完善土地入市改革政策;促进土地资源资产化发展
2020年9月30日	《江苏省自然资源厅关于强化资源要素保障助推"万企联万村共走振兴路"行动的通知》	简化农用地转用登记手续,鼓励联建村、企业利用设施农业用地发展现代农业、培育特色产业
2021年8月13日	《江苏省"十四五"新型城镇化规划》	深化农村土地制度改革,优化农村集体经营性建设用地入市制度,健全农民产权交易市场

资料来源：江苏省人民政府办公厅、江苏省自然资源厅。

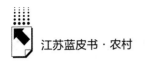

（四）江苏省工商资本下乡人才支持政策

2018 年 12 月，为了解决农村人才短缺问题，江苏省颁发《关于引导社会资本更多更快更好参与乡村振兴的意见》，提出了相应的措施，主要包括建立面向国外的农业农村人才库；通过"一企一策"协调解决企业人才需求问题；建设农村实用人才培训基地，采用订单培训机制，搭建农村人才培育平台。

2020 年 2 月，江苏省颁发《关于促进乡村产业振兴推动农村一二三产业融合发展走在前列的意见》，从加强科技人员与企业的利益联结机制的角度来吸引人才，即农业企业同意科技人员以科技成果入股；推进农村产业人才库和实用人才基地的建设，实施"新农菁英"培育发展计划和新农民培训六大行动，切实提升农民学历，增长农民知识，从而实现产教与产才相融合。

2021 年 8 月，江苏省颁布《江苏省"十四五"新型城镇化规划》，提出完善财税、金融、社会保障等支持政策，鼓励村集体经济组织创新股份转让、赋予"新村民"资格及相应权能等多种方式，吸引各类人才返乡就业创业；引导乡贤参与农村经济发展和社会治理；推进"定制村干"培育工程，搭建乡村"青创联盟"，支持返乡青年竞聘乡村振兴职业经理人；依托涉农院校开展"订单式"农业农村实用人才培养，加快形成现代新农人群体。相关政策文件及其主要内容如表 4 所示。

表 4　江苏省人才支持政策一览

时间	文件名称	相关政策内容
2018 年 12 月 22 日	《关于引导社会资本更多更快更好参与乡村振兴的意见》	搭建农村人才集聚平台,采用"一企一策"解决企业人才需求,建立订单式培训模式
2020 年 2 月 24 日	《关于促进乡村产业振兴推动农村一二三产业融合发展走在前列的意见》	完善农村人才激励机制,建设农村人才库,实施"新农菁英"和新农人培训六大行动措施
2021 年 8 月 13 日	《江苏省"十四五"新型城镇化规划》	鼓励和引导人才向乡村流动,实施乡贤回归工程,实施新时代优秀青年下乡计划,推动城乡人才合作交流,培育职业农民

资料来源：江苏省人民政府办公厅。

（五）江苏省工商资本下乡支持政策成效

从促进工商资本下乡的政策成效看，江苏省推行的"万企联万村共走振兴路"措施成效显著。一方面，村庄和企业的联建率稳步提高，南京市、扬州市等的村企联建工作成效明显，截至2020年7月底，江苏省共有2571个村与2332家企业签订了联建合作协议书，全省共有14.8%的村参加了联建，联建项目达到2834个；另一方面，村企的合作类型多样，产业分布范围广，其中，农业与旅游业融合型、综合开发型和农村公共服务型项目占全省整体合作项目的30%，规模种养型、农村加工型、产销协同型项目占全省合作项目的50%。南北合作共建进一步推进，全省共有160家企业参加了南北合作共建，其中，常州市、南通市、无锡市参与南北挂钩企业数量较多，在一定程度上推动了南北合作共建的步伐。

2020年，江苏省积极开展的"万企联万村"行动，取得了显著成效。截至2020年7月底，南京市各区已签约的企村联建项目共321个，总意向投资额为423亿元，其中投资在亿元以上的项目有75个，已签约联建公司196家；已签订联建项目的村社共258个，行政村村企联建覆盖率达到了37.3%，已落实19家企业与淮安市南北合作共建21个重大建设项目，投资额高达11亿元。盐城市政府为了促进村企联建开展了项目专项指导，编制了农村农旅综合体、农村农业载体、农村新型流通业态、农村绿色生态种养等全省重点工程项目指引，编制了市属国有企业企情指导、重点民企企情指导、重大农旅建设项目指导，基本上实现了重大项目镇级全覆盖、一般项目村级全覆盖。截至2020年10月，连云港市联建项目共1633个，预计投入金额398亿元；参加联建村居1460个，联建率达到了100%。同时南通市提出了7种村企联建方式，分别为：通过党建的带动，推进村企党组织共建互联；整体开发，共同建设农村社区综合体；集聚合作，壮大特色产业集群发展；产销协同，发展培育新型流通业态；绿色生态经济发展，促进生态产品价值实现；一体联建，提高农村经济发展水平；股份合作，壮大农村集体经济。同时，江苏省其他市也在积极响应"万企联万村"行动，共同促进乡村振兴发展。

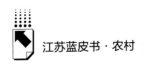

二 江苏工商资本下乡情况

（一）江苏省工商资本下乡情况

1. 江苏省工商资本下乡现状分析

本部分主要采用 2021 年南京农业大学暑期调研的中国土地经济调查（CLES）数据，样本覆盖江苏省 10 个地级市 40 个村，调研内容涵盖农户人口基本统计特征、农户经济收入支出情况、农户生产行为、工商资本下乡等信息。

（1）工商资本下乡分布情况

2020 年和 2021 年上半年江苏省工商资本下乡分布情况如表 5 所示。2020 年，苏南、苏中、苏北工商资本下乡企业占比分别为 75.00%、16.67%、8.33%；2021 年上半年，苏南、苏中、苏北工商资本下乡企业占比分别是 68.42%、13.16%、18.42%。这表明江苏省工商资本下乡的主要地点是苏南地区，苏北次之，苏中最少。从工商资本下乡投资的趋势看，苏北地区的下乡投资企业数量呈增长趋势。

表 5　2020 年和 2021 年上半年江苏省工商资本下乡分布情况

单位：%

区域	2020 年资本下乡企业占比	2021 年上半年资本下乡企业占比
苏南	75.00	68.42
苏中	16.67	13.16
苏北	8.33	18.42
全省	100.00	100.00

资料来源：CLES 2021。

2. 工商资本下乡流转土地情况

2021 年，江苏省工商资本下乡流转土地情况如图 1 所示。在全省工商资本下乡投资流转土地面积中，有 84.67% 的土地面积用于种植业，有 10.74%

的土地面积用于养殖业，有 1.30% 的土地面积用于加工流通业，有 3.25% 的土地面积用于旅游、健康养老等服务业，闲置的土地占比为 0.04%。

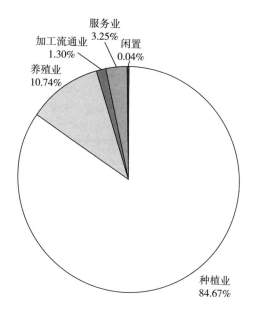

图1　2021 年江苏省工商资本下乡流转土地情况

资料来源：CLES 2021。

3. 工商资本下乡雇用/带动本村居民情况

根据 CLES 2021 调查，江苏省工商资本下乡雇用/带动农户数量最多的是苏南地区，平均每家企业雇用/带动居民 31 人；其次是苏北地区，平均每家企业雇用/带动居民 26 人；苏中地区最少，平均每家企业雇用/带动居民 12 人。

2021 年，江苏省工商资本下乡雇工及收入带动情况如表 6 所示。全省工商资本雇工难易程度均值为 1.88 分，这表明工商企业雇用本村居民的难度较小。分地区来看，苏南地区雇工难易程度均值最小，为 1.78 分；苏北地区雇工难易程度均值次之，为 1.80 分；苏中地区雇工难易程度均值最大，为 2.14 分。从雇工难易程度均值看，工商资本下乡雇工难度由小到大的地区分别是苏南、苏北、苏中。

由表 6 可知，全省工商资本下乡投资农户收入带动作用均值为 2.71 分，这表明工商资本下乡投资可以促进农户的收入增长。分地区来看，苏南地区的工商资本下乡农户收入带动作用均值最大，为2.78分；苏北地区的工商资本下乡农户收入带动作用均值次之，为2.71分；苏中地区的工商资本下乡农户收入带动作用均值最小，为2.60分。由此得出，工商资本下乡农户收入带动作用由小到大的地区分别是苏中、苏北、苏南。

表6　2021年江苏省工商资本下乡雇工及收入带动情况

单位：分

地区	雇工难易程度均值	农户收入带动作用均值
苏南	1.78	2.78
苏中	2.14	2.60
苏北	1.80	2.71
全省	1.88	2.71

注：雇工难易程度：1=雇工难度较小；2=雇佣难度一般；3=雇工难度较大。收入带动作用：1=带动作用较小；2=带动作用一般；3=带动作用较大。

资料来源：CLES 2021。

4.工商资本下乡社会效益情况

2021年江苏省工商资本下乡的社会效益情况如图2所示。从江苏整体看，下乡的企业参与仓储保鲜、冷冻物流、高标准农田等农业基础设施建设的占比最高，占比为95.07%；参与修路、改善人居环境、污水治理等非农基础设施建设的占比为2.52%；赞助开展教育文化公益活动的占比为2.41%。

（二）江苏省工商资本下乡企业分析

为进一步了解江苏省工商企业下乡投资的现状，课题组对江苏省南京市、徐州市的工商企业下乡投资情况进行了抽样调查，共收回361份有效问卷。其中，南京市收回158份有效问卷，徐州市收回203份有效问卷。

1.投资领域情况

2020年，工商资本下乡投资领域分布情况如表7所示。361家工商企业中，92.8%的企业下乡投资领域是种植业、养殖业和服务业，其占比分别为

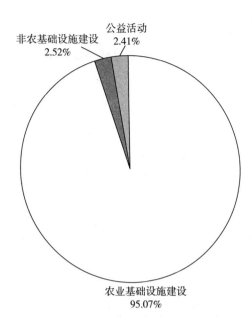

非农基础设施建设
2.52%

公益活动
2.41%

农业基础设施建设
95.07%

图2　2021年江苏省工商资本下乡的社会效益情况

资料来源：CLES 2021。

62.05%、15.79%、14.96%。南京市工商资本下乡主要投资种植业，占比为59.49%；其次是服务业，占比为20.25%；再次是养殖业，占比为15.19%。徐州市工商资本下乡主要投资种植业，占比为64.04%；其次是养殖业，占比为16.26%；再次是服务业，占比为10.84%。可见，除种植业以外，工商资本在南京地区更倾向于投资养老、教育、农技等服务业，在徐州地区更倾向于投资养殖业。

表7　2020年南京市和徐州市工商资本下乡投资领域分布情况

单位：%

	种植业	养殖业	服务业	其他
南京市	59.49	15.19	20.25	5.07
徐州市	64.04	16.26	10.84	8.86
两地均值	62.05	15.79	14.96	7.20

资料来源：根据调查数据统计。

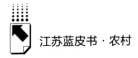

2. 土地流转情况

2020 年，工商资本下乡投资土地流转均值如表 8 所示。样本企业平均流转土地面积为 238.41 亩，平均年租金为 796.98 元/亩，土地平均流转年限为 11 年。分地区看，南京市工商资本平均流转土地面积为 192.90 亩，低于徐州市平均流转土地面积（271.79 亩）；南京市平均流转土地租金为 731.88 元/亩，低于徐州市平均流转土地租金（848.33 元/亩）；南京市平均流转土地年限为 12 年，高于徐州市平均流转土地年限（10 年）。

表 8　2020 年南京市和徐州市工商资本下乡投资土地流转均值

	流转土地面积（亩）	流转土地租金（元/亩）	流转土地年限（年）
南京市	192.90	731.88	12
徐州市	271.79	848.33	10
两地均值	238.41	796.98	11

资料来源：根据调查数据统计。

3. 投资动机情况

2020 年，江苏省工商企业下乡投资的动机分析如表 9 所示。工商资本下乡投资主要受到外部政策和内部利益两方面因素的驱动。本报告将工商企业下乡投资的原因主要概括为四个方面："受政策吸引"、"支持农业发展"、"寻找新的利润点"和"农村土地升值潜力大"。

表 9　2020 年江苏省工商企业下乡投资的动机分析

单位：家

	受政策吸引	支持农业发展	寻找新的利润点	农村土地升值潜力大	其他
第一动机	37	126	147	32	1
第二动机	29	46	63	31	2
第三动机	28	15	11	12	1
第四动机	2	7	10	7	0
第五动机	0	2	1	14	0
合计	96	196	232	96	4

资料来源：根据调查数据统计。

由表 9 数据可见，有 96 家工商企业选择了"受政策吸引"，196 家企业选择了"支持农业发展"，232 家企业选择了"寻找新的利润点"，96 家企业选择了"农村土地升值潜力大"。其中，147 家企业下乡投资的首要原因是"寻找新的利润增长点"，126 家企业将"支持农业发展"视为下乡投资的首要动机，32 家企业选择的首要原因是"农村土地升值潜力大"，37 家企业"受政策吸引"下乡投资。上述数据表明，逐利动机是江苏省工商企业下乡投资的重要原因。在乡村振兴背景下，城市近郊特色农业、生态休闲等现代农业投资回报较快、附加值较高，对工商资本具有较强的吸引力。企业家浓厚的乡土情怀以及强烈的社会责任感也是驱动工商资本下乡支持农业发展的一个重要因素。当前江苏省各地引导工商资本下乡投资的各项优惠政策对企业有一定的吸引力。

从区域层面看，"寻找新的利润点"是南京市、徐州市工商资本下乡投资的首要目的。南京市"受政策吸引"下乡投资的工商资本较少，占比为 24.05%；徐州市"受政策吸引"下乡投资的工商资本较多，占比为 47.29%。由此可见，徐州市在支持工商资本下乡投资的优惠政策方面具有较大优势。相比之下，当前南京市引导工商资本下乡投资的各项优惠政策对企业的吸引力略有不足。

4. 雇用/带动农户情况

2020 年，样本工商企业下乡雇用/带动农户数量如表 10 所示。由表中数据可知，南京市下乡投资的工商企业平均每家企业雇用/带动农户 41 人，徐州市下乡投资的工商企业平均每家企业雇用或带动农户 54 人。

表 10 2020 年南京市和徐州市工商企业下乡平均雇用/带动农户数量

单位：人

	雇用/带动农户数量
南京市	41
徐州市	54
两地均值	48

资料来源：根据调查数据统计。

5. 资金来源情况

2020 年,样本工商企业下乡投资的资金来源情况如表 11 所示。由表中数据可见,工商企业下乡投资以自有资金为主,南京市有 77.37% 的样本企业使用了自有资金,徐州市有 88.67% 的样本企业使用了自有资金。南京市、徐州市工商资本使用银行信贷的占比分别为 35.42%、58.62%,获得政府拨款的企业占比分别为 24.46%、27.59%。获得政府拨款的企业中,徐州市有 19.64% 投资的是养殖业,62.5% 投资的是种植业;南京市有 10.53% 投资的是养殖业,60.52% 投资的是种植业。

表 11 2020 年南京市和徐州市工商企业下乡投资的资金来源汇总

单位:%

	自有资金	银行借贷	政府拨款	其他资金
南京市	77.37	35.42	24.46	19.68
徐州市	88.67	58.62	27.59	30.05
两地均值	83.72	48.47	26.22	25.51

资料来源:根据调查数据统计。

6. 享受政策优惠情况

近年来,江苏省通过设立专项资金、政府补贴、税收优惠、政府购买等方式对工商资本下乡投资进行扶持。2020 年样本工商企业获得的政策优惠情况如表 12 所示。表中数据显示,2020 年,南京市有 45.57% 的企业未获得任何政府政策优惠,徐州市有 53.69% 的企业未获得政府政策优惠。南京市、徐州市获得过政府补贴的企业占比分别为 20.25%、29.06%;获得过专项资金的企业占比分别为 13.29%、15.27%;获得过政府购买的企业占比分别为 7.59%、3.45%;获得过税收优惠的企业占比分别为 15.82%、16.75%。数据显示,全省工商企业下乡投资获得政府优惠比例较低。据调查,主要有以下三个方面的原因:一是政府项目的申请门槛较高,大部分中小规模企业难以达到;二是不同部门对政府项目申请设置的条件冲突，使得一些企业无法享受优惠；三是政策落实不到位，例如农用地等优惠政策尚未完全普及。

表12　2020年南京市和徐州市工商企业下乡投资的政策优惠情况

单位：%

	无	政府补贴	政府购买	专项资金	税收优惠
南京市	45.57	20.25	7.59	13.29	15.82
徐州市	53.69	29.06	3.45	15.27	16.75
两地均值	50.14	25.21	5.26	14.40	16.34

资料来源：根据调查数据统计。

7. 经营困难和障碍情况

表13统计了2020年361家下乡投资的工商企业面临的实际困难和障碍。由表中数据可见，45.15%的企业认为当地配套的农业基础设施不能满足其生产需求，51.53%的企业缺乏农业技术指导，32.96%的企业面临项目人员缺乏的问题，19.39%的企业存在土地流转困难，33.80%的企业融资困难。从选择频率上来看，目前南京市工商资本下乡投资面临的四大障碍分别是：农业基础设施不配套、缺乏农业技术指导、项目人员缺乏以及融资困难。徐州市工商资本下乡投资面临的四大障碍分别是：缺乏农业技术指导、农业基础设施不配套、融资困难和项目人员缺乏。

表13　2020年南京市和徐州市工商企业下乡投资面临的障碍

单位：%

	农业基础设施不配套	缺乏农业技术指导	项目人员缺乏	融资困难	流转土地困难	其他
南京市	48.73	42.41	37.97	36.71	18.35	4.43
徐州市	42.36	58.62	29.06	31.53	20.20	1.97
两地均值	45.15	51.53	32.96	33.80	19.39	3.05

资料来源：根据调查数据统计。

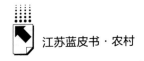

三 贡献、存在问题与对策建议

（一）江苏省工商资本下乡的贡献

1. 推动农村土地流转，实现农户规模化生产

在工商资本向江苏农村转移资金、技术、人才等先进生产要素的过程中，农户的传统生产方式发生了改变。一是新的生产要素与当地农民、土地紧密结合，加强了以市场机制为主导的城乡要素流动机制，推动农村土地大面积流转，提高了土地的流转率。二是工商资本下乡实现了组织化、规模化、标准化、集约化生产经营。从现实情况看，江苏省徐州、宿迁等地的部分农村经济基础薄弱，产业化程度较低，限制了马铃薯、草莓、鲜食玉米、杏鲍菇等特色农业产业的规模化发展。在各级政府的大力支持和引导下，工商资本围绕产业优势、区位优势进行重点谋划，借助土地流转、互联网销售、高新技术等，加快形成了具有市场竞争力的农业生产体系。

2. 吸引农民就业创业，促进农民增收

近年来，随着乡村振兴战略的实施，江苏省工商资本投资农村的热情被激发，吸引了大批农民就业创业。工商资本在江苏农村发展产业，产生了大量的用工需求。考虑到用工成本和农村的社会结构，下乡投资的工商企业更加愿意招聘当地农民，这既可以迅速了解当地农业农村的实际情况，也可以解决农民就业难的问题。同时，大批农民搭乘政策红利"快车"，回乡创业。江苏省出台了《江苏省"十四五"新型城镇化规划》等一系列政策，吸引了大量人才返乡创业，进入工商资本经营的产业链条，对江苏农民增收有明显的促进作用。

3. 突破特色农业发展瓶颈，实现多方共赢

特色化、品牌化、常态化的精品产业是农村经济的新增长点。工商资本根据江苏农村地区经济社会发展的实际状况，确定了农村产业发展方向和经营模式，并因势利导形成了独特的农村风貌和优势产业。例如，江苏临湖镇

的太湖文化旅游观光地，有效促进了农村经济、农业、生态与太湖东西两岸的深度相融；镇江马埂村和工商资本合作联建的中草药种植园，为企业与农村齐心协力发展农业提供了样板；华西集团投资了5.5亿元，用于推动江阴地区的农业发展，惠及近百名农户。

（二）江苏省工商资本下乡亟待解决的关键问题

在中央和国家有关部委相关政策的指导下，江苏省积极引导工商资本下乡打造三产化农业，多角度、多维度地出台了一系列政策。但是目前江苏省地区工商资本下乡仍然存在一些障碍和阻力，这些障碍制约了农业现代化进程，不利于促进农村经济的进一步发展。

1. 农村要素供给难以满足工商企业投资需求，工商企业下乡投资发展空间受限

江苏省农村要素供给不足主要体现在三个方面：人、地、钱。一是缺乏优质农村劳动力。江苏省缺乏对人才下乡的长期激励机制，使得人才下乡困难重重。工商企业的"用工难"和"用工贵"问题日益突出。二是土地供给难以满足下乡企业的生产经营需求。为避免设施农用地违法转用，中央和各级地方政府都设定了对附属基础设施和配套服务设施用地的比例限额，基础设施农业用地的实际供需存在较大缺口。尽管江苏省为了缓解农村地区非农建设用地的供给难问题，提出各地根据需求每年单列一定比例的土地利用计划，但是下乡企业仍然面临建设用地短缺困境。三是融资条件难以支撑下乡企业的资金缺口。江苏省为改善农村融资条件，为符合条件的工商资本下乡投资项目提供稳定的金融服务和特色化信贷支持政策，但是没能从根本上改善下乡企业融资难的问题，有相当一部分企业是以"滚雪球"模式发展，靠其他产业的利润补充农业资金需求缺口。

2. 工商企业下乡投资存在逐利性与盲目性，缺乏对农村产业的了解

江苏省的部分下乡投资企业没有做出合理的农业生产经营决策，对传统农业产业的认识还停留在过去，没有转变以往对传统农业的理解，对农业生产经营方式缺少合理的判断，很可能盲目地流转土地，将资本贸然投入农业项目。由于投资规模过大、资本架势足，企业短期内无法见到实际的投资收益，回报率低于预期。此外，还有许多投资者可能存在不熟悉企业如何在新时期条件下利用先进科技装备减少农业成本、打造商品名牌、综合利用线上线下的市场渠道拓展商品销路等问题。

3. 农村基础设施短板制约明显，公共服务供给不足

目前，江苏省正在农村地区着力推广农业集约化建设运营管理模式，但是全省的农业基础设施发展不均衡，部分地区较为落后，涉农项目的周边以及内部设施配套不够齐全。完备的农业基础设施体系是工商资本下乡进行规模化经营的基础，成百上千亩农业大田的运营依赖标准硬化路面、提灌站、蓄洪水池、机井等配套设施。尽管江苏省始终致力于智慧农业设备的研发，但是现阶段的农村基础设施水平仍难以满足工商资本下乡经营的需要。

4. 资本逐利与农民利益冲突，动摇农民主体地位

因为在资本下乡经营农业的过程中，农民很难把控对农业生产经营的决策权以及在农村土地流转后的土地利益主导权，在缺乏保障农户权益的制度化安排的情形下，农民的利益将会遭受损失。再加上当地政府政策和农户资金运用原则不清晰，在农村土地流转、生产经营和收入分配等环节，存在侵害农民权益的现象。尤其是在对新利益主体的划分上，因为没有明确的法律规定，农民的合法权益将会遭受损失。农民和工商资本之间必定会产生利益冲突。这些利益冲突不能及时合理有效地化解，不但会直接影响农村生产经营活动的顺利开展，而且会危害整个农村地区的和谐安定。

（三）江苏省工商资本下乡的对策建议

1. 优化城乡用地资源配置，破除短缺和闲置并存的局面

各级政府要进一步细化设施农用地的相关规定。有关部门要明确规定设施农用地范围，在满足农村地区经济社会发展需要的前提下，合理扩大农业配套设施与附属设施的建设上限规模。有条件的地方可以尝试重点整合现有

设施用地的各项指标并将用地指标适当地向产业融合发展建设项目倾斜，将农村土地确权颁证工作进一步覆盖至设施农用地和农业基础设施，逐步细分基础设施农用地范畴，明确生产基础设施、生活配套设施、附属基础设施等三类基础设施用地的计划安排、选址要求和利用期限等。同时，要充分盘活农村存量建设用地。积极引导全国各地因地制宜地探索整合利用农村闲置土地资源的方式，鼓励工商资本积极参与盘活使用农村闲置宅基地和闲置农房。

2.完善抵押贷款体系，全面盘活农村"死资产"

各级政府要积极推动农村产权登记确权颁证，进一步拓宽农产品质押担保物的范围，积极推广基于农业生产设施和生物资产的资产抵押贷款。引导各地建立包括农村资产确权、农村土地保险、风险补偿金制度在内的农村产权抵押贷款制度，深化农村产权价值评估制度改革，以风险基金来赔付金融机构的贷款损失，引导金融机构积极发放以农业生产设施和生物资产为抵押品的抵押贷款。

3.加大对工商资本投资的行业指引，畅通工商资本上山下乡渠道

制定合理的农业投资管理指南和农业发展计划，以境外农业合作示范区和农业对外开放合作试验区作为农业投资的主平台，引导工商资本积极参与符合工业化、规模化、企业化运营要求的项目；构建政企、农企联合的协商机制，由各级政府进行协调，加强工商资本和农户之间的信息沟通，找到更贴合农村经济社会发展需要的投资项目，实现两者利益的有机结合，建立一个你中有我、我中有你的利益共同体；积极发挥工商资本在推动农村产业发展方面的作用，充分运用工商资本在规模化和技术方面的优势，实现包括乡村旅游、电商、文化创意、健康、体育健身等在内的美丽经济的大发展以及农村产业的大融合，畅通上下游产品供销环节，发展全产业链，延伸全供应链；鼓励工商资本为农村基础设施建设提供必要的融资支持，由当地政府统筹使用相关的建设资金，建立相应的运营补贴制度，为工商资本参与农村基础设施建设提供必要的政策支持，确保工商资本能够从项目运营中获得良好的投资回报，提高其参与农村基础设施投资的积极性。

4. 加强农村地区人才队伍建设，积极推动人才下乡

全面建立高校、科研机构等事业单位的专业科技人员在农村和企业挂岗、兼职和离岗创新创业的机制，建立制度化的激励机制，保障相关人员在职务评聘、工资福利和社会保障等方面的基本权利，积极引导部分农民、农村大学生返乡和技术人员下乡参与建设，并以其参加农村建设的经历和成绩作为参与职务评定和岗位聘用的重要依据。同时，各级政府还要加大对城市人口下乡的引导力度和政策支持，为下乡群众参与农村治理和加入农村集体经济组织提供有效的参与渠道，并探索赋予下乡群众包括农村土地等在内的集体权益。

5. 加强基础设施建设，提高公共服务质量

各级政府要持续加大对农村地区基础设施建设的资金投入，改变农村地区基础设施建设滞后的局面，实现和城市基础设施的互联互通。完善农村交通基础设施建设，加强农村物流基础设施骨干网络和末端网络建设，推动县一级仓储服务中心和农村快递公共取送网点的建设，完善农村物流配送服务体系。各级政府要加大对农业农村产业园区基础设施建设的投入力度，为新落地实施的投资项目提供全方位的公共服务。

6. 建立制度化、规范化的维权制度，实现对利益冲突的常态化治理

由于工商资本的经济权益和农民利益并不完全相同，因此两者之间难免会产生利益冲突问题，而利益冲突的有效处理主要取决于规范化、制度化维权制度的建设。基层政府需要向农民提供有效的维权渠道，运用法治思维来化解工商资本和农民之间的利益冲突，以减少其因无法正常维权而做出过激举动的可能性。首先，要保障农民在耕地流转、土地收益分配等重大事务上的参与权和知情权，建立制度化和规范化的信息披露机制。其次，要建立一个公平、公正和公开的沟通平台，保障广大农民在重大事务决策上的话语权，为工商资本和农民之间的沟通提供一个畅通的渠道，减小发生恶性维权事件的概率。最后，各级政府应该大力推进建设用地流转价格动态调整机制、农户可持续生计模式、转出地块农村社会保障体系等的建设，以最大限度地保护农民权益。

B.7
2021年江苏数字乡村发展报告

韩正彪　刘云婷　顾雅楠*

摘　要： 2021年江苏省数字乡村建设已经进入全面推进的新时期，且已成为实现乡村振兴的关键举措。本报告从全省乡村信息基础设施建设现状、农村数字经济新业态、农业生产数字化、乡村数字化治理以及数字乡村建设必要性等多维度分析了江苏省2021年数字乡村的发展现状。基于发现的问题，本报告提出增强数字乡村建设的机遇意识、加强和推进乡村的数字基建工作、构建高效的数字乡村治理模式和提升农民数字化素养的培训质量等建议。

关键词： 数字乡村　数字化　信息基础设施　数字经济

党的十九大报告提出建设数字中国和智慧社会，并提出了实施乡村振兴战略。2018年中央一号文件《中共中央　国务院关于实施乡村振兴战略的意见》首次提出了"数字乡村"这一概念。2019年中央一号文件《中共中央　国务院关于坚持农业农村优先发展做好"三农"工作的若干意见》提出了"实施数字乡村战略"。2019年5月中共中央办公厅、国务院办公厅印发的《数字乡村发展战略纲要》明确指出数字乡村[①]是网络化、信息化和数字化在农业农村经济社会发展中的应用，以及为农

---

*　韩正彪，南京农业大学信息管理学院副教授，主要研究方向为农民信息行为；刘云婷，南京农业大学信息管理学院硕士研究生，主要研究方向为农民信息行为；顾雅楠，南京农业大学信息管理学院硕士研究生，主要研究方向为农民信息行为。

①　本报告乡村、农村依行文习惯使用。

民现代信息技能的提高而内生的农业农村现代化发展和转型进程，并对数字乡村建设的顶层设计和整体规划进行了揭示。2020年中央一号文件《中共中央 国务院关于抓好"三农"领域重点工作确保如期实现全面小康的意见》提出了"开展国家数字乡村试点"。2021年中央一号文件《中共中央 国务院关于全面推进乡村振兴加快农业农村现代化的意见》提出了"实施数字乡村建设发展工程"。由此可见，我国数字乡村建设已经进入全面推进的新时期，且已成为实现乡村振兴的关键举措。2020年11月23日江苏省委、省政府贯彻中央战略部署要求出台了《关于高质量推进数字乡村建设的实施意见》，提出实施乡村数字基建提档跨越、智慧农业升级赋能、智慧绿色乡村建设、信息技术惠农便民、乡村数字治理提升"五大行动"，明确到2025年，江苏数字乡村建设要走在全国前列。

本报告基于2021年中国土地经济调研数据，分析江苏省数字乡村发展的现状和问题，以期为江苏省"十四五"时期数字乡村的建设提供参考。

一　江苏数字乡村建设现状

全面了解江苏数字乡村的建设现状，有利于揭示当前在数字乡村建设方面的优势和劣势，从而为今后数字乡村的建设提供对策建议。其中，建设现状主要围绕乡村信息基础设施建设、农村数字经济新业态、农业生产数字化和乡村数字化治理四个方面展开。

（一）乡村信息基础设施建设现状

乡村信息基础设施是数字乡村建设的基础，随着以5G、云计算、人工智能等为代表的新技术加速落地应用，乡村信息基础配套设施也面临提档升级问题。乡村信息基础设施包括乡村网络设施和乡村基础设施两个方面。

　　在乡村网络设施的建设方面，CLES 2021 调查数据显示：江苏省被调查的 10 个市的农村的 4G 网络建设比例达到 100%。江苏省数字乡村 5G 网络设施建设情况如图 1 所示。由图 1 可知，江苏省被调查乡村的 5G 网络设施建设比例达到了 37.5%。其中，苏南地区的 5G 网络设施建设比例达到 62.5%，苏中地区和苏北地区的 5G 网络设施建设比例均达到 25.0%。具体而言，苏州市的 5G 网络设施建设比例最高，达到 100%，连云港市和镇江市的 5G 网络设施建设比例达到 75%，南京市的 5G 网络设施建设比例达到 50%，无锡市、南通市和扬州市的 5G 网络设施建设比例达到 25%，而徐州市和盐城市均未建设 5G 网络。此外，江苏省被调查的 10 个市的农村的 4G 乡村广播电视网络覆盖率均达到 100%。

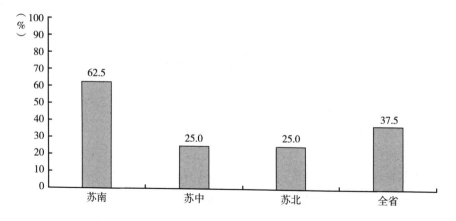

图1　2021 年江苏数字乡村 5G 网络设施建设情况

资料来源：CLES 2021。

　　乡村基础设施主要包括物流基础设施、农村电网升级、农村公路数字化改造三个方面。其中，江苏省乡村有关物流基础设施建设情况的调查结果如图 2 所示。由图 2 可知，江苏省的乡村设立快递点的比例达到了 56.94%。其中，苏北地区的乡村设立快递点的比例达到了 75.00%，苏中地区的乡村设立快递点的比例达到了 58.33%，苏南地区的乡村设立快递点的比例达到了 37.50%。具体而言，盐城市的乡村设立快递点的比例最高，达到 100%；

徐州市、南通市和扬州市的乡村设立快递点的比例达到75%；南京市、连云港市、镇江市的乡村设立快递点的比例达到50%；无锡市、苏州市和泰州市的乡村设立快递点的比例最低，仅有25%。但是，江苏省这10个市的被调查乡村2021年均没有设立智慧物流设施。这表明，江苏省乡村的智慧物流基础设施建设仍处在起步阶段。

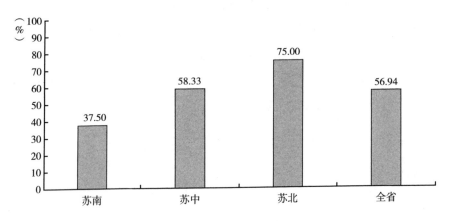

图2　2021年江苏省乡村设立快递点的比例

资料来源：CLES 2021。

江苏省农村电网升级改造情况的调查结果如图3所示。由图3可知，江苏省的农村电网升级改造比例已达77.78%。其中，苏中地区有91.67%完成了电网升级改造，苏南地区有75.00%完成了电网升级改造，苏北地区有66.67%完成了电网升级改造。具体而言，南通市和扬州市的电网升级改造比例最高，均达到100%；南京市、无锡市、苏州市、连云港市、盐城市、镇江市和泰州市的电网升级改造比例均为75%；而徐州市的电网升级改造比例仅为50%。

近年来，江苏省一直在推进农村公路建设更多向进村入户倾斜。2021年持续深化"农村公路＋"发展模式，预计打造形成农村公路品牌提升融合发展全国样板。此外，出台全省农村公路"路长制"实施意见，全面推行县、乡、村三级路长制。建立农村公路基础属性和电子地图数据库对于农

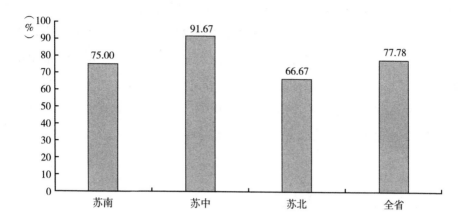

图3　2021年江苏省农村电网升级改造的比例

资料来源：CLES 2021。

村的发展具有重要的意义。江苏省农村公路数字化改造情况的调查结果如图4所示。

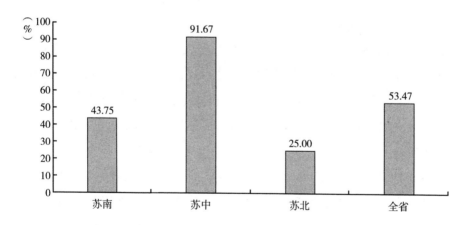

图4　2021年江苏省农村公路数字化改造的比例

资料来源：CLES 2021。

由图4可知，在农村公路数字化改造方面，江苏省的被调查农村中有53.47%进行了农村公路数字化改造。其中，苏中地区有91.67%进行了农村公路数字化改造，苏南地区有43.75%进行了农村公路数字化改造，苏北地区有25.00%进行了农村公路数字化改造。具体而言，南通市和扬州市的农村公路数字化改造比例最高，均达到100%，泰州市的农村公路数字化改造比例达到75%，南京市、徐州市、泰州市和镇江市的农村公路数字化改造比例均达到50%，无锡市和盐城市的农村公路数字化改造比例均仅为25%，连云港市则没有进行农村公路数字化改造。

（二）农村数字经济新业态现状

为了进一步推动互联网与乡村特色产业的深度融合，需要进一步通过发展农村电子商务、智慧旅游等项目来促进农村数字经济的发展，进而形成具有农村特色的数字经济新业态。

其中，江苏省农村电子商务发展的状况可以通过"互联网＋"农产品出村进城工程项目占比、电商进村综合示范项目占比两个指标反映。为持续推进农产品出村进城工程建设，江苏省农业农村厅2021年8月公布了省级"互联网＋"农产品出村进城工程试点县名单，南京市浦口区、常州市金坛区、盐城市建湖县等10县（市、区）入选。至此，江苏省已有省级"互联网＋"农产品出村进城工程试点县20个。2021年江苏省农村电子商务发展状况的调查结果如表1所示。在"互联网＋"农产品出村进城工程项目占比方面，江苏省平均占比为33.33%。其中，苏南、苏中、苏北地区分别为25.00%、33.33%、41.67%。具体而言，南京市、连云港市和台州市均达到75%，徐州市、苏州市、南通市和盐城市均达到25.00%，其他市则没有该类项目。在电商进村综合示范项目占比方面，江苏省平均占比为25.00%。其中，苏南、苏中、苏北地区均为25.00%。具体而言，南京市最高，达到75.00%；其次为泰州市，达到50.00%；徐州市、苏州市、南通市、连云港市和盐城市均达到25.00%；其他市则没有该类项目。

表1　2021年江苏省农村电子商务发展状况分析

单位：%

地区	"互联网＋"农产品出村进城工程项目占比	电商进村综合示范项目占比
苏南	25.00	25.00
苏中	33.33	25.00
苏北	41.67	25.00
全省	33.33	25.00

资料来源：CLES 2021。

此外，在被调查的40个农村中，只有南京市的1个农村有乡村智慧旅游项目。一方面，这种结果反映了江苏省乡村智慧旅游项目仍有待进一步开发；另一方面，该结果受到了抽样方法本身的影响。对于江苏省乡村智慧旅游项目的调查仍有待今后进一步开展。

（三）农业生产数字化现状

随着大数据、物联网、人工智能等新一代信息技术的发展，将这些技术与种植业、渔业、种业、农机装备和农垦等相融合，是未来打造乡村特色农业和智慧农业的必经之路。但是，这些技术在农业生产数字化方面的应用目前仅处于初步的探索阶段。

其中，江苏省农村农业生产数字化情况如表2所示。由表2可知，在种植业生产数字化方面，江苏省被调查农村的种植业生产数字化平均占比为11.81%。其中，苏南、苏中、苏北地区分别有18.75%、8.33%、8.33%的农村进行了种植业生产数字化。具体而言，仅南京市、徐州市、苏州市、镇江市和泰州市分别有25%的农村进行了种植业生产数字化，其余市的种植业生产均没有数字化。在渔业生产数字化方面，江苏省被调查农村的渔业生产数字化平均占比仅为6.25%，其中仅苏南地区有18.75%的农村进行了渔业生产数字化。具体而言，仅南京市、无锡市和苏州市分别有25%的农村进行了渔业生产数字化，其余市的渔业生产均没有数字化。在种业数字化方面，江苏省被调查农村的种业生产数字化平均占比仅为4.17%，其中仅苏南地区有 12.50% 的农村进行了种业生产数字化。具体而言，仅无锡市和苏州市分别有 25% 的农村进行了种业生产数字化，其余市的种业生产均没有数字化。在农机装备数字化方面，江苏省被调查农村的农机装备数字化平均占比仅为 4.86%，其中仅苏南和苏北地区进行了农机装备数字化，平均占比分别为 6.25%、8.33%。具体而言，仅徐州市和苏州市分别有 25% 的农村进行了农机装备数字化，其余市的农机装备均没有数字化。在农垦数字化方面，江苏省被调查农村的农垦数字化平均占比仅为 5.56%，其中仅苏中、苏北地区进行了农垦数字化，平均占比均为 8.33%。具体而言，仅泰州市和徐州市分别有 25% 的农村进行了农垦数字化，其余市的农垦均没有数字化。

表 2　2021 年江苏省农村农业生产数字化情况

单位：%

地区	种植业	渔业	种业	农机装备	农垦
苏南	18.75	18.75	12.50	6.25	0.00
苏中	8.33	0.00	0.00	0.00	8.33
苏北	8.33	0.00	0.00	8.33	8.33
全省	11.81	6.25	4.17	4.86	5.56

资料来源：CLES 2021。

此外，大数据技术在江苏省农村农业生产中的应用情况如表 3 所示。由表 3 可知，在智慧农场方面，江苏省被调查的农村中有 11.81% 设立了智慧农场。其中，苏南地区有 18.75% 的农村设立了智慧农场，苏中地区和苏北地区分别有 8.33% 的农村设立了智慧农场。具体而言，南京市有 50% 的农村设立了智慧农场，苏州市、盐城市和泰州市有 25% 的农村设立了智慧农场，其余市均没有设立智慧农场。在精准化作业方面，江苏省被调查的农村中仅有 6.94% 设立了精准化作业。其中，苏南地区有 12.50% 的农村开展了精准化作业，苏中地区有 8.33% 的农村开展了精准化作业，而苏北地区没有开展精准化作业。具体而言，仅无锡市、镇江市和泰州市分别有 25% 的农村开展了精准化作业，其余市均没有开展精准化作业。在农药基础数据平台方面，江苏省被调查的农村中仅有 7.64% 的农村利用农药基础数据平台。其中，苏中地区和苏北地区分别有 8.33% 的农村利用农药基础数据平台，苏南地区有 6.25% 的农村利用农药基础数据平台。具体而言，仅有盐城市、镇江市和泰州市有 25% 的农村利用农药基础数据平台，其余市均没有利用此类平台。在农产品质量安全追溯系统方面，江苏省被调查的农村中有 19.44% 的农村利用了农产品质量安全追溯系统。其中，苏南地区有 25.00% 的农村利用了农产品质量安全追溯系统，苏中地区和苏北地区分别有 16.67% 的农村利用了农产品质量安全追溯系统。具体而言，苏州市和泰州市分别有 50% 的农村利用了农产品质量安全追溯系统，南京市、无锡市、徐州市和盐城市分别有 25% 的农村利用了农产品质量安全追溯系统，其余市均没有利用该类系统。

表3　2021年大数据技术在江苏省农村农业生产中的应用情况

单位：%

地区	智慧农场	精准化作业	农药基础数据平台	农产品质量安全追溯系统
苏南	18.75	12.50	6.25	25.00
苏中	8.33	8.33	8.33	16.67
苏北	8.33	0.00	8.33	16.67
全省	11.81	6.94	7.64	19.44

资料来源：CLES 2021。

（四）乡村数字化治理现状

乡村治理涉及的工作量大、事务繁杂，建立完善农村基层信息平台，推动乡村党务、政务、财务等信息公开，推进乡村治理内容和治理方式线上化、透明化，可以有效地提高村民的参与度。"互联网＋党建"（即通过网络开展党务活动）、"互联网＋政务服务"（即通过网络开展劳动就业、社会保险购买、合作医疗补贴报销等活动）、"互联网＋疫情防控管理"（即通过网络上报疫情信息，建设远程疫情监控点）是乡村数字化治理的常见形式。

其中，江苏省乡村数字化治理现状如表4所示。在"互联网＋党建"方面，江苏省被调查的农村中有84.03%的农村采用了"互联网＋"的形式管理党建工作。其中，苏南地区有93.75%的农村采取了"互联网＋"的形式管理党建工作，苏北地区有83.33%的农村采取了"互联网＋"的形式管理党建工作，苏中地区有75.00%的农村采取了"互联网＋"的形式管理党建工作。具体而言，南京市、无锡市、徐州市、苏州市、盐城市和扬州市100%的农村采用了"互联网＋"的形式管理党建工作，南通市和镇江市分别有75%的农村采取了"互联网＋"的形式管理党建工作，连云港市和泰州市分别有50%的农村采取了"互联网＋"的形式管理党建工作。在"互联网＋政务服务"方面，江苏省被调查的农村中有57.64%的农村采用了"互联网＋"的形式管理政务服务工作。其中，苏中地区和苏北地区分别有58.33%的农村采取了"互联网＋"的形式管理政务服务工作，苏南地区有56.25%的农村采取了"互联网＋"的形式管理政务服务工作。具体而言，扬州市100%的农村采取了"互联网＋"的形式管理政务服务工作，南京市、徐州市、苏州市、盐城市分别有75%的农村采取了"互联网＋"的形式管理政务服务工作，无锡市和南通市分别有50%的农村采取了"互联网＋"的形式管理政务服务工作，镇江市、泰州市和连云港市分别有25%的农村采取了"互联网＋"的形式管理政务服务工作。在"互联网＋疫情防控管理"方面，江苏省被调查的农村中有56.25%的农村采取了"互联网＋"的形式对疫情防控进行管理。其中，苏中地区66.67%的农村采取了"互联网＋"的形式对疫情防控进行管理，苏北地区58.33%的农村采取了"互联网＋"的形式对疫情防控进行管理，苏南地区43.75%的农村采取了"互联网＋"的形式对疫情防控进行管理。具体而言，扬州市100%的农村采取了"互联网＋"的形式对疫情防控进行管理，徐州市75%的农村采取了"互联网＋"的形式对疫情防控进行管理，南京市、无锡市、苏州市、南通市、连云港市、盐城市和泰州市分别有50%的农村采取了"互联网＋"的形式对疫情防控进行管理，镇江市仅有25%的农村采取了"互联网＋"的形式对疫情防控进行管理。

表4　2021年江苏省乡村数字化治理现状分析

单位：%

地区	"互联网+党建"	"互联网+政务服务"	"互联网+疫情防控管理"
苏南	93.75	56.25	43.75
苏中	75.00	58.33	66.67
苏北	83.33	58.33	58.33
全省	84.03	57.64	56.25

资料来源：CLES 2021。

二　江苏数字乡村建设必要性

为了进一步了解江苏省乡村对建设数字乡村的认识，本报告进一步对数字乡村建设的必要性进行了调查分析。其中，必要性的分析主要围绕乡村信息基础设施建设、农业生产数字化建设、乡村数字化治理建设、智慧绿色乡村建设和农民数字化素养培训五个维度展开。

（一）乡村信息基础设施建设必要性

CLES 2021调查数据结果显示，江苏省被调查的10个市在乡村信息基础设施（如：宽带通信网、移动互联网、数字电视网以及下一代互联网等）方面的建设必要性的总体平均值为4.60。这表明整体而言，江苏省的乡村信息基础设施建设的必要性较为强烈，得分处于比较有必要和很有必要之间。具体而言，苏南、苏中、苏北地区在该问题上的得分分别为4.88、4.33、4.58（见图5）。其中，南京市、无锡市、连云港市和扬州市的被调查乡村的乡村信息基础设施必要性得分最高，均达到5分，认为很有必要；徐州市、苏州市、镇江市、南通市和盐城市的被调查乡村的乡村信息基础设施建设必要性得分为4~5，认为建设的必要性较为强烈。此外，泰州市的被调查乡村的乡村信息基础设施建设必要性得分相对于其他市而言较低，得分仅为3.75。

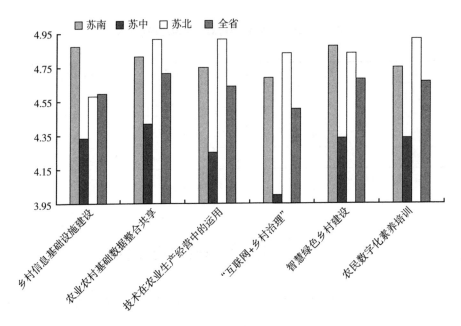

图5 2021年江苏省数字乡村建设必要性分析

资料来源：CLES 2021。

（二）农业生产数字化建设必要性

CLES 2021调查数据结果显示，江苏省被调查的10个市在农业农村基础数据整合共享（如农业农村大数据中心、重要农产品全产业链大数据）方面的建设必要性较为强烈。10个市在该变量上的得分高达4.72，处于比较有必要和很有必要之间。具体而言，苏南、苏中、苏北地区在该问题上的得分分别为4.81、4.42、4.92。其中，南京市、苏州市、连云港市和盐城市的被调查乡村农业农村基础数据整合共享的建设必要性最强，得分均达到5，认为很有必要；徐州市、南通市、扬州市和镇江市的被调查乡村农业农村基础数据整合共享的建设必要性得分为4~5，建设必要性较为强烈。此外，泰州市的被调查乡村农业农村基础数据整合共享的建设必要性得分相对于其他市而言较低，得分仅为3.75。

CLES 2021调查数据显示，江苏省被调查的10个市认为云计算、大数据、物联网和人工智能等技术在农业生产经营中的运用（如智慧农场、精准化作业等）的必要性较强。10个市在该变量上的得分达到 4.64，处于比较有必要和很有必要之间。具体而言，苏南、苏中、苏北地区在该问题上的得分分别为 4.75、4.25、4.92。其中，南京市、徐州市、苏州市和连云港市在该问题上的得分最高，均达到 5，认为这些技术在农业生产经营中的运用很有必要。其余 6 个市的得分均在 4 及以上。盐城市、扬州市和镇江市的得分均为 4.75，无锡市的得分为 4.25，南通市和泰州市的得分均为 4。

（三）乡村数字化治理建设必要性

CLES 2021 调查数据结果显示，江苏省被调查的 10 个市认为比较有必要采用"互联网＋"的形式来推进乡村治理，总体得分为 4.51。具体而言，苏南、苏中、苏北地区在该问题上的得分分别为 4.69、4.00、4.83。其中，南京市和连云港市在该问题上的得分最高，均达到 5，认为很有必要采用"互联网＋"的形式来推进乡村治理。徐州市、苏州市、盐城市、镇江市、无锡市、扬州市和泰州市在该问题上的得分均大于等于 4 且小于 5，即处于比较有必要和非常必要之间，建设必要性较为强烈。此外，南通市的被调查乡村的乡村数字化治理建设必要性得分相对于其他市而言较低，得分仅为 3.75。

（四）智慧绿色乡村建设必要性

CLES 2021 调查数据结果显示，江苏省被调查的 10 个市认为比较有必要建设智慧绿色乡村（如农业投入品电子追溯监管、农村生态系统检测、农村人居环境监测等），总体得分为 4.68。苏南、苏中、苏北地区在该问题上的得分分别为 4.88、4.33、4.83。其中，南京市、苏州市、连云港市、盐城市和扬州市在该问题上的得分最高，均达到 5，认为很有必要建设智慧绿色乡村。镇江市、无锡市、徐州市和南通市在该问题上的得分均大于等于 4 且小于 5，即处于比较有必要和非常必要之间，建设必要性较为强烈。此外，泰州市的被调查乡村建设智慧绿色乡村的必要性得分相对于其他市而言较低，得分仅为 3.75。

（五）农民数字化素养培训必要性

CLES 2021 调查数据结果显示，江苏省被调查的 10 个市认为比较有必要提升农民的数字化素养，总体得分为 4.67。苏南、苏中、苏北地区在该问题上的得分分别为 4.75、4.33、4.92。其中，南京市、苏州市、连云港市、盐城市和扬州市在该问题上的得分最高，均达到 5，认为很有必要提升农民的数字化素养。无锡市、镇江市、徐州市和南通市在该问题上的得分均大于等于 4 且小于 5，即处于比较有必要和非常必要之间，必要性较为强烈。此外，泰州市的被调查乡村提升农民数字化素养的必要性得分相对于其他市而言较低，得分仅为 3.75。

三 存在的问题与对策建议

从 2018 年中央一号文件提出"数字乡村"这一概念，到 2019 年中央一号文件提出实施数字乡村战略，2020 年中央一号文件提出开展国家数字乡村试点，再到 2021 年中央一号文件提出实施数字乡村建设发展工程，数字乡村建设已成为实现乡村振兴的关键举措，更是农村高质量发展的必然选择。通过本次调研发现，2021 年江苏省 10 个市被调查的农村数字乡村建设必要性较高，为今后开展数字乡村的建设提供了条件。2021 江苏省数字乡村建设已经开始平稳起步。具体表现为乡村信息基础设施建设逐步开展，新型的大数据和互联网等技术开始逐步应用到农业生产和农村电子商务的发展中，乡村数字化治理在疫情防控、党建管理和政务服务方面已经开始发挥较好的作用。针对本次调研的结果，本报告总结了江苏数字乡村建设面临的问题，并对推动江苏数字乡村建设提出建议。

（一）江苏数字乡村建设面临的问题

1. 乡村数字基建实施和效益的难题

农村信息化设施建设起步晚、基础差，信息化发展总体水平偏低，城乡数字鸿沟差距较大，已经成为制约乡村发展的重要瓶颈。唯有依托数字"下乡"，加快落地乡村数字基建工作，才能为乡村实现跨越式发展打好基础。此次的调查结果表明：第一，江苏省乡村在网络基础设施的建设方面仍然有很大的发展空间，除了苏州市被调查的乡村的 5G 网络设施建设比例达到 100%外，其余市都有尚未开展 5G 网络设施建设的乡村。第二，江苏省的乡村在物流基础设施、农村电网升级、农村公路数字化改造方面虽有进展，但不少被调查的乡村仍处在初步建设和改造阶段。尤其是在智慧物流方面，江苏省这 10 个市被调查的乡村目前均没有设立智慧物流设施。之所以出现上述问题，主要是因为乡村数字基建在初期的建设成本较高，收益率却比较低，此外乡村基础设施施工队伍的能力存在一定的短板，施工质量把控是面临的难点之一。

2. 乡村数字经济深入发展的难题

只有数字产业化和产业数字化互相促进，才能助力数字经济的发展。目前，数字应用在江苏农村的普及还不够广。例如，当前江苏省农村的电商主要是在一些试点地区开展，离达到普及的程度还有较大的距离，需要扩大应用。本次调查显示，江苏省 10 个市均存在没有引入"互联网＋"农产品出村进城工程试点的乡村。尤其是个别市，如徐州市、苏州市、南通市和盐城市，仅有 25% 的被调查农村引入了此类项目，甚至有的市被调查的所有农村都没有该类项目。农村电商仍有不少短板，直播带货也并非易事。因为消费者对新、奇、特、优农产品的需求不断增长，但农村的产品存在生产组织化程度低、上市时间集中、加工能力不足，不能满足直播带货集中的订单需求。尽管电商服务体系已经覆盖多数乡村，但合适的农产品少、运营成本高、营销推广难等问题仍然突出。此外，江苏省在农业生产过程中应用数字化技术的程度仍存在较大的提升空间。有个别市的乡村在种植业、渔业、种业、农机装备和农垦中均没有应用大数据等新一代信息技术。

3. 乡村数字治理中"技术"与"业务"融合的难题

实施乡村数字化治理可以有效地提高农村社会综合治理的精细化和现代化水平。但是由于乡村面临的业务较多，且较为繁杂，在数字治理的过程中存在很难将"数字技术"和"业务"相融合的难题。具体表现为以下几个

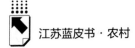

方面。第一，在技术方面缺乏标准规范。例如，关于乡村治理数字化内容、技术应用、数据共享等方面的技术标准未建立，乡村数字化概念未形成共识，建设标准缺失。① 该原因直接导致江苏省各市的乡村治理数字化建设水平参差不齐，且存在区域上的发展不平衡。第二，乡村数字治理中的数据共享难度大。没有顶层设计和相应的标准规范，加上数据采集手段落后，大部分乡村对其基础底数仍不清楚，导致乡村治理数字化仍处于内部整合阶段。第三，乡村治理中技术应用不平衡。整体而言，当前"互联网＋党建"和"互联网＋疫情防控管理"在乡村数字治理中的普及性较高，但是"互联网＋政务服务"的普及性却较低，且存在每个市发展不平衡的现象。在解决数字技术上的问题后，如何实现技术与政务服务的深度融合，是今后乡村数字治理的难题之一。

4. 数字乡村建设过程中人才与资金的难题

数字乡村在建设的过程中需要足够的保障因素支持。对于江苏省而言，人才和资金依然是制约数字乡村建设的核心因素。首先，当前江苏省各个市的乡村均面临数字乡村建设人才的缺乏。通过调研发现，村镇领导对数字乡村的认识仍然有待加强，同时村内并没有足够的专业技术人才。作为参与者和应用主体的村民数字化素养水平不高，真正将新一代信息技术用于农业生产、经营和销售中的情况很少存在。此外，本次调研发现仅有极个别乡村完全实现了基于"互联网＋"的疫情防控管理工作。绝大多数乡村没有实现的制约点主要体现在其对高清视频监控设备的需求高，但是购买这些设备需要花费大量的资金。乡村数字化资金需求较大，相关政府部门如何统筹规划和整体安排资金是数字乡村建设亟须关注的问题之一。

（二）推动江苏数字乡村建设的对策建议

1. 增强数字乡村建设的机遇意识

近年来，江苏省农业农村信息化进程不断加快并取得了显著的成效，但

---

① 冯献、李瑾、崔凯：《乡村治理数字化：现状、需求与对策研究》，《电子政务》2020年第6期。

在高速发展的进程中，仍然存在顶层设计缺失、资源统筹不足等问题，部门"信息孤岛"、城乡"数字鸿沟"等现象比较突出。虽然调查数据显示大部分市区对数字乡村的建设意识较强，但也有个别市的建设意识不强。数字经济时代，大数据成为基础性战略资源，数字技术可以帮助乡村克服信息不对称和高成本的难点，且不受时间、空间的约束，为乡村地区的发展提供了全新的机遇。因此，今后江苏省的乡村需要立足新时代国情省情农情，抓住用好网络化、数字化、智能化给农业农村发展带来的宝贵机遇，进一步解放和发展数字化生产力，加快信息化与农业农村现代化深度融合，为率先基本实现农业农村现代化提供有力支撑。

2. 加强和推进乡村的数字基建工作

江苏省今后需要在乡村实现 4G 网络深度覆盖，并重点推进 5G 网络建设，开展基于 IVP6 的下一代互联网规模部署，提升光纤到户接入能力，全面推进光网乡村建设。此外，需要进一步加大乡村基础设施数字化改造力度。尤其是需要重点利用互联网、物联网、大数据、人工智能、区块链、5G 等新一代信息技术，加快推动水利、公路、电力、冷链物流、农业生产加工等乡村基础设施网络化、数字化、智能化改造。在信息基础设施建设和基础设施数字化改造工作取得进展后，可以重点开展乡村数据资源平台的建设工作。同时在推进乡村的数字基建工作中，要着眼长远发展，把规范化、标准化建设问题摆在突出位置。

3. 构建高效的数字乡村治理模式

为了实现数字乡村的有效治理，需要从技术支持、乡村治理的具体元素以及激励措施等多个维度构建高效的数字乡村治理模式。第一，加大"互联网＋党建"推进力度。进一步完善江苏基层党建工作信息管理系统，推广网络党课，总结推广"支部＋电商"等互联网党建新模式，推动基层组织设置和活动方式创新。通过筹建村庄网站、微信公众号等平台，及时公开党务、村务、财务等，保障村民的知情权、参与权、表达权、监督权。第二，深度融合新一代信息技术和乡村的事务性工作。例如，"互联网＋政务服务""互联网＋疫情防控管理"都需要进一步依托和发挥信息技术的优势。尤其是在农村疫情防控方面，可以引入数字乡村村级智能监控平台，缓解农村人力不足的问题，对各村工作进行及时调度、实时监控和督导。第三，采用积分激励机制，实现乡村长治。具体可以采用积分制来引导农村居民主动参与村级公共事务，凸显他们在乡村治理中的主体地位，从而激活乡村发展的内生动力，让其成为乡村治理的主要参与者、最大受益者。这种机制可以为构建全民共建共治共享的乡村治理工作格局，整体提升乡村治理水平助力。

4. 提升农民数字化素养的培训质量

数字乡村的建设需要乡村广大农民群众的积极参与。农村的信息化氛围、农民的数字化素养，都会以无形之力推进乡村数字化的进程。[①] 但江苏省农村人口依然面临老龄化的问题，数字化技术接受能力有限。因此，建议相关政府部门借助新媒体平台（如微信公众号、抖音、微博）、宣讲会、讲座等对数字乡村进行宣传，对农村居民进行数字化素养的培训工作。可以采用大数据技术，挖掘农民应用信息化服务平台的数据，细化分析农民的技能培训需求。借助数字技术大力提升农民技能培训的个性化水平和质量。[②] 此外，可以进一步开展科技及信息化人才下乡活动，推进新农民新技术创业创新中心的建设。

参考文献

陈伟忠、顾意刚、邱静茹：《镇江市数字乡村建设路径探析》，《热带农业工程》2020 年第 4 期。

吴浜源：《江苏数字乡村建设的现状·困境及路径探析》，《安徽农业科学》2019 年第 24 期。

---

① 杨森、汤星雨：《乡村振兴战略背景下数字乡村发展路径探究》，《小城镇建设》2020 年第 3 期。
② 储节旺、郭春侠：《发力数字乡村建设》，《安徽日报》2021 年 8 月 10 日，第 6 版。

B.8
2021年江苏"双碳"背景下的
农业绿色发展

黎孔清　魏继敏　施运虎*

摘　要： 为贯彻国家"碳达峰，碳中和"的战略决策，江苏省力争在农业生产领域率先实现碳中和目标。本报告通过实地访谈、追踪调查及统计资料文本数据分析，全面呈现了江苏省碳中和下的农业绿色发展。首先对农业碳排放量进行测算、比较以及政策模拟，概括了推进农业绿色发展的重点工作和相关政策文件，阐述了碳中和下农业绿色发展现状，其次剖析了农业绿色发展中存在的问题，最后为完善江苏省碳中和下农业绿色发展提出建议。

关键词： 碳中和　低碳农业　绿色农业

国际能源署（IEA）发布公报表示，2021年全球碳排放量将进一步上升。由于新冠肺炎疫情放缓了经济活动，2020年全球碳排放量减少5.8%，但在2020年底时开始反弹。2021年是气候行动关键的一年，如果当前对今年全球经济反弹的预期得到证实，而世界主要经济体不采取重大政策调整，2021年全球碳排放量会进一步增加。

---

* 黎孔清，南京农业大学人文与社会发展学院副教授，主要研究方向为资源环境管理与农户行为；魏继敏，南京农业大学人文与社会发展学院农村发展专业硕士研究生；施运虎，南京农业大学人文与社会发展学院农村发展专业硕士研究生。

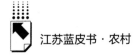

习近平在中央财经委员会第九次会议上发表重要讲话，其中提到要把碳达峰、碳中和纳入生态文明建设整体布局，拿出抓铁有痕的劲头，如期实现2030年前碳达峰、2060年前碳中和的目标。

在2020年底召开的省委十三届九次全会上，省委书记指出，江苏要在全国率先实现碳达峰的目标。江苏在践行"绿水青山就是金山银山"理念、夯实"强富美高"新江苏农业基本盘的进程中，不断探索体制机制创新，推进农业"绿色革命"先行先试，成效显著，朝着实现农业绿色发展"全面推开"和"经济增效"目标迈进。

本次调研是追踪调研，经汇总分析形成了江苏省碳中和下农业绿色发展报告。

一 江苏碳中和下农业绿色发展现状

江苏省农业农村绿色发展水平正在稳步提升。全省建设绿色防控示范区300个，农业废弃物资源化利用稳步推进，废旧农膜回收率达82.3%，畜禽粪污综合利用率超过90%，实现化肥施用总量和强度持续"双减"，63个县（市、区）开展农药包装废弃物回收处置工作。本部分首先对江苏农业发展碳排放进行测算，分析了全省农业碳排放量的发展趋势及农业碳排放量占碳排放总量的比重变化，进而与全国农业碳排放量做了比较分析；然后阐述了江苏农业碳减排的相关政策、重点工作及现状；最后对化肥减量政策进行模拟，表明该政策持续实施将会产生的良好结果。

（一）江苏农业碳排放测算

1. 模型构建

农业碳排放包括农地利用产生的碳排放、主要作物品种土壤 N_2O 的排放和畜禽养殖产生的碳排放。

（1）农地利用产生的碳排放

农地利用中的碳排放源主要包括农用化肥、农药、农膜、土地翻耕、有效灌溉等，具体的碳排放系数见表1。

表1 农地利用碳排放源及碳排放系数

碳排放源	碳排放系数	数据代表
农用化肥	0.90kgce/kg	农用化肥施用量
农药	4.93kgce/kg	农药使用量
农膜	5.18kgce/kg	农用塑料薄膜使用量
土地翻耕	312.60kgce/hm²	农作物播种总面积
有效灌溉	20.48kgce/hm²	有效灌溉面积
农用机械	0.53kgce/KW	农用柴油使用量

资料来源：《IPCC国家温室气体排放清单指南》（2019年修订版）。

（2）主要作物品种土壤 N_2O 的排放

农作物品种主要有稻谷、小麦、玉米、大豆、棉花，其 N_2O 的排放系数分别为 $0.24/$（$kg \cdot hm^{-2}$）、$2.05/$（$kg \cdot hm^{-2}$）、$2.53/$（$kg \cdot hm^{-2}$）、$0.77/$（$kg \cdot hm^{-2}$）、$0.48/$（$kg \cdot hm^{-2}$）。

（3）畜禽养殖产生的碳排放

结合《IPCC国家温室气体排放清单指南》，根据动物肠道发酵排放因子和粪便排放因子，可以计算出畜禽养殖的碳排放总量。本报告主要选取马、猪、牛、绵羊和山羊作为畜牧业碳排放的研究对象，具体碳排放系数见表2。

表2 主要动物肠道发酵排放因子和粪便排放因子

碳排放源	肠道发酵排放因子 CH_4	转化后的碳排放系数[kgC/（头·年）]	粪便排放因子 CH_4	N_2O	转化后的碳排放系数[kgC/（头·年）]
马	18.02	122.90	1.64	1.39	11.18	112.97
猪	1.00	6.82	4.00	0.53	27.28	43.07

续表

碳排放源	肠道发酵排放因子 CH₄	转化后的碳排放系数[kgC/(头·年)]	粪便排放因子		转化后的碳排放系数[kgC/(头·年)]
			CH₄	N₂O	
牛	47.00	320.54	1.00	1.39	6.82	112.97
绵羊	5.00	34.10	0.15	0.33	1.02	26.82
山羊	5.00	34.10	0.17	0.33	1.16	26.82

资料来源：《IPCC 国家温室气体排放清单指南》（2019 年修订版）。

2. 数据来源

农业碳排放指标测算各项数据主要来源于《江苏统计年鉴》、《江苏农村统计年鉴》、《中国统计年鉴》、《江苏省国民经济和社会发展统计公报》、江苏省土地利用变更调查数据等。农业碳排放的相关公式借鉴文献中已有模型进行测算（见附录）。

3. 农业碳排放的测算结果

总体来看，江苏 2010 年农业碳排放量有所上升，2011～2019 年，农业碳排放量呈现下降趋势。2011～2019 年下降幅度起伏不定，2012 年农业碳排放量下降幅度有所增大，但 2013 年下降幅度又出现减小的现象，2014～2019 年，由于政府加大对农业生态环境的重视，农业碳排放量下降幅度逐渐增大（见图 1）。

2009～2019 年，江苏农地利用产生的碳排放量一直在农业碳排放量中占较大比重，占比平均达到 95%，农地利用产生的碳排放量在 2010 年时增加，2011～2019 年呈现下降趋势（见图 2），与农业碳排放量的变化趋势一致。2009～2018 年畜禽养殖产生的碳排放量一直保持在较稳定的水平，但由于 2019 年猪的数量大幅度下降，畜禽养殖产生的碳排放量也呈现急剧下降的状态（见图 3）。主要农作物品种产生的碳排放量是在农业碳排放量中占比最少的，其变化趋势与农业碳排放量的趋势有所不同，2009～2016 年，主要农作物品种产生的碳排放量逐渐增多，2017～2019 年，主要农作物品种产生的碳排放量呈现下降趋势（见图 4）。

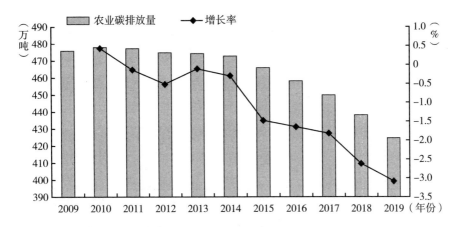

图1　2009～2019年江苏省农业碳排放量及其增长率

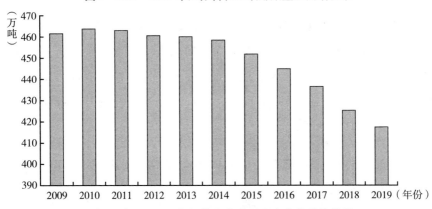

图2　2009～2019年江苏省农地利用产生的碳排放量

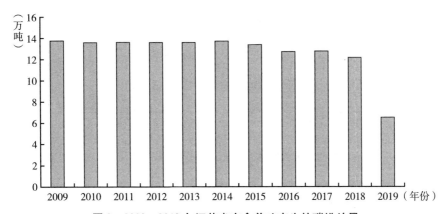

图3　2009～2019年江苏省畜禽养殖产生的碳排放量

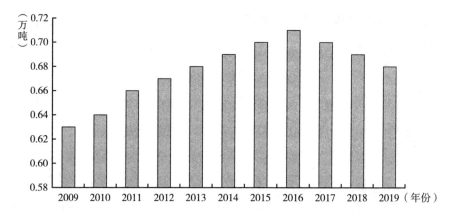

图 4　2009～2019 年江苏省主要农作物品种产生的碳排放量

从全省碳排放总量的角度看，江苏省碳排放总量在 2009～2014 年呈现逐渐增加的趋势，2015 年出现下降，2016 年又增多，随后近几年呈现逐年下降趋势。2009～2019 年，江苏省农业碳排放量占碳排放总量的比重一直都维持在 2.5%～4% 的水平，并且农业碳排放量占碳排放总量的比重一直在下降（见图 5）。

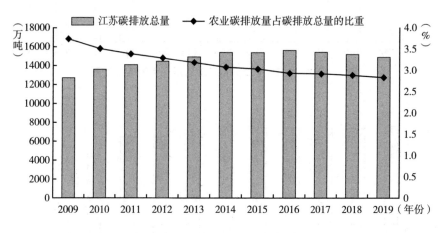

图 5　2009～2019 年江苏省碳排放总量及农业碳排放量占碳排放总量的比重

从全国农业碳排放量的角度来看，2009～2015 年全国农业碳排放量逐年增加，2015 年全国农业碳排放量达到最高峰，2016～2019 年全国农业碳排放量呈现减少的趋势，2009～2019年江苏农业碳排放量占全国农业碳排放量的比重一直处于下降的状态（见图6）。

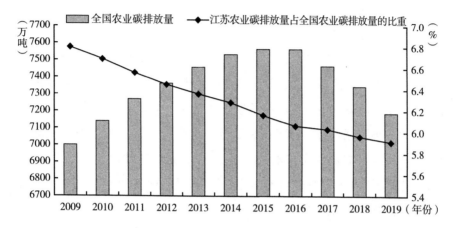

图6 2009～2019年全国农业碳排放量及江苏农业碳排放量所占比重

（二）江苏省农业碳减排绿色发展

1. 相关政策文件

为深入贯彻习近平总书记关于绿色发展重要讲话精神和国家层面关于绿色发展的要求，自觉践行新发展理念，抓住用好绿色发展战略机遇，推动绿色产业高质量发展走在前列，江苏省人民政府印发了《关于推进绿色产业发展的意见》（苏政发〔2020〕28号），该意见主要包括七大内容：总体要求、加快构建绿色技术创新体系、全面提升绿色产业竞争力、做大做强绿色产业发展载体、积极拓展绿色产业发展空间、完善绿色产业发展的体制机制、健全实施保障体系。

农业机械是碳排放量的主要来源之一，为贯彻落实《中共江苏省委江苏省人民政府关于全面推进乡村振兴加快农业农村现代化建设的实施意见》（苏发〔2021〕1号）、《关于加快推进农业机械化和农机装备产业转型升级的实施意见》（苏政发〔2019〕46号）等文件精神，江苏推动实施农机"两大行动"（农业生产全程全面机械化推进行动、农机装备智能化绿色化

提升行动），加快粮食烘干设备节能环保升级改造和清洁热源替代，促进农业生产率先碳达峰。

2. 重点工作

(1) "减塑"成为新任务

地膜既是农膜回收处理的重点，也是难点。地膜使用后，强度减弱，容易破碎在地里。即使被回收，其所裹挟的泥土、植物秸秆也会在加工处理过程中造成二次污染。为有效防控地膜白色污染，自 2019 年省财政列出专项资金启动"地膜减量替代技术试验示范与推广"项目以来，2019～2020 年全省共开展地膜减量替代技术试验近 90 个，先后在甘蓝、青花菜、大蒜、芋头、花生等作物种植中广泛开展生物降解地膜试验示范推广工作，并总结出一系列新技术、新模式。

(2) 农村生活污水治理

至 2020 年底，全省 1.1 万个行政村建有生活污水治理设施，生活污水治理设施覆盖率已达 74.6%，位居全国第二。但农村生活污水治理依然是农村环境治理的短板。江苏省主要以农村地区房前屋后河塘沟渠和群众反映强烈的黑臭水体为治理对象，采取控源截污、清淤疏浚、水体净化等措施综合治理，改善农村水环境。

(3) 畜禽粪污综合利用

江苏省继续开展畜禽粪污资源化利用巩固提升行动，实现"变废为宝"。2020 年全省畜禽粪污综合利用率超过 97%，规模养殖场粪污处理设施装备配套率达 100%。全省持续推进畜禽粪污资源化利用，同步推进畜牧大县与非畜牧大县资源化利用。与此同时，推动养殖场升级改造，将非规模养殖场（户）养殖废弃物处理利用纳入农村人居环境整治提升行动，同步推进。

(4) 秸秆综合利用深化

江苏省促进秸秆多元化利用产业发展，统筹推进农作物秸秆直接离田、精细还田，推广以秸秆为纽带的循环农业模式，促进肥料化、饲料化、燃料化、基料化、原料化"五化"利用。

（5）规范粪污还田行为

强化日常监管，巩固畜禽养殖污染治理成果。对沼液、肥水等液体粪肥还田利用，符合国家和地方法律法规、标准规范要求且不造成环境污染的，不简单套用污水排放标准、农田灌溉水质标准。对粪污贮存、处理、利用、雨污分流等环保设施配套不到位，粪污未经无害化处理直接还田或向环境排放的，给予整改期限，严禁采取"一律关停"等简单做法。避免以清理代替治理，逾期整改不到位的，进行依法查处。对施用畜禽粪肥超过土地养分需要量从而导致环境污染的，依法查处。

（6）降低环境污染风险

规范农产品、饲料的生产、使用环节。建立评估机制，按照《土壤环境质量农用地土壤污染防风险管控标准》（GB 15648 - 2018），定期开展土壤环境质量评估。加强农村饮用水源地、乡镇工业企业污水排放口、农村生活污水处理设施进出水、畜禽规模养殖场排污口、水产养殖集中区养殖尾水等农业农村面源污染的监测和评价体系建设。各部门协作执法，严肃查处违法违规行为，形成重心下移的执法监督管理体系。

3. 江苏农业绿色发展现状

（1）化肥施用现状

江苏省是农业大省，同时是化肥生产和施用大省。为推进农业面源污染治理和农业绿色高质量发展，江苏省印发了《2020 年江苏省千村万户百企化肥减量增效行动方案》。通过实施化肥"双减"行动、有机肥代替化肥行动、施肥方式转变行动、肥料质量提升行动和配方肥料智能配送行动来带动化肥施用量的减少，提高肥料利用率和配方肥到位率。

从化肥施用量来看，2009 ~ 2019 年，全省化肥施用量呈现递减趋势，2018 年全省化肥施用量（折纯）为 292.5 万吨，2019 年为 286.2 万吨，减少了 6.3 万吨，下降幅度为 2.20%；2018 年化肥施用量的下降幅度为 3.75%，下降幅度缩小。2019 年，江苏省在全国农用化肥施用量排名中排第五，排名有所提升。从所施用的化肥种类来看，2009 ~ 2019 年，除复合肥出现了较小的波动外，氮肥、磷肥、钾肥都呈现减少趋势。2019 年复合肥的施用量比 2018 年增加了 0.2 万吨，增长幅度为 0.21%，施用氮肥、磷肥、钾肥的下降幅度分别为 3.09%、5%、1.16%（见图 7）。

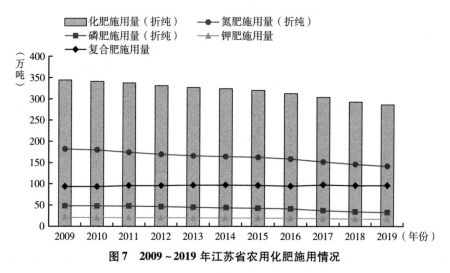

图 7　2009～2019 年江苏省农用化肥施用情况

资料来源：《中国统计年鉴》（2010～2020 年）。

从区域农用化肥施用量来看，化肥减量效果明显，区域间差异较大。江苏省大部分市 2019 年农用化肥施用量与 2018 年相差不大，淮安市 2019 年农用化肥施用量与 2018 年相差最大，2019 年淮安市农用化肥施用量比 2018 年减少了 30.46 万吨，降幅为 47.28%，宿迁市是唯一一个 2019 年农用化肥施用量比 2018 年多的市，多了 9.5 万吨，增长率为 35.98%。按照大区域来看，依然是苏北的农用化肥施用量最多，苏南的最少。

从化肥施用种类来看，施用复合肥或氮肥和复合肥的农户占据了很大比重，分别占 40.93% 和 45.13%；施用氮肥、钾肥和复合肥的农户占 1.47%；施用氮肥、磷肥、复合肥的农户占 1.27%；施用商品有机肥和复合肥的农户占 3.20%；施用氮肥、磷肥、钾肥和复合肥的农户占 1.07%；直接或混合施用复合肥的农户占比达到了 93.07%。由此看来农户对复合肥的需求量依然较大。配方肥是所有化肥种类中施用最少的，仅占 0.27%，这与农户不了解配方肥有极大关系。施用有机肥的农户较少，占 2.53%（见表 3）。

表3　江苏农户化肥施用种类

单位：%

化肥施用种类	占比
复合肥	40.93
有机肥	2.53
配方肥	0.27
氮肥＋复合肥	45.13
氮肥＋钾肥＋复合肥	1.47
氮肥＋磷肥＋复合肥	1.27
商品有机肥＋复合肥	3.20
氮肥＋磷肥＋钾肥＋复合肥	1.07
其他	4.13

资料来源：CLES 2021。

从化肥施用强度来看，2009～2019年，江苏省每亩耕地施用化肥量整体呈现递减趋势，2009年江苏省每亩耕地施用化肥48.92千克，2019年江苏省每亩耕地施用化肥41.52千克，增长率为－15.13%

按作物品种的化肥施用量来看，化肥施用量由高到低的排序是：蔬菜、瓜果、油料作物、棉花、豆类作物、糖类作物。依然存在果菜茶等经济园艺作物显著高于粮油作物，设施作物显著高于露天作物的现象。另外，依然存在有机肥资源利用较低的情况。自从开展有机肥替代化肥的试点后，化肥施用量逐渐减少，有机肥施用量则逐年递增，但肥料化利用仍不足。

（2）农药使用现状

江苏省在推进化肥减量增效的同时，持续推进农药减量增效和农药使用量负增长。通过建立绿色防控示范区，加大推广物理、生物防控技术力度，结合项目推动专业化统防统治普及，降低农药使用量，减少农药包装废弃物的产生。

2009～2019年，农药使用量整体呈现递减趋势；农药减少率在此期间虽有所波动，但整体趋势是升高的（见图8）。

199

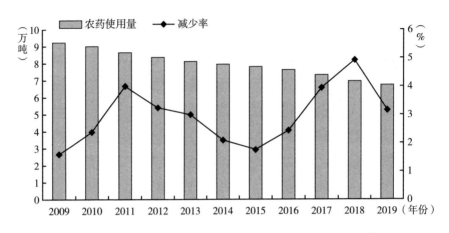

图8　2009～2019年江苏农药使用情况

资料来源：《中国统计年鉴》（2010～2020年）。

从农药包装废弃物回收情况来看，调研数据显示，2020年41.63%的农户对农药包装进行回收，而58.37%的农户对农药包装废弃物并不回收。农药包装废弃物的回收率较上年有所提高。江苏省农药包装废弃物的回收处置工作有待加强。

从高效低毒低残留农药使用情况来看，调研数据显示，82.46%的农户使用高效低毒低残留农药，较上年也有所提高。

（3）畜禽养殖现状

江苏省的畜牧业具有典型的农区畜牧业特征，畜禽养殖主要品种有猪、牛、羊、鸡，还有兔、鸭、鹅等。2019年末牲畜头数分别为：猪577.43万头、羊356.23万头、牛27.74万头，大牲畜29.00万头。2019年，肉猪出栏头数为1921.79万头，相比于2018年减少了759.11万头；出售和自宰的肉用牛为16.05万头，出售和自宰的肉用羊为639.38万只。2019年畜牧业总产值为1213.02亿元，相比于2018总产值1091.31亿元增加了121.71亿元。

动物肠道发酵排放的CH_4和粪便排放的CH_4和N_2O都会产生温室效应，对环境造成一定的污染。尤其是畜禽养殖粪便如处理不当，会对附近的水源、空气和土壤造成污染，还会滋生蚊、蝇等。各市大力推动畜禽养殖污染治理与资源化利用，目前，已取得一些成效。宿迁市畜禽粪污综合利用率达

93.65%；苏州已基本建立畜禽粪污资源化利用新机制，畜禽粪污综合利用率近90%；南通市畜禽粪污资源化利用率达到88.7%。

（4）农膜使用现状

农膜覆盖栽培技术能够显著增温保墒、抗旱节水、增产增收，曾在农业生产中广泛使用。江苏农膜使用量居全国中等水平。近年来，随着设施农业的加快发展，农膜使用量也在不断增加。2009～2019年，2014年农膜使用量最多，2009～2014年，农膜使用量不断增多，2015年有所减少，2016～2018年又开始逐渐增多，至2018年，农膜使用量达到11.61万吨，2019年减少为11.42万吨（见图9）。据统计，全省农用塑料薄膜年均使用量约为11万吨。其中地膜年使用量约为4.3万吨，使用中呈现"两多一少"的特点：地膜覆盖作物种类多，涉及番茄、辣椒、花生、玉米等50多种作物；地膜应用茬口多，地膜覆盖技术应用几乎贯穿全年农业生产；地膜覆盖规模化面积少。为提前告别白色污染，抓住农膜回收的重要"窗口期"，江苏省率先建成农膜回收体系并启动废旧农膜回收宣传月活动，对废旧农膜回收利用工作进行集中推进、集中培训、集中宣传、集中检查、集中整改。2018年8月，江苏全面启动废旧农膜回收工作，并将其纳入绩效考核指标体系。这项工作启动之初，全省农膜回收率仅为60%，截至2020年第三季度，全省农膜回收率已达82.3%。

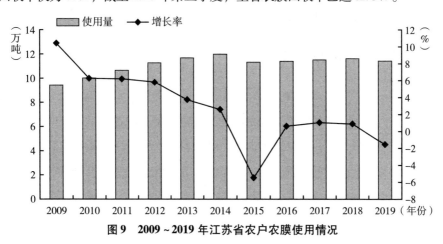

图9　2009～2019年江苏省农户农膜使用情况

资料来源：《中国统计年鉴》（2010～2020年）。

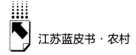

（5）农业机械化使用现状

全省农业机械化水平位居全国前列。农业机械化是农业的物质装备并已成为农业现代化的显著标志，可以有效提高劳动生产率。农业机械以柴油为主要燃料，其排放物质主要有氮、氧、二氧化碳、一氧化碳、氮氧化物、醛类等，农业机械的能源消耗和碳排放量都比较大，在产生温室效应的同时，会对人体健康产生影响。2019年，全省农业机械化水平已达到86%，提前一年实现"十三五"目标，其中秸秆机械化还田面积达4300万亩，机械化还田率达64%。同时，全省农业机械总动力不断增长，但农村柴油使用量近几年维持在一个较为稳定的水平。调研数据显示，仅6.49%的农户拥有农业机械，其余农户则为租赁使用，并且农户拥有每种农业机械的数量5台以下居多。

（6）耕地保护修复现状

全省土地面积为10.72万平方公里，其构成可总结为"一山两水七分田"，但全省人均耕地仅有0.86亩，因此，保护耕地对于江苏省来说尤为重要。"十三五"期间全省落实耕地保有量7745万亩，超额完成国家下达的目标任务。各类非农建设占用耕地约63.4万亩，均按照"占一补一、占优补优、占水田补水田"的要求落实占补平衡，同期通过推进补充耕地项目建设，新增耕地92.84万亩。

（三）农业绿色发展政策模拟

2009～2019年，江苏省化肥施用量一直处于下降的状态，自江苏省印发《2020年千村万户百企化肥减量增效行动方案》以来，化肥施用量下降更为显著，本报告运用GM（1，1）模型模拟预测2025～2035年化肥施用量（见图10），可以看出未来农用化肥施用量依然呈现逐年下降趋势。同时，农用化肥产生的碳排放量占农业碳排放量的比重逐年下降（见图11），若一直保持目前的下降速率，2030年有望使农用化肥产生的碳排放量占农业碳排放量的比重处于50%以下。

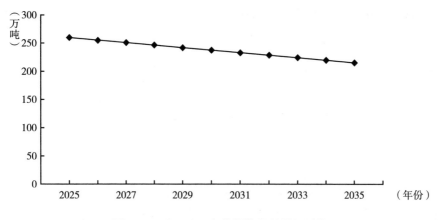

图10 2025～2035年化肥施用总量预测值

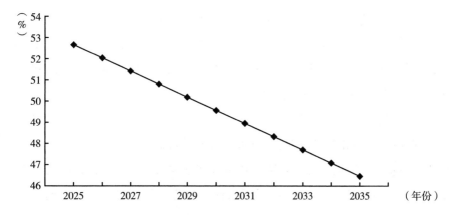

图11 2025～2035年农用化肥产生的碳排放量占农业碳排放量比重的预测值

二 碳中和下农业绿色发展存在的问题

（一）江苏农业绿色发展存在的难点

1.化肥施用量与利用率情况

（1）化肥施用量仍偏高

近年来，江苏省的化肥施用量整体呈现下降趋势，但下降趋势并不明显，这一点在单位面积的化肥施用量上表现得更为突出。2019年，江苏省土地化肥施用量为286.2万吨，尽管相较于前几年有一定下降，但是降低的幅度并不大。从全国范围来看，江苏省的耕地面积居全国第7位，而化肥施用量居全国第5位，排名较高。而江苏个别市的化肥施用强度一度超过了500kg/hm^2，是国家防治化肥污染标准（225kg/hm^2）的2倍多，进而造成了更大程度的面源污染。

（2）化肥利用率不足

江苏省的化肥利用率仍有待提高，有相当一部分化肥没有被农作物吸收，导致化肥被浪费，化肥过量也会导致土壤层板结，进一步降低土地的化肥利用率。江苏省种植的3500万亩水稻，大多处于河网地区，水稻生产采用漫灌方式，将大量施用的氮肥直接溶解排出至河湖公共水体。一方面，流失的有机质营养素会造成公共水体和环境的严重富营养化，并在造成蓝藻杂草泛滥的基础上，产生有毒有害物质；另一方面，严重降低了化肥的利用效率，化肥的初次利用效率仅有35%。

2. 农药使用量较高、污染性严重

农药可以有效防治农作物病虫害，对于提高农作物的产量有至关重要的作用。而农药使用量、使用方法与技术等在减少农作物产量损失的同时引发了更多的污染。2019年，江苏省农药使用总量为6.74万吨，而在农药中有一类高毒农药具有很强的污染性，江苏省高毒农药在所有农药中所占的比例约为3%。高毒农药对农业生态环境的影响是严重的。但是由于有部分品种的虫害难以用普通农药进行防治，再加上高毒农药价格低廉、效果显著，仍有农户选择购买这一类农药。而对于其他农药而言，以水稻为例，江苏省的水稻面临稻飞虱、条纹叶枯病等病虫害的影响，农药的使用量仍然较高。

3. 农膜利用的变化情况

（1）农膜的使用量仍然较高

农膜主要包括地膜和棚膜两种，农膜对于农作物生产有重要意义，可以起到防虫、防草、保水、保温等作用，能够有效提高农作物生产率。2019年，江苏省农膜使用量为11.42万吨，相较于2018年下降趋势并不明显，高于 2015 年、2016 年的农膜使用量。而近几年江苏省每年依然会发生由大量农膜未回收而造成污染农业生态环境的情况。就江苏省而言，大量使用的农膜绝大部分很难在自然条件下降解，残留在土地中的农膜会影响土壤的水分、结构，破坏土壤生态平衡，影响农作物种子发芽。

（2）农膜带来多重污染

一是有相当一部分农膜在使用之后没有回收，残留在土壤中。残留的农膜不仅会影响土壤的保水保肥能力，还会降低土壤的抗蚀性和分散性，带来农药和重金属污染。二是农膜本身材质造成"白色污染"。农膜在使用之后会随着风化等原因变为大塑料和微塑料，这些塑料还会进入大气和水中，造成更大范围的污染。三是残留的农膜会对农业环境和农业生产带来不利影响。一方面，采用焚烧等一些不当的处理方式会产生有害物进而影响生态环境；另一方面，残留的农膜会影响农业设施机械耕作，降低农业生产效率。

4. 畜禽水产养殖污染问题

（1）畜禽粪便和废弃物未得到有效利用

江苏省的畜禽粪尿年产量大约为 4000 万吨，而其中的 700 万吨没有被有效利用起来。畜禽粪尿含有大量污染环境的物质，一旦处理不当会对农村生态环境造成恶劣影响。畜禽粪尿中含有一定的有机磷化合物以及含氮化合物，如果不经过科学处理，直接排放到外界环境中会加快土壤的营养累积，造成土壤中的细菌大量繁殖。

（2）畜禽养殖的添加剂对生态环境的影响

为预防各类疾病，畜禽饲料中会添加一定量的微量元素和抗生素等添加剂，而这些添加剂会通过畜禽粪尿排放到外界环境中。如果不经过科学处理，这些添加剂会污染土壤，降低农产品的质量与数量。

（二）江苏农业绿色发展问题剖析

1. 农业资源约束问题较为严峻

耕地资源与水资源是农业绿色发展的基础，是其发展的根本。江苏省人均耕地面积低于全国平均水平，而人均水资源近年来也呈现下降趋势。传统农业粗放的生产模式要求有更高的资源投入才能获得足够的产出，而随着工业化、城镇化的步伐不断加快，耕地资源的数量与质量也随之下降。江苏省水资源分布也不均匀。总体来看，农业资源紧缩对农村绿色发展造成了一定的负面影响。

2. 农业绿色发展相关技术有效性不足

科技投入和技术创新等存在不足，无法有效满足农业绿色发展的需求。一是在农产品生产营销方面，农产品防腐、包装、产业化都存在不足，无法支撑农业绿色发展的进一步提升。二是在技术结构方面，生物技术发展水平有限，土地肥力减退、土壤污染等问题无法得到有效解决。三是在技术推广方面，农业技术推广体制尚不完善，新技术引入之后，技术创新成果转化率偏低，农业生产增质增效效果不明显。

3. 农业绿色发展相关机制尚不完善

一是农业绿色发展的资金支持不足。资金有限带来的影响是农业绿色发展相关科学研究与技术创新没有足够的发展动力。二是在农产品生产、加工、运输、销售等过程中，缺少相关的生态环境防治长效机制，在农产品的生产资料生产、包装等废弃物再利用等方面有所欠缺。三是缺少完善的农业绿色发展制度。农业绿色发展关系农村发展的各个方面，需要社会各界的广泛参与，而农业绿色发展的各个环节之间缺少相互联系的媒介，无法更有效地提升绿色发展水平。

4. 农业绿色发展主体生态环境保护意识不足

一是农户生态环保意识欠缺。江苏许多农村出现了"空心化"现象，农村的人口以老人和妇女为主，这一部分人口普遍存在文化水平偏低的问题。受经济、教育、传统习惯等条件的制约，村里的农户对于农业绿色发展缺少足够的了解，生态环保意识比较淡薄。二是乡镇企业生态环保意识不足。有部分乡镇企业为了实现利益最大化，使用不合理的资源开发与利用方式，造成了严重的污染。

5. 农业绿色发展监管水平有限

一是农业绿色发展相关政策法规作用发挥有限。在生态环境保护方面，

《环境保护法》《大气污染防治法》《节约能源法》等法规相较于城市，对农村的监管作用有限。而一些针对农村生态环境保护的政策法规缺少法律的强制力，无法有效防治农业生态环境污染。二是农村基层生态环境监管力量薄弱。农业绿色发展涉及农村生态环境的各个方面，而现有情况下，农村相关机构不完善，负责人员数量少、任务重，在技术设备、监管手段上也存在欠缺，无法实现及时监管，对农业绿色发展的顺利提升起到的作用有限。

三 碳中和下农业绿色发展的对策建议

（一）优化农业资源，推进资源保护与高效利用

全面建立耕地质量监测和等级评价制度，降低耕地利用强度，实施土地整治，推进高标准农田建设。建立节约高效的农业用水制度，推行农业灌溉用水总量控制和定额管理。健全农业资源保护与利用体系，加强动植物种质资源保护利用，扩大生物防治示范试点规模。

（二）推进技术创新，加大农业绿色发展科技投入

推进农业绿色发展需要认识农业科技的重要性，提高农业科技投入，建立长效稳定的支持政策，提升农业科技资金保障水平。制定促进农业科技成果转化的具体实施方案，提升农业科技创新的效率与质量。积极扶持农业创新型企业，推进农业科技链与产业链进行深度融合，拉动社会资本参与，促进农业科技创新要素流动。

（三）加强宣传教育，增强生态环境保护意识

加强对农户的农业绿色发展相关宣传教育，定期举办生态环境保护宣传讲座与专题培训，增强农户的生态环境保护意识，激发农户参与农业绿色发展的积极性。加强对乡镇企业的生态环境保护宣传教育，增强企业的生态环境保护意识，增强乡镇企业的社会责任感。加强农村基层管理人员的相关培

训，改变他们的管理思维，使他们成为改善农村生态环境的先行者和推动者，助力农业绿色发展水平稳步提升。

（四）完善体制机制，夯实农业绿色发展基础

农业绿色发展的进步需要各个部门进行合作，要明确任务目标、相关职责、具体分工，深化农业绿色发展机制管理创新，提高生产效率，合力推动农业绿色发展。完善农业绿色发展绩效评价考核制度，强化生态环境与绿色经济等考核指标推进工作，加强管理、保护、综合监察，落实各主体责任。

（五）完善治理体系，提高农业绿色发展监管能力

落实农业绿色发展相关法律政策，提高基层环境执法人员的执法素质与执法能力。完善农业绿色发展监管体制，推进环保机构垂直管理，明确政府各部门职责。建立并完善农业绿色发展监管体系，加强农村生态环境监测。促进农户参与监管，提升社会监管水平。

参考文献

施振旦等：《促进江苏农业绿色生态可持续发展的措施建议》，《中国发展》2018年第4期。

黄云峰：《推进农村生态文明建设对策研究——以江苏省启东市为例》，《决策咨询》2018年第6期。

马朝红等：《长江中下游地区化肥施用现状评估研究》，《农村经济与科技》2020年第9期。

李成龙、周宏：《组织嵌入与农户农药减量化——基于江苏省水稻种植户的分析》，《农业现代化研究》2021年第4期。

马兆嵘等：《农用塑料薄膜使用现状与环境污染分析》，《生态毒理学报》2020年第4期。

陈旭东：《农村养殖业污染治理探究》，《广东蚕业》2021年第2期。

张国治等：《我国农村生活垃圾处理现状及其展望》，《中国沼气》2021年第4期。

附录

农业碳排放量测算公式：

$$C = \sum C_i = \sum Ej\delta j$$

式中，C 代表农业碳排放量，C_i 代表第 i 种碳源的碳排放量，Ej 代表第 j 种碳排放源的使用量，δj 代表第 j 种碳排放源的系数。

借鉴学者研究成果，构建农地利用产生碳排放量的公式：

$$C_t = AG_f + BT_p + (DS_m + EP_m) + FA_i + IK_m$$

式中 C_t 代表种植业的碳排放量，G_f 代表化肥施用量，T_p 代表农药使用量，S_m 代表农作物播种面积，P_m 代表农用机械总动力，A_i 代表农膜使用量，K_m 代表有效灌溉面积，A、B、D、E、F、I 分别代表碳排放系数。

畜禽养殖碳排放量计算公式：

$$C_a = \sum_i N_{ai} \times (C_{1ai} \times C_{2ai})$$

式中，C_a 代表动物肠道发酵和粪便的碳排放量，N_{ai} 代表第 i 种动物的数量，C_{1ai} 代表动物肠道发酵转因子化后的碳排放系数，C_{2ai} 代表动物粪便排放因子转化后的碳排放系数。

B.9
2021年江苏农产品地理标志
品牌发展报告

伽红凯[*]

摘　要： 优质农产品市场需求量呈现不断上升的趋势，地理标志农产品
是其代表之一，做好农产品地理标志品牌建设对于乡村产业振
兴具有重要意义。本报告针对江苏省农产品地理标志品牌发展
中各主体农产品地理标志品牌意识较差、农业标准化生产水平
较低、农产品地理标志品牌存在同质性以及农产品地理标志品
牌营销体系有待拓展的问题，提出相关建议：提高农产品地理
标志品牌建设主体保护意识；产业集群规模化和标准化发展；
采取差异化发展战略；全面提升江苏农产品地理标志品牌竞
争力。

关键词： 农产品　地理标志品牌　品牌发展

农产品地理标志（AGI）是区域独特地理环境和社会经济的产物，使得
农产品具有一定的文化、社会以及经济价值。[①] 我国于 2008 年全面展开农
产品地理标志登记工作。如今，农产品地理标志早已成为农产品的"金字
名片"，受到消费者和市场的青睐。2019 年中央一号文件提出，要健全特色

---

* 伽红凯，南京农业大学人文与社会发展学院副教授，主要研究方向为农业经济、农村发展。
① 伽红凯等：《我国地理标志认定 20 年前沿研究回顾与展望——基于 CSSCI 文献资料与
CiteSpace 统计方法》，《农产品质量与安全》2021 年第 4 期。

农产品质量标准体系，强化农产品地理标志和商标保护，创响一批"土字号""乡字号"特色农产品品牌，将农产品地理标志品牌建设视作乡村产业振兴的必要手段，以及满足人民群众对绿色优质农产品需求的有效手段。

乡村振兴的首要任务是乡村产业的振兴，要想实现农业农村现代化，必须关注农产品品牌化发展。2020年中央一号文件明确提出农产品区域品牌带动特色农产品销售、助力农民增收和推进乡村振兴的重要性和可行性。《国务院关于促进乡村产业振兴的指导意见》和《农业农村部关于加快推进品牌强农的意见》等中央部委文件也都强调了农产品区域品牌对乡村振兴的重要性。脱贫实践也证明，将贫困地区的农产品区域公用品牌优先纳入中国农业品牌目录，有助于贫困地区脱贫致富。江苏省积极贯彻中央和相关部委的政策文件指示，发布了《关于做好2020年地理标志农产品保护工程实施工作的通知》（苏农计〔2020〕30号）、《关于印发〈江苏农业品牌目录制度〉的通知》等相关政策文件，提出围绕资源特点和优势特色产业，在全省范围内支持20个地域特色鲜明、发展潜力大、市场认可度高的地理标志农产品，并依据标准征集建立省级农业品牌目录，加强对目录品牌进行管理、推介和保护的制度安排。

随着乡村振兴战略的推动和农业文化遗产保护的重要性日益突显，江苏农产品地理标志品牌价值也愈加突显。在农产品品牌建设过程中，"两品一标"为越来越多的消费者所接受和认可，也对提升农产品质量安全水平、促进农业提质增效和农民增收发挥了重要作用。"两品一标"中"两品"是指"绿色食品和有机农产品"，"一标"是指"农产品地理标志产品"。在此基础上，为进一步推动我国农产品品牌化建设，保障农产品质量安全，2007年12月25日，农业部发布《农产品地理标志管理办法》，专门对农产品地理标志产品进行登记保护。本报告选取农业部认证及管理保护的农产品地理标志，在于其对农产品生产区域、品质差异、工艺传承、历史文化的标准化及规范化界定，同时更加聚焦于农业生产，具有一定的专业性。

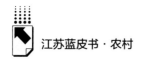

一 江苏农产品地理标志品牌发展的成效

江苏省位于长江三角洲地区，东临黄海，地跨长江、淮河两大水系，湖泊众多；地势平坦，地貌由平原、水域、低山丘陵构成，省内水资源和土地资源丰富。在长期的生产实践中，江苏各市区农产品地理标志表现出良好的应用能力，农产品地理标志登记保护数量"井喷式"发展，涌现出大量品质特殊、区域特定的地理标志产品，有效推动了区域经济增长。近年来，江苏省全面推进有机农产品和地理标志农产品研究，大力建设绿色优质农产品基地。截至2020年底，全省有绿色食品企业1690家产品3678个、有机农产品企业86家产品106个、农产品地理标志117个。

研究发现，地理标志有效提升了农产品竞争力，从而促进了乡村经济发展。地理标志建设能够推动农业产业发展，增加农村就业，激发农村内生发展动力，成为乡村扶贫的重要举措之一。地理标志与"三农"具有紧密的联系性，具体表现在农业增效、农民增收和农业产业结构调整，推动贫困地区可持续发展，直接促进精准扶贫。同时，地理标志品牌建设贯彻了"创新、协调、绿色、开放、共享"新发展理念，赋予农产品一定的品牌文化，进一步弘扬了中华民族优秀传统文化。此外，地理标志扶贫体现在物质和精神两个层面。一方面，地理标志品牌建设能够助推农产品品牌化发展，助力产业兴旺，是提高农产品品牌竞争力的重要因素之一。在激烈的国际竞争下，以地理标志为核心形成的区域产业集群是区域品牌诞生的重要基础，成为避免产品同质化的关键。以江苏无锡阳山镇的阳山水蜜桃为例，2014年，阳山水蜜桃获得农业部的地理标志认证，其经济价值得到充分挖掘。"一棵桃树一亩稻"则体现了区域产业集群的强大经济价值，即一颗桃树带来的经济收入堪比一亩水稻。另一方面，地理标志品牌建设有助于推动生态文明建设与优秀传统文化传承。科学有效的地理标志产品保护制度对地方生态系统有显著的保障作用，能够有效修复地方生态环境。同时，地理标志显著的区域性特征，是区域独特地理环境和社会经济的产物，承载着优秀传统文化，蕴藏着丰富的历史、文化、经济价值。地理标志产品建设的过程，也是对当地优秀传统文化继承与弘扬的过程，能够充分激发区域内的生产者了解并学习传统知识的积极性，传承优秀传统工艺。值得一提的是，地理标志品牌建设有助于提升我国的国际话语权与影响力。"一带一路"倡议背景下，我国与欧盟国家达成的地理标志产品互认互保协定能够有效促进农业品牌"走出去"，推动企业向国际化、高端化发展。

2008 年以来，农业农村部开展农产品地理标志登记保护工作，进一步提高农产品地理标志品牌价值，推动农产品品牌走向国际。党的十九大提出乡村振兴战略，是决胜全面建成小康社会、全面建设社会主义现代化国家的重大历史任务，是新时代"三农"工作的总抓手。乡村产业振兴是乡村振兴的重要内容，农产品地理标志品牌建设是推动乡村产业发展的重要抓手。[1] 2020 年中央一号文件，对乡村振兴战略进一步细化，强调发展富民乡村产业，提出"继续加强地理标志农产品认证和管理，打造农产品地理标志品牌"。2020 年 8 月，江苏省农业农村厅发布《关于做好 2020 年地理标志农产品保护工程实施工作的通知》，提出在全省范围内，围绕地理资源特色和特色优势产业，建设地域特色鲜明、发展潜力大、市场认可度高的地理标志农产品，推动江苏省产业振兴和乡村振兴。

经济全球化快速发展促进消费需求进一步升级，农产品同质化现象严重，市场竞争愈加激烈，在国内外双重冲击下，江苏省农产品面临巨大的挑战。农产品品牌建设具有区域性特征，能够直接提高其市场竞争力，满足差异化农产品消费需求。同时，农产品地理标志品牌建设不仅局限于生产端，还包含技术、营销、策划等环节，能够带动周边相关产业的发展，提供就业机会。品牌建设有效提高了农产品的国际知名度，有利于扩大农业出口，以点带面地拉动乡村产业振兴。事实上，农产品地理标志品牌建设是实现产业化发展的必由之路，区域性特征带来的差异化与持久性特质，容易形

---

① 王文龙：《中国地理标志农产品品牌竞争力提升路径研究》，《青海社会科学》2018 年第 5 期。

成产业规模效益，提高区域经济效益。因此，进一步探究农产品地理标志品牌建设战略，对实现乡村产业结构调整、促进乡村振兴具有重要的现实意义。①

二 江苏农产品地理标志品牌发展现状

（一）江苏省农产品地理标志品牌申报数量概况

1. 我国农产品地理标志品牌整体概况

截至 2020 年 12 月 25 日，农业农村部已登记农产品地理产品 3268 个。其中，山东省农产品地理标志品牌数量最多，达 344 个；天津市农产品地理标志品牌数量最少，共 9 个；各省区市间的差异较为明显（见表 1）。整体来看，农产品地理标志品牌数量与区域面积以及当地农业经济占比存在相关关系。2009 年，江苏省大力开展农产品地理标志扶持计划，完成第一批江苏省地理标志农产品申报登记，滞后于部分西北、东北地区农业大省。截至 2020 年，江苏省共登记注册农产品地理标志 117 个，约占全国的 3.6%，略高于平均水平，在全国各省区市中排第 17 名，这与江苏省农业经济地位不相匹配。

表 1 2020 年 12 月各省区市农产品地理标志品牌数量统计情况

单位：个

	最大值	最小值	平均值	中位数	方差
数量	344	9	110.75	111	5382.71

资料来源：CLES 2021。

2. 全国与江苏省农产品地理标志品牌对比分析

2020 年江苏省拥有的农产品地理标志品牌总数为 117 个，拥有的产品

① 费文美：《基于地理标志技术的农产品营销品牌价值增进策略》，《经济研究参考》2018 年第 17 期。

类别主要包括蔬菜、果品、水产动物、粮食、肉类产品、茶叶等。其中，蔬菜类和果品类品牌数量处绝对领先地位，分别为35个和29个，分别占江苏省农产品地理标志品牌总量的29.9%和24.8%，二者加总超过总数的一半，这与全国农产品地理标志品牌类别分布趋势相同，有所差异的是江苏省内蔬菜类品牌数量略多于果品类品牌数量，而全国总体情况是果品类品牌数量占优，这说明江苏省蔬菜类地理标志品牌的贡献比果品类要大得多。紧接着是水产动物、粮食、肉类产品和茶叶4个类别的农产品地理标志品牌，其在江苏省的占比分别为12.0%、9.4%、8.5%和6.8%。相较于全国农产品地理标志品牌各类别占比情况，江苏省水产动物类农产品地理标志品牌高于全国水平，但总量也只有14个；粮食和肉类产品都落后于全国水平，茶叶类与全国水平基本持平。此外还有一些占比不足3%的农产品地理标志品牌。值得注意的是江苏省的药材类农产品地理标志品牌仅有2个，占总量的1.7%，而药材类农产品地理标志品牌在全国范围内的占比为6.5%，接近江苏省的4倍；另外，全国食用菌类农产品地理标志品牌占比达到2.3%，江苏省至今仍然没有食用菌类农产品地理标志品牌，而浙江、河南、山东、安徽等周边省份或多或少有一些，江苏省也具备培育食用菌地理标志品牌的条件；其他诸如花卉、蛋类产品、油料等类别的农产品地理标志品牌在江苏省的占比都与全国水平比较接近，其共同点都是总量较少，仍有很大的拓展空间（见图1、图2）。

图3是2008～2020年江苏省农产品地理标志品牌数量占全国比例。2009年，江苏省首次注册登记农产品地理标志品牌，其比例略高于各省区市占全国比例平均值，达到2.97%。2009～2019年，江苏省农产品地理标志品牌数量占全国比例一直在平均值左右浮动，并且没有突破3%，总体呈下降趋势，仅在2011年和2019年稍有增长，2011～2018年总体缓慢下降，2018年达到最低值2.42%，之后有所回升，2020年增长幅度明显，江苏省农产品地理标志品牌数量占全国比例达到新的高度，为3.58%。总体来看，江苏省农产品地理标志品牌的发展在全国范围内并不突出，一直在中等水平上下波动，2018年是一个转折点，自2018年后江苏省农产品地理标志品牌

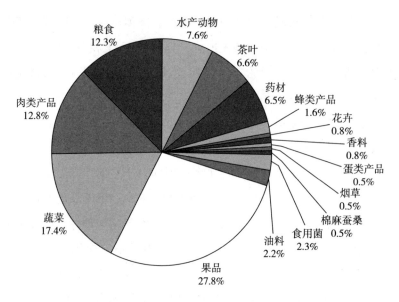

图1 2020年全国农产品地理标志品牌类别占比情况

资料来源：农业农村部。

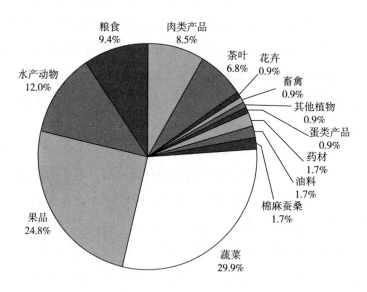

图2 2020年江苏省农产品地理标志品牌类别占比情况

资料来源：农业农村部。

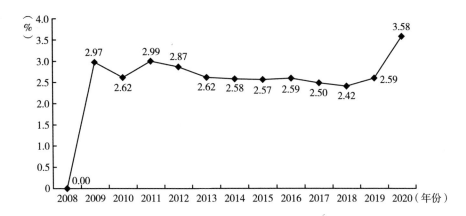

图3　2008～2020年江苏省农产品地理标志品牌数量占全国比例

资料来源：农业农村部。

发展水平有明显的上升趋势，前景值得期待。

我国华东地区包括山东、江苏、安徽、上海、浙江、江西、福建7个省市，农产品地理标志品牌数量上的差异表现为山东省以总量344个遥遥领先，而上海市则以总量15个远远落后于其他省份。其他5个省份则较为接近，都为100～140个，其中江苏省农产品地理标志品牌数量为117个，在华东地区仅次于山东省和浙江省，但仍低于华东地区平均水平（132个），主要原因是其与山东省农产品地理标志品牌数量的差距较大（见图4）。

3. 江苏农产品地理标志品牌省内对比分析

2020年江苏省各地区农产品地理标志品牌数量如图5所示，截至2020年末，江苏省共登记注册农产品地理标志品牌117个，其中苏北51个、苏中36个、苏南30个。苏北地区土地面积为54866平方公里，拥有绝对优势，其农产品地理标志品牌数量明显多于苏中和苏南，原因在于苏北经济以第一产业为主，农业经济地位相对较高。[①] 苏中与苏南相差6个，面积较小的苏中地区略微领先，苏南地区农产品地理标志品牌发展空间相对更大。

----

① 赵金丽、张落成、陈肖飞：《江苏省地理标志品牌溢出效应及地区差异分析》，《中国科学院大学学报》2014年第6期。

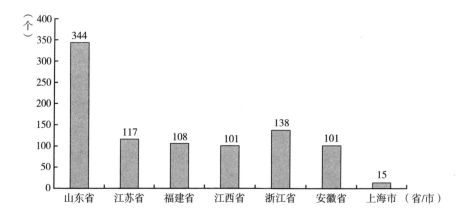

图4 2020年华东地区农产品地理标志品牌数量

资料来源：农业农村部。

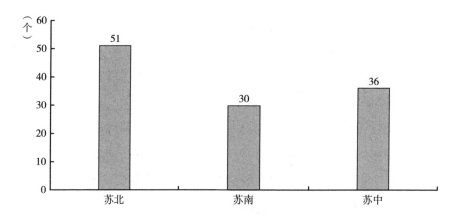

图5 2020年江苏省各地区农产品地理标志品牌数量

资料来源：农业农村部。

　　江苏省各地区农产品地理标志品牌类别分布情况如图6所示，总体来看，苏北地区的农产品地理标志品牌类别更为丰富多样，苏南地区则集中在果品等常见类别中。苏中地区蔬菜类农产品地理标志品牌有15个，占苏中地区总量的近一半，果品类却仅有2个，苏北和苏南地区果品类数量分别是它的5倍和8.5倍，苏南地区在蔬菜类农产品地理标志品牌中也处于绝对劣势，苏中和苏北地区都为其4倍左右，可见果品类和蔬菜类分别是苏中地区和苏南地区农产品地理标志品牌未来发展值得注意的方向。三个地区间，除蔬菜类与果品类农产品地理标志品牌数量差异较大外，其他各类农产品地理标志品牌数量不一，但各有所长，而且较为接近，苏北地区不再拥有蔬菜类与果品类农产品地理标志品牌中的绝对占优地位。

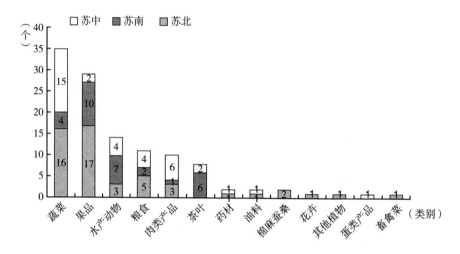

图6 2020年江苏省各地区农产品地理标志品牌类别分布情况

资料来源：农业农村部。

2009～2020年江苏省各地区农产品地理标志品牌增长数量如图7所示，各地区农产品地理标志品牌发展趋势与江苏省基本保持一致，2018年以前各地区的农产品地理标志品牌增幅有升有降，2018年以后呈现明显的上升趋势，并在2020年突增。苏南地区在2009～2019年多年每年仅注册登记1个农产品地理标志品牌，2018年甚至未注册登记农产品地理标志品牌，发展相对迟缓。2019年之前苏南地区农产品地理标志品牌发展与苏中、苏北地区的差距还是很明显的，而苏中、苏北地区保持交替领先或并列的局面。直到2020年，局势发生了较大的变动，在江苏省农产品地理标志品牌高效发展的大环境下，苏中地区表现有些逊色，2020年仅新增了6个农产品地理标志品牌，同年苏北、苏南地区的增量远超苏中地区，苏北地区在江苏省农产品地理标志品牌发展中占绝对优势地位。

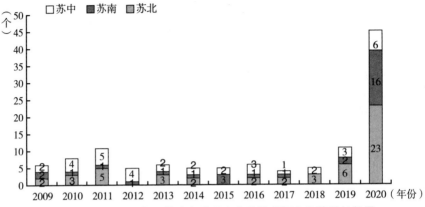

图7　2009～2020年江苏省各地区农产品地理标志品牌增长数量

资料来源：农业农村部。

（二）江苏省农产品地理标志品牌发展现状的实证分析

本部分主要采用2021年南京农业大学的中国土地经济调查（CLES）数据，样本覆盖江苏省10个地级市40个村，调研内容涵盖农户人口基本统计特征、经济收入支出情况、生产行为、村庄人口统计、产业发展以及基础设施情况等信息。

CLES 2021数据统计结果显示，在江苏省40个村样本中，有7个地级市的12个村庄是在农产品地理标志品牌建设范围内的，其中包括苏州市武神潭村和武城村的阳澄湖大闸蟹以及盐城市新先村和双洋村的东台西瓜等（见表2），品类包含蔬菜、果品、水产动物及茶叶。

表2　2020年江苏省10个地级市农产品地理标志品牌

市	县/区	镇	村	农产品地理标志品牌名称
南京市	溧水区	东屏镇	金湖村	白马黑莓
苏州市	太仓市	璜泾镇	永乐村	太仓白蒜
苏州市	太仓市	浮桥镇	牌楼社区	太仓白蒜
苏州市	昆山市	巴城镇	武神潭村	阳澄湖大闸蟹
苏州市	昆山市	巴城镇	武城村	阳澄湖大闸蟹

续表

市	县/区	镇	村	农产品地理标志品牌名称
南通市	如东县	掘港街道	丁字岸村	如东薅荷
盐城市	亭湖区	盐东镇	曙阳村	盐东羊角椒
盐城市	东台市	弶港镇	新先村	弶港泥螺、东台西瓜
盐城市	东台市	新街镇	双洋村	东台西瓜、新街女贞
扬州市	仪征市	马集镇	岔镇村	仪征绿杨春茶
镇江市	丹徒区	上党镇	上党村	金山翠芽
泰州市	兴化市	安丰镇	刘文村	兴化大闸蟹

资料来源：CLES 2021。

CLES 2021 数据结果显示，江苏省被调查的 12 个农产品地理标志品牌建设范围内村庄（以下简称"农产品地标村庄"）的经济状况优于其他 28 个非农产品地理标志品牌建设范围内村庄（以下简称"非农产品地标村庄"）。在农产品地标村庄中，仅有 3 个经济薄弱村，占比为 25%，远低于非农产品地标村庄的 48.15%。农产品地标村庄的人均纯收入均值达到 31959.58 元，高出非农产品地标村庄人均纯收入均值近 50%。从表 3 中可以明显看出，江苏省内地理标志农产品的销售情况远高于普通农产品，发展地理标志农产品的地区也获得了更高的经济利润。从某种程度上来说，地理标志农产品在消费市场中充当着"质量指示器"的角色，能有效维护卖方市场，为农民群体带来更高的经济利益，从而驱动农村经济发展。

以农产品地理标志为核心，带动区域生产、加工、营销等一系列产业发展，形成科学完善的产业链，能在提供就业的同时，推动农产品建设主体创新科技成果，树立品牌观念，促进当地经济发展。CLES 2021 数据还显示，农产品地理标志品牌在一定程度上改善了村庄劳动力流失的现象。农产品地标村庄的年末常住人口均值为 4289.58 人，外出打工六个月以上人口均值为 497.08 人；非农产品地标村庄的年末常住人口均值为 3189.18 人，外出打工六个月以上人口均值为 627.24 人。农产品地标村庄在年末常住人口多于非农产品地标村庄的同时，外出打工六个月以上人

口相对较少,平均占比为 11.21%,比非农产品地标村庄的 17.18% 低了
5.97 个百分点。

表3 2020 年江苏省 40 个样本村庄经济与人口情况

	农产品地理标志品牌 建设范围内村庄	非农产品地理标志品牌 建设范围内村庄
经济薄弱村占比(%)	25.00	48.15
人均纯收入均值(元)	31959.58	22272.61
年末常住人口均值(人)	4289.58	3189.18
外出打工六个月以上人口均值(人)	497.08	627.24
常住人口平均占比(%)	87.78	82.82
外出打工六个月以上人口平均占比(%)	11.21	17.18

资料来源:CLES 2021。

"一根丝拉动万民富",在地理标志品牌的影响下,富安蚕茧成为富安
镇农民发家致富的法宝。2020 年,全镇年产优质蚕茧超 22 万担、高等级白
厂丝 750 吨,不仅将高档生丝做到了极致,拥有国际市场定价权,出口量高
居全球第一,还带动本地及周边 20 万蚕农共同增收致富,亩均效益超万元,
真正实现强农富民。

CLES 2021 数据统计结果显示,在调研的江苏省 12 个农产品地标村
庄中,平均有常住人口劳动力 2008.89 人,其中包括纯务农者 650.67
人,以农业为主兼营他业者 420.33 人,受雇劳动者 937.89 人;同比之
下其他 28 个非农产品地标村庄中,平均有常住人口劳动力 1448.60 人,
其中包括纯务农者 217.11 人,以农业为主兼营他业者 459.82 人,受雇
劳动者 771.67 人。从各村庄内的不同就业类型占比情况看,农产品地标
村庄中纯务农者平均占比为 36.18%,以农业为主兼营他业者平均占比为
24.53%,受雇劳动者平均占比为 39.29%;非农产品地标村庄中纯务农
者平均占比为 18.98%,以农业为主兼营他业者平均占比为 34.11%,受
雇劳动者平均占比为 46.92%。农产品地理标志品牌的存在使得村庄纯务
农者平均占比相对更大,接近非农产品地标村庄的 2 倍(见表4)。

表4　2020年江苏省40个样本村庄劳动力就业类型

单位：人，%

	农产品地理标志品牌 建设范围内村庄	非农产品地理标志品牌 建设范围内村庄
纯务农者	650.67	217.11
以农业为主兼营他业者	420.33	459.82
受雇劳动者	937.89	771.67
常住人口劳动力	2008.89	1448.60
纯务农者平均占比	36.18	18.98
以农业为主兼营他业者平均占比	24.53	34.11
受雇劳动者平均占比	39.29	46.92

资料来源：CLES 2021。

目前，我国农业正处在由传统农业向现代农业转型的关键时期。地理标志品牌建设有利于推进农业产业现代化进程，提升产业经营者的管理素质、技术素质和人才素质；有利于优化农村社会资源配置，大力培育科技创新，推动乡村产业结构调整。农产品地标村庄与非农产品地标村庄中存在的产业类型情况如表5所示，66.67%的农产品地标村庄拥有现代农业产业，仅有42.86%的非农产品地标村庄拥有现代农业产业；58.33%的农产品地标村庄拥有特色种养产业，仅有42.86%的非农产品地标村庄拥有特色种养产业；25.00%的农产品地标村庄拥有加工制造产业，而35.71%的非农产品地标村庄拥有加工制造产业；8.33%的农产品地标村庄和7.14%的非农产品地标村庄拥有"旅游＋"产业；8.33%的农产品地标村庄和7.14%的非农产品地标村庄拥有"文化＋"产业；25.00%的农产品地标村庄拥有"生态＋"产业，仅有14.29%的非农产品地标村庄拥有"生态＋"产业；16.67%的农产品地标村庄拥有"互联网＋"产业，而32.14%的非农产品地标村庄拥有"互联网＋"产业；另外，还有3.57%的非农产品地标村庄拥有其他产业类型。数据结果表明，农产品地标村庄在现代农业、特色种养以及"生态＋"三种产业类型上有较大优势，在加工制造和"互联网＋"产业方面略有劣势，特别是"互联网＋"

产业类型，仅为非农产品地标村庄的一半左右，这也是农产品地理标志品牌建设中需要重视的两大方面。

表5 2020年江苏省40个样本村庄产业类型

单位：%

	农产品地理标志品牌建设范围内村庄	非农产品地理标志品牌建设范围内村庄
现代农业	66.67	42.86
特色种养	58.33	42.86
加工制造	25.00	35.71
"旅游+"	8.33	7.14
"文化+"	8.33	7.14
"生态+"	25.00	14.29
"互联网+"	16.67	32.14
其他	0.00	3.57

资料来源：CLES 2021。

调查问卷中，设置了数字乡村的相关问题，采集村干部对数字乡村必要性的看法。必要程度分为5个选项，赋值为1~5。必要度为1代表非常不必要，必要度为5代表非常必要。表6为2020年村庄数字乡村部分内容必要程度的平均得分。农业农村基础数据整合共享（如农业农村大数据）必要度农产品地标村庄的平均得分为4.83，非农产品地标村庄的平均得分为4.68；云计算、大数据、物联网、人工智能等技术在农业生产经营中的运用（如智慧农场、精准化作业等）必要度农产品地标村庄的平均得分为4.83，非农产品地标村庄的平均得分为4.57（见表6）。从村干部对数字乡村必要性的看法中可以看出，互联网及数字化在农业生产中应用的必要程度较高，均超过"较必要"的程度，且农产品地标村庄更加重视互联网和数字化在农业生产中的应用。

表6 2020年江苏省40个样本村庄村干部数字化生产意愿

	农产品地理标志品牌 建设范围内村庄	非农产品地理标志品 牌建设范围内村庄
农业农村基础数据整合共享(如农业农村大数据)必要度	4.83	4.68
云计算、大数据、物联网、人工智能等技术在农业生产经营中的运用(如智慧农场、精准化作业等)必要度	4.83	4.57

注：在必要度选项中，1＝非常不必要；2＝较不必要；3＝一般；4＝较必要；5＝非常必要。
2020年的必要度结果是去除未调研的3个市的计算结果。

资料来源：CLES 2021。

CLES还对村庄新产业新业态发育中存在的问题进行了统计，主要分为资金不足、人才吸引力不够以及土地短缺等问题。表7显示，大部分村庄存在资金不足和人才吸引力不够的问题：75.00%的农产品地标村庄在新产业新业态发育过程中存在资金不足的问题，50.00%的非农产品地标村庄在新产业新业态发育过程中存在资金不足的问题；58.30%的农产品地标村庄在新产业新业态发育过程中存在人才吸引力不够的问题，64.29%的非农产品地标村庄在新产业新业态发育过程中存在人才吸引力不够的问题。还有8.30%的农产品地标村庄在新产业新业态发育过程中存在土地短缺的问题，25.00%的非农产品地标村庄在新产业新业态发育过程中存在土地短缺的问题。另外有10.71%的非农产品地标村庄在新产业新业态发育过程中存在其他问题，如技术水平不够等。最直观的结果就是农产品地标村庄的新产业新业态发育需要更多的资金支持。

表7 2020年江苏40个样本村庄新产业新业态发育中存在的问题

单位：%

	农产品地理标志品牌 建设范围内村庄	非农产品地理标志品牌 建设范围内村庄
资金不足	75.00	50.00
人才吸引力不够	58.30	64.29
土地短缺	8.30	25.00
其他	0.00	10.71

资料来源：CLES 2021。

本报告通过对 CLES 2021 中农产品地标村庄和非农产品地标村庄相关数据进行对比统计分析，发现了几个值得注意的现象，如农产品地标村庄在农作物病虫害统防统治方面的成效并没有非农产品地标村庄好。66.67%的农产品地标村庄实行农作物病虫害统防统治，70.37%的非农产品地标村庄实行农作物病虫害统防统治；但在统防统治面积占农作物总面积的平均比重上，农产品地标村庄的平均比重为65.90%，而非农产品地标村庄的平均比重为89.25%，地理标志农产品的生产质量存在进一步提升的空间，农产品地理标志品牌发展的最基本的条件就是保障地理标志农产品的质量。此外，农产品地标村庄的绿化覆盖率为42.52%，低于非农产品地标村庄的51.61%，在部分村庄基础设施方面没有优势（见表8）。

表8　2020 年江苏省40 个样本村庄其他情况

单位：%

	农产品地理标志品牌建设范围内村庄	非农产品地理标志品牌建设范围内村庄
实行农作物病虫害统防统治的比例	66.67	70.37
统防统治面积占农作物总面积的平均比重	65.90	89.25
绿化覆盖率	42.52	51.61

资料来源：CLES 2021。

三　江苏农产品地理标志品牌发展存在的问题

（一）各主体农产品地理标志品牌意识较差

政府在农产品地理标志品牌的建设中扮演着十分重要的角色，同时农产品地理标志品牌发展的关键在于其他各主体如农业企业和农民的品牌意识。[1]

----

[1] 李婧：《江西省农产品地理标志品牌竞争力影响因素研究》，硕士学位论文，江西财经大学，2017。

品牌意识一定程度上代表了品牌在人们心中的地位，间接地体现了品牌价值。从消费端看，品牌意识体现在品牌给某一产品带来的额外收益，即消费者对该品牌的偏好。从生产端看，品牌意识体现在如何将品牌与产品高度融合，以品牌规范生产，制定严格的质量生产要求，并突出品牌特色，在品牌推广过程中有效提高产品的销售额。

在 2021 年中国土地经济调查中，被调查农户存在农产品地理标志品牌意识薄弱的问题，具体表现为对于农产品地理标志品牌的概念和内涵认识不清，对其理念知识缺乏必要的了解。大多数农户仍坚持传统经营理念，对农产品地理标志品牌建设问题较为陌生，同时农产品地理标志品牌建设周期长和投入大的特征使得农户很难提起兴趣，从而导致建设积极性不足的问题。再者，并不是所有农产品都有足够鲜明的特色来支撑农户对农产品地理标志品牌的信任，即农产品地理标志品牌的市场以及消费者认可度都存在一定的不确定性。另外，江苏省农产品消费者的品牌意识相对强于生产者，但也只是局限于当地的一些有名的企业品牌，对于农产品地理标志品牌，大多数消费者的认识仍然是模糊的，缺乏信任。可以看出，各参与主体的农产品地理标志品牌意识仍需增强，这是农产品地理标志品牌建设的基本条件，也是农产品地理标志品牌可持续发展的关键因素。

综上，江苏省农产品地理标志品牌建设存在各主体品牌意识较薄弱的问题，对品牌发展的重视程度不足。就农户而言，他们对农产品地理标志品牌化发展的认知程度有限，一味地投入生产，忽略了对农产品地理标志品牌的建设；就政府而言，需加强管理和维护农产品地理标志品牌形象，在品牌建设方面的引导与支持力度尚有提升空间；就农业企业而言，一些企业缺乏长期规划，同时缺乏资金和人力投入农产品地理标志品牌建设，忽视了地理标志品牌是一种宝贵的无形资产，没有充分挖掘和探究农产品的品牌定位，缺乏符合企业产品定位的发展战略，阻碍了农产品地理标志品牌的发展。综合整体情况看，缺乏对地理标志品牌建设的认识和重视，最终必然会导致农产品地理标志品牌价值的损失，阻碍江苏省农产品地理标志品牌高质量发展。

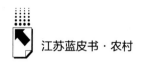

（二）农业标准化生产水平较低

随着大环境的发展，江苏省农产品生产已逐渐开始建立标准化体系，在技术和质量方面进行统一要求，同时加大资金和人才的投入，以保证技术及质量的管控。但涉及农产品地理标志品牌建设发展方面的标准化生产体系仍未成形，目前农产品地理标志品牌生产还是以传统小规模生产为主，这是农产品地理标志品牌建设的一大障碍，没有标准化的生产体系，就很难建立农产品的地理标志品牌形象。

2021年中国土地经济调查及相关统计数据显示，江苏省各地区的部分地理标志农产品在生产过程中并没有严格、统一的生产标准，大多是农户自主种植收获，并以零散方式售予企业或合作社。由于参与农户数量众多且生产技术水平以及要素投入存在较大差异，农产品质量参差不齐。然而农产品质量的好坏在食用之前是难以辨识的，肉眼可识别的只有外观的好坏，内部成分无法鉴别。这是标准化生产体系所能解决的问题。在消费者食用农产品之前，产品要通过种植、收获、加工、运输、存贮以及销售等各个环节，完整的一体化生产标准体系有利于将其间的质量安全事故发生率降到最低，保障消费者的合法权益。

此外，江苏省目前仍有大部分新申报的农产品地理标志品牌没有及时更新生产标准，老旧的生产标准规范对从生产到销售各环节的标准定义不够明确，容易导致产品质量的差异化，进而降低消费者对农产品地理标志品牌的信任度，不利于农产品地理标志品牌的进一步发展。

（三）农产品地理标志品牌存在同质性

近年来，农产品地理标志品牌申报数量逐年增多，数量上呈现欣欣向荣的景象，但事实上，其中存在一定数量的同质化品牌。原则上讲，各个农产品地理标志品牌都应有与众不同的品牌特色，并且这种特色需与对应农产品的本质特点相一致。同一农产品在不同区域形成的农产品地理标志品牌更应该有所差异，如何在品牌中体现自身地区以及品质方面的特色是这些品牌必须解决的问题，否则该品牌将很难在激烈的农产品市场中发挥品牌的价值。

统计数据显示，部分江苏省农产品地理标志品牌缺乏品质特色，市场中存在相似品牌，这些品牌地域临近，缺乏明显的品质差异，甚至存在产地区域重合的品牌，这不仅造成建设资源的浪费，还在很大程度上影响了品牌建设效果。除此之外，严格意义上讲，大多数农产品地理标志品牌并没有完全独创的技术工艺和人文地理积淀，在农产品市场上并不能持久稳定立足，极容易被相似品牌替代，缺乏市场竞争力。2021年中国土地经济调查发现部分农产品地理标志品牌仅在其保护范围内占有一定市场份额，在外部的市场中该品牌的竞争力远不如本土品牌，具有一定的品牌发展局限性。

（四）农产品地理标志品牌营销体系有待拓展

根据2020年、2021年中国土地经济调查等多次调研得出的结论，就目前情况来看，江苏省农产品地理标志品牌建设水平仍旧处于初步发展阶段。大多数农产品地理标志品牌仅停留在品牌创立阶段，在完成农产品地理标志品牌申报工作后就直接应用到产品销售中。这种简单的"扣帽子"现象较为普遍，传统的营销思路和单一化的产品推介手段忽略了品牌维系的重要性。

消费者评判市场上的大多数产品是以品牌为基准的，而在农产品方面，品牌意识仍有待提升，消费者大多还是从质量方面去认同农产品，这也主要归因于农产品品牌营销理念的滞后。① 农产品地理标志品牌缺乏完善的营销推广体系，调查发现江苏省也存在这种问题，其主要依靠传统的营销方式，如影响力不足的政府门户网站农产品专栏和知名度不高的地区电视台农产品广告栏。当下互联网高速发展，对农产品地理标志品牌建设来说是一个绝佳的机遇，高点击量的短视频会给农产品地理标志品牌的传播带来意想不到的增速效应。在线下方面，农产品地理标志品牌营销不能简单地被理解为通过

---

① 谢敏：《地理标志农产品对品牌营销竞争力的影响——以四川省为例》，《中国农业资源与区划》2017年第4期。

一些本土的特色节庆活动带动农产品地理标志品牌的传播发展，这类活动若在形式与内容上没有创新，并不能达到很好的品牌营销效果，这是江苏省农产品地理标志品牌营销十分值得注意的现象。此外，调查了解到部分地理标志农产品并不缺乏品牌建设规划方案，问题在于政策出台后的落实情况不乐观，造成了极大的资源浪费，一部分原因是其建设规划方案较为粗糙，地方上施行起来较为困难，另一部分原因是地方对农产品地理标志品牌的重视度不够。

四　江苏农产品地理标志品牌发展对策建议

（一）提高农产品地理标志品牌建设主体意识

1. 加强品牌意识培训

增强农产品地理标志品牌意识是促进品牌可持续发展的重要举措。地理标志品牌建设主体包含政府相关人员、企业、农户等。大部分农户由于自身能力不足或受限于经济条件，无法真正推动品牌建设。对此，地方政府应积极联合品牌建设专家，对相关主题进行培训，积累理论基础。在此基础上，适时开展外出调研活动，学习其他地区经验，并加以创新运用。另外，针对不同乡村的自然条件和经济社会发展现状，政府应组织具有品牌管理经验的专业人士进行实地考察，开展品牌培训专场活动，让更多的农民专业合作社、企业和农户等建设主体深入了解江苏省各市区农产品地理标志品牌建设现状及相关支持政策，齐心协力做好农产品地理标志品牌建设工作，进一步提高品牌建设水平和能力。[1]

2. 强化政府宏观调控

面对农产品地理标志品牌建设过程中存在的信息不对称、市场失灵等问

---

① 邓雪霏：《农产品地理标志产品品质特征及质量控制研究》，《农产品质量与安全》2020年第1期。

题，政府应进一步发挥其宏观调控职能。一方面，作为服务型政府，应及时向社会提供公共产品和服务。在推进农产品地理标志品牌发展的过程中，政府可以联合科学院、高等院校等，提供农产品地理标志品牌建设的技术支撑，建立完善标准化、科学化、全面的农产品区域品牌的价值评估评价体系，完善品牌管理机制。另一方面，针对品牌建设中的市场失灵现象，政府需要适时介入，规范并建立良好的市场秩序，为品牌成长提供相应的政策、制度与法律环境，维护农产品区域品牌的公益性。此外，政府还应该为社会经济发展制定指导性长期规划和发展战略，以避免市场带来的短视行为，推进农产品区域品牌高效建设。

3.明晰品牌产权制度

公共物品具有非竞争性和排他性，对公共物品的管理不当会引发"搭便车"和"公地悲剧"。农产品地理标志品牌作为区域公共品牌，需要明晰产权制度，以避免公共物品的管理和使用不当。结合各区域农产品实践经验，"政府认定扶持、农协注册管理、企业参与、农户跟随"的农产品区域品牌管理发展模式具有一定的理论和现实合理性。在政府支持下，农业产业协会统一组织注册集体商标和证明商标，能够进一步明晰农产品地理标志品牌的产权边界和产权主体，明确农产品地理标志品牌拥有主体的权利与义务，通过产权激励促使品牌所有者有效经营管理品牌资产。[1] 因此，相较于地方政府，农业产业协会作为农产品地理标志品牌的产权人，对于品牌经营管理更具优势，但相应的管理程序还需要通过政策法规进一步确认。具体而言，农业产业协会对地理标志品牌的建立、注册、登记、管理、监督进行统一筹划，防止"公地悲剧"。针对由地理标志品牌的商标权和原产地地理标志注册所有权的主体不同导致内耗，损害整个区域品牌的利益危机事件，应该由政府推动进行资产重组，实现农产品地理标志品牌的商标权、集体商标、证明商标、原产地地理标志所有权等产权主体的统一。

---

[1] 王文龙：《中国地理标志农产品品牌竞争力提升研究》，《财经问题研究》2016 年第 8 期。

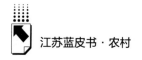

（二）产业集群规模化和标准化发展

以 2020 年中央一号文件和江苏省农业农村厅发布的《关于做好 2020 年地理标志农产品保护工程实施工作的通知》为指导，在区域地方特色基础上，发挥资源禀赋优势，合理规划布局农产品地理标志品牌建设区域，因地制宜发展种养业，同时完善种养业制度，做好先进技术的配套工作，从资源、品种、技术等方面增产增效，提升本土主要农产品的竞争力，全面推进地理标志农产品高质量发展，形成各具特色的区域经济发展范式。[①]

1. 创建代表性农业企业

基于国内农产品地理标志品牌发展的成功经验，农业企业作为农产品地理标志品牌建设的一大主体，在推进农产品地理标志品牌发展进程中发挥着不可替代的作用。主要表现在地理标志农产品与市场的衔接上，充分发挥农产品地理标志品牌的规模优势和产业集群吸引力，优化农产品的销售渠道，实现农业企业与农户的合作共赢。代表性农业企业的农产品地理标志品牌产业发展模式是实现地理标志农产品规模化生产的最好路径，同时可以规范农产品的生产标准，保证地理标志农产品的质量，打造更好的品牌形象，最终实现农产品地理标志品牌的品牌价值。[②]

2. 农业产业集群化发展

农业产业集群化发展的基本条件是有较为完善合理的农业产业集群政策，政府层面因地制宜制定并实施差异化的产业发展战略，围绕地理标志农产品展开规模化集群化生产种养，打造以地理标志农产品为核心的农业综合产业园区，充分发挥各市区的资源禀赋优势。加大对农业综合产业园区的投入，例如邀请专家对园区规划进行指导，培养本土农业企业家以及加强农业产业协会建设，积极组织农产品交流博览会等。同时工商业资本是农业产业集群化发展的助推剂，政府要积极为地理标志农产品招商引资，在消费端解

---

① 李耀东：《农产品区域品牌助推乡村振兴的作用机理和实施路径研究》，《经济问题》2021
　年第 9 期。

② 孙亚楠、胡浩：《地理标志农产品发展对策研究》，《经济纵横》2015 年第 7 期。

决农产品的销路问题，同时在农业产业集群化发展中，政府还应完善农业社会化服务体系，在生产端解决农产品的产出问题。

3.适当延长农产品产业链

江苏省内现存的地理标志农产品大多以未进行加工的初级农产品为主，多为新鲜、不易储存的农产品，这类农产品在销售时存在距离限制和时间限制，不适宜运输，并且具有较强的季节性。适当延长农产品产业链不仅能解除地理标志农产品销售的距离限制和时间限制，还可以为地理标志农产品拓宽市场，更好地开发利用农产品地理标志品牌的资源价值。故而地理标志农产品很有必要适当延长产业链，实现农业与第二产业中精深加工业的深度融合。应加大科技投入，深化加工程度，延长产业链条，拓宽销售渠道，为地理标志农产品增值增效。一、二产业的融合发展也更适应当今市场的需求，如在泰州兴化市大营镇联镇村进行中国土地经济调查时得知，兴化洋葱已经加工生产出特色洋葱片果干。

（三）采取差异化发展战略

农产品地理标志品牌存在较强的地方区域特色依赖性，江苏省应依托独特的区域资源条件，进行农产品地理标志品牌建设工作。江苏省位于长江三角洲地区，跨江滨海，湖泊众多，地势平坦，气候适宜。虽然江苏省整体地势和气候对于农业生产较为适宜，但是各市区各乡镇的气候条件和资源禀赋仍存在差异，并不能施行完全统一的发展战略，还是应按照具体情况制定具体的方案。①

1.适应当地自然条件

自然条件是决定农产品生长环境的基础条件，直接决定了农产品的产品质量和品质特征，气候、土壤、水源等自然资源禀赋直接影响地理标志农产品的品质和类型特点。正是因为有地理环境以及气候条件的差异，才会有丰

---

① 费威、杜晓嫔：《打造农产品区域品牌：以地理标志为依托的思考》，《学习与实践》2020年第8期。

富多样的农产品地理标志品牌的诞生。在农产品地理标志品牌建设过程中还必须遵循自然法则,必须依托当地独特的自然环境,时刻坚持农产品地理标志品牌发展与生态环境相统一的原则。①

2.体现本土区域特色

地理标志农产品的比较优势在于"地理标志",即地方区域特征,通过市场的作用最终形成其核心竞争力,因此,农产品地理标志品牌的发展毫无疑问应始终保持其本土的区域特色。应保护并发扬品牌的原始特征,充分发挥区域优势,在江苏省内争取打造更多的市区级、乡镇级农产品优势产业园。根据区域特色调整农业产业结构,推进江苏省农业农村现代化发展,在新农村建设进程中倡导因地制宜,注重区域特色,依托农业产业优势打造农产品地理标志特色小乡镇,促进农产品地理标志品牌与农业农村现代化携手共进。②

3.农产品类别及特征差异化

不同的地理标志农产品具有不同的产品特征,因此不能采取相同的品牌发展战略。对于一些较为成熟的地理标志农产品,当前的主要任务是进行产品质量的控制,同时可以考虑适当进行工艺改良或产品创新,增强产品的市场影响力。而对于新申报的地理标志农产品则适合运用精品打造战略,初期品牌覆盖面较窄,在控制质量的前提下,产量小的农产品应以本土县域为主战场,优先考虑地产地销战略。诸如大米、洋葱此类产量大单价低的农产品可以考虑采用多产融合发展战略,提高产品深加工水平,增强农产品的贮存和外销能力,提升品牌影响力并提高收益;产量大价格高的农产品则最需要有效市场的支撑,这类农产品应采用拓宽市场战略,扩大农产品流通范围。江苏省有丰富多样的地理标志农产品,各种农产品品牌的发展状况也有所区别,因"品"制宜采取差异化发展战略是江苏省农产品地理标志品牌发展的有效手段。③

① 张传统:《农产品区域品牌发展研究》,博士学位论文,中国农业大学,2015。
② 伽红凯、刘颖健:《地理标志扶贫:综合价值、作用机制与典型案例》,《山西农业大学学报》(社会科学版)2021年第3期。
③ 陈思:《中国农产品地理标志保护对策研究》,博士学位论文,中国农业科学院,2013。

（四）全面提升江苏农产品地理标志品牌竞争力

1. 加强农产品质量控制

统计表明我国地理标志农产品普遍存在质量控制能力不足的问题，江苏省要想建设发展好农产品地理标志品牌，就必须重视农产品的质量控制。首先就是通过扶持龙头农企促进农产品规模化生产，从而制定统一的生产标准，降低农产品地理标志品牌外部性。同时要加强政府的质量监督作用并强化企业内部的监督机制，杜绝农户生产的侥幸心理，龙头农企"母子品牌"同步发展策略可以极大地激发优秀农企的品牌建设积极性，从而避免部分企业的机会主义行为。① 实际生产方面，质量控制需要技术的支撑，政府可以适当通过资金补助等方式鼓励农业企业采用高科技质量监测设备。此外，还应完善农产品质量控制体系，加强知识产权保护，严厉打击假冒伪劣等扰乱市场的行为。

2. 加大农产品科技投入

地理标志农产品的本质是由当地的自然资源禀赋决定的，但其质量水平更多取决于外部的资金及技术投入，加大农业科技投入不仅可以直接提高江苏省地理标志农产品的质量，还可以改善农产品种养的管理水平。② 现如今，高农业技术投入意味着农产品较高的质量和经济效益，在江苏省农产品地理标志品牌建设发展中应积极利用各种生物工程、现代化种养以及信息控制等技术和先进的农业设备，不断加大科技投入，通过高科技农业提升地理标志农产品的质量和价值。

3. 强化推广与营销策略

品牌发展的关键在于提升知名度，因此农产品地理标志品牌的推广及营销策略显得尤为重要。传统的推广营销模式已不能满足农产品地理标志品牌

---

① 曾艳：《经济法视野下我国农产品地理标志品牌建设研究》，《东南大学学报》（哲学社会科学版）2020 年第 S2 期。

② 郑婉婷：《地理标志提高农产品品牌竞争力实证研究》，硕士学位论文，华中科技大学，2011。

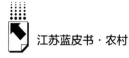

的发展，在此基础上，更多的是要借助互联网及微博、微信及抖音等自媒体资源进行推广。同时可以进行整合营销，具体形式包括公益活动、新闻报道、博览会等，由此提高农产品地理标志品牌的知名度。电子商务平台是农产品销售的绝佳工具，配上现代物流技术体系，可以大幅提升农产品地理标志品牌的价值和美誉度。① 如今较为流行的农事节庆活动不失为强化农产品地理标志品牌推广的有效手段，其具有不可复制的区域特色。特色鲜明的农事节庆活动如阳山桃花节、鸿山葡萄节等可以有效提升农产品地理标志品牌的影响力。

---

① 张华荣：《2020 年我国绿色食品、有机农产品和农产品地理标志工作成效及 2021 年工作重点》，《农产品质量与安全》2021 年第 3 期。

B.10

2021年江苏省农村乡风文明建设报告

姜 萍 戴淑琳 王 淦*

摘 要： 培育乡风文明，繁荣乡村文化，塑造文明乡风，是落实乡村振兴战略的内在要求和精神保障。新时代以来，农民的物质生活水平不断提高，农村精神文明建设的步伐却略显缓慢，农村地区普遍存在乡风文明建设主体参与意识落后，公共服务体系相对滞后，封建迷信思想仍然存在，不良风气较难根除等问题。为有效推进农村乡风文明建设，需要以创建文明美丽乡村为导向，增强农民主体参与意识；以完善农村公共服务建设为支撑，加强文化设施平台建设；以社会主义核心价值观为引领，自觉抵制农村封建迷信活动；以不良习俗整治为切入点，营造新时代乡村文明新风。

关键词： 乡风文明 乡村振兴 移风易俗 农村精神文明建设

中国共产党历来重视"三农"问题，始终把解决好"三农"问题作为全党工作重中之重。随着脱贫攻坚战取得全面胜利，中国"三农"工作重心转向全面推进乡村振兴，乡风文明建设肩负起了向第二个百年奋斗目标迈进、为实现农业农村现代化做出重要贡献的新使命。在井冈山革命根据地创建后，

---

* 姜萍，南京农业大学马克思主义学院教授，主要研究方向为农业伦理；戴淑琳，南京农业大学马克思主义学院硕士生，主要研究方向为农业伦理；王淦，南京农业大学马克思主义学院硕士生，主要研究方向为科技伦理。

党就集中开始了乡风文明建设的实践探索。新中国成立后，随着农村精神文明建设相关文件的颁布实施，乡风文明建设的实践内容与形式日渐丰富，并取得许多实践成效。2005 年，党的十六届五中全会正式提出"乡风文明"一词，标志着乡风文明建设发展进入新阶段。党的十九大报告提出实施乡村振兴战略，要按照"产业兴旺、生态宜居、乡风文明、治理有效、生活富裕"的总要求，建立健全城乡融合发展体制机制和政策体系，加快推进农业农村现代化。乡村振兴战略是一个复杂的系统工程，是五位一体在乡村中的具体体现。而其中的乡风文明建设则是要营造和谐、健康、文明的社会风气，这是乡村振兴战略的精神保障，在乡村振兴战略中具有重要的地位。

2018 年 9 月 29 日，国务院新闻办公室举行新闻发布会，公布了《乡村振兴战略规划（2018—2022 年)》，提出 22 项具体指标，其中约束性指标 3 项、预期性指标 19 项，首次建立了乡村振兴指标体系。在"乡风文明"这个一级指标下共设置了 6 个二级指标，分别为农民纠纷发生率、"黄赌毒"发生率、红白喜事不奢办比重、每年集中性科普次数、农民文化体育娱乐消费比重、农民对乡村两级公共文化服务满意率。这几项指标从农村风气陋习、科普娱乐、公共文化服务等方面对农村乡风文明进行评价。乡风文明作为乡村振兴战略的内在要求，同时是产业兴旺、生态宜居、治理有效、生活富裕的精神保障，加强乡风文明建设有利于提高农民的道德素质和科学素养，在农村形成健康向上的精气神，有助于稳定社会秩序、营造文明的社会风尚。推进美丽乡村建设与文化振兴、完善公共服务建设、引导农民自觉抵制封建迷信、整治农村不良习俗是实施乡村振兴战略和落实乡风文明指标体系的具体表现。2021 年中央一号文件强调，要加强新时代农村精神文明建设，推动形成文明乡风、良好家风、淳朴民风。繁荣乡村文化，培育文明乡风，对于推动乡村振兴意义重大。

一 农村乡风文明建设现状

（一）农村乡风文明建设历程

实现全面乡村振兴必须以"产业兴旺、生态宜居、乡风文明、治理有效、生活富裕"六大指标体系为总要求,其中,乡风文明是乡村建设的灵魂,更是乡村振兴的精神保障。乡风文明建设的具体内容包括发展农村文化教育、改善农村基本公共服务、弘扬社会主义核心价值观、传承良好的乡风习俗等多方面。

江苏省自然条件优越,农耕文明历史悠久,经济社会发展水平较高,城乡、工农之间发展较为协调,在农业发展与农村精神文明建设方面有得天独厚的优势。全省约有1/3的人口长期生活在农村,随着经济的发展,农民对精神文化生活的需求日益旺盛。推动农村精神文明建设正当其时。江苏省的乡风文明建设工作起步较早。2006年,在《江苏省国民经济和社会发展第十一个五年规划纲要》中,江苏省首次开始提及乡风文明建设的有关内容。2011年7月13日,中共江苏省委办公厅、江苏省人民政府办公厅转发《江苏省精神文明建设指导委员会关于进一步加强农村精神文明建设加快推进城乡一体文明的实施意见》,要求对新形势下农村精神文明建设面临的形势作出进一步的认识,在全省农村深入实施核心价值体系践行工程。

2018年5月1日,江苏省委发布《中共江苏省委江苏省人民政府关于贯彻落实乡村振兴战略的实施意见》,明确了实施乡村振兴战略目标任务的三个主要时间节点。该实施意见提出,要以社会主义核心价值观为引领,总结推广徐州市贾汪区马庄村经验,积极开展乡村精神文明建设,培育文明乡风、良好家风、淳朴民风,让"耕读传家,父慈子孝"的祖传家训、"邻里守望,崇信重礼"的乡风民俗在江苏蔚然成风,凝聚实施乡村振兴的强大精神力量。同时要求重点组织开展公共文化服务阵地建设、社会主义核心价值观进村入户等行动。传承发展农村优秀传统文化,培育乡村文化人才,传承乡土文脉,打造一批乡土文化地标。全面推进村级综合性文化服务中心建设,深入开展江苏省文明镇创建活动,要求2022年全省县级以上文明村比重不低于65%。

2019年2月17日,江苏省委一号文件《关于推动农业农村优先发展做好"三农"工作的实施意见》发布。该实施意见指出,要不断加强农村精神文明建设,高质量推进新时代文明实践中心建设试点工作,抓好县级融媒体中心建设。通过发挥新时代文明实践中心的作用,持续推进农村移风易俗,推行婚丧礼仪改革,整治农村散埋乱葬、天价彩礼、孝道式微、老无所养等不良社会风气。殡葬改革作为移风易俗、建设乡风文明的重要内容,同时是提升农村精神文明的必要之举。近年来,随着城市化进程和发展水平的不断提高,城市可用墓地越来越少,墓地价格越来越高,城市居民对公墓的需求与供给严重失衡。而在农村,随着经济的发展,农民生活水平不断提高,殡葬礼俗愈加考究烦琐,铺张浪费的葬礼给农民造成了不小的负担,落后的迷信思想也对社会主义核心价值观提出了挑战。因此,必须将殡葬改革作为农村精神文明建设的重点行动。2019 年 9 月 4 日,农业农村部新闻办公室发布《关于进一步推进移风易俗建设文明乡风的指导意见》,提出了建设乡风文明的总体要求,同时指出必须发挥村民自治作用,提高群众参与度;加强宣传教育,强化价值认同;加强典型示范,注重实践养成;加强制度保障,实施有效管理;推动工作创新,发挥群众创造性;强化责任落实,建立健全长效机制。

2020 年 3 月 16 日,江苏省委发布《关于抓好"三农"领域重点工作确保如期实现全面小康的意见》,强调必须要突出农村精神文明的引领作用,建好用好新时代文明实践中心,逐步实现县(市、区)全覆盖。发挥村规民约、红白理事会、道德评议会、村民议事会等的作用,推进移风易俗、弘扬时代新风行动。

2021 年 1 月,《中共中央国务院关于全面推进乡村振兴加快农业农村现代化的意见》明确提出,要"持续推进农村移风易俗,推广积分制、道德评议会、红白理事会等做法,加大高价彩礼、人情攀比、厚葬薄养、铺张浪费、封建迷信等不良风气治理,推动形成文明乡风、良好家风、淳朴民风"。2021 年 3 月 3 日,江苏省委发布一号文件《关于全面推进乡村振兴加快农业农村现代化建设的实施意见》,指出必须坚持深化拓展新时代文明实践中心建设,监测发布乡风文明测评指数,持之以恒推进移风易俗,提振农民群众的精气神;强化党的全面领导,确保农业农村发展任务能够贯彻落实。3 月 31 日，江苏省人大常委会通过并发布《江苏省殡葬管理条例》，在殡葬设施规划和建设、遗体和骨灰处理、殡葬服务管理、丧事活动管理、监督检查、法律责任等方面作出具体规定，在条例第一条中明确了要不断加强殡葬管理，推进殡葬改革，满足殡葬服务需求，维护逝者尊严，促进社会主义精神文明和生态文明建设。截至 2021 年初，江苏已建成生态墓园 576 处，各市、县行政单位均已出台实施节地生态安葬激励政策，约 98% 的行政村和涉农社区设有红白理事会，殡葬服务与保障体系基本形成，移风易俗与殡葬改革成效显著。

2021 年 4 月 29 日，第十三届全国人民代表大会通过的《中华人民共和国乡村振兴促进法》规定：各级人民政府应当组织开展新时代文明实践活动，加强农村精神文明建设，不断提高乡村社会文明程度。各级人民政府应当采取各类措施丰富农民文体生活，倡导健康的生活方式，发挥村规民约的作用，移风易俗，破除陈规陋习，努力创建文明村镇、家庭，培育文明乡风与良好家风，建设美丽乡村。这为新时代乡风文明建设提供了法律依据，为新时代文明实践活动的开展提供了法律保障。

（二）农村乡风文明建设概况

经过多年的建设，江苏各地农村乡风文明建设工作成绩斐然。在 2020 年农业农村部网站发布的拟推介 248 个中国美丽休闲乡村公示名单中，江苏有 12 个村庄入围，分别是：苏州市昆山市锦溪镇计家墩村、南京市溧水区白马镇石头寨村、无锡市锡山区东港镇山联村、南通市通州区石港镇睹史院村、盐城市盐都区潘黄街道仰徐村、扬州市高邮市菱塘回族乡清真村、泰州市姜堰区三水街道小杨村、连云港市灌云县同兴镇伊芦村、无锡市宜兴市张渚镇省庄村、镇江市句容市茅山镇丁庄村、淮安市盱眙县天泉湖镇陡山村、苏州市吴江区震泽镇众安桥村。

以国家级美丽乡村连云港市灌云县同兴镇伊芦村为例，该村坚持抓党建促乡村振兴，党总支在实现"产业兴旺、生态宜居、乡风文明、治理有效、生活富裕"20 字方针中当好组织者、推动者、先行者，实现旅游强村、产业富村、民主治村、文化育村：支部引领旅游强村，村党总支积极落实灌云县委富民党建"八项行动"、乡村振兴"四个百村"计划要求，以该村境内伊芦山为重要依托，实施旅游强村战略，建成伊芦山景区，梅园、枫园、生态采摘园等"一区三园"，年接待游客 27.1 万人次，村集体年增收 18 万元；弘扬传统文化育村，充分挖掘本村的"君子、农耕、饮食、汤药"等四大传统文化，以"伊芦乡贤榜"和"伊芦文化讲堂"为载体，持续开展道德事迹宣传、优秀家风评比、诚信典型推介等活动，不断放大"乡土文化"教育党员群众的引领效应，培育文明乡风；群策群力民主治村，成立议事会、监事会，施行"四议两公开"工作法，开展党员"一句话"活动，坚持推行群众"三参与三不做"工作法，构建"党组织领导、议事会协商、村（居）委会实施、监事会监督"的基层治理格局，变为民做主为由民做主，变干部推动为群策群力，实现民主治村；党员带头产业富村，村党总支大力引导该村党员带头创办让群众"看得见、学得会、能参与"的富民典型项目 10 余个，催生浅水藕、奇泉酱油、灌兴葡萄、伊恋草莓、伊仙水蜜桃等一批富民产业，年产值达 2800 万元，带动 600 人就业，带动本村 19 户低收入家庭脱贫。

以国家级新时代文明实践中心试点南京市江宁区为例，该区稳步落实《关于贯彻落实乡村振兴战略的实施方案》（江宁委办〔2018〕82 号），把乡风文明建设作为全区精神文明建设工作的重要内容，在推进农村精神文明建设工作方面取得了高质量成果。江宁市以全省新时代文明实践中心建设试点为契机，在街道、村（社区）宣传栏、群众活动公共场所等空间设置社会主义核心价值观公益广告，广泛开展"我心中的核心价值观""我们的村规民约""我的家风家训"等征集展示活动，大力弘扬中华优秀传统文化。截至 2021 年，南京市江宁区共建成新时代文明实践中心 1 个、镇街级新时代文明实践所 10 个、村级新时代文明实践站 201 个、新时代文明实践点 891 个，实现了全域范围内新时代文明实践的阵地布局，因地制宜开展了丰富多样的文明实践活动，打通了文明实践建设的"最后一公里"。江宁区坚持传承优秀本土文化，打造江宁文化品牌，不断加强乡村特有历史文化遗产资源的挖掘整理和非遗的活态传承，形成涵盖233处物质文化遗产和43处非物质文化遗产的信息资源数据库，鼓励支持建设32处村史馆（社区博物馆），出台《关于打造特色文艺团队的实施意见》，先后打造了横溪手龙、铜山高台狮子舞、张溪锣鼓等40多支乡村特色文艺团队。精心打造美丽乡村，助力乡风文明建设。建成黄龙岘等近20个中国最美乡村、1个国家级田园综合体建设试点、5个江苏特色田园乡村试点、33个省高星级乡村旅游示范区、116个南京市级美丽乡村示范村，美丽乡村覆盖率达76%，有效助推了乡村振兴，优化了生态环境，改善了农民生活，促进了乡风文明。加强乡村德治建设，挖掘道德教育资源。采用群众喜闻乐见的形式，广泛开展社会公德、职业道德、家庭美德、个人品德教育。一是讲好江宁好故事，传播江宁好声音；二是持续推进乡村道德讲堂活动，讲好美德故事，宣传美德力量；三是构建乡贤数据库，弘扬乡贤文化。

从宏观看，江苏省农村乡风文明建设工作推进扎实有力，呈现范围大、层次多、种类丰富、群众满意度高等特点。在获得的2016个有效农户样本中，农户对本村乡风文明（乡村思想道德建设、义务教育质量、村综合文化服务中心服务质量等）的满意度情况如下：非常满意占比为30.5%；较满意占比为51.5%；一般占比为15.0%；较不满意占比为1.8%；非常不满意占比为0.6%（见表1）。江苏地区绝大部分农民对本村乡风文明建设的满意度为较满意与非常满意。从微观看，江苏省在三年间建成国家级新时代文明实践中心试点28个、省级中心试点21个，设有新时代文明实践站与实践所千余个。在本次调研的40个样本村中，共有36个村设有新时代文明实践中心（站、所），占比达到90%。各级文明实践中心始终坚持遵循明确目标方向、强化研究部署、构建组织架构、搭建服务平台、推进志愿服务、打造品牌项目、建立工作机制、凸显地方特色的建设规律，并结合自身条件各有侧重，打造了扬正气、聚人气、接地气的农村文化繁荣新局面。

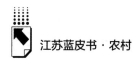

表1　农户对本村乡风文明的满意度

单位：户，%

满意程度	农户数	比例
非常满意	614	30.5
较满意	1038	51.5
一般	303	15.0
较不满意	36	1.8
非常不满意	13	0.6
其他	12	0.6

资料来源：CLES 2021。

（三）农村乡风文明建设成效

实施乡村振兴战略，加快农业农村现代化，乡风文明占据着重要的地位。乡风文明的建设实际上离不开经济、政治、文化、生态等多方面因素的协同发展。立足于乡风文明，一是为治理有效提供方向性引领，提高农村居民精神文明建设，展现新农村生产生活方式；二是助力生态宜居美丽乡村建设，保留乡村原始风貌。对于这些软建设有必要构建系统化、全方位的乡风文明指标体系，将乡村文明目标具体化，这对推动乡村文明建设落地生根具有非常重要的现实意义。根据《乡村振兴战略规划（2018—2022年)》设置的乡村振兴指标体系，结合近些年相关文献对乡风文明建设研究所涉及的高频评价指标，本报告以江苏省农村县级以上文明村占比、农村新时代文明实践站覆盖率、农村居民教育文化和娱乐支出占比以及农村人口平均受教育年限等指标展现江苏省农村乡风文明建设成效。

1. 文明村建设取得明显成效

创建文明村是农村精神文明建设的重要组成部分。深入开展文明村创建活动，是加快农村经济发展，构建和谐社会，推进社会主义新农村建设的必然要求，是实现江苏省"全面达小康、建设新江苏"奋斗目标的内在要求，是不断提高农村广大干部群众思想道德素质与科学文化素质，培养讲文明、有文化、懂技术、会经营的社会主义新型农民的重要途径。江苏省在《江苏省文明村创建管理规定》中要求，文明村应当是农村经济、政治、文化、社会和党的建设多方面协调发展，精神文明建设成绩突出，在同类村中位居前列，群众满意，社会认可，并经有关主管部门测评考核，省文明委批准并命名、表彰的先进集体。其评选标准为：经济效益良好、思想道德建设成效明显、村容村貌整洁、社会秩序和谐安定、科教文卫稳步发展、基层组织建设切实加强。根据 2010 ~ 2012 年《江苏宣传年鉴》，江苏省共有文明村（社区）575 个，《2016—2018 年度江苏省文明村镇名单》公布江苏省共有文明村（社区）1367 个，江苏省文明村（社区）增加了 792 个，可以看出江苏省在文明村建设中取得了明显成效。在本次调研的 40 个样本村中，共有县级以上文明村 30 个，占比为 75%，其中苏南地区县级以上文明村数量最多，占比达到 32.5%（见表 2）。

表 2　县级以上文明村情况

单位：个，%

地区	文明村	文明村/样本村
苏南	13	32.5
苏中	9	22.5
苏北	8	20
全省	30	75

资料来源：CLES 2021。

2. 农村新时代文明实践站的覆盖率较高

新时代文明实践站已成为乡风文明建设的重要平台，本次调研的 40 个样本村中，共有 36 个村设有新时代文明实践中心（站、所），占比达 90%（见表 3）。由此来看，江苏省当下农村新时代文明实践站建设工作较为深入到位，农村新时代文明实践站的覆盖率较高。新时代文明实践站广泛建立，丰富农村生活，满足农民多样化需求，把握群众脉搏，传播社会主义核心价值观。同时，在推动江苏农村地区移风易俗过程中，新时代文明实践中心也发挥了明显的积极作用。在 40 个样本村中，共有 25 个村庄设有负责喜事丧事简办的红白理事会，占比为 62.5%，共有 33 个村庄的本村党员、公职人员在办理婚丧事宜中能够带头移风易俗、弘扬新风，占比达 82.5%。由此可见，随着新时代文明实践站的不断建设、新时代文明实践活动的不断开展，江苏省乡村的移风易俗工作正在不断推进、落实，村内红白理事会已较为普及，村内党员、公职人员能够发挥模范带头作用，新的乡风民俗正在新时代文明实践站这一平台的作用下不断形成、发展，乡风文明作为乡村振兴的重要目标正在逐步得到实现，江苏农村的乡风文明水平正稳步提高。

表3 新时代文明实践站建设情况

单位：个，%

地区	新时代文明实践站	比例
苏南	16	40
苏中	11	27.5
苏北	9	22.5
全省	36	90

资料来源：CLES 2021。

3. 农村居民教育与文化娱乐消费支出稳定增长

在广大农村培育优良乡风文明，首先需要让农村地区的人民群众接受社会主义先进文化的教育，提升集体文化水平。群众的文化水平与道德素质应当是呈正相关的，人们所接受的基础教育影响人生观、世界观、价值观的形成。因此，在农村地区积极建设文化设施、开展文化活动，向广大农民宣传社会主义先进文化就是培育社会主义先进精神文明。根据《2020 年江苏省国民经济和社会发展统计公报》，截至 2020 年底，全省共建有 115 个文化艺术馆、117 个图书馆，以及 345 个博物馆和 42 个美术馆。设有广播电台、转播台、电视台等共 37 座，广播和电视人口覆盖率均达到 100%。此外，全省有线电视用户数量已达到 1522.4 万户；当年出版报纸、杂志、图书分别为 18.8 亿份、1.1 亿册、6.9 亿册。从各项数据可见，江苏省大力推进文化宣传和文化设施建设，城乡公共文化服务体系不断完善。根据国家统计局数据，2014~2019 年，江苏农村居民教育文化和娱乐支出增长趋势稳定，2019 年该项支出为 1668 元/人（见图 1），同比增长 7.83%，在消费总支出中占比为 9.4%

（见图2），教育文化和娱乐活动在居民日常生活中日趋得到重视。在获得的
2016个有效农户样本中，2020年农村居民教育文化和娱乐支出占总支出的
13.6%（见表4），与2019年国家统计局的数据相比增长了2.1个百分点。

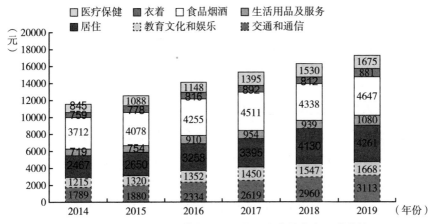

图1　2014～2019年江苏农村居民人均消费性支出组成结构

资料来源：国家统计局。

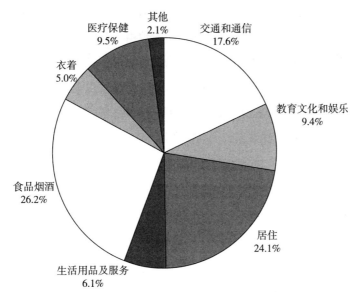

图2　2019年江苏农村居民人均消费性支出结构占比

资料来源：国家统计局。

表4　2020年江苏农村居民教育文化和娱乐支出及其占比

单位：元，%

地区	教育与文化娱乐支出	总支出	比例
苏南	5538957	42932068	12.9
苏中	3125467	21990840	14.21
苏北	2733472	18888615	14.47
全省	11397896	83811523	13.6

资料来源：CLES 2021。

4. 常住人口受教育程度逐年提高

根据江苏省第七次全国人口普查结果，全省常住人口中，拥有大学（指大专及以上）文化程度的人口为15816765人，拥有高中（含中专）文化程度的人口为13721862人，拥有初中文化程度的人口为28227984人，拥有小学文化程度的人口为19273380人（以上各种受教育程度的人包括各类学校的毕业生、肄业生和在校生）。与江苏省第六次全国人口普查数据（2010年）相比，每10万人中，大学（大专及以上）文化程度的人数由10820人增加到17911人；高中（含中专）文化程度的人数由16150人增加到16227人；初中文化程度的人数由38676人减少到33612人；小学文化程度的人数由24196人减少到23166人（见表5）。与江苏省第六次全国人口普查相比，全省常住人口中15岁及以上人口的平均受教育年限由9.22年上升至10.08年（见表6）；文盲人口（15岁及以上不识字的人）为2211291人，减少了771668人，文盲率由3.79%下降至2.61%。各地区相比，苏南人口受教育程度最高，苏中次之，苏北再次之。

表5　2020年江苏各地区每10万人口中各类受教育程度人数

单位：人

地区	大学(大专及以上)	高中(含中专)	初中	小学
苏南	23887	16903	32662	18822
苏中	15829	15303	34378	25740
苏北	12406	16156	34139	26321
全省	17911	16227	33612	23166

注：此处数据以江苏13市为统计对象。

资料来源：《江苏省第七次全国人口普查公报（第五号）》。

表6 2020年江苏各地区15岁及以上人口平均受教育年限

单位：年

地区	2010 年	2020 年
苏南	9.96	10.81
苏中	8.82	9.65
苏北	8.72	9.6
全省	9.22	10.08

注：此处数据以江苏13市为统计对象。

资料来源：《江苏省第七次全国人口普查公报（第五号）》。

二 农村乡风文明建设存在的问题

党的十九大作出了实施乡村振兴战略的重大决策，乡风文明被赋予了"乡村振兴精神保障"的重要地位，这使乡风文明建设站到新的历史坐标的更高处。随着我国农村人民群众物质生活水平的不断提高，广大农民在精神文明方面的需求日益增长，但与新时代发展相适应、与社会发展相协调的农村风俗却并未如期而至。农村婚丧喜事大操大办，封建迷信、打牌赌博等问题仍然较为突出，成为农村的"精神短板"。党的十九大明确提出"开展移风易俗，弘扬时代新风行动"。在农村精神文明建设过程中，移风易俗作为乡风文明的重要内容，同时是农村精神文明建设的重要抓手，更是乡村治理中亟须探讨的一项重要课题。近年来，各地根据自身实际情况采取了一系列移风易俗的政策措施，取得了阶段性治理成效。但是，也应当认识到乡风文明建设是一项系统性工程，具有紧迫性与长期性，并且各地的文明实践仍处于初步探索阶段，在不断进步的同时，其现实困境也在不断凸显。结合江苏省实际情况，乡风文明建设的治理困境主要表现在以下四个方面。

（一）乡风文明建设主体参与意识落后

政府作为乡风文明建设的组织者与引领者，对于推进乡风文明起到的是外力推动作用，真正起内生动力的是作为乡风文明建设主体的农民。在对农户的访谈中得知，大部分农户对乡风文明建设的热情并不高，在获得的2016个有效农户样本中，参加过本村的新时代文明实践所志愿服务的农户占比仅为14.58%。从调研数据可见，大部分受访农民未做过本村实践站的志愿者，而且在了解知晓新时代文明实践所的作用后也未表现出今后会参与志愿服务的意向。由于农民自身建设乡风文明的热情不高，乡风文明发展困难重重。

农民是农村建设的主体，自然承担着建设农村乡风文明的主要责任。但是在社会主义新农村建设过程中，部分农民某些根深蒂固的落后思想却阻碍了这一过程的推进。农民较难摆脱传统封建落后思想的影响，部分农民只关注自身利益，而觉得农村社会整体发展问题应该是政府要关注和解决的。因而在社会主义新农村建设过程中，农民的参与积极性普遍不高，在一定程度上阻碍了农村地区乡风文明的建设进程。

总体来看，农村地区乡风文明建设主体参与意识落后的原因可归结为以下几点：一是对乡风文明认识不足，少数社区和村干部在乡风文明建设认识上存在偏差，不能主动积极组织开展活动；二是一些村民文化素质不高，外来人口尤其是外来务工人员较多，对当地不熟悉，导致本地居民和外来人员参与各类乡风文明建设活动的积极性不高；三是美丽乡村建设参与度不够，在搭建农民便于参与、乐于参与的平台或渠道上的深入研究还不够，群众参与渠道还不通畅。

（二）公共文化服务体系相对滞后

公共文化基础设施是为农村各项事业发展以及农民群众日常生活提供公共服务的各要素的综合，是乡风文明建设的坚实基础。近年来，虽然国家加大了对农村公共基础设施的投入，但是大部分村庄的基础设施在建设和使用过程中仍然存在一些问题和困难，基层干部和相关组织对群众文化生活的重视程度还远远不够。在对样本村的调查中发现，合唱队、舞蹈队、各类球队、读书小组、老年大学等群众性文化组织较少，农村群众精神文化生活不够丰富。大部分村庄虽然设置了运动场所，但配备的运动器材和设施普遍较为简陋，村民能在此进行的体育运动十分有限。另有大部分村庄还未建立图书室、舞蹈室等文娱场所供村民开展休闲娱乐活动。即使设有图书室的村庄，也存在书籍陈旧、较少开放的现象，乡村图书室利用率较低，不能满足农村群众日益增长的文化教育需求。农村公共文化设施是乡风文明建设的重要物质保障。农村公共文化设施建设的不完善将直接影响农村地区乡风文明建设的成效，不利于农村精神文明建设的推进。

就江苏的现实状况而言，一是农村城镇化的快速发展使得农村公共文化服务体系中的设施网络和服务不能完全满足群众需求。农村文化活动室往往超负荷运行，无法满足不同类型村庄、不同群体的文化需求。二是科学技术的飞速发展使得农村公共文化服务体系中的数字化建设需进一步加强。大部分地区农村经过数字化处理的本土化资源数量较少，且无统一技术标准，导致数字化资源不足，且较为单一，不能满足各功能模块的需求。三是乡村公共文化产品供给不能满足群众精神文化的实际需求，时常出现供给和需求错位的现象。在农村举办各类文娱活动的时候，发现群众对文化活动内涵意义的理解度和关注度不高。四是公共文化需求快速增长对基层人员力量不足形成挑战。如有的社区活动室无法做到错时、延时开放，公众的投诉或意见无法得到及时处理等。

（三）封建迷信思想仍然存在

农村地区现代化教育普遍较为落后，封建迷信思想和传统陋习仍然存在。从受访对象文化程度（在校几年）来看，在校 0 年的占比为 12%，在校 1~6 年的占比为 30.9%，在校 7~9 年的占比为 37.6%，在校 10~12 年的占比为 14.19%，在校 12 年以上的占比为 5.31%（见表 7）。结合对调研村村干部的访谈可知，农村人口外出务工的情况比较普遍，尤其以文化程度较高的青壮年居多，因此农村常住人口主要为老年人与儿童，在村人口整体文化素质偏低。由于常住人口文化水平不高，思想意识较为落后，封建迷信思想在乡村拥有一定的存在空间。农民因为缺乏科学知识弄不懂一些自然现象背后的科学原理，便认为是神灵的作用。诸如求签、算命、卜卦的迷信思想和活动在农村地区较为流行，为农民的日常生活带来了明显的负面影响，危害农民群众心理健康、削弱理性主义信仰，影响农村正常的生产生活活动。而且在部分被封建迷信腐蚀的地区，群众在思想上愚昧无知，阻碍了国家政策法规和进步的科学思想在本地区的传播和落实，甚至危及广大人民群众的生命安全。

表 7 受访对象文化程度状况

单位：人，%

文化程度（在校几年）	人数	比例
0 年	242	12
1~6 年	623	30.9
7~9 年	758	37.6
10~12 年	286	14.19
12 年以上	107	5.31

资料来源：CLES 2021。

（四）不良风气较难根除

近些年来，乡村红白喜事大操大办，铺张浪费现象愈演愈烈。根据对40 个行政村的调研发现，这些乡村举办婚礼的花费普遍较高，从几万元到几十万元不等，甚至有花费上百万元的情况存在。在获得的 2016 个有效农户样本中，举办婚礼等喜事的费用，在 10000 元以下的，占比为 21.38%；在 10001~50000 元的，占比为 33.98%；在 50000~100000 元的，占比为 20.09%；在 100001~200000 元的，占比为 13.79%；在 200001~500000 元的，占比为 4.96%；在 500000 元以上的，占比为 0.64%（见表 8）。通过这些数据可以看出，江苏省农村举办婚礼花费较高，在对农户的访谈中也了解到，除了婚礼花费，彩礼金额同样不低。高额的喜事花费，给家庭带来沉重负担，也对民风民俗有不良影响。其实很多村民心里明知道这样不好，但环顾四周，别人都这么办，都把彩礼的多少看成是地位高低的表现，于是在从众心理的作用下，即使没钱也要想尽各种办法大操大办婚礼，有很多家庭因婚致贫或者因婚返贫，有不少家庭为了结婚甚至需要借钱，给家庭经济生活带来很大的压力。

表8　农户举办婚礼等喜事的费用状况

单位：户，%

喜事花费	农户数	比例
10000 元以下	431	21.38
10001～50000 元	685	33.98
50001～100000 元	405	20.09
100001～200000 元	278	13.79
200001～500000 元	100	4.96
500000 元以上	13	0.64
其他	104	5.16

资料来源：CLES 2021。

此外，农村地区赌博现象较为常见，由赌博频繁引发的借贷、欠债现象在一定程度上影响了家庭与社会的和谐稳定。乡村文化基础设施相对较为缺乏，给赌博之风提供了可乘之机。农民在农闲时，会三五成群地聚集在一起打牌、搓麻将，而且随着时间的推移这种现象越发普遍。近些年，乡村赌博现象出现了一些新特征。一是赌博时间较为固定，一般都是在农闲或者节假日尤其是春节时期。二是地点较为固定，都是在农民自己的家中。三是人员比较广泛，老中青、男女都参与。四是赌博的方式越来越多，金额越来越大。在对调研地区村干部和农户的访谈中了解到，大部分农村有赌博的现象，随着生活水平的提高，参与赌博的人数越来越多，赌博金额也越来越大，导致有些村民因赌博负债几万元甚至更多，给家庭带来了严重的经济负担。农民为了还清这些欠款不得不通过借高利贷来还钱，有的实在还不起就抛弃妻子儿女离家出走，甚至出现过由欠债而导致伤亡的事件。这些状况造成了家庭破裂、离婚率上升，阻碍了乡风文明建设的健康发展。

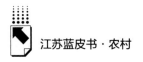

三　提升农村乡风文明建设水平的对策与建议

2019 年底，江苏省政府发布了关于脱贫攻坚工作进展情况的报告，其中提到，根据"十三五"期间江苏省自行划定的年人均纯收入 6000 元的脱贫标准，全省脱贫率已经达到 99.99% 以上。就脱贫数据来看，全省人民物质生活需要已经得到一定程度的满足，接下来在发展经济的同时更要关注群众的精神发展需要，尤其是农村地区农民精神文明的建设。党的十九大报告中对乡村振兴进行了集中论述，提出要按照产业兴旺、生态宜居、乡风文明、治理有效、生活富裕五个维度，推动农村经济、政治、文化、社会、生态的振兴。乡风文明建设是乡村振兴战略的一项长期任务和系统性工程，我们既需要认识到推进这项工作的复杂性和艰巨性，也需要坚持目标导向、问题导向和需求导向，真正做到落实落细乡风文明建设。在乡风文明建设工作推进过程中，需要吸取过去的经验教训，借鉴优秀村镇的管理方式，在提升农民主体意识、加强文化设施平台建设、破除封建迷信和整治不良习俗等方面发力，不断推进农村精神文明建设提质增效，让先进文化作为"三农"工作的引导，促进农村和农民的全面发展。

（一）以创建美丽文明乡村为导向，提升农民主体参与意识

小康社会是社会主义现代建设的重要成果，而美丽乡村是小康社会成果在新农村建设中的具体展现。建设美丽乡村是党在建设社会主义新农村这一重大历史任务过程中提出的重要举措，是农村落实"四个全面"战略布局的总抓手。以建设美丽乡村为阶段化目标，积极推进农村精神文明建设进程，是满足农民日益增长的精神文化需求、提高农民文明素质和建设乡村文明的重要途径。美丽乡村也是农村社会繁荣、改革发展的具体表现。在新农村建设过程中，既要关注农民的物质文化需要，也要重视农民的精神文明需求，从整体上提高农村文明水平，使广大农民在安居乐业之后享有良好的精神文化环境。

创建美丽文明乡村离不开广大农民的积极参与，农民作为农村建设的主体，必须让农民自觉参与本地区美丽乡村的规划、建设和管护。基层组织可以在本村广泛开展星级文明户、文明家庭、模范人物等道德评选活动，鼓励农民群众参与农村精神文明建设，引导农民树立正确的人生观、世界观、价值观；加强农村地区群众自治组织建设，依托村民会议、村民理事会等组织，形成民事民议、民办、民管的基层协商体系，让农民参与本村治理；提高农民自身的奉献意识，通过文明乡风、良好家风来构建亲密型邻里关系与村民的共同情感认知基础，提升乡村民众的精神层次，切实提高农民的参与度与知晓率，进一步强化农民的规则意识和集体意识。农民是农村的主人，是农村建设的主体力量，有更多建设农村的智慧和能力。只有以创建美丽文明乡村为导向，引导广大农民在参与农村建设的过程中收获自尊、自信，才能提升农民的主体参与意识，激发农民参与的主动性，共建共享美丽文明乡村。

（二）以完善农村公共服务建设为支撑，加强文化设施平台建设

坚持以农民的现实需求为导向。优先建设群众急需的文化娱乐设施，将农民的文化需求和文化惠民项目对接，将项目建设的作用发挥至最大。坚持因地制宜，以国家公共文化服务基本标准为依据，立足于本地区的文化特点、农民消费习惯与心理接受程度开展相关文化娱乐与服务活动。坚持科学规划，在整合本地区教育、文化、娱乐、信息、党建资源和公共基础设施的基础上，利用综合文化中心开展电影下乡、农村图书室等活动。因地制宜、统筹规划利用农村资源，有利于提高资源利用效率，避免设施浪费和闲置，实现群众共建共享。

提升文化产品和供给服务的质量。始终坚持以人民为中心，为广大农民群众推送优质的文化产品和实践服务内容，吸引越来越多的群众参与有质量、有内涵、有意义的农村文化活动。农村文化活动必须扎根农村大地，活动内容既要与社会主义先进文化相衔接，也要融入乡风乡情接地气，以新时代文明实践中心、文化大礼堂等为载体，为广大农民群众送去更多优秀的电

影、戏曲、图书及其他文化成果。积极探索政府购买、市场机制、社会帮扶等形式，引导社会力量参与农村建设，不断提高农村文化资源数量与质量，提升服务水平。同时，还要不断增强农村文化的自我发展能力，大力挖掘文艺民俗和业余文化队伍，寻找和培养农村基层文艺骨干，调动农民参与、开展文化活动的积极性，建设农民身边常驻的文化队伍。

加大对农村公共文化设施建设的资金支持。农村公共文化设施作为乡村文明建设的物质载体，会影响乡村振兴战略在农村地区贯彻与实施的实效性。因此，相关政府部门有义务加大对公共文化设施建设的财政投入，为乡风文明建设提供坚实的物质基础。例如设置农村图书室、老年活动中心、运动中心及其他文化活动场所，逐步满足农村群众日益增长的美好生活需要。

（三）以社会主义核心价值观为引领，自觉抵制农村封建迷信活动

对于封建迷信，从根本上来说还是信仰缺失。十九大报告明确指出："开展移风易俗，弘扬时代新风行动，抵制腐朽落后文化侵蚀。"在当下的中国农村，必须把社会主义核心价值观作为乡风文明建设的灵魂，将其注入新农村建设发展的全过程，不断加强对农民的科学文明教育，在农村积极传播社会主义先进文化，加强社会主义核心价值观的弘扬。对于农村地区一些根深蒂固的封建迷信思想，首先要认真、深入分析迷信产生的根源，找出能够帮助人们正确认识这些迷信活动的真实依据，并通过各类途径进行宣传教育、科学普及，向人们传播自然科学和社会科学知识，让他们意识到封建迷信的现实危害，自觉做到不信、不传，主动抵制周围的迷信活动。党员干部和基层组织要担负起引导教育广大农民群众相信科学、抵制迷信的重要任务，逐渐净化农村社会风气，把社会主义精神文明建设和核心价值观建设不断推向深入，从而在广大农民群众之间形成"以崇尚科学为荣、以迷信愚昧为耻"的良好氛围。

邓小平同志曾经指出："提倡科学，宣扬真理，反对愚昧无知、迷信落后，加强马列主义的宣传。这不管对人民群众或部队，都是同等重要的。"①

---

① 《邓小平文选》第1卷，人民出版社，1994，第27页。

破除迷信，就应该加强马列主义和社会主义核心价值观的宣传教育，普及科学知识，弘扬科学精神，大力反对和破除形形色色的封建迷信活动。在农村地区广泛开展社会主义核心价值观宣传教育，积极引导广大农民讲道德、尊道德、守道德，追求高尚的道德理想，结合精神文明建设、新农村建设等移风易俗建设活动，转变人们的观念，破除影响人们生活、思想及行为方式的各种障碍。通过广播、标语、宣传栏、讲座等形式，在农村地区开展科普活动，传播科学文明理念，让村民从根本上意识到封建迷信的危害，自觉主动地摒弃一切封建迷信行为。执法部门的严厉打击也是破除利用封建迷信进行违法犯罪活动的重要手段，应查处利用封建迷信手段骗财害人的违法人员，清除和取缔农村地区从事封建迷信活动的固定场所和沿街算命的游摊，坚决遏制传播封建迷信的违法行为，净化社会文化环境。

（四）以不良习俗整治为切入点，营造新时代乡村文明新风

加强基层党委对农村地区移风易俗工作的领导。为保障江苏省移风易俗工作的有效推进，各基层党委需要对这一工作内容作出更加具体的规划。对基层党员干部的先锋模范带头作用提出严格要求，并建立严格的考核评价体系。对于江苏省各基层党员干部率先垂范进行婚事简办、抵制天价彩礼、孝亲敬老等行为，要积极给予奖励并在群众中树立典型，以此来鼓励村民们积极投身移风易俗的工作。对于那些违反规定、不带头推进文明风尚的各基层党员干部要进行相应的惩处，以保证江苏省各基层党员干部能够随时严格要求自己，带头推进移风易俗工作，从而营造文明乡风。

坚持依靠农民开展移风易俗。广大农民是推进乡村移风易俗工作的主体，乡村移风易俗工作的成效关键取决于农民积极的支持与参与。因此，江苏省各基层政府要让广大群众积极主动地推进移风易俗工作。江苏省各乡村群众应通过集体商议制定彩礼的上限标准、规定婚宴的规模、规定人情消费的最高标准、禁止村中赌博，违规者要受到惩罚；积极学习党的方针政策以抵制封建迷信活动，并把这些移风易俗内容列入新型村规民约。村民要严格

执行新制定的村规民约，并相互监督。让新型村规民约在公共生活、公共安全、公共风气、财产安全等方面发挥最大的效用，从而改变之前一系列的不良习俗，营造良好的乡风。

坚持因地制宜推进移风易俗工作。要根据江苏省不同乡村的经济社会发展水平和文化传统因地制宜推进移风易俗工作，江苏省各基层政府要充分尊重各个乡村的风俗习惯和村民的可接受程度，不能搞"一刀切"。要根据各村实际状况，有节奏地带动当地村民推进移风易俗工作，而不能盲目效仿其他乡村。例如在结婚彩礼、举办婚礼、人情消费等方面要根据各个乡村的经济发展水平而定，但必须要控制在村民可接受的限度之内。各乡村村民的思想观念各不相同，对于观念较为开放的村民，当地政府要积极鼓励在重大节假日尤其是春节举办婚礼，倡导简办婚礼，鼓励大家在乡村内固定场所例如在村委会举办，既意义重大又简单节俭。江苏省各乡村必须要在尊重当地村民意愿的基础上举办宴席服务组，并规定服务标准。例如宴席必须控制规格，烟酒不能超过一定标准等，既简单又隆重，避免挥霍浪费，减轻村民的经济负担。各基层政府要根据村民的可接受程度，通过各种方式加强党的方针政策、爱国主义教育等宣传力度，增强村民的理论素养，使其自觉抵制各种封建迷信和邪教活动，从而推动乡风文明的健康发展。

参考文献

万远英：《民俗文化：新农村乡风文明建设》，中国社会科学出版社，2019。

李为君、夏颖、孔寅：《乡风文明的塑造：改革开放以来农村文化建设研究》，首都经济贸易大学出版社，2021。

《关于进一步推进移风易俗建设文明乡风的指导意见》，中国文明网，2019 年 12 月 19 日，http：//images1. wenming. cn/web _ wenming/ziliao/jujiao/201912/t20191219 _ 5356960. shtml。

刘欢、韩广富：《中国共产党推进乡风文明建设的百年历程、经验与展望》，《兰州学刊》2021 年第 6 期。

于文静：《中央农办等 11 部门印发指导意见推进文明乡风建设》，《山西农经》2019

年第 21 期。

王兵、张戎:《乡风文明建设的江宁实践》,《唯实》2021 年第 3 期。

尤伟杰:《乡风文明在当代乡村治理中的价值研究》,《农村经济与科技》2021 年第 10 期。

孙晨晨、杨崇瑞、王鹏:《乡村振兴战略下乡风文明评价指标体系构建研究分析》,《现代园艺》2021 年第 11 期。

李珊:《乡村振兴战略背景下的乡风文明建设研究》,硕士学位论文,河北大学,2021。

赵廷阳、张颖、李怡欣:《乡村振兴背景下的乡风文明建设——基于全国村级"乡风文明建设"典型案例分析》,《西北农林科技大学学报》(社会科学版)2021 年第 3 期。

万坤利:《乡村软治理生成的动力机制研究》,《贵州社会科学》2021 年第 7 期。

刘欢、韩广富:《后脱贫时代乡风文明建设的现实价值、发展境遇及路径选择》,《西北民族大学学报》(哲学社会科学版)2021 年第 2 期。

B.11
2021年江苏省农村医疗卫生事业发展报告

朱娅 范皓玮*

摘　要： 随着新医改的推进，健康中国战略和乡村振兴战略叠加利好，江苏农村医疗卫生事业在公共卫生、医疗、医药和医保方面取得了实质性突破。农村医疗卫生服务的可及性和公平性增强，基本医疗保障水平全面提高，切实强化了基层医疗卫生机构的哨点作用。江苏农村医疗卫生事业发展采取了一些有效的改革措施，包括紧密型县域医共体建设、农村区域性医疗卫生中心建设、基层医疗卫生服务能力建设、实施卫生人才强基工程、"互联网＋医疗健康"、健康扶贫等。新阶段，江苏农村医疗卫生事业面临发展困境，集中体现为农村基层优质医疗资源不足，服务质量偏低；乡村医生紧缺且普遍老龄化；县域医共体作用不明显，分级诊疗制度落实不到位；医保改革有待深化，农村居民医疗费用负担仍然较重；农村医疗卫生服务供给碎片化，重治轻防普遍存在。应进一步深化医疗卫生体制改革，破解农村医疗卫生需求的难点痛点问题，为农村居民提供更好的医疗卫生服务，推进农村医疗卫生事业高质量发展。

关键词： 农村医疗卫生　基层医疗卫生机构　县域医共体　健康扶贫

---

* 朱娅，南京农业大学马克思主义学院教授，主要研究方向为乡村治理与农村公共政策；范皓玮，南京农业大学金融学院本科生。

    农村医疗卫生服务是关系到广大农村居民生命健康、生活幸福的重要民生工程，是抗击新冠肺炎疫情等突发公共卫生事件的堡垒。2014 年 12 月，习近平总书记在江苏视察时强调："要推动医疗卫生工作重心下移、医疗卫生资源下沉，推动城乡基本公共服务均等化，为群众提供安全有效方便价廉的公共卫生和基本医疗服务，真正解决好基层群众看病难、看病贵问题。"①《"健康中国 2030"规划纲要》指出，医疗卫生事业发展要"以农村和基层为重点，推动健康领域基本公共服务均等化""逐步缩小城乡、地区、人群间基本健康服务和健康水平的差异，实现全民健康覆盖"。这为新时代农村医疗卫生事业发展提供了遵循。

    近年来，在实施健康中国战略和乡村振兴战略背景下，江苏遵循新时代卫生与健康工作方针，全面推进健康江苏和健康乡村建设，农村医疗卫生事业在公共卫生、医疗、医药和医保方面取得了实质性突破，为江苏高水平全面建成小康社会提供了充分的条件。2020 年是极不寻常的一年，突如其来的新冠肺炎疫情是一次大考，江苏农村医疗卫生体系交出了令人民满意的答卷，成功阻断了疫情向农村的扩散，有力保障了广大农村居民的生命安全和身体健康。然而，相比于城市，农村医疗卫生服务仍是江苏医疗卫生事业发展的短板，无论是基本公共卫生服务和重大疾病预防方面，还是医疗服务、健康管理与促进等方面，都存在不少弱项。"十四五"时期，江苏农村医疗卫生事业发展亟须补短板、强弱项，进一步深化医疗卫生体制改革，推进医防融合、强化信息化建设，促进实现城乡居民获得公平可及的医疗卫生服务，织牢农村公共卫生防护网，提升应对突发公共卫生事件的能力。

    本报告的数据主要来源于 2021 年 7 月开展的中国土地经济调查（CLES）、2011～2013 年《江苏省卫生事业发展统计简报》、2014～2017 年《江苏省卫生计生事业发展统计公报》、2018～2020 年《江苏省卫生健康事业发展统计公报》、2017～2019 年《江苏卫生计生年鉴》以及《江苏卫生健康年鉴

---

① 《习近平的健康观：以人民为中心，以健康为根本》，中国共产党新闻网，2016 年 8 月 19日，http：//cpc. people. com. cn/xuexi/n1/2016/0819/c385474 - 28650588. html? from = timeline&isappinstalled = 0。

(2020)》。在 2020 年 7 月对苏州市太仓市、泰州市姜堰区、宿州市宿豫区等 3 个县 9 个村及 2021 年 7 月对盐城市 3 个村开展的田野调查中，访谈的对象涉及省、县（市、区）的卫生、医保、医疗等相关职能部门行政管理人员、村卫生室负责人和村民。

样本农户健康状况总体优良。根据 CLES 2021 数据，被访农户人口为 7803 人，其中自我评定健康状况为优的人口占 62.33%，自我评定健康状况为良的人口占 21.30%，自我评定健康状况为中的人口占 8.37%，自我评定健康状况为差的人口占 6.29%，自我评定健康状况为丧失劳动能力的人口占 1.70%（见表 1）。

表 1 样本农户自我评定健康状况

单位：人，%

健康状况	苏南		苏中		苏北		全省	
	人数	比例	人数	比例	人数	比例	人数	比例
丧失劳动能力	43	1.33	40	1.72	50	2.24	133	1.70
差	168	5.19	160	6.86	163	7.30	491	6.29
中	260	8.02	210	9.01	183	8.20	653	8.37
良	686	21.17	637	27.33	339	15.19	1662	21.30
优	2083	64.29	1284	55.08	1497	67.07	4864	62.33
合计	3240	100	2331	100	2232	100	7803	99.99

资料来源：CLES 2021。

一 江苏农村医疗卫生事业的基本情况

江苏不断加大资金投入力度和政策支持力度。"十三五"期间全省各级政府卫生健康投入达 4263 亿元，较前 5 年增长 73.72%。[①] 在医药卫生资源配置、机构设置、人员编制上向农村倾斜，不断改善农村基层医疗卫生条

---

① 《江苏：共谋百姓富，让"生活更加殷实"照进现实》，人民网，2021 年 6 月 27 日，http://js.people.com.cn/n2/2021/0627/c360300 – 34796096.html? ivk_ sa = 1024320u。

件，大力提升农村基层医疗卫生服务能力，积极推进城乡公共卫生服务均等化，全面提高农村居民基本医疗保障水平，让农村居民"看得上病、看得好病""少生病、晚生病"，健康获得感不断提升。

（一）农村基层医疗卫生机构呈减少趋势，卫生人员大幅增加

农村基层医疗卫生机构是保障农村居民健康的第一道防线。县级以下为基层医疗卫生机构，分为公立和社会办两类。[1] 农村基层医疗卫生机构以乡镇卫生院和村卫生室为主[2]，主要负责提供公共卫生服务和常见病、多发病的诊疗等综合服务。

江苏乡镇卫生院和村卫生室数量整体呈逐年减少的趋势。尽管乡镇卫生院数量在 2015 年至 2017 年间有所增加，从 1033 个增长至 1056 个，村卫生室数量在 2016 年有所回升，从 2015 年的 15391 个增长至 2016 年的 15481个，但增长幅度过小，且在增长后持续减少（见图 1、图 2）。2011～2020

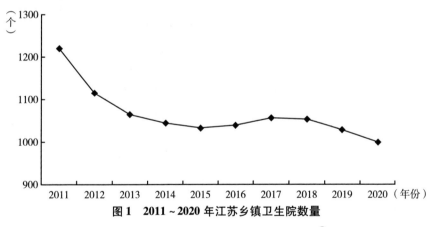

图 1　2011～2020 年江苏乡镇卫生院数量

资料来源：2011～2020 年《江苏省卫生健康事业发展统计公报》[3]。

---

① 《国务院办公厅关于印发全国医疗卫生服务体系规划纲要（2015—2020 年）的通知》（国办发〔2015〕14 号）。

② 根据《江苏卫生健康年鉴（2020）》，基层医疗卫生机构包括社区卫生服务中心（站）、街道卫生院、乡镇卫生院、村卫生室、门诊部、诊所（医务室）。

③ 《江苏省卫生事业发展统计简报》《江苏省卫生计生事业发展统计公报》《江苏省卫生健康事业发展统计公报》统称为《江苏省卫生健康事业发展统计公报》。

年 10 年间，乡镇卫生院数量从 1220 个下降到 999 个，减少了 18.11%；村卫生室数量从 16694 个下降到 15020 个，减少了 10.03%。究其原因，随着社会经济快速发展和城镇化加速发展，人口大规模向城市转移，乡村人口持续减少，撤乡并镇、合村并居的地方越来越多，乡镇卫生院和村卫生室也相应撤并了一部分。

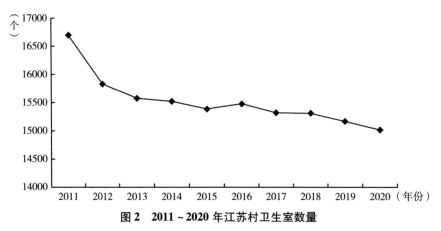

图2 2011～2020 年江苏村卫生室数量

资料来源：2011～2020 年《江苏省卫生健康事业发展统计公报》。

江苏乡镇和村卫生人员数量整体呈增加趋势。2014～2020 年，乡镇卫生院卫生人员数持续增加，从 72367 人增加至 104393 人，增长率达 44.25%。村卫生室卫生人员数（含乡卫生院设点下派的医师和护士）从 51299 人增加至 73143 人，增长率为 42.58%（见图3）。[①]

从卫生人员结构来看，乡镇卫生院卫生技术人员占卫生人员的比重呈现上升趋势，从 2011 年的 80.80% 上升到 2020 年的 86.21%，上升了 5.41 个百分点；乡镇卫生院执业（助理）医师占卫生人员的比重总体呈现上升趋势，从 2011 年的 34.13% 上升到 2020 年的 40.14%，上升了 6.01 个百分点

①　因为统计口径变化，2018 年《江苏省卫生和计划生育事业发展统计公报》将 2017 年村卫生室卫生人员由 47544 人调增为 71361 人，其中，执业（助理）医师由 15109 人调增为 30191 人，注册护士由 1511 人调增为 10236 人，乡村医生和卫生员仍为 30934 人。

②　2017 年和 2018 年的《江苏省卫生和计划生育事业发展统计公报》中，关于 2017 年村卫生室卫生人员数值不同，本报告采用 2018 年统计公报的数据。

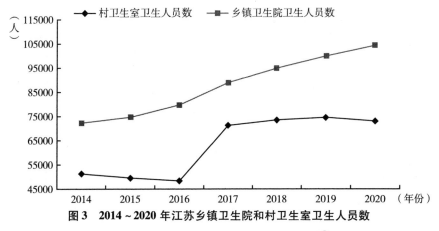

图3 2014~2020年江苏乡镇卫生院和村卫生室卫生人员数

资料来源：2014~2020年《江苏省卫生健康事业发展统计公报》②。

（见表2）。村卫生室卫生人员的构成不断优化，2011~2020年，村卫生室执业（助理）医师数及注册护士数持续大幅增加，2011年执业（助理）医师仅2298人，2013年就增加至10805人，2020年达35792人；2013年之前，村卫生室没有注册护士，2013年仅有注册护士664人，2020年达14198人；乡村医生和卫生员数持续大幅减少，从2011年的54999人减少至2020年的23153人，减少了57.90%（见图4）。

表2 2011~2020年江苏乡镇卫生院卫生人员数

年份	乡镇卫生院卫生人员数（人）	乡镇卫生院卫生技术人员		乡镇卫生院执业（助理）医师	
		人数（人）	比例（%）	人数（人）	比例（%）
2011	70642	57080	80.80	24112	34.13
2012	69509	57122	82.18	25395	36.53
2013	71037	59058	83.14	26352	37.10
2014	72367	60284	83.30	26444	36.54
2015	74704	62733	83.98	28207	37.76
2016	79755	66971	83.97	30549	38.30
2017	88920	74535	83.82	33156	37.29
2018	94930	80588	84.89	35750	37.66
2019	99918	85784	85.85	39642	39.67
2020	104393	90001	86.21	41901	40.14

资料来源：2011~2020年《江苏省卫生健康事业发展统计公报》。

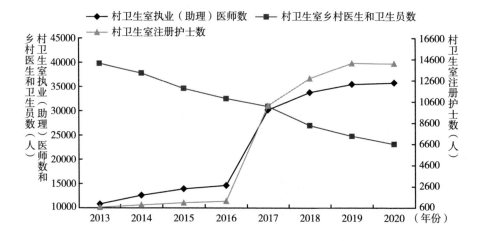

图4 2013~2020年江苏村卫生室各类卫生人员数

资料来源：2013~2020年《江苏省卫生健康事业发展统计公报》。

（二）农村医疗卫生服务可及性增强，基本实现大病不出县

医疗卫生服务可及性是指居民与医疗卫生系统间的"适合度"，即居民能够容易地获得医疗卫生服务供给方提供的医疗卫生资源。[①] 江苏加快推进分级诊疗制度建设，农村医疗卫生服务体系不断完善，农村医疗卫生服务可及性增强，农村居民在家门口就能看病就医。

1. 农村"十五分钟"健康服务圈基本建成

按照每个建制乡镇建有1所政府办乡镇卫生院，每个建制村或服务3000左右人口设置1所村卫生室，基本建成县乡两级、乡村一体的农村"十五分钟"健康服务圈，70%的村卫生室由乡镇卫生院领办。CLES 2021数据显示，在40个行政村中，设有1个卫生室的情况最为普遍，有32个，占80%；设有2个卫生室的行政村有6个，占15%；设有3个卫生室的行政村有1个；还有1个村没有设村卫生室。就村卫生室卫生人员而言，在39个有效样本村中，卫生人员数均值为2.74人，卫生人员数最多的为7

---

① 吴业苗：《农村医疗卫生服务改进：农民需要与国家政策》，《深圳社会科学》2021年第4期。

人，该村常住人口为 4798 人，设有 2 个村卫生室（见表 3）。此外，根据 CLES 2021 数据，村委会到县（市、区）医院距离均值为 17.85 公里，标准差为 15.15 公里；最大值为 69 公里，该村常住人口为 2787 人，设有 1 个村卫生室；最小值为 0.5 公里，该村常住人口为 3194 人，设有 2 个村卫生室。

表3 行政村医疗卫生服务情况

	样本量(个)	均值	标准差	最小值	最大值
村卫生人员数（人）	39	2.74	1.39	0	7
村委会离县医院距离（公里）	39	17.85	15.15	0.5	69
村开展健康教育次数（次）	40	3.75	2.45	1	12

资料来源：CLES 2021。

2. 农村基层医疗卫生网底进一步夯实

推动农村基层医疗卫生机构提档升级。按照强基层、保基本的原则，省财政每年设立 2.5 亿元专项资金，用于基层医疗卫生机构基础设施建设和基本设备装备建设。以乡镇卫生院床位数为例，2011～2020 年床位数呈持续增加态势，2020 年为 76886 张，比 2011 年增长 48.51%，其中 2017 年增加 9136 张，增加幅度最大（见图 5）。

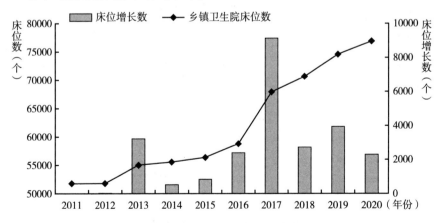

图5 2011～2020 年江苏乡镇卫生院床位数及床位增长数

资料来源：2011～2020 年《江苏省卫生健康事业发展统计公报》。

诊疗量、入院人数和床位使用率反映了医疗服务的效率，从趋势上看，全省乡镇卫生院诊疗人次持续增加，村卫生室诊疗人次持续减少。一是乡镇卫生院。2011～2019 年，乡镇卫生院诊疗人次保持持续增加的态势，由 7025.88 万人次增至 9680.65 万人次；2020 年受新冠肺炎疫情影响，乡镇卫生院诊疗人次大幅减少至 8495.93 万人次，比 2019 年减少了 1184.72 万人次。2013～2016 年，乡镇卫生院诊疗人次少于村卫生室诊疗人次，2017 年实现了超越（见图6）。虽然乡镇卫生院诊疗人次持续增加，但自 2014 年起，乡镇卫生院医师日均担负诊疗人次呈减少趋势，由 2014 年最高值 12.2 人次，持续减少至 2020 年 8.2 人次。2011～2020 年，乡镇卫生院日均担负诊疗人次皆高于全省医师日均担负诊疗人次，相差范围在 1.3～2.49 人次（见表4）。二是村卫生室。村卫生室诊疗人次自 2015 年以来持续减少，由 9357.6 万人次减少至 2020 年 7548.10 万人次，降幅为 19.34%。与此同时，平均每个村卫生室年诊疗人次由 6080 人次减少至 5025 人次，5 年间降幅 17.35%。村卫生室诊疗人次的减少与农村常住人口的减少有关，且随着道路和交通工具的改善，进镇入城更加便捷，相应减少了村卫生室的诊疗需求。

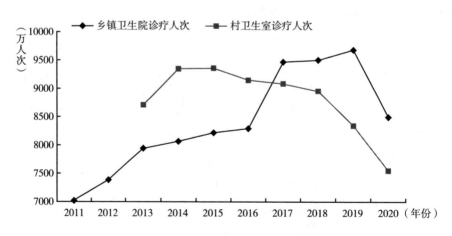

图6　2011～2020 年江苏乡镇卫生院、村卫生室诊疗人次

资料来源：2011～2020 年《江苏省卫生健康事业发展统计公报》。

表4 2011~2020年江苏乡镇卫生院医疗卫生服务情况

年份	诊疗人次 （万人次）	医师日均 担负诊疗 人次（人次）	入院人数 （万人）	医师日均 担负住院 床日（日）	出院者平 均住院日 （日）	床位数 （张）	病床使用 率（%）
2011	7025.88	11.6	141.03	1.2	7.1	51771	58.75
2012	7384.93	11.6	139.48	1.1	6.9	51795	58.09
2013	7942.61	12.1	147.26	1.2	7.3	55025	61.23
2014	8065.62	12.2	150.58	1.2	7.6	55551	61.57
2015	8216.63	11.7	156.89	1.2	7.6	56396	63.45
2016	8290.52	10.9	163.38	1.1	7.6	58786	63.59
2017	9468.85	11.5	210.17	1.3	7.3	67922	67.54
2018	9501.02	10.7	200.95	1.2	7.4	70655	64.82
2019	9680.65	10.2	209.61	1.2	7.4	74600	64.23
2020	8495.93	8.2	184.82	1.0	7.4	76886	55.45

资料来源：2011~2020年《江苏省卫生健康事业发展统计公报》。

2011~2020年，随着全省乡镇卫生院病床数持续增加，入院人数除2020年受疫情影响大幅减少外，其余年份均呈增加趋势，但乡镇卫生院入院人数占全省入院人数的比例呈震荡回落态势，从2011年的16.98%逐年减少至2016年的12.48%，2017年大幅增加至14.82%，此后逐年小幅减少，2020年降至13.64%（见图7）。10年间，乡镇卫生院医师日均担负住院床日、出院者平均住院日皆小于全省平均水平，相差范围在1.2~1.8日、1.9~3日。乡镇卫生院病床使用率2011~2017年呈现上升态势，2017~2020年呈显著下降趋势，2020年为55.45%，低于全省医疗机构病床使用率16个百分点（见图8）。农村患者更倾向于选择县级及以上医院进行住院治疗，导致乡镇卫生院床位利用率总体比较低。

3. 县级医院医疗服务能力明显提升

江苏大力推进县级医院能力提升工程，大力扶持县级医院重点专科建设，省级财政给予专项经费补助，全省县级医院累计建成省级临床重点专科34个。组织城市大医院对口支援县级医院，全省65所城市三级医院结对帮扶66所县级医院，派出管理团队、技术团队，开设名医工作室，组织专家

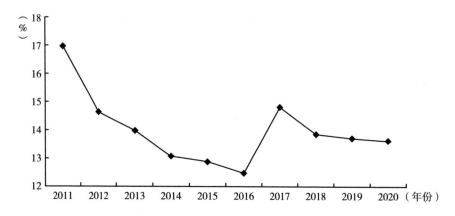

图7 2011~2020 乡镇卫生院入院人数占全省入院人数比例

资料来源:2011~2020年《江苏省卫生健康事业发展统计公报》。

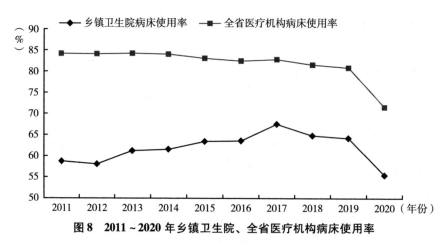

图8 2011~2020年乡镇卫生院、全省医疗机构病床使用率

资料来源:2011~2020年《江苏省卫生健康事业发展统计公报》。

定期坐诊。[①] 根据国家卫生健康委通报的"2019年县级医院服务能力评估情况",江苏县级医院医疗服务能力基本标准达标率为95.97%,推荐标准达标率为81.91%,两项指标均排名全国第一。截至2020年8月,全省已有41家县级医院转设为三级综合医院,占县级医院总数的62.1%。[②] 2020年,

---

① 《江苏县医院看病接得住看得好》,《健康报》2020年8月27日,第1版。
② 《小病不出村 大病不出县》,《新华日报》2020年8月27日,第6版。

全省居民两周患病首选基层就诊比例达 72.07%，县域就诊率达 93.28%，同比提高 2 个百分点。[①] 农村居民"小病不出村，大病不出县"目标初步实现。根据 CLES 2021 数据，农户选择首诊医疗机构中排第一的是县（区）属医院，占比为 33.10%；排第二的是乡镇卫生院，占比为 31.24%；排第三的是村卫生室，占比为 22.15%，县域就诊率为 86.49%（见表 5）。

表5　农户首诊医疗机构

单位：人，%

医疗机构	人数	占比
村卫生室	346	22.15
乡镇卫生院	488	31.24
县(区)属医院	517	33.10
省辖市属医院；	164	10.50
省/直辖市/自治区属医院	45	2.88
其他	2	0.13
合计	1562	100

资料来源：CLES 2021。

（三）城乡公共卫生服务均等化水平不断提升，健康保障水平有效提高

江苏以促进城乡基本公共卫生服务均等化为目标，突出关口前移，强化医防融合，全力保障农村公共卫生安全。根据《江苏卫生健康年鉴（2020）》，2019 年末，江苏农村专业公共卫生机构有 315 个，其中疾病预防控制中心有 41 个（见表 6）。

从疾病谱来看，亚健康人群已上升到总人口的 1/4，健康管理特别是慢性病管理是医疗卫生服务面临的重要任务。2020 年，全省居民死亡原因前十位分别为恶性肿瘤、脑血管病、心脏病、呼吸系统疾病、损伤和中毒、内

[①] 《2020 年全省卫生健康工作进展情况》，江苏省卫生健康委员会网站，2021 年 5 月 17 日，http：//wjw.jiangsu.gov.cn/art/2021/5/17/art_7244_9816891.html。

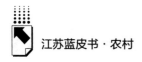

江苏蓝皮书·农村

表6 2016～2019年江苏按城乡分专业公共卫生机构数

单位：个

	2016		2017		2018		2019	
	城市	农村	城市	农村	城市	农村	城市	农村
专业公共卫生机构	556	503	477	434	455	353	370	315
疾病预防控制中心	76	41	75	41	76	41	77	41
专科疾病防治院(所、站)	23	19	23	20	24	17	25	17
健康教育所(站、中心)	2	4	2	4	2	4	2	4
妇幼保健院(所、站)	68	42	69	41	71	43	72	43
急救中心(站)	25	18	25	18	25	23	26	27
采供血机构	18	12	18	12	18	12	18	12
卫生监督所(中心)	65	41	63	41	63	41	64	41
计划生育技术服务机构	279	326	202	257	176	172	86	130

注：城市为省辖市市区，农村包括县和县级市。
资料来源：2017～2019年《江苏卫生计生年鉴》、《江苏卫生健康年鉴（2020）》。

分泌、营养和代谢疾病、神经系统疾病、消化系统疾病、泌尿生殖系统疾病、传染病和寄生虫病。前十位死亡原因导致的死亡数占死亡总数的95.74%，其中由慢性非传染性疾病导致的死亡数占死亡总数的85.97%。[1]

为有效解决慢性病患者人数快速增加、传染性疾病防控形势依然严峻等公共卫生问题，自2009年新医改启动以来，国家基本公共卫生服务项目已在农村普遍实施。[2] 2020年，国家基本公共卫生服务项目人均补助标准提高到80元，全省实际人均补助达82.7元。免费提供建立居民健康档案、健康教育预防接种、儿童健康管理、孕产妇健康管理等12类服务以及18项新增项目。江苏在国家基本公共卫生服务项目绩效评价结果列全国第一。[3]

江苏农村重点人群健康保障水平进一步提高。一是服务管理65岁以上

---

[1] 《2020年全省卫生健康工作进展情况》，江苏省卫生健康委员会网站，2021年5月17日，http：//wjw.jiangsu.gov.cn/art/2021/5/17/art_7244_9816891.html。

[2] 赵黎：《新医改与中国农村医疗卫生事业发展——十年经验、现实困境与善治推动》，《中国农村经济》2019年第9期。

[3] 2019年，国家基本公共卫生服务项目人均补助标准提高到75元，全省实际人均补助达80.96元。2015年，国家基本公共卫生服务项目人均补助标准提高到40元，全省实际人均补助达44.6元。

老年人及高血压、糖尿病、严重精神障碍患者。例如，65岁以上老人的免费体检向农村覆盖。据富民村村医透露，他定期带老年人去镇里进行免费体检。二是开展农村妇女宫颈癌、乳腺癌检查，患者均得到治疗或转诊。三是妇幼健康服务水平不断提升。深入实施母婴安全计划，实现孕妇产前筛查和新生儿疾病筛查全覆盖，住院分娩率稳定在100%。近年来，省市县联动大力推进"所转院"，全省50万人口以上的县（市、涉农区）妇幼保健院建成率从2018年的30.5%提高到2020年的61%。① 2020年12月20日，《江苏省出生缺陷防治办法》（省政府令第145号）出台，自2021年2月1日起施行。2020年，5岁以下儿童死亡率为3.69‰，其中农村为4.78‰；婴儿死亡率为2.44‰，其中农村为2.96‰；新生儿死亡率为1.60‰，其中农村为1.87‰；孕产妇死亡率为5.09/10万，其中农村为6.36/10万（见表7）。

表7 2014～2020年城乡妇幼保健状况

年份	新生儿死亡率(‰)		婴儿死亡率(‰)		5岁以下儿童死亡率(‰)		孕产妇死亡率(1/10万)	
	城市	农村	城市	农村	城市	农村	城市	农村
2014	2.14	1.60	3.68	2.60	4.76	3.49	4.39	5.26
2015	2.09	1.61	3.60	2.54	4.65	3.54	5.80	1.69
2016	1.65	1.65	3.18	2.68	4.34	3.58	4.15	5.35
2017	1.63	1.84	2.47	3.05	3.40	4.56	—	—
2018	1.59	1.71	2.61	3.07	3.78	4.74	9.83	9.83
2019	1.62	1.66	2.48	2.67	3.65	4.10	7.96	7.11
2020	1.53	1.87	2.31	2.96	3.42	4.78	4.77	6.36

资料来源：2014～2020年《江苏省卫生健康事业发展统计公报》。

江苏加大农村重大疫病防控力度。加强传染病的监测预警，全省甲乙类传染病发病率降至115.99/10万，是全国最低的省份之一；艾滋病抗病毒治疗覆盖率达93.27%；肺结核患者管理率达98.61%。开展地方病、血吸虫病攻坚行动，截至2020年末，全省64个血吸虫病防治工作县（市、区）

① 《2020年全省卫生健康工作进展情况》，江苏省卫生健康委员会网站，2021年5月17日，http：//wjw.jiangsu.gov.cn/art/2021/5/17/art_7244_9816891.html。

全部达到血吸虫病传播阻断标准，其中有 57 个县（市、区）达到血吸虫病消除标准；连续 9 年无本地感染疟疾病例，消除疟疾工作获得世界卫生组织认可；全省碘缺乏病防治工作县（市、区）94 个，居民合格碘盐食用率为 94.96%。[1]

江苏强化预防接种在农村基层医疗卫生网络中的地位，大力推进标准化、规范化预防接种门诊建设，优化功能布局，配齐设施器械，配备足够的预防接种人员，规范接种工作流程，全面提升预防接种和疫苗管理水平。2019 年江苏省卫生健康委印发《江苏省推进预防接种规范化管理工作实施方案》，在全国率先建成全业务融合、全程实时溯源的预防接种机构全覆盖。重点打击使用过期疫苗、不合格疫苗和假疫苗等违法行为，严肃查处违反操作规程等行为。

总之，从专业公共卫生机构设置、基本公共卫生服务供给、慢性疾病防治、妇幼健康管理、重大疫病防控等方面衡量，江苏农村公共卫生事业取得了明显成效。

（四）农村居民基本医疗保障水平全面提高，基本实现人人病有所医

医疗保障发挥着引导医疗、合理配置和科学使用医药资源的基础性作用。[2] 江苏以实现人人病有所医为宗旨，全面提高城乡居民基本医疗保障水平，主要表现在筹资水平、医保待遇、整合城乡医保制度和建立基本药物制度四个方面。

一是稳步提高城乡居民基本医疗保险筹资水平。截至 2020 年末，江苏基本医疗保险参保人数达 7967 万人，参保率稳定在 98% 以上，全民医保目标基本实现，低收入人口参加基本医疗保险实现动态全覆盖。[3] 基于医疗卫

---

① 《2020 年全省卫生健康工作进展情况》，江苏省卫生健康委员会网站，2021 年 5 月 17 日，http://wjw.jiangsu.gov.cn/art/2021/5/17/art_7244_9816891.html。

② 赵黎：《新医改与中国农村医疗卫生事业发展——十年经验、现实困境与善治推动》，《中国农村经济》2019 年第 9 期。

③ 《2025 年基本医保参保率超 99%》，《扬子晚报》2021 年 9 月 17 日，第 2 版。

生总费用持续增长和医保待遇水平刚性提高的现实需要，江苏医保筹资水平相应增长。2021年，全省城乡居民医保人均财政补助标准新增30元，达到每人每年不低于610元。① 同步提高居民医保个人缴费标准40元，达到每人每年不低于320元（见表8）。以连云港为例，2012～2021年，农村居民医保个人缴费从60元增长到300元，为苏北五市中最低标准；人均财政补助标准从240元增长到610元。

表8 2015～2021年农村居民基本医疗保险筹资水平

单位：元

年份	筹资标准	个人缴费	人均财政补助
2015	500	120	380
2016	570	150	420
2017	630	180	450
2018	720	210	510
2019	800	250	550
2020	860	280	580
2021	930	320	610

资料来源：2015～2021年江苏省"关于做好城乡居民基本医疗保障工作的通知"。

二是巩固完善居民医保待遇。持续发挥基本医保、大病保险、医疗救助三重制度综合保障、梯次减负功能，全面实施托底医疗保障。基本医保待遇方面，城乡居民医保政策范围内住院费用报销比例分别稳定在70%左右。大病保险待遇方面，2019年大病保险政策范围内最低报销比例由50%提高到60%。特别是继续对医疗救助对象、农村建档立卡低收入人口等困难人员采取倾斜政策，使其大病保险起付线比普通患者降低50%，报销比例提高5个到10个百分点，减轻其医疗费用负担。2020年，低收入人口县域内住院个人负担均次费用下降到367元。门诊慢性病待遇方面，2019年出台《城乡居民高血压、糖尿病门诊用药保障机制实施方案》，对"两病"参保患者门诊发生的符

---

① 《江苏省医疗保障局、江苏省财政厅、国家税务总局江苏省税务局转发国家医保局财政部国家税务总局关于做好2021年城乡居民基本医疗保障工作的通知》（苏医保发〔2021〕55号）。

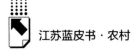

合规定的降血压、降血糖药品费用，政策范围内统筹基金支付比例达 50% 以上，年度最高支付限额不低于 800 元，进一步提升慢性病保障待遇水平。

三是整合城乡居民医疗保险制度。2016 年，按照国家决策部署，江苏省政府出台《关于整合城乡居民基本医疗保险制度的实施意见》（苏政发〔2016〕178 号），明确整合城镇居民医保和新农合两项制度，建立覆盖范围、筹资政策、保障待遇、医保目录、定点管理、基金管理"六统一"的城乡居民医保制度。除扬州市和盐城市实行"一制两档"缴费模式外，其他统筹地区均于 2018 年起实施统一的城乡居民医保制度，扬州市和盐城市从 2020 年起统一了筹资政策。2019 年，江苏省政府办公厅出台《关于实施基本医疗保险和生育保险市级统筹的意见》（苏政办发〔2019〕79 号），明确以设区市为单位，从 2020 年 1 月 1 日起实施基本政策、待遇标准、基金管理、经办管理、定点管理、信息系统"六统一"的基本医疗保险和生育保险市级统筹制度，并设立不超过 3 年的过渡期。截至 2020 年 6 月，除苏州、镇江、徐州、无锡、常州、泰州 6 个设区市实行过渡外，其余 7 个设区市已在设区市范围内统一了城乡居民医保政策待遇。[①] 通过城乡统筹和市级统筹，城乡之间、县与市之间的医保目录、保障待遇等得到了优化统一，城乡居民医保的筹资水平、待遇水平和待遇公平性都得到了进一步增强。

四是逐步降低农村基层基本药物支出。2009 年新医改提出医药分开的改革思路，同年，卫生部等 9 部门印发《关于建立国家基本药物制度的实施意见》。国家基本药物制度涉及对基本药物多个环节制定相关政策，其政策框架主要包括基本药物目录遴选调整管理、生产供应、价格制定和实行零差率销售、促进基本药物优先合理使用、完善报销环节、加强药品质量安全监管、健全工作绩效评估等方面内容。[②] 实施国家基本药物制度，目的在于破除逐利机制，减轻患者用药负担。对农村基层医疗卫生机构而言，实行基

---

① 《对省十三届人大三次会议第 4050 号建议的答复》，江苏省医疗保障局，2020 年 7 月 7 日，http://ybj.jiangsu.gov.cn/art/2020/7/7/art_ 71898_ 9295027. html.

② 赵黎：《发展还是内卷？——农村基层医疗卫生体制改革与变迁》，《中国农村观察》2018 年第 6 期。

本药物制度意味着政府举办的基层医疗卫生机构全部配备和使用国家基本药物，实施基本药物零差率销售政策。[1] 2018年江苏调整并发布了2018年版省药品目录，2020年执行国家新版药品目录，农村居民看病就医可以报销的药品种类与原新农合相比大幅增加。

这四个方面的工作实实在在提升了农村居民的医保待遇，显著减轻了农村居民的看病负担，一定程度上解决了农村居民"看不起病"的问题。所以，江苏农村居民医疗保险的参保积极性高，根据CLES 2021数据，家庭所有成员都有医疗保险的农户比例为93.12%，其中苏南、苏中、苏北没有明显差别（见表9）。在与村医的访谈中，能感受到他们对医保的认可。

"合作医疗（村民）百分之百参加，可以去镇上银行或者在手机上交，不设人工收费点，十年前卫生人员上门通知。（现在）村里会对每家每户进行通知，村民积极参加，都意识到合作医疗的必要性。合作医疗改革后，补助更多了，老百姓看得起病了。"（FMCY1）[2]

表9 农户家庭所有成员是否都有医疗保险

单位：人，%

	苏南		苏中		苏北		全省	
	人数	比例	人数	比例	人数	比例	人数	比例
是	744	93.00	556	93.45	540	92.94	1840	93.12
否	56	7.00	39	6.55	41	7.06	136	6.88
合计	800	100	595	100	581	100	1976	100

资料来源：CLES 2021。

（五）爱国卫生运动深入开展，居民健康素养明显提升

人的健康状况要受生活方式和环境影响，从源头关照和改善农村居民的

---

[1] 赵黎：《新医改与中国农村医疗卫生事业发展——十年经验、现实困境与善治推动》，《中国农村经济》2019年第9期。

[2] 本报告对部分访谈对象和访谈地域进行了匿名化处理。

健康状况能够低成本、高效率实现社会的健康公平，需要引导他们改变生活方式，改善他们面临的恶劣生活环境，如空气污染、水源污染、环卫设施落后等。[①] 近年来，江苏各地深入开展爱国卫生运动，积极推进卫生城镇创建，加快公共卫生基础设施建设，健全卫生管理长效机制，开展环境整治专项行动，有效提升了城乡卫生治理水平和人居环境质量。2020 年末，全省已建成国家卫生县城 18 个、国家卫生乡镇 328 个；已建成江苏省卫生乡镇623 个、江苏省卫生村 10147 个，其中，2020 年新建成江苏省卫生乡镇 47个、江苏省卫生村 958 个。[②]

江苏农村安全饮水工程卓有成效。2020 年末，全省农村区域供水入户率达98%以上，基本实现城乡供水"同水源、同管网、同水质、同服务"[③]。根据CLES 2021 数据，高达 97.43%的受访农户表示饮用水获取方式为自来水，其中87.66%的农户使用室内自来水，9.77%的农户使用院内自来水（见表 10）。

表 10 农户饮用水获取方式

单位：人，%

饮用水获取方式	人数	比例
室内自来水	1741	87.66
院内自来水	194	9.77
院内井水	29	1.46
矿泉水	20	1.01
其他	2	0.10
合计	1986	100

资料来源：CLES 2021。

厕所革命还需攻坚克难。根据 CLES 2021 数据，85.40%的农户户厕为水冲式卫生厕所，3.85%的农户户厕为水冲式非卫生厕所，5.85%的农户户

[①] 谢兰兰：《由不公平到更加公平：农村居民医疗公平性研究进展》，《江汉论坛》2021 年第10 期。

[②] 《2020 年江苏省卫生健康事业发展统计公报》。

[③] 《"健康江苏"建设取得阶段性成效》，江苏文明网，2020 年 12 月 17 日，http://wm.jschina.com.cn/20558/202012/t20201217_6915847.shtml。

厕为卫生旱厕，4.60%的农户户厕为普通旱厕（见表11），没有完成户厕改造的主要在苏中和苏北地区。[①] 39个行政村中，公共厕所为水冲式卫生厕所的村有37个；有1个村为水冲式非卫生厕所，该村位于苏中地区；有1个村没有公共厕所，该村位于苏北地区。

表11　农户户厕类型

单位：户，%

户厕类型	户数	比例
水冲式卫生厕所	1708	85.40
水冲式非卫生厕所	77	3.85
卫生旱厕	117	5.85
普通旱厕	92	4.60
无厕所	2	0.10
其他	4	0.20
合计	2000	100

资料来源：CLES 2021。

2020年，江苏出台《落实健康中国行动推进健康江苏建设的实施方案》，将健康中国15个专项行动与江苏实际相结合，组织实施25个专项行动。通过健康知识普及、合理膳食、全民健身等系列专项行动，不断普及健康生活方式。积极开展健康村镇建设，2020年，江苏新建成省健康镇46个、省健康村341个。全省城乡居民健康素养水平由2015年的14.95%提高到2020年的27.66%。

（六）切实强化基层医疗卫生机构哨点作用，打赢农村疫情防控阻击战

2020年春，面对突如其来的新冠肺炎疫情，江苏之所以能够做到快速响应、因应施策、精准防控，率先复工复产，成功阻断疫情向广大农村地区蔓延，一是因为10年来新医改的推进，保证了医疗体系的公益性和稳定性；

[①] 根据《2020年江苏省卫生健康事业发展统计公报》，2020年江苏新增改厕89350座，农村无害化卫生厕所普及率达95%以上。

二是因为江苏农村医疗卫生事业跨越式发展，有效提高应对突发重大公共卫生事件的能力。

因农村居民防病意识相对不足、诊疗条件有限、防疫资源紧缺，农村地区是疫情防控的薄弱环节。江苏在全国最早推出基层防控 10 条举措，充分发挥乡镇卫生院、村卫生室的网底作用，进一步提升疫情早期发现、报告和应对处置能力，夯实"村报告、乡采样、县检测"工作基础。农村基层医疗卫生机构全力以赴参与疫情防控，在上级医疗卫生机构指导下，积极会同乡镇、村委做好辖区新冠肺炎疫情风险管理、发热患者筛查和相关信息登记、报告以及处置工作。自 2021 年新冠疫苗接种工作全面开展以来，乡镇卫生院有序推进疫苗接种工作，确保农村居民"应接尽接"，加快构建人群免疫屏障。以曙阳村和富民村为例，村民到镇卫生院接种新冠疫苗，两村疫苗接种率达 80%。富民村村委会定期组织车辆接送行动不方便的老年人、残疾人前往镇里接种疫苗。

针对防控知识的不断更新，江苏省卫生健康委指导乡镇卫生院、村卫生室人员利用远程视频、微信、新闻媒体等多种渠道开展公益远程培训，帮助基层尽快提升疫情防控能力。其中，远程培训覆盖全省 1032 个乡镇卫生院、15221 个村卫生室、共约 12 万名农村地区医疗卫生人员。①

江苏农村抗疫的硬核战斗力依靠的是"大数据＋网格化＋铁脚板"筑牢防疫铜墙铁壁。"互联网＋"在疫情防控中起到了关键作用。根据 CLES 2021 数据，在 39 个有效样本村中，问及"符合本村数字化治理建设情况"，有 22 个村选择"互联网＋疫情防控管理"（即通过网络上报疫情信息、建设有远程疫情监控点），占比为 56.41%。

二 江苏农村医疗卫生事业的改革举措

医改是世界性难题。江苏基层医疗卫生服务管理体制和运行机制等相关

---

① 《基层卫生前哨阵地上，江苏基层医务人员"疫"无反顾》，江苏省卫生健康委员会网站，2020 年 3 月 3 日，http：//wjw. jiangsu. gov. cn/art/2020/3/3/art_ 55462_ 8994209. html。

方面的改革不断取得新进展，是基于新医改和健康中国战略两大背景的积极之举。2009 年，《中共中央国务院关于深化医药卫生体制改革的意见》发布，拉开了中国新一轮医疗体制改革（即"新医改"）的序幕。新医改着力医保与医疗、医药"三医联动"改革，尝试用中国式办法破解医改世界性难题。2016 年，习近平总书记在全国卫生与健康大会上发表的重要讲话，提出新时代党的"卫生与健康工作方针"，即"以基层为重点，以改革创新为动力，预防为主，中西医并重，将健康融入所有政策，人民共建共享"。并指出，"要着力推进基本医疗卫生制度建设，努力在分级诊疗制度、现代医院管理制度、全民医保制度、药品供应保障制度、综合监管制度 5 项基本医疗卫生制度建设上取得突破"。分级诊疗制度是建立五大基本医疗卫生制度的首要制度，目标是构建"基层首诊、双向转诊、急慢分治、上下联动"的就医新秩序。随着新医改工作的推进，国家医疗卫生工作的重点逐渐从以疾病控制和"治病"为中心转变为以促进人民健康和"治未病"为中心。①党的十九大把实施健康中国战略上升为国家战略，提出完善国民健康政策，为人民群众提供全方位全周期健康服务，以满足人民多层次、多元化的健康需求。江苏在 2015 年全面启动健康江苏建设。2018 年中央一号文件提出推进健康乡村建设，为江苏农村医疗卫生事业发展带来了新的机遇。国家及江苏卫生与健康工作相关文件见表 12。

表 12　国家及江苏卫生与健康工作相关文件

发布时间	文件名称	发布机构
2009 年	《中共中央国务院关于深化医药卫生体制改革的意见》（中发〔2009〕6 号）	中共中央、国务院
2015 年	《全国医疗卫生服务体系规划纲要（2015—2020 年）》（国办发〔2015〕14 号）	国务院办公厅
2015 年	《国务院办公厅关于推进分级诊疗制度建设的指导意见》（国办发〔2015〕70 号）	国务院办公厅

---

① 赵黎：《新医改与中国农村医疗卫生事业的发展——十年经验、现实困境及善治推动》，《中国农村经济》2019 年第 9 期。

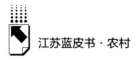

续表

发布时间	文件名称	发布机构
2016 年	《关于印发"十三五"深化医药卫生体制改革规划的通知》(国发〔2016〕78 号)	国务院
2016 年	《关于实施健康扶贫工程指导意见》(国卫财务发〔2016〕26 号)	国家卫生计生委等 15 个中央部门
2016 年	《"健康中国 2030"规划纲要》	中共中央、国务院
2017 年	《关于推动医疗联合体建设和发展的指导意见》(国办发〔2017〕32 号)	国务院办公厅
2017 年	《进一步改善医疗服务行动计划(2018—2020 年)》(国卫医发〔2017〕73 号)	国家卫生计生委、国家中医药管理局
2018 年	《关于改革完善全科医生培养与使用激励机制的意见》(国办发〔2018〕3 号)	国务院办公厅
2018 年	《关于促进"互联网 + 医疗健康"发展的意见》(国办发〔2018〕26 号)	国务院办公厅
2018 年	《关于完善国家基本药物制度的意见》(国办发〔2018〕88 号)	国务院办公厅
2019 年	《关于实施健康中国行动的意见》(国发〔2019〕13 号)	国务院
2019 年	《健康中国行动(2019—2030 年)》	健康中国行动推进委员会
2019 年	《健康中国行动组织实施和考核方案》(国办发〔2019〕32 号)	国务院办公厅
2019 年	《关于推进紧密型县域医疗卫生共同体建设的通知》(国卫基层函〔2019〕121 号)	国家卫生健康委、国家中医药管理局
2019 年	《中华人民共和国基本医疗卫生与健康促进法》	中华人民共和国第十三届全国人民代表大会常务委员会第十五次会议通过
2021 年	《关于深化医疗保障制度改革的意见》	中共中央、国务院
2015 年	《关于深化医药卫生体制改革建设现代医疗卫生体系的意见》(苏发〔2015〕3 号)	江苏省委、省政府
2015 年	《关于深入推进"健康江苏"建设不断提高人民群众健康水平的意见》(苏政发〔2015〕133 号)	江苏省政府
2015 年	《关于推进分级诊疗制度建设的实施意见》(苏医改发〔2015〕4 号)	江苏省医改领导小组
2015 年	《关于进一步明确基层医疗卫生机构和公立医院医疗服务范围的指导意见》(苏卫医政〔2015〕34 号)	江苏省卫生计生委

发布时间	文件名称	发布机构
2015 年	《关于推进纵向医疗联合体建设的指导意见》(苏卫医政〔2015〕42 号)	江苏省卫生计生委
2016 年	《江苏省"十三五"卫生与健康暨现代医疗卫生体系建设规划》(苏政办发〔2016〕164 号)	江苏省政府办公厅
2016 年	《关于开展基层转诊预约服务进一步推进分级诊疗工作的通知》(苏卫医政〔2016〕53 号)	江苏省卫生计生委
2017 年	《"健康江苏2030"规划纲要》(苏发〔2017〕5 号)	江苏省委、省政府
2017 年	《江苏省医疗卫生服务体系规划(2017—2020 年)》(苏政办发〔2017〕66 号)	江苏省政府办公厅
2018 年	《江苏省深入落实进一步改善医疗服务行动计划实施方案(2018—2020 年)》(苏卫医政〔2018〕9 号)	江苏省卫生计生委、江苏省中医药局
2018 年	《关于进一步完善并落实分级诊疗制度相关政策的通知》(苏卫医政〔2018〕12 号)	江苏省卫生计生委
2018 年	《关于改革完善全科医生培养与使用激励机制的实施意见》(苏政办发〔2018〕52 号)	江苏省政府办公厅
2019 年	《关于完善国家基本药物制度的实施意见》(苏政办发〔2019〕66 号)	江苏省政府办公厅
2020 年	《落实健康中国行动推进健康江苏建设的实施方案》(苏政发〔2020〕12 号)	江苏省政府办公厅
2020 年	《关于高质量打赢医疗保障脱贫攻坚战的实施意见》(苏医保发〔2020〕52 号)	江苏省医疗保障局、江苏省财政厅、江苏省卫生健康委员会等5 部门
2021 年	《关于深化医疗保障制度改革的实施意见》(苏发〔2021〕5 号)	江苏省委、省政府
2021 年	《江苏省"十四五"医疗保障发展规划》(苏政办发〔2021〕56 号)	江苏省政府办公厅

实施新医改以来，江苏统筹推进五项基本医疗卫生制度改革创新，以强基层为重点逐步完善分级诊疗体系，着力促进城乡医疗卫生服务一体化发展，不断健全农村医疗卫生服务体系。主要改革举措有以下六方面。

（一）紧密型县域医共体建设

紧密型县域医疗卫生共同体建设是落实分级诊疗制度、提高县域和基层医疗卫生服务能力的重要举措。江苏是全国较早开展医联体建设探索的地区之一①，2015 年在全国率先出台《关于推进分级诊疗制度建设的实施意见》，随后出台《关于推进纵向医疗联合体建设的指导意见》，加快医联体建设步伐。2019 年 5 月，国家卫健委、国家中医药管理局印发《关于推进紧密型县域医疗卫生共同体建设的通知》。同年 8 月，南京市溧水区等 24 个县（市、区）被确定为国家紧密型县域医共体建设试点。2019 年，全省所有县（市）和涉农区全面启动县域医共体建设。2020 年，69 个应开展县域医共体建设的县（市、区）全部出台建设方案，共成立 139 个县域医共体并逐步实体化运行。② 在疫情防控常态化背景下，县域医共体凸显出系统功能优势，展现了高效的层级协同能力，筑牢了基层疫情防控网。

县域医共体的制度设计思路是充分发挥县医院的城乡纽带作用和县域龙头作用，形成县乡村三级医疗卫生机构分工协作机制。具体措施有以下 5 项：一是以县级综合医院为龙头，打造县级医疗中心，使常见病、多发病和部分疑难、重症在县域范围内得到解决。二是将药学服务延伸至基层医疗卫生机构，加强县域医共体内各医疗机构用药衔接，普遍推行慢性病长期处方管理。三是稳步推进急慢分治，做好高血压、糖尿病等常见、多发、慢性疾病分级诊疗，推动基层首诊，完善双向转诊制度，形成分级诊疗格局。例如，2019 年，全省二、三级医院向基层下转患者同比增长 10.36%、上转患者同比下降 20.41%。四是建立健全科学合理的决策机制、内部管理制度和顺畅高效的运营机制。牵头医院承担医共体内部管理责任，提升医疗质量和服务同质化水平。五是做到防治结合，为网格内居民提供预防服务和连续医疗、康复服务。

医共体最大的优势是打通医疗资源下沉的"梗阻"，让农村居民在家门口享受优质服务。以南京市溧水区为例，溧水深入推进全国县域医共体试点改革，组建两大事业性质医疗集团，探索形成"合作建立一体化联合病房、区级医院托管乡镇卫生院、专科联盟、乡镇卫生院与城市三甲医院合作"

---

① 早在 2009 年南京市中大医院就与玄武区卫生局合作，形成了南京最早的医联体雏形。
② 《2020 年全省卫生健康工作进展情况》，江苏省卫生健康委员会网站，2021 年 5 月 17 日，http://wjw.jiangsu.gov.cn/art/2021/5/17/art_7244_9816891.html。

四种模式，基层首诊率达72%，50%的基层医疗机构达到国家推荐标准，农村居民在家门口就能享受到三甲医院的医疗资源。[1]

（二）农村区域性医疗卫生中心建设

2019年，江苏在全国率先试点建设农村区域性医疗卫生中心[2]，首批确定80个建设单位，规划到2020年建成200个农村区域性医疗卫生中心。农村区域性医疗卫生中心是依托重点乡镇和中心乡镇卫生院，集中优质资源，按照县级医院基本标准医疗服务能力新建或改扩建的医疗卫生机构。农村区域性医疗卫生中心参照二级医院医疗服务能力建设，以全面提升农村地区常见病、多发病、慢性病、老年病等综合诊治能力为重点，完善内部一、二级诊疗科目科室设置，补齐急诊、儿科、妇产、普外科、慢性病、康复等服务短板，拓展诊疗病种和服务项目范围，能常规开展三级以下手术，健全诊疗、康复、长期护理服务链，形成服务功能与县级医院互补，有效承接分流县级医院诊疗压力。虽可以评定为二级综合医院，但其隶属于基层医疗卫生体系的角色不能变，医疗卫生机构等级分类代码仍为"C"或"B"，在统计管理上仍归口农村基层医疗卫生机构。[3]

例如宿迁市宿豫区建设的来龙中心医院，是集医疗、预防、保健、康复、健康教育和计划生育指导于一体的综合性公立医院，可辐射周边侍岭、关庙、新庄、曹集等乡镇。医院总建筑面积约为2.1万平方米，设有综合办公楼、医技楼、急诊楼、内科楼、住院部和发热门诊等区域，设置内、外、妇、产、儿、中医、五官、口腔、皮肤等临床科室以及数字化预防接种门诊、儿童保健、孕产妇健康管理等公共卫生科室，配备CT、DR、胃肠机、彩超、心电图、内镜等医技科室，开放医疗床位99张。医院于2020年6月29日启动运营。

农村区域性医疗卫生中心虽然硬件堪比主城区医院，但收费仍然按乡镇卫生院标准，而且报销比例也比三级医院高，是农村居民家门口的医院。以

---

[1]《南京溧水打造"健康中国"典范城市》，《新华日报》2021年6月17日，第1版。
[2] 2019年3月，江苏被国家卫健委确认为首批社区医院建设试点省份。
[3] 汤苏川、夏迎秋：《建设农村区域性医疗卫生中心助力全面建成高水平小康社会》，《中国农村卫生事业管理》2020年第9期。

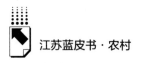
靖江市新桥中心医院为例，2019年，医院共收治住院病人6600余人次、完成手术1400余例、门诊接待量超过20万人次。病床使用率常年在90%以上，甚至曾出现一床难求现象。①

（三）基层医疗卫生服务能力建设

江苏是全国首批综合医改试点省份之一，改革试点"大基层服务体系"②，着力提升基层医疗卫生服务能力。2019年，《全省农村医疗卫生服务保障水平提升行动方案》列入省十三届六次全会审议通过的《中共江苏省委　江苏省人民政府印发〈关于决胜高水平全面建成小康社会补短板强弱项的若干措施〉及5个专项行动方案的通知》，从完善县域医疗卫生服务体系、强化疾病防控和健康促进、提升农村医疗卫生服务能力等方面，确定了28个重点工作任务。

加大财政投入力度，从机构建设、运行管理、人员经费等方面给予保障。2019年，省级财政安排专项补助资金2.5亿元，扶持全省194个乡镇卫生院、61个城市社区卫生服务中心、400个村卫生设施改造和设备装备配备。安排基层医疗卫生机构实行药品零差率补助资金8亿元。以YX市为例，社区卫生服务中心建设、中心镇卫生院建设财政补贴800万元，其他建制镇卫生院600万元。机构运行经费由市镇两级财政按7∶3的比例给予保障。在编事业人员经费由市镇两级财政按6∶4的比例给付，平均年收入为9.8万元。乡村医生人员经费补助标准为3.3万元/（人·年），由市镇两级财政按1.8万元和1.5万元分担。

提高农村基层医疗卫生机构建设水平。开展示范乡镇卫生院、示范村卫生室建设，全省示范乡镇卫生院、示范村卫生室建成率分别为63.2%、22.6%。建成"全国百佳乡镇卫生院"6家，数量均位居全国前列。③ 以淮

---

① 汤苏川、夏迎秋：《建设农村区域性医疗卫生中心助力全面建成高水平小康社会》，《中国农村卫生事业管理》2020年第9期。
② 2015年和2016年，国务院医改领导小组先后确定了两批共11个省份作为综合医改试点省份。
③ 《江苏卫生健康年鉴（2020）》。

安市淮阴区为例，累计投入 7.6 亿元，实施新改扩建项目 52 个，乡镇卫生院 DR、全自动生化分析仪、彩超全覆盖，19 个乡镇卫生院装备了 CT，3 个中心卫生院配置了核磁共振。① 例如，泰州市姜堰区对新规划 156 家村卫生室按省定标准进行规范化建设，其中新建的 112 家村卫生室均设有独立分区的全科诊疗室、治疗室、换药室、观察室、健康教育室、预防保健室、值班室、计生室、康复室和药房等功能区。

大力支持优势专科建设。江苏在全国率先启动开展基层特色科室建设，出台一系列配套文件，设立专项扶持资金，全省已有 430 家基层医疗卫生机构建成 487 个基层特色科室，特色科室门急诊及住院人次达到基层总服务人次的近 30%。② 乡镇卫生院特色科室借助医共体建设，基本上实现了远程诊疗。以溧阳市马垫卫生院为例，通过省级专家优质资源下沉，口腔科特色科室创建吸引了越来越多的患者就诊，2019 年门诊量增长近 16.4%。

完善中医药发展政策机制，推进中医药事业加快发展。中医药在治未病、慢性病管理及康复治疗中具有独特作用。2020 年 7 月，《江苏省中医药条例》出台，为江苏中医药事业传承创新发展提供系统完备、科学规范、行之有效的制度供给和法治保障。江苏着力推动县级中医院补齐短板，提升综合服务能力；推进乡镇卫生院设立标准化中医馆，配备中医师，提高农村基层中医药服务能力。以常州为例，所有乡镇卫生院要建成中医馆中医综合服务区，村卫生室建成标准化中医阁的比例要达 25%。

此外，开展"优质服务基层行"③"千医下乡走万村"④ 活动，让大医院

---

① 《新华日报：淮阴基本公共卫生服务"沉得下"》，江苏省卫生健康委员会网站，2020 年 12 月 18 日，http://wjw.jiangsu.gov.cn/art/2020/12/18/art_ 7291_ 9607574. html。
② 《江苏基本实现大病不出县》，人民政协网，2020 年 1 月 6 日，https://www.rmzxb.com.cn/c/2020-01-06/2498743.shtml。
③ 2018 年 8 月，国家卫生健康委、国家中医药管理局印发了《关于开展"优质服务基层行"活动的通知》（国卫基层函〔2018〕195 号），在全国普遍开展"优质服务基层行"活动。
④ 参见《江苏省卫生健康系统开展"我服务你健康"八大行动》，《新华日报》2021 年 7 月 7 日。"我服务你健康"八大行动包括"千医下乡走万村"、方便老年人就医、儿童听力"防治康管"、岐黄基层惠民、新冠疫苗接种便民、普惠托育服务提升、出生缺陷防治、农村医疗卫生服务能力提升等八大行动。

专家深入乡镇开展健康筛查、义诊指导、上门巡诊、用药指导、健康宣教、带教查房等，广泛传播健康理念和健康知识，方便农村居民在家门口看病就医。

（四）实施卫生人才强基工程

为解决基层卫生人员"招不到、留不住、用不上"的问题，改变基层医疗卫生机构人才匮乏局面，2019年，江苏省卫健委、江苏省委编办等8部门出台《江苏省卫生人才强基工程实施方案（2019—2023年）》，创新完善基层卫生人才招引、培养、使用和管理机制，明确卫生人才"县管乡用"，全面落实招聘一批、培养一批、培训一批、遴选一批、下沉一批、共享一批、稳定一批"七个一批"改革措施。"强基工程27条"计划通过5年时间招聘3万名人才，实现全省城乡每万服务人口配备35名基层卫生人员的发展目标。2019年，全省统一招聘基层卫生人才5016人，新招收农村订单定向医学生1783人，新培养全科医生1758人，完成5700名基层医师和乡村医生实训、进修和培训计划，对2500名优秀基层卫生骨干人才实施专项奖补。全省基层卫生人员数量从2015年的20.43万人增加到2019年的27.32万人，增幅达33.72%，每万人口拥有全科医生3.66人，超过40%的乡村医生取得执业助理医师以上证书，注册护士人数不断增加。①

积极完善和落实财政补助、人事分配、养老待遇等政策措施，明确在基层医疗卫生机构实行公益一类财政保障、公益二类绩效管理，在紧密型医共体内部推行基层卫生人才"县管乡用"制度，充分调动人员的积极性。以溧阳市为例，根据乡镇离城区远近，将各乡镇分成一、二、三、四类，离城区最近的乡镇为一类地区，最远的为四类地区，不同地区享受差异化岗位专项绩效奖，比如，一、二、三、四类地区村卫生室的工作人员分别按每人每

---

① 根据《2020年全省卫生健康工作进展情况》，2020年新招录农村订单定向医学生1962人、招聘基层卫生人才6836人。

月200元、600元、800元、1000元的标准享受岗位专项绩效奖。以宿迁市为例，乡村医生按规定参加企业职工基本养老保险，缴费比例为28%，其中8%个人缴纳，20%单位缴纳，由县（区）财政给予补助。

（五）"互联网＋医疗健康"

2018年4月，国务院办公厅印发《关于促进"互联网＋医疗健康"发展的意见》，提出运用互联网技术构建完善的医疗服务体系，实现智慧医疗。农村医疗卫生信息化建设有助于基层医疗卫生服务机构运用新型科技手段和平台提升诊疗效率和准确性，有助于推动城乡之间、区域之间实现资源、技术、人员共享，提升医疗卫生服务公平性。[1]

江苏积极创建国家"互联网＋医疗健康"示范省，提升卫生健康信息化水平。开展省级全民健康信息平台三期建设，加强医疗机构和公共卫生机构信息共享，深入开展"互联网＋医疗健康"便民惠民服务，优化诊疗流程，改善患者就医体验。以太仓市为例，全市已全面启动信息化双向转诊服务，基层医疗卫生机构可通过双向转诊系统为病人提供预约挂号、预约大型检查等服务；市级医疗机构则可通过双向转诊系统，对术后、康复等病人提供下转，实现"大病进医院，小病进社区"的目标。

落实《远程医疗服务管理规范（试行）》，2019年，远程医疗相关服务已经实现县（市、区）全覆盖，全省所有二、三级医院开展接受远程服务超过60%，提供远程支持服务近50%；乡镇卫生院、社区卫生服务中心机构覆盖率达84.3%。

大力发展互联网医院，推广以实体医疗机构为载体的互联网医院建设，互联网医院与分级部署的各级全民健康信息平台对接，2020年，100家互联网医院线上诊疗31.13万人次。[2] 以亭湖人民医院为例，创建亭康互联网医

---

① 农业农村部农村社会事业促进司：《中国农村社会事业发展报告》，中国农业出版社，2020。

② 《2020年全省卫生健康工作进展情况》，江苏省卫生健康委员会网站，2021年5月17日，http：//wjw. jiangsu. gov. cn/art/2021/5/17/art_ 7244_ 9816891. html。

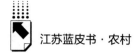

院，打通基础公卫、全民体检、医疗影像数据、互联网医院等环节，推动区镇村三级医疗卫生服务向一体化服务转变。①

（六）健康扶贫

低收入人口一旦罹患重大疾病或需要长期服药的慢性病，极易出现因病致贫和因病返贫。2016 年 6 月，国家卫生计生委等 15 个部门联合发布《关于实施健康扶贫工程的指导意见》，拉开了我国健康扶贫工作的序幕。2016 年以来，江苏深入实施健康扶贫攻坚工程，在"便利、控费、提质"上发力，落实低收入人口在定点医院住院"先诊疗后付费"、一站式结算、大病专项救治②、免费享受家庭医生签约服务和健康体检、全额资助参保、托底医疗保障等政策，低收入人口基本医疗有保障问题得到解决。低收入人口县域内定点医院住院个人自付比例由 2016 年的 32% 下降到 2020 年的 7.4%，次均个人负担费用从 2016 年的 1364 元下降到 2020 年的 370 元，累计救治住院大病患者 19.5 万人次。

为使大病患者就近得到救治，江苏安排三级医院对口帮扶 12 家重点帮扶县的县级医院，通过专家组下沉指导、建立专科联盟、支持县级医院薄弱专科建设等措施，全面提升县医院的大病救治能力。沭阳县、丰县、涟水县、灌云县、滨海县五县的人民医院已晋升为三级医院，成功创建省级临床重点科室 1 个、市级临床重点专科 10 余个。12 个重点帮扶县县域内就诊率从 2015 年的 70% 提高到 2020 年的 90%。③

以靖江市为例，2018 年，率先在新桥镇尝试"126 精准医疗扶贫"模式，对医保等报销后的自付部分按比例进行救助，低收入农户医疗费用、自付费用和自付比例实现"三下降"，医疗费用报销比例提升 20% 左右，个人

---

① 《亭湖区卫健委强链建网守护百姓健康》，《新华日报》2020 年 12 月 12 日。
② 按照确定定点机构、诊疗方案、病种（组）收费标准等"三定原则"，对患有儿童白血病、先心病等 30 种大病的低收入人口进行专项救治。
③ 《低收入人口大病不出县　江苏省深化县级医院对口帮扶》，《人民日报》2020 年 10 月 29 日，第 18 版。

自付比例控制在5%以内。① 以海门市为例，2018年，在原有多重医疗保障机制的基础上，创新推出了阶梯式补偿医疗救助。阶梯式补偿医疗救助是为贫困户量身定制的医疗保障补充制度，对象为该市建档立卡户、特困供养人员等11类医疗救助人员。在基本医保政策范围内，经医保报销、大病保险以及医疗救助后，年度个人自付部分累计超过1000元，并经过救助比例计算后救助金额大于100元，可享受阶梯式补偿医疗救助。自阶梯式补偿医疗救助实施以来，海门累计有4914人获得补偿医疗救助金867.7万余元。享受阶梯式补偿医疗救助的对象，其医保报销比例平均在93%以上，最高达到99%，有效减轻了医疗救助对象的医疗费用负担。②

三 江苏农村医疗卫生事业面临的发展困境

上文分析表明，江苏农村医疗卫生事业取得一系列的发展成就得益于正确的制度架构和有效的改革举措。我们既要肯定农村医疗卫生事业取得的进展，也要清醒地认识到农村医疗卫生事业发展面临的困境。一方面，当前，医改已进入深水区和攻坚期，政策工具与政策目标错置、异化带来的内卷化③有待破解。另一方面，不断增加的慢性病发病人数、不断加深的老龄化程度、不断进步的医药技术等都在刺激医疗消费增长。④ 农村医疗卫生事业发展不平衡不充分，不能完全满足农村居民日益增长的医疗卫生服务需要，"看病难"和"看病贵"仍是民生诉求的痛点和难点。根据CLES 2021数据，在25个民生热词中，前10位中有5个与医疗卫生服务有关，分别是"医疗保险""看病贵""看病难""农村互助医疗""卫生站建设"。

① 《江苏：健康有"医靠" 小康有奔头》，人民网，2020年10月27日，http://health.people.com.cn/n1/2020/1027/c14739-31907820.html。
② 《海门推出阶梯式补偿医疗救助》，中国江苏网，2020年7月24日，http://jsnews.jschina.com.cn/nt/a/202007/t20200724_2599170.shtml。
③ 赵黎：《发展还是内卷？——农村基层医疗卫生体制改革与变迁》，《中国农村观察》2018年第6期。
④ 胡静林：《推动医疗保障高质量发展》，《学习时报》2021年3月5日，第1版。

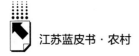

（一）农村基层优质医疗资源不足，服务质量偏低

政府投入大量资金加强农村医疗卫生基础设施建设，尽管因底子薄、欠账多，仍有少部分乡镇卫生院和村卫生室设施设备不足，但整体上看，县、乡、村的医疗机构数、总床位数、千人口床位数基本可以满足就医需求。最大问题是农村基层优质医疗资源不足，优质医疗资源"扎堆"大城市，主要分布在一二线城市，三线城市次之，二甲及以上医院大城市拥有量占到80%。[①] 在城乡医疗卫生服务水平存在较大差距的现实情况下，当农村居民出现重大疾病时，还是选择去城里医院看病。例如，2020年农村基层医疗机构（乡镇卫生院和村卫生室）诊疗人次占全省诊疗人次的比重为30.00%，但入院人次仅占13.62%。[②]

作为农村三级医疗卫生"网底"的村卫生室设施设备薄弱问题相对突出。一些村卫生室设施简陋、面积不足，据苏北SY村调研发现，该村卫生室设在村委会楼下一个房间，诊室、治疗室、药房、观察室功能区域相对局促。如前文所述，根据《江苏省卫生健康事业发展统计公报》，村卫生室诊疗人次逐年下降。根据CLES 2021数据，农户选择首诊医疗机构为村卫生室的占比为22.15%，低于县医院和乡镇卫生院。当进一步追问不去村卫生室的原因时，81.01%的农户表示"村卫生室看病水平低"（见表13）。调研发现，为规范村卫生室服务，避免因村卫生室设备和技术的不足而造成误诊，一些地方禁止村卫生室提供输液服务，这也是导致村卫生室就诊量下降的原因之一。

> "村卫生室有两个人，一个41岁、一个52岁，我们能治疗感冒发烧等小病。现在村卫生室不允许挂水，只能开药，老百姓相当不方便。有些老百姓自己在家干活，不小心弄伤了手，要缝针，也要到镇里去，很麻烦。不是村民不想在村卫生室看，也不是村里医生没有水平，是政策规定不允许。有些药政策规定村卫生室也没有资格使用。"（SYCY1）

---

① 林建：《乡村振兴战略下我国农村医疗卫生服务供需矛盾分析》，《中国卫生经济》2020年第12期。
② 《2020年江苏省卫生健康事业发展统计公报》。

表13　农户首诊不选择村卫生室的原因

单位：人，%

原因	人数	比例
村卫生室看病水平低	947	81.01
村卫生室医药费贵	30	2.57
村卫生室用药来路不明	4	0.34
医保不能报销	19	1.63
其他	169	14.46
合计	1169	100.01

资料来源：CLES 2021。

随着整改的深入，村卫生室工作内容发生了转移。以往，村卫生室的工作重心是输液、开药等治疗服务。近年来，村卫生室的工作更侧重于慢性病管理、病后随访和卫生健康宣传，工作的重点由病中转向了病前、病后。

"（村卫生室）四个人……每天都会下乡，包括周六周日，进行（治疗和）公共卫生服务。上门前通过电子健康档案系统获得信息，提前通知，主要对象是老年人和慢性病患者。从一年前开始不允许打针后，工作重心就向下乡访问方向转移了。"（FMCY1）

2017年，国家规定原则上将40%左右的基本公共卫生服务项目工作任务（不含新纳入的2项）交由村卫生室承担。SY村有2名村医，常住人口2696人；FM村有4名村医，常住人口4211人。以一管千，在从事基本医疗工作的同时还要承担繁重的公共卫生工作，仅村民健康信息系统的数据登记与更新就疲于应付了，村卫生室的诊疗功能更成为摆设，对分级诊疗制度要求的"小病不出村"产生负向作用。如此这般，政策工具对政策目标的背反是医改中诸多矛盾的症结。①

---

① 赵黎：《发展还是内卷？——农村基层医疗卫生体制改革与变迁》，《中国农村观察》2018年第6期。

农村医疗卫生资源不足，且没有能力积累卫生资源以实现更新，那么，以其薄弱的医疗条件应对严重新型疫情，不能低估潜在的隐患与危险。疫情防控的关键点在于社区防控，农村基层医疗卫生机构是农村卫生防疫、医疗分诊的第一道防线。只有提高基层医疗卫生服务能力，才能控制疫情扩散，防止患者"扎堆"大医院，有效减少轻症转变为重症甚至危重症的比例。特别是疫情防控常态化背景下，保障复工复产的大量防控任务由基层医疗卫生机构承担。[①] 这要引起医疗卫生行政管理机构的足够重视。

（二）乡村医生紧缺，且普遍年龄偏大、学历不高

近年来，有关部门和各地政府纷纷出台关于提高乡村医生待遇的政策文件，并采取了一些措施。尽管如此，江苏农村普遍存在乡村医生紧缺和老龄化、学历低的问题。[②] 根据 CLES 2021 数据，村卫生室人员中，执业（助理）医师占比为 39.25%，注册护士占比为 12.15%，乡村医生和卫生员占比为 48.60%；51 岁及以上占比为 40.18%，61 岁及以上占比为 11.21%；初中学历占比为 13.21%，高中学历占比为 69.16%，本科学历占比为 17.92%（见表 14）。

表 14　村卫生室卫生人员构成

单位：人，%

		人数	比例
类型	执业（助理）医师	42	39.25
	注册护士	13	12.15
	乡村医生和卫生员	52	48.60
年龄	30 岁及以下	7	6.54
	31~40 岁	21	19.63
	41~50 岁	36	33.65

① 胡志：《要把社区疫情防控策略挺在前面》，《中国农村卫生事业管理》2020 年第 4 期。

② 汤苏川、夏迎秋在《建设农村区域性医疗卫生中心　助力全面建成高水平小康社会》（载于《中国农村卫生事业管理》2020 年第 9 期）一文中指出：按照每万人口配备 35 名基层卫生人员的国家标准，全省基层总量差 7 万人，其中乡村卫生人员总数缺口达 3 万人。

续表

		人数	比例
年龄	51~60岁	31	28.97
	61~70岁	9	8.41
	71岁及以上	3	2.80
学历	初中	14	13.21
	高中	74	69.16
	本科	19	17.92
	研究生	0	0.00

资料来源：CLES 2021。

以JY区为例，乡村医生队伍后继无人状况日趋严重。一是人员配备不足。依据要求，乡村医生数量应"按服务人口1‰~1.2‰的比例配备"，以该地农村居民53万常住人口计算，乡村医生数量应为530~636人，截至2020年6月，实际在岗乡村医生为420人①，缺口达25%以上，每千人拥有乡村医生为0.8名。二是队伍趋于老龄化。乡村医生平均年龄已达56.8岁，其中40岁以下仅24人，193人超过60周岁，5年内有113名乡村医生超过70周岁。三是人员流失严重。2012年至2020年6月，共有229名乡村医生因种种原因离岗，包括20人死亡、147人70周岁退岗、62人离职；仅有30名人员补充进乡村医生队伍，净减少人员达199名。这不是JY区的特例，FM村和SY村的村医在访谈中谈道：

"乡村医生'三十年不见人才'，年轻医生不愿意选择农村。在农村当医生，说白了就是'混'。镇上有36个村医生，有一半是将近退休或退休仍在工作的老医生。"（FMCY1）

"年轻人都不在乡村工作了，主要剩下些年老的医生，也不用接受培训，也没有过高的职业技术要求……现在的患者都要送到乡镇卫生院去治疗，用不到乡村医生。"（SYCY1）

---

① 为解决村医不足问题，目前姜堰已将乡村医生退岗年龄放宽至70周岁。

年老村医退不出去，年轻村医招不进来，来了也留不住。导致这一困境的因素很多，一般认为待遇不高是其中之一。JY区乡村医生年人均收入5万~6万元，虽与县医院相比较低，但政府解决了养老保障，办理了工伤保险和意外伤害险①，收入稳定，总体而言在农村生活无虞。所以比待遇不高更重要的原因是职业发展空间受限，岗位没有吸引力。村卫生室不但工作琐碎，而且只能看小病、常见病，临床经验不足，医学科班大学生普遍不愿回农村从医，甚至出现有编制但无人报考的现象，麻醉学、影像学等专业尤其明显。

老龄化的村医队伍必然影响到医疗卫生服务质量，比较明显的是医疗卫生服务信息化程度低。如XX村卫生室有两名村医：王医生，男，65岁，高中学历，通过乡村医生考核任职，但已到退休年龄，因没有后备人员接任，只能延迟退休继续在岗；赵医生，女，50岁，高中后自修医学中专，通过乡村医生考核后任职。调研时，王医生正在使用电子信息档案登记肿瘤康复患者信息，包括患者基本信息和一份20道选择题的状况问卷，王医生录入的时候操作很费力，在旁人的帮助下，他花费将近半小时才完成一份信息录入。

乡村医生是农村居民医疗卫生健康的"守门人"，当前出现的"断代式"匮乏有可能给整个医疗卫生服务体系带来深刻的负面影响。

（三）县域医共体作用不明显，分级诊疗制度落实不到位

县域医共体资源、利益共享等机制有待进一步健全完善。县域医共体建设，是对农村三级医疗卫生服务网的改革和完善，涉及体制机制转换和多方利益调整。医共体运行的关键是内部资源整合，重点是对内部医疗资源进行统一调配、统一运行管理。从目前江苏已经建立的县域医共体看，具体内容多是以信息化为基础开展检查检验结果互认、三级医院专家到基

---

① JY区参照城镇企业职工养老保障中灵活就业人员政策解决了在岗乡村医生养老保障问题，2014年起为在岗乡村医生统一办理了工伤保险和意外伤害险，但乡村医生未能依据城镇企业职工的标准落实医疗保险、生育保险和失业保险。

层机构坐诊、开展远程医疗合作等，但在人员薪酬制度改革、绩效考核运用、医保总额预付管理等方面进展不顺。"拉郎配"的组建方式、文本化的政策供给导致县域医共体运行效率不高，作用不明显，甚至出现政策目标的背反，即优质医疗资源非但没有下沉，反而被大医院"虹吸"上去，利益冲突加剧。

分级诊疗制度在实施中没有实现引流的预期效果。"基层首诊、双向转诊"是分级诊疗制度的灵魂，近年来政府采取拉大门诊、住院的分级报销差距等办法，鼓励农村居民就近在基层就医。例如参保人员在基层医疗机构就诊，个人自付比例可分别比二级、三级医院低15%、25%。但事实上，一方面，农村基层医疗机构设备受限、科室设置不健全、全科医生和优质人才匮乏、服务能力不强；另一方面，在现行基本药物制度下，农村基层医疗卫生机构难以做到保质保量、不缺货、不断档。所以，患者对农村基层医疗机构不信任，"基层首诊，双向转诊"难以落实①，即使在病情较为轻微的情况下也往往会绕过基层医疗卫生机构而直接去上级医院就医。结果，江苏基层诊疗量占比提升困难，2019年末，全省基层诊疗量达到3.54亿人次，占比为57.37%，距国家提出的分级诊疗占比65%的目标值还有差距。

以JY区村卫生室为例，2019年，全区村卫生室年门诊量为673849人次，比2018年大幅下降38.24%，原因之一是部分药品价格偏高。该区自2011年底起实施基本药物制度，由镇卫生院、社区卫生服务中心统一在省药品耗材集中采购平台进行采购，药品价格由省级部门规定，实行零差率销售。较长一段时间，药品价格均在较低水平运行，但自2018年起，基本药物中的部分慢性病常用药价格大幅度上涨，与药店相比价格高出较多，导致不少患者直接从药店购买药品，患者改变购药途径，对基本医疗和基本公共卫生慢性病管理工作产生较大的影响。

分级诊疗制度设计的初衷是提高医疗卫生资源的配置效率和效益，避免出现大医院门庭若市、乡村院室门可罗雀的现象，结果却产生了背反效应。

---

① 双向转诊难以落实主要表现为上转容易下转难。

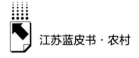
在交通更加便捷的条件下，大病、小病都跑大医院的现象更加普遍，进一步强化了农村三级医疗卫生机构之间的梯度挤压效应[1]，加剧了农村基层医疗卫生机构的运行困难。

（四）医保改革有待深化，农村居民医疗费用负担仍然较重

新农合政策初衷是解决大病统筹和因病致贫、因病返贫问题，支持"大病"，兼顾"小病"。[2] 基本医疗保障"保大病，轻小病"的逻辑被广为诟病，被认为违背了医疗公益性和公平性。因为门诊看病报销门槛高、报销少，导致大量"小病住院"，住院率不断上升或许是制度设计引致"供方诱导需求"，不一定是真实的医疗需求。可是，医疗资源的挤占和浪费对真正有需求的患者是不公平的。另外，医疗费用快速增长，导致医保基金运行风险不断加大。

调研发现，提高门诊起付标准显然抑制了农村居民对村卫生室的医疗需求。以 JY 区为例，2019 年起，按照医保市级统筹的规定，实施"在门诊统筹定点医疗机构发生的政策范围内的门诊医疗费用，每次起付标准为 30 元，起付标准以上报销 50%，年内累计最高报销 500 元"。由于村卫生室门诊次均费用较低，患者基本上不能在村卫生室享受医保门诊报销政策，与之前"不设起付线"的政策比较，部分患者误认为是村卫生室不肯报销，因此对村卫生室意见较大。

农村基层医疗卫生机构医保基金缺口大。江苏省政府 2016 年出台的《关于整合城乡居民基本医疗保险制度的实施意见》明确要求"加强医保与医疗改革协同。到 2017 年，支付给基层医疗卫生机构的医保基金达当年筹资总额的 30% 以上"。但从各地实际运行情况看，全省大多数地区支付给基层医疗卫生机构的医保基金普遍不足 30%，有的甚至低于 5%。[3] 此外，当

---

① 田孟：《理顺农村三级医疗卫生机构的政策建议》，《中国农村卫生》2019 年第 9 期。
② 吴业苗：《农村医疗卫生服务改进：农民需要与国家政策》，《深圳社会科学》2021 年第 4 期。
③ 《对省十三届人大三次会议第 4095 号建议的会办意见》，江苏省卫生健康委员会网站，2020 年 7 月 27 日，http://wjw.jiangsu.gov.cn/art/2020/7/27/art_59524_9328166.html。

前医保支付方式执行的是单一的、较为粗放的总额控费政策，基层医疗卫生机构一旦超过年度总额预付费用，服务即亏损。以 JY 区为例，近年来，全区镇级医疗机构年度医保总额预付费用均透支，导致乡镇卫生院无钱发放村卫生室的一般诊疗费，挫伤了乡村医生的积极性。

在医保筹资工作方面，个人筹资标准逐年提高，从 2015 年的 120 元增加到 2021 年的 320 元，共增加了 200 元，对于多人口家庭来说，缴费压力较大。同时，医保补偿标准提高缓慢，农户抱怨"缴费越来越多而待遇越来越少"，降低了参保者的获得感。调研过程中，从村干部、村医到普通村民，很多人都表达了家庭医保缴费负担逐年加重的意见。

因为健康扶贫的实施，家庭困难不再是阻碍农村居民健康的主要因素，根据 CLES 2021 数据，江苏有 1.70% 的农户会因经济困难而选择不去就医看病（见表15）。但也要看到，尽管基本医疗保障水平全面提高，药占比显著下降，但患者实际自付医疗费用仍然呈现增加趋势，医保报销的费用不足以抵消快速增加的就医费用[1]，农村居民医疗费用负担仍然较重。根据 CLES 2021 数据，农户医疗支出占家庭总支出的比重达18.02%，其中苏中最高，为 22.22%；苏北次之，为 19.64%；苏南最低，为 14.97%（见表16）。苏中高于苏北的原因可能是 12 个省级重点帮扶县都在苏北，对低收入人口有帮扶政策。治病借款占总生活性借款的比重达11.42%，其中苏北最高，为 21.29%；苏中次之，为 16.32%；苏南最低，为 7.56%（见表17）。

表15　江苏不就医看病各原因的人数及占比

单位：人，%

原因	人数	比例
自感病轻	402	85.35
经济困难	8	1.70
就诊麻烦	5	1.06

① 陶鹰：《中国医改面面观（之四）——十年新医改，仍在深水区》，《人口与计划生育》2018 年第 9 期。

续表

原因	人数	比例
无时间	3	0.64
交通不便	5	1.06
无有效措施	0	0.00
其他	48	10.19
合计	471	100

资料来源：CLES 2021。

表16　江苏全省及各区域农村医疗支出占总支出的比重及样本量

单位：%，个

区域	比重	样本量
苏南	14.97	633
苏中	22.22	549
苏北	19.64	483
全省	18.02	1665

资料来源：CLES 2021。

表17　江苏全省及各区域治病借款占总生活性借款的比重及样本量

单位：%，个

区域	比重	样本量
苏南	7.56	632
苏中	16.32	550
苏北	21.29	481
全省	11.42	1663

资料来源：CLES 2021。

（五）农村医疗卫生服务供给碎片化，重治轻防普遍存在

对医疗卫生治理的协同性认识不足，以及忽视非卫生部门的共同治理，是当前中国卫生政策面临的一个重要问题。[1] 农村医疗卫生服务要向农村居

---

① 王晓迪等：《治理视阈下公民参与"健康中国2030"战略的实施路径》，《中国卫生政策研究》2017年第5期。

民提供包括保健、预防、治疗、康复和临终关怀等在内的全面、完整、连续的服务，但目前，医疗卫生服务供给"部门化"和"碎片化"仍然存在，临床护理和公共卫生服务难以在农村基层医疗卫生保健系统中得到整合。

江苏农村已经进入深度老龄化社会，农村居民慢性病发病、患病和死亡人数不断增多，在慢性病方面的挑战前所未有。但慢性病患病率上升的同时，其知晓率、治疗率、控制率却严重下降。慢性病发病与个人生活方式、医疗条件、社会环境和食品安全等多种因素密切相关，因此需要建立多部门协作的工作机制。然而，慢性病防控的多个部门间缺少明确的任务分工和有效的协作机制，难以满足慢性病长期防控的需要。[1]

公共卫生体系投入不足，补偿机制不健全。公共卫生服务工作，如防疫抗疫、妇幼保健、疫苗接种、健康教育以及重大突发公共卫生事件处置等，都属于基本公共服务，需要各级财政买单。目前农村公共卫生服务支出主要由地方财政负担，投入在农村公共卫生方面的资金往往很有限。乡镇卫生院和村卫生室不得不"赚钱自养"，虽然承接了大量的基本公共卫生工作，但是补偿标准过低，补贴不到位，积极性严重受损。

受经济条件、教育程度及传统观念影响，农村居民卫生健康意识淡薄，对常见传染病、地方病、食物中毒等危害和预防知识知之甚少，较多人还存有"不干不净，吃了没病""小病拖，大病捱，重病才往医院抬"等错误观念，一定限度地加剧了健康风险。

四 推进农村医疗卫生事业发展的策略与建议

"十四五"期间，江苏农村医疗卫生事业发展要以健康江苏建设为统领，进一步深化"三医联动"改革，加快构建覆盖城乡、优质高效的整合型医疗卫生服务体系。树立"将健康融入所有政策"的理念，加强健康促

---

[1] 张春艳、秦江梅：《将健康融入所有政策视角下慢性病防控的挑战与对策——基于我国健康城市的典型调查》，《中国卫生政策研究》2014年第1期。

进、疾病预防、康复护理等连续性卫生服务，打通全周期健康服务向农村延伸的"最后一公里"。聚焦农村居民关注的重点领域和关键环节，补齐短板，加快农村医疗卫生信息化建设，努力提供费省效宏的农村医疗卫生服务，不断提升农村应对突发公共卫生事件的能力。

（一）突出核心能力建设，推动优质医疗资源下沉农村地区

推动农村医疗卫生机构基础设施提档升级，提高标准化、规范化、信息化建设水平。一是加强县级医院的核心能力建设，充分发挥其龙头带动作用。通过改善设备设施、引进专业人才、加入专科联盟等措施，提升肿瘤、心脑血管疾病、感染性疾病等重大疾病诊疗能力，提升急诊科、儿科、麻醉科、重症医学科等薄弱专科能力，降低县域外转诊率。二是加强乡镇卫生院的硬件设施优化升级，建立发热门诊，同时配备齐全 DR、彩超、生化等设备，缩短其对严重创伤、脑卒中、急性心肌梗死等危重症患者的救治有效时间，降低因救治时间延误引起的致残率和致死率。三是全面加强村卫生室建设，把它列入乡村振兴建设的重要内容，改善农村居民就近就医条件。[1] 另外，为应对严重新型疫情，推动村民委员会依法设立公共卫生委员会，强化乡镇卫生院和村卫生室预检分诊、筛查哨点、计划免疫、隔离观察室、心理健康服务标准化等方面的建设。

（二）创新用人机制，加强农村医疗卫生人才队伍建设

为应对乡村医生紧缺和老龄化问题，需要制定切实可行的稳定乡村医生和基层医疗队伍的政策，这是农村医疗卫生事业持续发展的重要基础。完善"向基层倾斜"的人才政策机制，制定和实施医疗卫生大中专毕业生到基层计划，继续实施农村订单定向免费培养项目，重点为乡镇卫生院及以下的医疗卫生机构培养从事全科医疗的卫生人才。建立可持续的运行机制，推动卫

---

① 黄世钊：《全国政协委员杜丽群：建议提升农村地区基层医疗卫生服务能力》，《广西法治日报》2021 年 3 月 5 日，第 B3 版。

生健康、财政、人社等部门形成合力，提高乡村医生的研究经费与工作待遇，扩宽更新基层医务工作者知识结构的途径，探索培训方式的多样化，完善乡村医生专项经费使用政策。

（三）推进紧密型县域医共体建设，构建优质高效的农村医疗卫生服务体系

鼓励具备条件的二甲以上医院及县中医院牵头组建医共体，支持社会办医疗机构、医师多点执业诊所及护理院、康复医院等共同参与，逐步建成一批类型多种、模式多样、成员多元的医共体，各类医疗卫生机构合理分工、密切协作。推动县域医共体内部专家资源、公卫服务、医疗技术、药品保障、补偿政策、双向转诊等方面的上下贯通和共建共享，形成责任、管理、服务、利益共同体，不断激发医共体内生动力与运行活力。重点推进以"县医院为龙头，乡镇卫生院为枢纽，村卫生室为基础"的县乡一体化管理，并与乡村一体化有效衔接，构建县乡村三级联动的县域医疗服务体系。

（四）加强医保资金统筹和管理，优化农村村基层药品配置

围绕解决农村居民"看病难""看病贵"问题，着力扩大医疗保障力度和补偿范围，将门急诊服务、康复服务和老年护理服务等纳入保障范围，增加补偿项目。进一步深化医保支付方式改革，积极推行门诊统筹按人头付费，要求各地结合城乡居民基本医疗保险制度整合，完善城乡居民基本医疗保险门诊统筹，依托基层医疗卫生机构推行门诊统筹按人头付费，减轻医保基金的超支压力。进一步扩大农村基层药品配备使用范围，加强基层医疗卫生机构与二级以上医院用药衔接，对于部分需求量较大的急用药品（如抗生素类、抗病毒类、降高血压类、止咳化痰类）和普适性药物（如感冒、肠胃、防感染类）实行价格优惠政策，让广大农村居民享受更多的实惠。

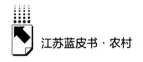

（五）大力推进健康促进行动，提高农村居民健康素养

在农村全面实施健康知识普及、合理膳食、全民健身、控烟等健康促进行动。农村居民健康素养提升是一个系统工程，需要通过个人、社会、政府的共同努力来实现。加强健康宣教工作，乡镇卫生院、村卫生室可通过开办健康教育专栏、开展专题健康讲座、入村入户宣讲等形式传播健康知识、疾病预防相关卫生常识，引导农村居民养成良好的卫生习惯，增强农村居民疾病预防意识。政府应主导建立多部门合作、全社会参与的健康素养促进机制，构建支撑健康促进和健康教育的公共财政体系，完善相关立法和政策规划，推动专业化队伍建设，让农村居民更加关注自身健康，同时提高疫情防控工作的配合度。

B.12
2021年江苏农村居民生活发展报告

任广铖　孔安妮*

摘　要： 改善农村居民生活状况是农业农村高质量发展的重要保障，也是实现农业农村现代化和乡村振兴的必然要求。本报告从收入、消费、住房三方面梳理江苏省关于居民生活的相关政策，利用CLES 2021和相关统计数据，分析了江苏省农村居民生活现状，发现江苏省农村居民收入、消费与城镇居民仍存在差距，区域之间、个体之间不均衡、不平等，住房方面面临宅基地流转市场缺乏活力的问题。对此，本报告提出了关于促进城乡均衡发展、推动区域协调发展和促进农村土地高效利用的政策建议。

关键词： 收入　消费　住房　区域差异

目前我国经济已由高速增长阶段转向高质量发展阶段，农业农村是高质量发展的重点领域，也是实现农业农村现代化、乡村振兴的必然要求。农业农村高质量发展不是农业高质量发展与农村高质量发展的简单加总，而是乡村产业、乡村生态、乡村文化、乡村治理和农民生活"五位一体"的有机整体。其中，针对农民生活，"十四五"规划中提到了增进民生福祉、促进共同富裕、全面促进消费、完善住房保障体系等与其密切相关的发展目标。[①]

---

* 任广铖，南京农业大学公共管理学院副教授，主要研究方向为土地经济与制度；孔安妮，南京农业大学公共管理学院硕士研究生，主要研究方向为土地经济与制度。

① 陈明星：《"十四五"时期农业农村高质量发展的挑战及其应对》，《中州学刊》2020年第4期。

本报告拟从收入、消费和住房的角度，探讨江苏省针对农村居民生活水平提升出台的相关政策、农村居民生活状况、存在问题及对策建议。首先，目前农业发展进入新阶段，支撑农民增收的传统动力逐渐减弱，农民收入增速放缓，促进农民持续增收面临的压力增大、挑战增多。其次，消费是经济发展的重要引擎，是福利水平的重要体现。[1] 完善促进消费体制机制，进一步激发农村居民消费潜力，对于提升农村居民的生活状况和福利水平具有重要意义。最后，住房改善是农民安居乐业和农村和谐稳定的保障。此外，农村住房的财产价值目前由于市场缺乏而无法显化，财产差距的扩大是城乡差距扩大的重要原因之一。[2] 由此，收入、消费、住房是农村居民生活状况的重要方面，本报告将从这三方面展开研究。

本报告具体包括以下三部分内容。第一部分，梳理江苏省就农村居民的收入和消费提升、住房改善所出台的相关政策。第二部分，基于 CLES 调研数据和其他统计数据，从收入、消费和住房三方面揭示江苏省农村居民生活状况，并进行区域对比分析。第三部分，总结问题并提出相应的政策建议。

一 江苏省提升农村居民生活状况的相关政策

（一）江苏省提升农村居民收入水平相关政策

近年来，江苏省为贯彻落实国家促进农民持续增收的政策要求，紧密结合农业农村工作实际，出台了系列政策。2017 年 1 月，为贯彻落实"聚力创新、聚焦富民，高水平全面建成小康社会"的部署要求，促进农民持续增收，江苏省政府颁布了《全省促进农民持续增收行动计划（2017—2020

---

[1] 陈昌盛、许伟、兰宗敏、李承健：《我国消费倾向的基本特征、发展态势与提升策略》，《管理世界》2021 年第 8 期。

[2] 李实、朱梦冰：《中国经济转型 40 年中居民收入差距的变动》，《管理世界》2018 年第 12 期；P. Thomas, Li Yang, and Z. Gabriel, "Capital Accumulation, Private Property and Rising Inequality in China, 1978 – 2015," *American Economic Review* 109 (2019), pp. 2469 – 2496。

年)》，提出通过扩大农民就业创业、发展农业农村电子商务、培育新型农业经营主体、深化农村改革推进确权赋能等手段促进农民增收。同年4月，省政府颁布的《省政府办公厅关于进一步加快农产品加工业发展的实施意见》也提到"支持农产品加工企业前延后伸，打造全产业链和全价值链，完善利益联结机制，让农民分享产业增值收益"。对此，2018年1月，江苏省政府出台《省政府办公厅关于大力发展粮食产业经济加快建设粮食产业强省的实施意见》，具体提到"引导支持龙头企业与新型农业经营主体和农户构建稳固的利益联结机制"。2018年2月，江苏省人民政府办公厅发布的《省政府办公厅转发省供销合作总社关于加强供销合作社组织体系和人才队伍建设指导意见的通知》中的"积极推进村社共建"部分提到，"大力开展为农服务、促农增收活动"，促使供销合作社在促进农民持续增收中发挥更大作用。

2019年4月，江苏省人民政府办公厅颁布的《关于推进农业高新技术产业示范区建设发展的实施意见》继续提到"积极探索农民分享二三产业增值收益机制，促进农民增收致富，增强农民的获得感"。2020年2月，为进一步推动农村一二三产业融合发展，拓展农民增收致富渠道，《省政府关于促进乡村产业振兴推动农村一二三产业融合发展走在前列的意见》中提到"发展订单生产，鼓励农业龙头企业吸纳土地承包经营权入股，让农户分享增值收益"；"引导企业与经济薄弱村挂钩，推动消费扶贫，更好地带动村集体经济发展和农民增收"。

2021年3月，《江苏省人民政府办公厅关于印发国家城乡融合发展试验区（江苏宁锡常接合片区）实施方案的通知》强调"健全农民持续增收体制机制"，推动以高质量就业提升农民工资性收入、以多元化创业提升农民经营性收入、以产权制度改革提升农民财产性收入、以制度创新提升农民转移性收入、以社会保障完善提高农民获得感。8月，省政府发布《江苏省人民政府办公厅关于印发江苏省"十四五"消费促进规划的通知》，其中"江苏农民收入和农村消费双提升工程"的"农民增收致富工程"提到"实施农民收入十年倍增行动，深化农村土地和集体产权制度改革，探索通过土地等要素使用权、收益权增加农民要素收入，稳步推进农村集体经营性建设用地入市，建立健

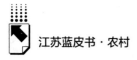

全农村集体经营性建设用地市场交易规则和增值收益分配机制,引导农民通过就业、创业、经营、持股等多种渠道增收致富,促进农村居民工资性收入、财产性收入和经营性收入较快增长"。以上各项收入相关政策文件及主要内容如表1所示。

表 1 收入相关政策文件及主要内容一览

发布时间	文件名称	主要内容
2017 年 1 月 19 日	《全省促进农民持续增收行动计划(2017—2020 年)》	通过推进农业供给侧结构性改革、扩大农民就业创业、发展农业农村电子商务、培育新型农业经营主体、强化农业基础设施建设、深化农村改革推进确权赋能、加大农业支持保护力度、完善农村社会保障制度等手段促进农民增收
2017 年 4 月 28 日	《省政府办公厅关于进一步加快农产品加工业发展的实施意见》	支持农产品加工企业前延后伸,打造全产业链和全价值链,完善利益联结机制,让农民分享产业增值收益;鼓励返乡下乡人员投身农产品加工业,增加农村就业,促进农民增收
2018 年 1 月 4 日	《省政府办公厅关于大力发展粮食产业经济加快建设粮食产业强省的实施意见》	引导支持龙头企业与新型农业经营主体和农户构建稳固的利益联结机制,调优种植品种,稳定优质粮源,实行优质优价,带动农民增收致富
2018 年 2 月 27 日	《关于加强供销合作社组织体系和人才队伍建设的指导意见》	积极推进村社共建,促使供销合作社在促进农民持续增收等方面发挥更大作用
2019 年 4 月 28 日	《省政府办公厅关于推进农业高新技术产业示范区建设发展的实施意见》	推进一二三产业融合发展,加快转变农业发展方式及农民分享二三产业增值收益机制,促进农民增收致富,增强农民的获得感
2020 年 2 月 24 日	《省政府关于促进乡村产业振兴推动农村一二三产业融合发展走在前列的意见》	推动农产品加工业向主产区布局,向镇、村延伸,把更多的加工增值效益留在农村;创新利益联结机制,让农户分享增值收益;引导企业与经济薄弱村挂钩,更好地带动村集体经济发展和农民增收
2021 年 3 月 3 日	《省政府办公厅关于印发国家城乡融合发展试验区(江苏宁锡常接合片区)实施方案的通知》	推动以高质量就业提升农民工资性收入、以多元化创业提升农民经营性收入、以产权制度改革提升农民财产性收入、以制度创新提升农民转移性收入、以社会保障完善提高农民获得感
2021 年 8 月 3 日	《江苏省人民政府办公厅关于印发江苏省"十四五"消费促进规划通知》	江苏农民收入和农村消费双提升工程中提出农产品价值链提升工程和农民增收致富工程,以促进农户与市场有效衔接和农村居民工资性收入、财产性收入、经营性收入较快增长

（二）江苏省提升农村居民消费相关政策

为完善促进消费体制机制，进一步激发居民消费潜力，近年来，江苏省出台了系列政策。2019年8月，为切实增强消费对经济发展的基础性作用，江苏省政府办公厅发布《江苏省完善促进消费体制机制行动方案（2019—2021年）》，提出"加快推进商贸强镇建设"，"加快农产品冷链物流、质量追溯体系建设"，"推进农产品消费线上线下融合，加快'互联网＋'农产品出村进城工程建设"，"推动农村电商标准化建设、品牌化发展"等加快发展农村消费的措施。

2020年7月，为有效应对新冠肺炎疫情带来的影响，促进流通循环畅通和商业稳定繁荣，释放消费潜力，江苏省颁布《关于加快促进流通扩大商业消费的实施意见》，提出完善农村流通体系，具体措施有"结合苏北地区农民住房条件改善新建项目，加强商业网络配套建设"，"改造提升农村流通基础设施，促进形成以乡镇为中心的农村流通服务网络"。

2021年5月，为培育壮大新型消费，更好满足居民消费新需求，增强经济发展新动能，省政府颁布《江苏省以新业态新模式引领新型消费加快发展实施方案》，提出"完善农村物流网络节点体系建设"。7月，省政府发布《关于完善商业网点规划管理的指导意见》，提出优化网点布局，突出建设重点，并提出了关于乡镇商贸集聚区建设的具体意见，包括乡镇商贸集聚区应"以满足农村居民日常综合消费为目标"，规划建设乡镇商贸集聚区要"完善提升乡镇商贸流通基础设施，满足农村居民消费升级需求"，并提出改善乡村消费环境、满足农民消费升级需求。8月，省政府颁布《江苏省"十四五"消费促进规划通知》，提出"加强对农村居民消费的政策支持，充分挖掘县乡消费潜力"，"有效提升农村居民消费能力，激发农村消费市场潜力"。例如为释放汽车消费潜力，提出"鼓励汽车生产企业对农村居民购买汽车给予价格优惠"，并进一步完善上述关于优化流动网点布局、物流建设等的相关政策。消费相关政策文件及主要内容如表2所示。

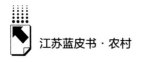

表2 消费相关政策文件及主要内容一览

发布时间	文件名称	主要内容
2019年8月18日	《江苏省完善促进消费体制机制行动方案(2019—2021年)》	加快推进商贸强镇建设;加快农产品冷链物流、质量追溯体系建设;推进农产品消费线上线下融合,加快"互联网+"农产品出村进城工程建设;推动农村电商标准化建设、品牌化发展
2020年7月23日	《关于加快促进流通扩大商业消费的实施意见》	完善农村流通体系,加强商业网点配套建设;改造提升农村流通基础设施,促进形成以乡镇为中心的农村流通服务网络;推动邮政快递物流网络设施与农村有效衔接,持续开展农产品电子商务"万人培训"活动
2021年5月10日	《江苏省以新业态新模式引领新型消费加快发展实施方案》	完善农村物流网络节点体系建设,综合利用现有县级、乡镇客运站和村委会、村邮站、小超市等场地拓展农村物流服务功能,提升农村物流三级节点覆盖率
2021年7月26日	《关于完善商业网点规划管理的指导意见》	乡镇商贸集聚区以乡镇集贸市场、大中型商超、便民店等为基础,主要服务本地乡镇村居民,以满足农村居民日常综合消费为目标
2021年8月3日	《江苏省"十四五"消费促进规划》	有效提升农村居民消费能力,激发农村消费市场潜力

(三)江苏省改善农村居民住房状况相关政策

为深入贯彻乡村振兴战略,加快城乡融合发展,顺应农民群众对美好生活向往和改善居住条件的迫切要求,江苏省提出加快改善苏北地区农民住房条件。2018年9月,江苏省委省政府正式印发《关于加快改善苏北地区农民群众住房条件推进城乡融合发展的意见》,设定目标任务,即"到2020年,完成苏北地区农村四类重点对象危房改造,加快推进'空心村'以及全村农户住房改善意愿强烈的村庄改造",并对重点工作、支持政策、保障措施等做出了具体规定。

为贯彻落实该意见,支持苏北农房改善工作,保证苏北农房改善的资金。2018年12月,江苏省财政厅等部门印发《省级改善苏北地区农民群众住房条件专项资金管理办法(试行)》,提出"设立改善苏北地区农民群众住房条件专项资金",并规定"专项资金重点用于支持新型农村社区、小城镇集中安置区的基础设施建设和公共服务设施配套"。2019年11月,发布《省级改善苏北地区农民群众住房条件专项资金结算办法》,工作量核算上,提出兼顾进城入镇和相对集中居住区建设工作量,既鼓励进城入镇购房改善,通过腾退宅基地和土地指标交易筹集部分建设资金,又保证专项资金专款专用,引导地方重点建成建好农村相对集中居住区。

2019年12月,苏北地区农民群众住房条件改善省级工作推进办公室(以下简称"省推进办")印发《苏北地区农民群众住房条件改善项目考核验收标准》,明确新型农村社区和城镇社区项目基础设施、公共服务设施的配置要求和建设要求,并根据项目的类型、规模细化必配设施和选配设施。同时,发布《江苏省苏北地区农房设计指引》,提出"农房建设应遵循安全、适用、经济、绿色、美观的原则","准确把握苏北各地乡村的差异性,体现地域特点、时代特征和文化特色,满足现代农民生产、生活需要",并就村庄设计、建筑设计、建筑结构与构造、建筑设备、基础设施等制定具体标准。此外,省推进办印发《苏北农房改善公共服务和基础设施建设推进方案》《关于在加快改善苏北地区农民群众住房条件工作中推进产业发展的指导意见》《关于结合苏北地区改善农民群众住房条件提升乡风文明建设水平指导意见的通知》等政策文件,为苏北农房改善提供配套政策支持。苏北农房相关政策文件及主要内容如表3所示。

表3　苏北农房相关政策文件及主要内容一览

发布时间	文件名称	主要内容
2018年9月19日	《关于加快改善苏北地区农民群众住房条件推进城乡融合发展的意见》	目标任务:到2020年,完成苏北地区农村四类重点对象危房改造,加快推进"空心村"以及全村农户住房改善意愿强烈的村庄改造
2018年12月25日	《省级改善苏北地区农民群众住房条件专项资金管理办法(试行)》	设立改善苏北地区农民群众住房条件专项资金。专项资金重点用于支持新型农村社区、小城镇集中安置区的基础设施建设和公共服务设施配套

续表

发布时间	文件名称	主要内容
2019 年 11 月 15 日	《省级改善苏北地区农民群众住房条件专项资金结算办法》	关于工作量核定和资金结算的具体规定
2019 年 12 月 8 日	《苏北地区农民群众住房条件改善项目考核验收标准》	明确新型农村社区和城镇社区项目基础设施、公共服务设施的配置要求和建设要求，并根据项目的类型、规模细化必配设施和选配设施
2019 年 12 月 8 日	《江苏省苏北地区农房设计指引》	农房建设应遵循安全、适用、经济、绿色、美观的原则；准确把握苏北各地乡村的差异性，体现地域特点、时代特征和文化特色，满足现代农民生产、生活需要

二 江苏农村居民生活状况

（一）江苏省农村居民生活状况

1. 收入和消费状况及其与全国的对比

2020 年江苏省和全国农村居民人均可支配收入和人均消费支出以及二者的比较如表 4 所示。2020 年江苏省农村居民人均可支配收入为 24198 元，农村居民人均消费支出为 17022 元，二者皆明显高于全国平均水平。具体而言，全国农村居民人均可支配收入为 17131 元，江苏是其 1.41 倍；全国农村居民人均消费支出为 13713 元，江苏是其 1.24 倍。

表 4　2020 年江苏省农村居民生活状况与全国比较

单位：元

	农村居民人均可支配收入	农村居民人均消费支出
江苏	24198	17022
全国	17131	13713
比值（江苏/全国）	1.41	1.24

资料来源：根据《中国统计摘要（2021）》和《2020 年江苏省国民经济和社会发展统计公报》整理。

2. 收入和消费状况及其与城镇居民的对比

2020 年江苏省农村居民人均可支配收入和人均消费支出与城镇居民、全体居民的比较如表 5 所示。江苏省农村居民人均可支配收入，相比于江苏省的城镇居民和全体居民仍有较大差距。具体地，2020 年江苏省城镇居民人均可支配收入高达 53102 元，约是农村居民的 2.2 倍；2020 年江苏省全体居民平均水平高达 43390 元，约是农村居民的 1.79 倍。

同样地，江苏省农村居民人均消费支出，相对于江苏省的城镇居民和全体居民也存在较大差距。2020 年江苏省城镇居民人均消费支出为 30882 元，约是农村居民的 1.81 倍；2020 年江苏省全体居民人均消费支出为 26225 元，约是农村居民的 1.54 倍。

通过上述对比，可发现江苏省农村居民人均可支配收入与城镇和全体居民的差距，大于人均消费支出的差距。这说明虽然农村居民与城镇居民和全体居民仍存在巨大的收入差距，但消费所体现出的生活水平差距相对于收入差距要小一些。

表5 2020 年江苏省农村居民生活状况与城镇居民、全体居民的比较

单位：元

	人均可支配收入	人均消费支出
农村居民	24198	17022
城镇居民	53102	30882
全体居民	43390	26225
比值（城镇/农村）	2.19	1.81
比值（全体/农村）	1.79	1.54

资料来源：《中国统计摘要（2021）》。

3. 消费结构

根据 CLES 2021 调研数据，2020 年江苏省农村居民家庭消费支出结构中，除其他支出外，食品支出占家庭消费总支出的比重最高，达 28%，医疗和人情支出次之，占比分别为 17% 和 16%，教育支出占比为 10%，而文化支出占比最低，仅为 1%。调研农户 2020 年家庭各项支出样本内存在较大差异，文

化支出的变异系数高达 4.04，说明农户间人均文化支出差异较大，医疗支出、教育支出的变异系数分别为 3.15、2.34，人情支出和食品支出在农户家庭之间差异相对较小，变异系数分别为 1.45 和 1.03（见表 6）。

表 6　2020 年江苏省农村居民家庭消费支出结构

单位：%

	食品支出	教育支出	医疗支出	文化支出	人情支出	其他支出
占家庭消费总支出的比重	28	10	17	1	16	28
变异系数	1.03	2.34	3.15	4.04	1.45	2.98

注：变异系数为标准差除以均值。

资料来源：CLES 2021。

（二）江苏省农村居民生活状况的区域差异

1. 收入情况

根据 CLES 2021 调研数据，三大区域农村居民收入状况的统计结果如表 7 所示。苏南调研村的人均纯收入为 29663 元，为三大区域中最高，高于全省调研村的平均水平，是全省平均水平的 1.19 倍。苏中次之，为 22955 元，比全省调研村平均水平略低、是其 0.92 倍。苏北的平均水平略低于苏中，为 21019 元，是全省调研村平均水平的 0.85 倍。通过变异系数分析各区域内部的不平等程度可发现，三大区域调研村之间的不平等程度并不高，苏南变异系数较大，也仅为 0.51，苏中和苏北分别为 0.38 和 0.36。

表 7　2020 年江苏省三大区域农村居民收入状况

单位：元

	苏南	苏中	苏北	全省
人均纯收入	29663	22955	21019	24865
比值（各地区/全省平均）	1.19	0.92	0.85	——
变异系数	0.51	0.38	0.36	0.47

注：变异系数为标准差除以均值。

资料来源：CLES 2021。

2. 消费情况

根据 CLES 2021 调研数据，三大区域农村居民家庭消费支出状况的统计结果如表 8 所示。苏南调研农户家庭的人均消费支出为 14439 元，高于苏中、苏北和全省平均水平，是全省平均水平的 1.21 倍。苏中调研农户家庭的人均消费支出为 10579 元，略低于全省平均水平，是其 0.89 倍。苏北地区调研农户家庭的人均消费支出在三大区域中最低，为 9845 元，是全省平均水平的 0.83 倍。与人均收入水平相类似，苏中和苏北之间相差不大，但苏南地区优势仍较为明显。

各区域内农村居民的人均消费水平的不平等程度也值得注意，基于变异系数的分析可发现，苏南的样本间差异较小，变异系数为 1.01，苏中次之，变异系数为 1.51，苏北样本内不平等程度最高、变异系数为 1.54。

表 8　2020 年江苏省三大区域农村居民家庭消费支出状况

单位：元

	苏南	苏中	苏北	全省
人均消费支出	14439	10579	9845	11923
比值（各地区/全省平均）	1.21	0.89	0.83	—
变异系数	1.01	1.51	1.54	1.29

注：变异系数为标准差除以均值。
资料来源：CLES 2021。

3. 消费结构

2020 年江苏省苏南、苏中、苏北三大区域农村居民家庭消费支出占家庭总支出的比重如表 9 所示。根据 CLES 2021 调研数据，除其他支出外，三大区域的消费结构支出也存在一定差异，同时具有一定的规律性。在食品支出占家庭总支出比重上，苏南最高，达 30%，苏中和苏北相差不大，分别为 27% 和 24%。在教育支出占家庭总支出比重上，苏南、苏中、苏北相差不大，分别为 10%、9%、10%。在医疗支出占家庭总支出比重上，苏南最低，为 14%，苏中为 19%，苏北为 24%。三大区域的文化支出占比均不到 1%。在人情支出占家庭总支出比重上，苏中最高，达 17%，苏南和苏北分

别为 16% 和 14%。

对比三大区域调研农户的消费结构可发现，除其他支出外，食品支出均占比最高，文化支出均占比最低，教育支出次低，但各区域的其他两类支出存在一定差异，苏南的人情支出占比高于医疗支出，苏中和苏北则是医疗支出高于人情支出。

表9 2020年江苏省三大区域农村居民家庭消费支出占家庭总支出的比重

单位：%

支出类型	苏南	苏中	苏北
食品支出	30	27	24
教育支出	10	9	10
医疗支出	14	19	24
文化支出	0.98	0.74	0.61
人情支出	16	17	14
其他支出	30	27	27

资料来源：CLES 2021。

4. 住房情况

农房改善和闲置农房盘活利用的工作全面推开，两项工作分别关系到农村居民居住条件的改善和财产性收入的增加。据江苏省住建厅统计，截至2020年底，苏北已有超过20万户农房得到改善。根据《2020年连云港市国民经济和社会发展统计公报》和《2020年徐州市国民经济和社会发展统计公报》，2020年内连云港市改善农房20985户、徐州市改善农房3.7万户。除了苏北农房改善政策，苏南也探寻农房建设之路，据江苏省住建厅统计，截至2020年底，无锡市首批107个试点村已全面完成农房建设任务，累计建设农房8276户。如表10所示，CLES 2021调研在苏北各市的村庄也显示，农房改善工作在各地开展顺利。其中，徐州市四个调研村农房改善123户，改善农房复垦耕地面积34亩，四类重点人群危房改善76户；连云港市四个调研村农房改善687户，改善农房复垦耕地面积140亩，四类重点人群危房改善28户；盐城市四个调研村农房改善516户，复垦耕地面积134亩，四类重点人群危房改善64户。

表10　2020年苏北各市调研村庄农房改善情况

单位：户，亩

城市	2017年以来农房改善户数	复垦耕地数量	四类重点人群危房改善户数
徐州市	123	34	76
连云港市	687	140	28
盐城市	516	134	64

资料来源：CLES 2021。

根据CLES 2021村庄调研数据，各市均有一定比例的闲置宅基地，其中徐州市闲置宅基地比重最高，达9.9%；镇江市、扬州市和连云港市闲置宅基地比重也较高，分别为4.36%、2.45%和2.37%；南通市、无锡市和盐城市的闲置宅基地比重分别为1.03%、1.40%和1.94%；苏州市、泰州市和南京市闲置比例均低于1%，分别仅为0.76%、0.46%和0.18%。各市调研的四个样本村2020年年内均无增加的宅基地，2020年年内无锡市、南通市、盐城市调研村的宅基地面积略有减少，三市样本村减少宅基地面积分别为20亩、45亩、7亩。此外，总体上，农村宅基地流转市场缺乏活力。南京市、苏州市、泰州市均有调研村发生宅基地流转，但流转面积较小，分别仅为8亩、2亩、3亩（见表11）。

表11　2020年江苏各市农村宅基地闲置情况

单位：%，亩

城市	闲置宅基地比重（有闲置宅基户数/有宅基地总户数）	2020年年内减少宅基地面积	宅基地流转总面积
南京市	0.18	0	8
无锡市	1.40	20	0
徐州市	9.90	0	0
苏州市	0.76	0	2
南通市	1.03	45	0
连云港市	2.37	0	0
盐城市	1.94	7	0
扬州市	2.45	0	0
镇江市	4.36	0	0
泰州市	0.46	0	3

注：闲置宅基地比重为每市各调研村现有闲置宅基地户数占宅基地总户比重的平均值；2020年年内减少宅基地面积为每市各调研村年内减少宅基地面积之和；宅基地流转总面积为每市各调研村宅基地流转面积之和。

资料来源：CLES 2021。

从农户层面来看，各市调研农户宅基地退出和流转意愿占比普遍较低。盐城市农户宅基地退出意愿占比较高，约 10.50%，其次是无锡市、南通市、南京市，退出意愿占比分别为 7.65%、5.73%、5.53%，其他市（徐州市、苏州市、连云港市、扬州市、镇江市、泰州市）的农户宅基地退出意愿占比均低于 5%。农户宅基地流转意愿占比与此类似，也普遍较低。苏州市、扬州市农户的宅基地流转意愿占比分别低至 1.79%、0.54%，流转意愿占比较高的无锡市、南通市、盐城市、镇江市，流转意愿占比也仅为 6% 左右（见表 12）。

表 12　2020 年江苏各市农村居民宅基地退出和流转意愿占比

单位：%

城市	宅基地退出意愿占比	宅基地流转意愿占比
南京市	5.53	3.55
无锡市	7.65	5.95
徐州市	1.63	3.55
苏州市	1.81	1.79
南通市	5.73	6.77
连云港市	2.13	4.30
盐城市	10.50	5.98
扬州市	1.05	0.54
镇江市	2.55	6.01
泰州市	3.74	4.35

资料来源：CLES 2021。

（三）江苏省各市农村居民生活状况及其与城镇居民的对比分析

1. 农村居民收入状况及其与城镇居民对比

2020 年苏南各市农村居民、城镇居民人均可支配收入状况及二者的比较如表 13 所示。苏南各市农村居民人均可支配收入水平均高于全省平均水平，其中苏州市最高，超过 3.7 万元，无锡市和常州市次之且分别超过 3.5 万和 3.2 万元，南京市和镇江市较低，分别超过 2.96 万和 2.84 万元。值得注意的是，在苏南各市农村居民人均可支配收入高于全省平均水平的同时，城乡收入差距也大多低于全省平均水平,除了南京市,其城镇居民人均可支配收入是农村居民的 2.28 倍,比值高于全省平均水平(2.19 倍)。其他各市的城镇居民人均可支配收入是农村居民人均可支配收入的 1.8 倍至 1.9 倍左右。

表 13　2020 年苏南各市农村居民、城镇居民人均可支配收入状况及二者的比较

单位:元

城市	农村居民人均可支配收入	城镇居民人均可支配收入	城镇居民人均可支配收入/农村居民
南京市	29621	67553	2.28
无锡市	35750	64714	1.81
常州市	32364	60529	1.87
苏州市	37563	70966	1.89
镇江市	28402	54572	1.92
全省	24198	53102	2.19

资料来源:根据江苏省和苏南各市 2020 年《国民经济和社会发展统计公报》整理。

　　2020 年苏中各市农村居民、城镇居民人均可支配收入状况及二者的比较如表 14 所示。苏中各市农村居民人均可支配收入水平均略高于全省平均水平,其中南通市最高,为 26141 元,扬州市和泰州市与全省平均水平十分接近,分别为 24813 元和 24615 元。苏中各市的城乡差距低于全省平均水平,苏中三市的城镇居民人均可支配收入均是农村居民的两倍左右,其中扬州市城乡差距最小,城镇居民人均可支配收入是农村居民的 1.90 倍。

表 14　2020 年苏中各市农村居民、城镇居民人均可支配收入状况及二者的比较

单位:元

城市	农村居民人均可支配收入	城镇居民人均可支配收入	城镇居民人均可支配收入/农村居民
南通市	26141	52484	2.01
扬州市	24813	47202	1.90
泰州市	24615	49103	1.99
全省	24198	53102	2.19

资料来源:根据江苏省和苏中各市 2020 年《国民经济和社会发展统计公报》整理。

2020 年苏北各市农村居民、城镇居民人均可支配收入状况及二者的比较如表 15 所示。苏北各市农村居民人均可支配收入水平皆低于全省平均水平，其中连云港市最低，为 19237 元，宿迁市和淮安市略高于连云港市，分别为 19466 元和 19730 元，徐州市和盐城市较高，分别为 21229 元和 23670元。就城乡差距而言，苏北各市均低于全省平均的城乡差距水平，其中淮安市的城镇居民人均可支配收入是农村居民的 2 倍以上，连云港市以 1.91 倍次之，徐州市、盐城市和宿迁市较低，分别为 1.77 倍、1.71 倍和 1.64 倍。

表 15　2020 年苏北各市农村居民、城镇居民人均可支配收入状况及二者的比较

单位：元

城市	农村居民人均可支配收入	城镇居民人均可支配收入	城镇居民人均可支配收入/农村居民
徐州市	21229	37523	1.77
连云港市	19237	36722	1.91
淮安市	19730	40318	2.04
盐城市	23670	40403	1.71
宿迁市	19466	32015	1.64
全省	24198	53102	2.19

资料来源：根据江苏省和苏北各市 2020 年《国民经济和社会发展统计公报》整理。

2. 农村居民消费状况及其与城镇居民对比

2020 年苏南各市农村居民、城镇居民人均消费支出状况及二者的比较如表 16 所示。与收入水平一样，苏南各市农村居民的人均消费支出也高于全省平均水平。由高到低各市排序也与收入一致，苏州市最高，超过2.2 万元，其他由高到低依次为：无锡市（21944 元）、常州市（19667元）、南京市（19421 元）、镇江市（18904 元）。而与城镇居民人均消费支出的差距也与收入差距类似，仅南京市高于全省平均水平；但总体上，城乡消费水平差距依然很大，差距最小的镇江市，其城镇居民人均消费支出是农村居民的 1.50 倍。

表16　2020 年苏南各市农村居民、城镇居民人均消费支出状况及二者的比较

单位：元

城市	农村居民人均消费支出	城镇居民人均消费支出	城镇居民人均消费支出/农村居民
南京市	19421	35854	1.85
无锡市	21944	37195	1.69
常州市	19667	31987	1.63
苏州市	22129	39005	1.76
镇江市	18904	28374	1.50
全省	17022	30882	1.81

资料来源：根据江苏省和苏南各市 2020 年《国民经济和社会发展统计公报》整理。

2020 年苏中各市农村居民、城镇居民人均消费支出状况及二者的比较如表 17 所示。与收入水平不同的是，苏中各市农村居民的人均消费支出略低于全省平均水平，其中扬州市为 16550 元、南通市为 16200 元。而与城镇居民人均消费支出的差距，南通市高于全省平均水平，其城镇居民人均消费支出水平是农村居民的 1.84 倍；扬州市消费支出上的城乡差距低于全省平均水平，其城镇居民人均消费支出水平是农村居民的 1.53 倍。

表17　2020 年苏中各市农村居民、城镇居民人均消费支出状况及二者的比较

单位：元

城市	农村居民人均消费支出	城镇居民人均消费支出	城镇居民人均消费支出/农村居民
南通市	16200	29750	1.84
扬州市	16550	25342	1.53
全省	17022	30882	1.81

资料来源：根据江苏省和苏中各市 2020 年《国民经济和社会发展统计公报》整理；泰州市 2020 年《国民经济和社会发展统计公报》未提供消费数据。

2020 年苏北各市农村居民、城镇居民人均消费支出状况及二者的比较如表 18 所示。苏北各市农村居民人均消费支出水平远低于全省平均水平，其中盐城市和徐州市较高，分别为 14994 元和 13303 元，连云港市和淮安市

较低，分别为 11885 元和 11570 元。与之相对的是，农村居民人均消费支出较高的盐城市和徐州市与城镇居民差距较小，其城镇居民人均消费支出水平分别是农村居民的 1.39 倍和 1.53 倍，而消费水平较低的连云港市和淮安市与城镇居民人均消费支出的差距较大，城镇居民和农村居民人均消费支出比分别是 1.80 和 1.73。

表 18　2020 年苏北各市农村居民、城镇居民人均消费支出状况及二者的比较

单位：元

城市	农村居民人均消费支出	城镇居民人均消费支出	城镇居民人均消费支出/农村居民
徐州市	13303	20418	1.53
连云港市	11885	21403	1.80
淮安市	11570	20034	1.73
盐城市	14994	20794	1.39
全省	17022	30882	1.81

资料来源：根据江苏省和苏北各市 2020 年《国民经济和社会发展统计公报》整理；宿迁市 2020 年《国民经济和社会发展统计公报》未提供消费数据。

三　存在的问题及政策建议

（一）存在的问题

1. 城乡之间差距大

不管是消费水平还是收入水平，江苏省总体上均呈现出明显的城乡差距。江苏省城镇居民人均可支配收入是农村居民的 2.19 倍，而人均消费支出水平是农村居民的 1.81 倍。江苏省各市中，城乡收入差距最小的是宿迁市，其城镇居民人均可支配收入是农村居民的 1.64 倍；而城乡消费支出差距最小的是盐城市，其城镇居民的人均消费支出是农村居民的 1.39 倍。

2. 区域间和个体间不均衡不平等问题

收入和消费水平均体现出区域之间的不均衡、样本内部的不平等问题。

收入方面，苏南样本村人均纯收入为三大区域中最高，高于全省调研村的平均水平，为全省平均水平的 1.2 倍。苏中、苏北均比全省平均水平低，分别为其 0.92 倍、0.85 倍。消费水平的差异与收入类似，但各区域内农村居民消费水平的差异更明显，苏南地区的样本间差异较小，变异系数为 1.01，苏中和苏北的变异系数分别是 1.51 和 1.54。

3. 宅基地市场缺乏活力

农村宅基地流转市场缺乏活力，农户退出和流转意愿也不强。江苏省各市农户宅基地退出和流转意愿占比普遍较低。闲置宅基地盘活对于为农村产业发展的建设用地需求提供有效供给具有重要意义，并且能够唤醒沉睡资产、显化宅基地和农房资产价值、增加农民财产性收入，然而目前虽然各地存在一定比例的闲置宅基地，但农户的宅基地退出和流转意愿并不强，宅基地盘活的潜力仍有待激发。

（二）政策建议

1. 以工补农、以城带乡，促进城乡均衡发展

江苏省收入和消费水平的城乡差距较大。可能的原因有农业经济效益较低，土地、人口等生产要素非农化。此外，城乡之间基础设施、人居环境条件及教育、卫生、文化等公共服务配套方面也存在巨大差距。因此，结合江苏省"十四五"规划目标，需要加快推进城乡基本公共服务制度并轨，建立健全城乡教育资源均衡配置机制、乡村医疗卫生服务体系、覆盖城乡的公共文化服务体系、城乡统一的社会保障制度。与此同时，鼓励现代化农业的发展，推动农村一二三产业融合发展，丰富乡村经济业态，拓展农民增收空间。推动高素质农民培育工程，培育新型农业经营主体和服务主体，建设新型职业农民队伍，推动乡村人才振兴。

2. 发挥各区域优势，推动三大区域联动协调发展

江苏省收入和消费水平的区域差距较大。收入和消费水平均呈现苏南、苏中、苏北递减趋势。区位条件、市场化水平等是区域发展存在较大差距的可能因素。因此，首先，对于苏中、苏北，可以鼓励其发挥地区禀赋优势，

发展高品质高附加值特色农业和生态农业、智慧农业，加强现代农业基础设施建设，推进农业机械化智能化。其次，根据江苏省"十四五"规划，加强各区域交流合作，推动江苏省各个区域联动协调发展，促进南京都市圈高质量发展，加快宁镇扬、苏锡常一体化发展，打造苏通、锡常泰等跨江融合发展城市组团，推动南通沪苏跨江融合发展试验区建设，以实现区域之间发展平衡。

3. 落实闲置宅基地退出及流转政策，推动农村土地高效利用

江苏省各市农村宅基地均有不同程度的闲置，但农户对宅基地的退出和流转意愿不强。可能的原因是，农民对于宅基地保障功能具有较强依赖性，目前的补偿机制难以满足农民对于未来生活、养老等的保障需求。因此，为盘活农村闲置宅基地，推动农村土地高效利用，一是要提升退出宅基地或转出宅基地的农民的社会保障水平，对进城落户农民土地承包权、宅基地使用权、集体收益分配权予以保障，建立就业稳定和收入稳定的长效机制，并促进以常住人口为基本公共服务与社会保障均等化的受惠对象；二是要根据宅基地在家庭中生计作用的不同，鼓励农村宅基地有限流转，多样化农户宅基地退出和流转选择。

参考文献

陈明星：《"十四五"时期农业农村高质量发展的挑战及其应对》，《中州学刊》2020 年第 4 期。

陈昌盛、许伟、兰宗敏、李承健：《我国消费倾向的基本特征、发展态势与提升策略》，《管理世界》2021 年第 8 期。

李实、朱梦冰：《中国经济转型 40 年中居民收入差距的变动》，《管理世界》2018 年第 12 期。

P. Thomas, Li Yang, and Z. Gabriel, "Capital Accumulation, Private Property and Rising Inequality in China, 1978 – 2015," *American Economic Review* 109 (2019), pp. 2469 – 2496.

B.13
2021年江苏农村人居环境整治发展状况报告

郑华伟　张　锐　周方玲　马　静　田海笑*

摘　要： 农村人居环境的改善，不仅能够提高农村居民的健康水平与幸福感，也关系着乡村振兴战略的最终成效。农村人居环境整治存在的问题包括资金投入依然不足、生态环境改善压力依然较大、绿色科技支撑不够、基础设施较为薄弱、社会组织参与整治能力有限、农村居民主体作用有待进一步发挥等。为有效推进农村人居环境整治，应进一步优化农村人居环境整治多元化投入机制，完善绿色科技支撑机制，加强农村基础设施建设，持续改善农业生态环境，有效发挥农村居民主体作用，提高社会组织参与能力。

关键词： 农村人居环境整治　资金投入　主体作用　社会组织

农村人居环境的改善，不仅能够提高农村居民的健康水平与幸福感，也关系着乡村振兴战略的最终成效。2018年中央一号文件《中共中央　国务院关于实施乡村振兴战略的意见》阐述了实施乡村振兴战略的目标任务，提出持续改善农村人居环境，实施农村人居环境整治三年行动计划。2019

---

* 郑华伟，南京农业大学人文与社会发展学院副教授，主要研究方向为环境社会学、环境治理与农村发展；张锐，南京艺术学院公共事业管理系讲师，主要研究方向为农村生态文明、乡村文化产业；周方玲，南京农业大学人文与社会发展学院研究生，主要研究方向为农村社会学；马静，南京农业大学人文与社会发展学院研究生，主要研究方向为农村社会学；田海笑，南京农业大学人文与社会发展学院研究生，主要研究方向为农村社会学。

年中央一号文件《中共中央　国务院关于坚持农业农村优先发展做好"三农"工作的若干意见》强调要进一步推进乡村建设,有效实施农村人居环境整治三年行动,通过开展村庄清洁行动与基础设施建设工程等措施补齐农村地区在人居环境与公共服务上的短板。党的十九届四中全会通过了《中共中央关于坚持和完善中国特色社会主义制度　推进国家治理体系和治理能力现代化若干重大问题的决定》,强调加强社会治理,进一步完善生态文明制度体系,提高美丽中国建设水平。2020年中央一号文件《中共中央　国务院关于坚持农业农村优先发展做好"三农"工作的若干意见》强调扎实搞好农村人居环境整治,再次对农村厕所革命、生活垃圾与生活污水治理等农村人居环境整治中的重点任务做出部署,并且提出要推进"美丽家园"建设。党的十九届五中全会通过了《中共中央关于制定国民经济和社会发展第十四个五年规划和二〇三五年远景目标的建议》,强调实施乡村建设行动,提升农村人居环境整治发展水平,促进生态文明建设实现新进步。2021年中央一号文件《中共中央　国务院关于全面推进乡村振兴加快农业农村现代化的意见》强调大力实施乡村建设行动,有效实施农村人居环境整治提升五年行动,全面推进乡村生态振兴。

农村人居环境可以分为农村地区自然环境、农村地区人工环境两个部分,其中农村地区人工环境是农村居民生产生活的载体,是农村居民进行生产、生活、交往等活动的重要区域。农村地区自然环境是指森林、水源、土壤等自然因素的总和,它们围绕在生物周围,是生物生存和繁衍的重要基础;农村地区自然环境系统受到了人类的干预,是一个半人工半自然的生态系统,是自然和人工相结合的生态系统,其中森林、水源等自然因素是农村地区自然环境的主要构成部分,农田、人工林等半自然要素是次要构成部分。农村地区人工环境是指人类为了满足自身的需要,对自然物质进行加工和改造所形成的环境体系,是人类与自然因素相互作用的结果,受到了来自自然因素与社会因素的双重影响和制约,主要包括居住环境(如住房条件、环境卫生等)和基础设施(如乡村道路、卫生设施等)两个部分。本报告第一部分根据江苏省统计数据、典型地区调研数据阐述了了江苏省农村人居环境整治的发展现状，第二部分剖析了农村人居环境整治存在的问题，第三部分分析了农村人居环境整治的发展路径。

一 农村人居环境整治的发展现状

（一）农村人居环境整治发展历程

2020年1月，江苏省人民政府印发了《落实健康中国行动推进健康江苏建设实施方案》，提出促进健康环境建设，实施农村供水保障行动、生活垃圾分类行动、健康环境促进行动。2020年3月，发布了江苏省委一号文件《中共江苏省委 江苏省人民政府关于抓好"三农"领域重点工作 确保如期实现高水平全面小康的意见》，明确提出要将改善苏北地区农民群众住房条件作为推进苏北地区农村人居环境整治的重点，扎实补好农村民生短板，有效提高农村人居环境整治发展水平。2020年5月，省政府办公厅印发了《江苏省农村生活污水治理提升行动方案》（苏政发〔2020〕38号），整县制编制治理专项规划，合理选择治理技术路线，加强综合治理协同推进，健全完善建设和管护机制，组织开展已建设施"回头看"，整县制推进社会化治理试点，强化技术研发与标准化治理，加大执法监管力度。2020年8月，发布了《中共江苏省委江苏省人民政府关于深入推进美丽江苏建设的意见》，再次就农村人居环境建设水平指出，要以特色田园乡村建设为机遇，加快改善苏北农民住房条件，助力全省全面建成美丽田园乡村。2020年10月，出台了《省政府关于贯彻实施〈中华人民共和国民法典〉的意见》（苏政发〔2020〕88号），要求强化生态环境保护，引导形成绿色生产、生活方式，不断提高环境保护和生态文明水平。2020年11月，中共江苏省委办公厅印发了《关于高质量推进数字乡村建设的实施意见》，要求在全省范围内实施智慧绿色乡村建设行动，以科技手段提升乡村生态保护精准度，提高乡村绿色人居环境质量，进一步加大农村生活垃圾污水处理、厕所革命、黑臭水体治理、秸秆禁烧等工作推进力度，持续巩固农村人居环境整治行动建设成效。2020年11月，江苏省人民政府制定了《江苏省城乡网格化服务管理办法》（省政府令第141号），提出充分发挥基层党组织在网格化服务管理过程中的领导作用，进一步完善乡村社会治理体系，建立基层社会治理新格局；协助做好涉及住房城乡建设、生态环境等相关工作。

2021年2月，发布了江苏省委一号文件《中共江苏省委 江苏省人民政府关于全面推进乡村振兴加快农业农村现代化建设的实施意见》，强调了实施乡村建设行动，大力开展农村人居环境整治提升五年行动，进一步完善农村基础设施，不断提高特色田园乡村建设水平，促进农村人居环境整治发展水平不断提升。2021年2月，江苏省出台了《江苏省国民经济和社会发展第十四个五年规划和二〇三五年远景目标纲要》，大力实施乡村建设行动，进一步推进美丽田园乡村建设，加快改善农民群众住房条件，全面提升农村生活品质；大力推进美丽江苏建设，建设美丽宜居住区，有效提高农村人居环境整治发展水平。2021年3月，江苏省人民政府办公厅印发了《国家城乡融合发展试验区（江苏宁锡常接合片区）实施方案》，要求大力建设高水平特色小镇、特色田园乡村，支持高淳、溧阳等省级特色田园乡村打造省级农村高质量发展样板，推进美丽乡村建设，建设美丽乡村连片示范区。2021年4月，江苏省住房城乡建设厅出台了《省住房城乡建设厅关于推进碳达峰目标下绿色城乡建设的指导意见》，大力开展绿色社区创建行动，进一步完善社区人居环境建设和整治机制，推进基础设施绿色化，有效提高人居环境整治发展水平；加强绿色乡村建设，推进绿色农房建设，推动绿色村庄建设，推动农村生活垃圾减量化资源化。2021年7月，江苏省民政厅、江苏省发展和改革委员会出台了《江苏省民政事业发展第十四个五年规划》，提出进一步建设自治、法治、德治、智治融合的城乡社区治理和服务体系，建立健全村（社区）党组织领导、村（居）民委员会主导、政社良性互动、社会力量积极支持、居民群众广泛参与的"能动善治"机制，扩大农村居民群众的有效参与，着力提升自治能力和服务功能，促进新型农村社区可持续发展。2021年7月，江苏省住房和城乡建设厅公布了第七批次江苏省特色田园乡村名单，12个设区市的42个村庄榜上有名；"江苏省特色田园乡村"已达407个，覆盖了97.4%的涉农县（市、区），形成了一批体现江苏特色、代表江苏水平的特色田园乡村，走出了一条田园乡村与繁华都市交相辉映、协调发展的"江苏路径"。2021年7月，出台了《江苏省"十四五"绿色建筑高质量发展规划》，指出积极开展农村建筑节能试点，结合当地自然条件和经济社会发展水平，推广成熟适用、经济可行、施工简便的农村建筑节能技术和产品。2021年8月，江苏省人民政府办公厅发布了《江苏省"十四五"自然资源保护和利用规划》，提出构筑江海河湖统筹的美丽国土空间，推动形成山水林田湖草沙整体保护格局，合理建立自然保护地体系，进一步完善自然保护地管理体制机制。2021年8月，江苏省政府办公厅发布了《省政府办公厅关于印发江苏省"十四五"新型城镇化规划的通知》，进一步加强新型城镇化建设，进一步完善城乡公共基础设施，进一步优化城乡污染物收运处置体系，率先实现城乡生活垃圾收运处理体系全覆盖，促进农村生活污水治理率不断提高。2021年8月，江苏省人民政府办公厅印发了《江苏省"十四五"数字经济发展规划》，提出加快农村数字化建设，深入推进数字乡村建设行动，实施乡村新一代信息基础设施振兴工程；布局建设农村公共信息服务站，构建涉农信息的普惠服务机制，推动人居环境监测、就业创业指导、远程医疗、远程教育等民生应用普及，着力提升农民生活数字化服务水平。2021年9月，出台了《特色田园乡村建设指南》（T/UPSC0004-2021），建设内容包括空间格局、农民住房、道路交通、市政设施、公共设施、公共空间、绿化景观等，各地根据农村居民生产生活实际需求和社会经济发展水平，合理确定建设重点。

（二）农村人居环境整治发展状况

2020年，江苏省继续把实施乡村振兴战略作为新时代"三农"工作总抓手，进一步实施农村人居环境整治，有效提高生态宜居水平，农业农村面貌发生了非常大的变化。农村人居环境进一步优化，特色小镇、特色田园乡村建设有力推进。江苏省已经实现了建制镇垃圾中转站、行政村生活垃圾收集点全覆盖，1.2 万个村庄已经配套了生活污水处理设施，农村无害化卫生户厕普及率超过了 95%，农村生活污水治理行政村覆盖率达到了 74%，高质量完成了农村人居环境整治三年行动计划的目标。江苏生态保护与修复工作持续深入推进，已经建成国家生态园林城市的数量达到了 9 个，全国生态文明建设示范市县的数量达到了 22 个，"绿水青山就是金山银山"实践创新基地的数量达到了 4 个。[①]

2020 年江苏省坚持生态优先、绿色发展，坚决打好污染防治攻坚战，全省生态环境质量水平不断提高。全省 PM2.5 平均浓度达到 38 微克/米^3，同比下降 11.6%；优良天数比率达 81%，同比提升 9.6 个百分点；水环境国考断面优Ⅲ类比例达 87.5%，同比提升 8.7 个百分点。江苏污染防治力度加大，持续推进中央环保督察及"回头看"、全国人大常委会《水污染防治法》执法检查交办问题和长江经济带生态环境警示片披露问题整改，大力实施蓝天保卫战、碧水保卫战和净土保卫战，成效显著。认真落实"共抓大保护、不搞大开发"战略要求，长江经济带生态环境质量发生转折性变化。以部省共建试点省为契机，积极探索体现中央精神、彰显江苏特色的生态环境治理现代化"路子"：出台"三线一单"生态环境分区管控方案，划定 4365 个管控单元，严格分级分类管控；提前完成排污许可证发放登记工作，共发证 3.8 万家、登记 24.5 万家；进一步加强生态环境损害赔偿制度改革，累计启动赔偿案件 984 件、赔偿金额超过 13 亿元，位于全国前列；创立江苏"环保脸谱"体系，推动实现智能化环境监管。坚持"法定职责必须为、法无授权不可为"，以法治思维严密保护生态环境，《江苏省生态环境监测条例》正式实施，是该领域全国第一部地方性法规；设立省市县三级生态环境执法"重案组"，全年累计下达行政处罚决定书 1.2 万件、罚款金额 9.8 亿元，运用《环保法》配套办法查处案件 2422 件，执法力度位居全国前列。

2020 年，江苏省在 13 个设区市中选择了 75 个县（市、区）225 个村庄开

---

① 《2020 年度江苏省生态环境状况公报》《江苏统计年鉴 2021》。

展了农村环境质量监测，225 个村庄环境空气质量总体较好，空气质量优良天数比率为 97.6%；出现超标的污染物主要包括 PM2.5、PM10 与 O₃ 等。全省开展监测的 81 个农村饮用水水源地中，水质达到或优于Ⅲ类的有 73 个，达标率为 90.1%；52 个"千吨万人"饮用水水源地中，水质达到或优于Ⅲ类的比例达 65.4%；183 个县域地表水点位中，水质达到或优于Ⅲ类的有 144 个，占78.7%。全省针对农田、菜地等 15 类重点区域土壤 932 个点位开展了监测，依据《土壤环境质量农用地土壤污染风险管控标准》《农村环境质量综合评价技术规定（试行）》，896 个点位为低风险（最优级别），占比为 96.1%。稳步推进农业废弃物资源化利用，废旧农膜回收率达 87%，农作物秸秆综合利用率为 95%，畜禽粪污综合利用率为 97%，63 个县（市、区）开展农药包装废弃物回收处置工作。推广"戴庄经验"，31 个村开展生态循环农业试点。

（三）农村人居环境整治现状认知

对于农村人居环境整治农村居民认知而言，根据江苏省典型区域实地调研数据，26.39% 的农村居民还是比较了解农村人居环境整治的内容的，23.71% 的农村居民对农村人居环境整治是处于"知道一点"的认知状态，15.94% 的农村居民对农村人居环境整治是处于"听说过而已，不太清楚"的认知状态（见表 1）。67.68% 的农村居民认为本村人居环境"没有污染"，28.54% 的农村居民认为本村人居环境"轻微污染"（见表 2）。

表 1　农村人居环境整治居民认知

单位：人，%

	人数	比例
没有听说过	483	24.05
听说过而已,不太清楚	320	15.94
知道一点	476	23.71
比较了解	530	26.39
非常了解	199	9.91

资料来源：CLES 2021。

从农村人居环境整治的动因看，在获得的 40 个有效村庄样本当中，由政府部门推动建设的村庄，占比达 42.35%；由村干部推动建设的村庄，占比为 34.12%；由农村居民主动要求开展农村人居环境整治的村庄，占比为 23.53%。由此来看，现阶段农村人居环境整治仍由政府部门主导，由村庄特别是由农村居民主动推动的较少，农村居民在农村人居环境整治中的主动参与明显不足。进一步考察农村人居环境整治的制约因素，在获得的 40 个有效村庄样本当中，39.53% 的受访对象认为资金投入不足是农村人居环境整治的制约因素，24.42% 的受访对象认为农村居民积极性不高制约了农村人居环境整治。

表 2　农村人居环境污染居民认知

单位：人，%

	人数	比例
没有污染	1361	67.68
轻微污染	574	28.54
中等污染	52	2.59
严重污染	24	1.19

资料来源：CLES 2021。

农村对于垃圾乱放、乱堆采取的监督措施，在获得的 39 个有效村庄样本当中，34.38% 的受访对象表示有村规民约监督处罚，46.88% 的受访对象认为是村干部或村委会委托人监督。对于农村生活垃圾由谁负责处理的问题，在获得的 39 个有效村庄样本当中，51.16% 的受访对象认为应由"村（居）委会免费处理"，18.60% 的受访对象认为是"缴费、村（居）委会处理"，20.93% 的受访对象认为是"村民自己处理"（见表 3）。在获得的 38 个有效村庄样本当中，76.32% 的受访对象认为本村开展了生活垃圾分类；关于生活垃圾分类经费来源，47.37% 的受访对象认为是政府投入，44.74% 的受访对象认为是村集体投入。在获得的 38 个有效村庄样本当中，73.68% 的受访对象认为本村没有农村生活垃圾治理的 PPP 项目。

表3　农村生活垃圾处理情况

单位：人，%

	人数	比例
村民自己处理	9	20.93
缴费、村(居)委会处理	8	18.60
村(居)委会免费处理	22	51.16
无专人负责处理	1	2.33
其他	2	6.98

资料来源：CLES 2021。

在获得的 38 个有效村庄样本当中，对于本村是否有生活污水处理设施，78.95% 的受访对象表示有生活污水处理设施；生活污水处理设施资金来源，70.27% 的受访对象认为资金来源于政府，27.03% 的受访对象认为资金来源于村集体。在获得的 37 个有效村庄样本当中，67.57% 的受访对象认为本村没有生活污水处理的 PPP 项目。

在获得的 40 个有效村庄样本当中，90.00% 的受访对象认为本村开展了私搭乱建治理，95.00% 的受访对象认为本村开展了村庄主道路亮化，100% 的受访对象认为本村开展了村庄主道路绿化。

二　农村人居环境整治存在的问题

（一）农村人居环境整治资金投入依然不足

虽然整体上农村人居环境整治投入资金在不断增加，但是现存的资金缺口仍然较大。根据《中国城乡建设统计年鉴2020》，投入较少的部分为农村生活污水处理和农村生活垃圾治理。2020 年，江苏农村村庄建设投资总金额达到6061322 万元，其中市政公共设施占 34.80%。市政中的排水和环境卫生公共设施投资占村建投资的 15.35%，其中垃圾和污水处理投资仅占村庄建设投资的 9.56%，从中显示用于垃圾和污水处理的投资比例较低。从市政公共设施投资结构来看，排水和环境卫生投资为 930691 万元，投资金额占市政公共设施投资总金额的 44.12%；污水处理和垃圾处理投资占市政公共设施投资的 27.47%。这表明许多农村地区都存在没有获得足够的资金投资，从而无法满足改善设施需求的情况。在获得的 40 个有效村庄样本当中，39.53% 的受访对象认为资金投入不足是农村人居环境整治的制约因素。

表4　江苏省村庄建设投入

单位：万元

年份	村庄建设投入	市政公用设施投入	供水投入	排水投入	污水处理投入	环境卫生投入	垃圾处理投入
2015	4767321.00	1604435.00	265116.00	194148.00	88938.00	250621.00	86363.00
2016	4872573.00	1520115.00	215108.00	234109.00	115017.00	233447.00	90547.00
2017	4883003.00	1529684.00	183407.00	296332.00	186136.00	244501.00	103812.00
2018	5329008.42	2018528.96	348919.38	377948.74	250842.74	261870.45	118539.07
2019	5503794.53	1955701.85	155549.59	472446.93	357112.26	318318.53	135065.10
2020	6061322.00	2109307.00	161807.00	572214.00	427025.00	358477.00	152370.00

资料来源：《中国城乡建设统计年鉴2020》。

对于农村人居环境整治的资金投入而言，渠道来源比较单一，国家政府部门的财政资金投入是农村人居环境整治工作资金投入的主要来源，由中央政府、地方政府等配套实施，农村人居环境整治的融资渠道较为有限，同时因为环境整治工作的特殊性，社会资本等多样化的市场力量没有有效参与，这也就造成了现有的资金投入在当前的农村人居环境整治中无法满足环境整治所需要的资金。根据江苏省典型区域实地调研数据，开展生活垃圾分类的村庄，关于经费来源、生活垃圾分类经费来源，47.37% 的受访对象认为是政府投入，44.74% 的受访对象认为是村集体投入。部分地区的环卫保洁、垃圾运输处理费用等主要靠村里解决资金问题，造成农村人居环境整治后的经济负担较重，很难真正提高农村人居环境整治的效果。

（二）生态环境改善压力依然较大

面源污染仍然给农村人居环境整治工作带来了相对较大的负担。面源污染产生的主要原因是化肥的过度使用、农药的不合理使用以及农用塑料薄膜的大规模使用。虽然化肥施用量（折纯量）从2000年的335.45万吨下降到2020年的280.75万吨，但化肥施用强度（化肥施用量除以农作物总播种面积）依然较大，达到了375.42千克/公顷。虽然农药使用量从2000年的9.15万吨下降到2020年的6.57万吨，但农药使用强度依然较大，达到了8.79千克/公顷。2000~2020年，农用塑料薄膜的使用量增加幅度较大，从6.51万吨增加到11.18万吨。调查结果显示，农药污染治理、化肥污染治理、农用塑料薄膜治理等指标与农村居民的期望还有一定的差距。

随着农村工业的迅速发展，2006年以来江苏省工业乡镇企业的数量呈现上升的趋势，江苏工业废水排放量达到了13.75亿吨，环境污染问题日益严重，以工业生产为主要因素，加重了农村人居环境整治的压力。调查结果表明，农村工业污染治理与农村居民的期望还有一定的差距。

农村生活垃圾和农村生活污水是当前农村地区生活环境污染的两个主要方面。农村生活垃圾的成分主要是厨余类垃圾、纸制品类垃圾、塑料类垃圾、金属类垃圾、纺织品类垃圾等，垃圾分类处理有待进一步推进。在获得的38个有效村庄样本当中，76.32%的村庄开展了生活垃圾分类；关于人员来源，19.44%的受访对象认为政府派人、47.22%的受访对象认为村里雇人。厨余废水、牲畜废水、洗涤用水等成为农村生活污水的主要来源。因为不少村庄的生活污水没有通过处理就直接排放到附近的水体中，从而导致村庄的水体受到污染，整体水环境遭到破坏。

（三）绿色科技支撑不够

尽管绿色科技的发展已经开始起步，一定程度上奠定了良好基础，多项指标已经达到世界水平，但整体发展水平仍然不高、发展不太平衡，不能满足农村人居环境整治中清洁能源使用、生态环境改善、景观环境优化、居住环境改善等领域的技术支持需要。绿色科技意识较为淡薄，在科技研发应用中，经济效益仍占据上风，科技的生态功能、社会功能体现不多。科技研究开发还没有真正树立绿色理念，核心技术方面仍然缺乏有效的竞争力。绿色科技的层次不高，源头控制技术还处于起步阶段，环境应急监测能力不足。

绿色科技开发成本较高，应用推广难度较大。

规范性以及适应性不足是农村人居环境整治技术整体发展中的不足之处。江苏省地广物博，苏南苏中苏北各地区的资源禀赋、经济社会发展水平等条件差异较大，决定苏南苏中苏北所有地区使用同样的技术模式，农村人居环境整治效果无法实现最佳，但是适宜苏南苏中苏北各地区特征的灵活性技术研发还没有得到足够的重视，根据苏南苏中苏北各地区的资源质量特征和发展水平，适合区域特征技术的目标尚未实现，无法满足区域差异。另外，在农村生活环境整治的过程中，农村生活污水、农村生活垃圾等领域的处理技术缺乏规范性，没有形成统一的标准和可复制、可推广的技术体系。总体而言，农村生活环境布局技术的适应性不高。如部分农村地区未考虑当地生活污水的排放特点，照搬城镇的污水处理方式，导致污水处理的管网"建而不用"或者损毁，浪费物力财力。

（四）农村基础设施较为薄弱

受经济和社会发展条件以及农村住房分散等条件的限制，许多农村地区尚未能够建立农村生活污水处理系统。部分农村地区人居环境基础设施不足，防灾减灾系统、灾害应急系统等设施难以配套建设。不少农村地区没有建成密封式的垃圾箱，农村环卫车辆很少，部分农村卫生配套建设较为滞后。部分农村地区改厕时间很早，自 2006 年起至今已有十余年时间，户厕整改时间跨度较长，部分早期整改的户厕已无法正常使用，以及原来改厕标准相对较低，部分户厕的质量标准不过关，也已无法正常使用。农村绿地景观、道路景观、水系景观建设等有待进一步推进，农村生活垃圾分类处理设施建设有待进一步加强。

（五）农村居民主体作用有待进一步发挥

农村居民受传统生产方式、生活方式的影响，缺乏对于农村人居环境整治的必要性意识，同时对政府推动农村生活环境整治的认识不太充分，从而存在农村居民责任感不强、农村居民参与意识不足的情况。调研结果显示，部分农村居民受教育程度较低，对农村人居环境整治认知水平不高，参与度不高，环境意识淡薄，认为农村环境治理是政府、企业、环保组织的责任，与农村居民关系不大。对于农村生活污水由谁负责处理的问题，在获得的39个有效村庄样本当中，43.90%的受访对象认为是"村（居）委会免费处理"（见表5）。在获得的40个有效村庄样本当中，24.42%的受访对象认为农村居民积极性不高制约了农村人居环境整治。在农业生产过程中，在经济利益的驱使下，一些农村居民大量使用农药、化肥来提高农作物的产量，在发展养殖业的过程中也未有效处理畜禽粪便、养殖废弃物等生产垃圾，由此带来一定的农业面源污染，给农村人居环境整治造成一定的压力。

此外，农村人居环境整治还存在农村居民参与责任不明确的问题，即使在参与农村人居环境整治的态度上，农村居民表现出比较积极的态度，但责任感不是很强烈，十分认同"参与农村人居环境整治是我的责任"这一观念的比例不高，甚至有不少农村居民认为农村人居环境整治不是自身责任；同时，农村人居环境整治涉及内容较多，既有河道清淤、拆除畜禽养殖棚等短期可以解决的内容，也有污水管网建设后的维护运营、生活垃圾分类治理等长期才可以解决的内容，但长期整治的内容责任不太明确，目前收效有限。最后，农村居民自觉参与的农村人居环境整治活动不多，很多整治内容农民是被动接受的，部分整治内容是通过财政补助吸引农村居民参与的，农村居民参与组织化程度较低。在获得的40个有效村庄样本当中，由农村居民主动要求开展农村人居环境整治的村庄，占比仅为23.53%。

表5　农村生活污水处理情况

单位：人，%

	人数	比例
村民自己处理	11	26.83
缴费、村（居）委会处理	4	9.76
村（居）委会免费处理	18	43.90
无专人负责处理	4	9.76
其他	4	9.76

资料来源：CLES 2021。

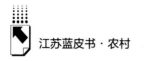

（六）社会组织参与整治能力有限

在政府职能不断由"管理型"政府向"服务型"政府转变的背景下，社会组织的力量明显增强，环保组织的数量逐年增加。为减轻地方政府的行政压力和农村社区的工作压力，多数农村地区纷纷通过环境外包的形式，将农村社区的垃圾治理、人居环境长效维护等工作内容外包给环保组织。但受多方面因素的影响，社会组织参与农村人居环境整治的能力仍有待提高。

首先，多数社会组织缺乏独立性，在开展活动时缺乏积极性和创新性。为有效管理社会组织，方便加强对社会组织的行为监督，政府要求正式的社会组织必须到民政部门注册、登记，自觉接受政府部门的监督。这一方式虽然在一定程度上规范了社会组织的行为，但也在一定程度上削弱了社会组织开展活动的独立性与创新性，不利于社会组织的充分发展。以农村社区内部的社会组织为例，其内部的核心组成人员要么是村两委的工作人员，要么是与村书记关系较为密切的"同事"或"伙伴"，因此农村社区内的社会组织与村两委的关系往往十分密切。除此之外，农村社区内的社会组织即便是开展志愿活动，也要在村两委的领导下开展，并自觉接受村两委的"调派"和安排，因为这些组织无论是开展活动的场地，还是开展活动所需的人力、财力资源，都要依托于村两委提供的支持和帮助，这就使多数社会组织在某种程度上沦为了村两委的"附属组织"。

其次，社会组织自身的力量相对薄弱，难以有效承担农村人居环境整治的主要责任。第一，从社会组织的性质来看，多数参与农村人居环境整治的社会组织属于公益类的社会组织，不以营利为目的，而是以服务社会为主要目的，因此这类社会组织的维系往往缺乏足够的资金来源，也难以靠活动薪酬留住人才；第二，从社会组织的组成人员来看，多数的志愿者是兼职而非全职，且参与人员所从事的行业众多，出自环保相关专业毕业的人才较少，专业技能有限，因此他们参与农村人居环境整治的精力和能力也十分有限；第三，从社会组织的公信力来看，多数社会组织由于参与农村人居环境整治的渠道单一，规范性不强，且缺乏政府部门从法律上给予的合法性身份，其在参与农村人居环境整治时，往往面临因公信力低而带来的公众不认识或不认可的尴尬处境，进而这类社会组织难以开展相应的活动。

最后，在参与农村人居环境整治上，由于广度和深度受限，农村社区社会组织发育程度较低。从农村社会组织的培育情况来看，多数社会组织发育程度较低，缺乏专业性管理与运行机制，主要原因如下：第一，政府层面缺少引导和支持农村社会组织培育的政策文件，使农村社会组织的发展多处于一种自发性的状态，或是因缺少必要的活动资金而"半路夭折"，"名存实亡"；第二，多数农村居民的环保意识较为薄弱，主动参与农村生态环境类社会组织的积极性和主动性较低，使农村社会组织的成立和维系不得不以村内的党员参与为主，进一步制约了农村社会组织的独立性发展；第三，与城市社区的社会组织相比，农村社区的社会组织往往缺少专业性人才，导致专业化程度低，难以提供对专业性要求高的服务，最终使农村社会组织只能维系一种低水平的发展状态，而难以深度参与农村人居环境整治。

三 农村人居环境整治的发展路径

（一）优化农村人居环境整治多元化投入机制

进一步健全农村人居环境整治资金多元化筹措机制，不断完善农村人居环境整治财政性投入机制，健全财政资金的层级落实制度，确保财政资金真正用到实处。完善农村人居环境整治的金融机构政策支持机制，引导各大银行加大对农村地区基础设施、环境建设等的投入力度，促进农村地区污染治理能力的有效提升。不断优化政府与社会资本的合作模式，发挥政府财政资金的引领作用，有效对接不同主体的利益诉求、构建运营补偿机制、保障社会资本投资农村人居环境整治获得合理的投资回报，有效吸引社会资本投资农村人居环境整治，不断完善 PPP 模式、建立政府购买服务模式。逐步建立农村环境污染治理受益者付费机制，优化多元主体协同治理模式，实现政府、市场、农村社区三元主体的优势互补，最终形成资金合力，加大农村人

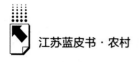

居环境整治资金投入。

进一步完善农村人居环境整治资金多元化管理机制，持续优化农村人居环境整治资金统筹整合机制，支持县（市、区）人民政府整合相关资金，实行捆绑使用，调动县（市、区）人民政府的积极性和主动性。有效构建农村人居环境整治的城乡联结关系，对于靠近城市的农村社区，充分利用城市的污水处理系统，构建城乡一体的污水处理模式；对于距离城市较远的农村社区，寻找适宜的污水治理技术，将资金向偏远社区倾斜。

（二）完善绿色科技支撑机制

加快绿色科技研究开发，针对农村人居环境整治的现实需求，重点开展农村社区自然环境、生态环境、景观环境、居住环境等领域的基础性研究，积极抢占绿色技术发展的制高点。积聚优势科研力量，针对居住环境、生活垃圾分类治理等重点领域，推进核心技术集成。加强环境标准、环境预警防控、环境政策效应等管理类技术研究，积极探索建立绿色管理体系。有效发挥市场在激励企业实现技术创新中的决定性作用，以绿色低碳发展为导向，选择节能高效的技术路线。

推广应用绿色科技成果，完善产学研结合体系，加大对企业绿色技术创新活动的政策支持，充分发挥高等院校、科研机构和企业的协同效应，建立集绿色技术研发、集成应用和成果产业化于一体的绿色技术产业链，提高生产、教育和研究一体化的组织水平。针对农村人居环境整治的共性技术问题，加快景观设计技术、新能源技术等在污染治理、环境监测预警等领域的示范应用。培育一批高效、有责任感的成果转化平台，及时将科技创新成果转化为农村地区可资利用的成果。

不断优化绿色科技创新生态环境，逐步加强绿色科技创新文化培育，搭建研究平台，优化人才发展环境，大力引进、培养农村人居环境整治急需的各类人才。建立科技成果绿色评价体系，加强科技与市场对接平台和技术交易市场建设，促进高成长性绿色科技企业持续涌现。给予节能环保产业政策优惠，促进节能环保产业快速发展，加强科技创新企业社会责任感，促进节能环保制造业和服务业互动发展。完善社会各主体参与环境科研机制，放宽社会各主体参与门槛，以科研院所、高等院校、重点治污企业为创新主体，以国家环保服务业试点为载体，以农村居民需求为着力点，创新多主体共同参与的环境科研管理新模式。

各个地区的农村人居环境整治先后顺序以及使用技术，需要根据地区的具体情况来决定。一方面，首先需要明确的就是各个地区的农村人居环境整治过程中的重点工作，综合评估各个地区的主要问题、整治进度和发展水平等，因地制宜确定主要任务、整治重点、整治顺序，科学制定农村人居环境整治的规划路线，按照规划好的时间节点保质保量完成工作任务，避免出现脱离地方实际而盲目追赶攀比的情况。对于经济相对落后的地区，农村人居环境整治工作要在保障农村居民基本生活的基础上进行，随后再根据实际情况确定工作顺序，确保资金精准落地、使用高效。另一方面，改善农村人居环境整治的技术方案是需要根据区域情况确定的。近些年来，生态环境部、住房和城乡建设部、农业农村部等多部门先后制定了《农村生活污水处理工程技术标准》《村庄整治技术标准》《关于推动农村人居环境标准体系建设的指导意见》等农村人居环境整治方面的技术标准、政策文件，这些技术标准、政策文件明确了开展农村生活污水处理、农村生活垃圾处理、农村厕所革命等的具体要求，提供了技术支持。各地区科技管理部门要对当地的目前农村人居环境整治中所使用的技术进行分类整理。与高校和科研院所深入合作，请相关专家分析所用技术特点和空间适宜性，选用和研发适宜当地的技术、模式和方案，并积极宣传推广，推动农村人居环境整治技术创新和应用。

（三）加强农村基础设施建设

全面开展综合性农村人居环境整治工作，以弥补农村生活环境存在的短板。加强特色乡村生态景观环境建设，打造独具特色的农村绿色景观。不断加强农村生活垃圾治理，进一步完善农村生活垃圾收运处理体系，持续推动农村生活垃圾分类，不断加强农村生活垃圾资源化利用，扎实推进农村社区日常清洁行动，建立健全农村生活垃圾治理长效机制。深入实施农村生活污水治理，将农村生活污水治理与农村社区规划、苏北地区农村居民住房条件改善同步，不断提高农村生活污水处理技术，提升污染治理与资源利用的综合效果，逐步优化农村生活污水治理模式。推进农村生活污水社会化治理试点，进一步完善多元主体（县级政府、乡镇政府、农村社区、农村居民、第三方机构）合作治理的农村生活污水运维体系。推进农村水环境治理，全面实施农村生态航道建设和黑臭水体治理，持续加强航道疏浚、水系衔接、生态恢复和航道管理。进一步开展农村"厕所革命"，普及不同水平的卫生厕所，合理建设农村公共厕所；由政府对因使用年限比较长而自然损坏的池体进行修复以及原来标准较低而不符合使用要求的池体进行重建；对使用年限不长的、因农户不规范使用造成损坏的，可根据各地财力状况采取按比例共同出资维修。进一步实施村庄清洁行动，以"四清一治一改"为重点，全面提升村容村貌。

（四）持续改善农业生态环境

进一步加强农业供给侧结构性改革，有序推进农业高质量发展，合理优化农业生产结构，建立健全绿色低碳循环农业产业体系，持续加强农业面源污染治理，有效改善农业生态环境。大力推进化肥减量增效，集成推广科学施肥技术，开展有机肥替代行动，推动粪肥还田利用、减少化肥用量；推进农药减量化增效，加强综合防控技术应用，推广绿色防控技术应用，加强科学用药；加强农用塑料薄膜污染治理，落实严格的农膜管理制度，推广普及标准地膜，促进废旧地膜加工再利用，完善农膜回收利用机制。

（五）有效发挥农村居民主体作用

1. 不断提升农村居民的认知水平

农村居民不仅是农村人居环境整治的主体，也是农村人居环境整治收效的直接受益者和价值主体。农村居民只有具备了强烈的主体意识，才能清醒地认识改善农村人居环境的重要价值，明确自己在改善农村人居环境中的重要作用和核心地位，也才能更加积极主动参与农村人居环境整治活动。因此，可以充分利用互联网、电视、广播、报纸、新媒体等渠道，开展农村人居环境整治宣传教育活动，有效提高农村居民对农村人居环境整治重要意义、发展目标等的认识，促使农村居民认识到他们既是污染的"生产者"，也是污染的"受害者"，更是环境整治的受益者，农村居民作为环境整治的重要主体，要积极参与农村人居环境整治。

2. 不断增强农村居民的责任意识

有效提高农村居民的认知水平，可以促使农村居民产生主体意识，发挥农村人居环境整治的农村居民主体作用，有效增强农村居民的责任意识。通过多渠道宣传农村人居环境整治对促进美丽乡村建设、强化农村生态文明建设的重要作用；通过生活污水处理和生活垃圾处理等环境治理工作，农村居民可以直观地感受到改善农村人居环境所取得的效果，这不仅可以提高农村居民对当前农村地区环境保护责任的认知，还可以不断建立和增强农村居民对改善农村人居环境的信任，进而改变农村居民原来不太环保的生活习惯，逐步规范农村人居环境整治行动。

3. 不断增强农村居民的参与意识

农村生活污水治理、农村生活垃圾治理、农村厕所革命等是当前农村人居环境整治工作的重要内容。这是一个周期性的大项目，不仅需要投入长期的时间成本，还需要农村居民的广泛参与。一方面，提高农村居民对农村生活污水治理、农村生活垃圾治理、农村厕所革命以及农村生活环境整治的意识水平和责任感是基础条件。另一方面，提高农村居民的参与意识，发挥农村人居环境整治的农村居民主体作用，让农村居民成为农村生活污水治理、农村生活垃圾治理、农村厕所革命和农村人居环境整治的主要推动者，并积极参与农村人居环境整治行动的全过程。不仅能够保证农村人居环境整治各项任务的顺利实施，还可以确保农村人居环境整治的有效性和稳健性。

4. 不断提高农村居民的组织化程度

农村人居环境整治不仅需要充分发挥个体化农村居民的积极能动性，更重要的是提高农村居民的组织化水平与合作能力，将分散性、原子化的农村居民组织起来，鼓励农村居民发展各式各样的合作组织，形成农村人居环境整治的组织性力量。以党的基层组织为领导核心，结合农村居民的地缘、血缘等，发展壮大各类农村社会自组织如老年人协会、广场舞协会、乡风文明理事会等，积极动员农村居民主动加入农村社会工作以及农村人居环境整治的志愿服务中，满足乡村振兴战略中农村居民对美好生活的多元化需求。

（六）提高社会组织参与能力

增强对社会组织的政策引导和支持，全面提高社会组织参与农村人居环境整治的能力。第一，制定针对农村公益类社会组织的扶持性政策，完善农村社会组织培育的体制机制，要求乡镇政府及农村社区主动为农村社会组织的培育提供活动场地，鼓励并引导农村居民主动参与社会组织。第二，进一步提高政府购买服务的能力，将部分农村人居环境整治项目承包给以环保为主题的农村社会组织，增加这类社会组织的资金来源，此外，还可为企业和社会组织搭建合作桥梁，鼓励企业将环保工作内容交由社会组织处理，或是直接向社会组织捐款，增加农村社会组织的资金来源。第三，引入专业社会工作组织，有效推动农村社区的"三社联动"，将农村社会组织的培育壮大交给专业的社会工作组织管理，进一步提升农村社会组织成员的专业能力，对农村社会组织的独立性运作开展赋能。第四，鼓励科研院校与农村社区进行对口帮扶，对农村社区的社会组织人员进行专业技能培训，提出完善农村社会组织管理体系的对策。第五，农村社区自身应加大对农村公益类社会组织的宣传力度，提升农村社会组织在农村居民中的知名度，提高其存在的合理性，鼓励有意愿的农村居民主动参与，如可开展针对中学生和大学生的寒暑假实践项目，调动学生参与农村社区环境建设的积极性。第六，农村社会组织自身也应转变发展理念，不能存有"等、靠、要"的依赖心理，而应积极主动提升自身的专业能力，增强自身参与农村人居环境整治的广度和深度，实现独立运作的自主性。

参考文献

黄振华：《新时代农村人居环境治理：执行进展与绩效评价——基于24个省211个村庄的调查分析》，《河南师范大学学报》（哲学社会科学版）2020年第3期。

于法稳、于婷：《农村生活污水治理模式及对策研究》，《重庆社会科学》2019年第3期。

农业农村部农村社会事业促进司：《农村社会事业研究2019》，中国农业出版社，2020。

符明秋、朱巧怡：《乡村振兴战略下农村生态文明建设现状及对策研究》，《重庆理工大学学报》（社会科学）2021年第4期。

李小明：《关中地区乡村人居环境整治规划策略研究》，硕士学位论文，西安建筑科技大学，2018。

王宾、于法稳：《"十四五"时期推进农村人居环境整治提升的战略任务》，《改革》2021年第3期。

案例篇

Cases

B.14

案例一
连云港新时代文明实践赣榆模式
助力乡村乡风文明

沙茜 姜萍*

摘　要： 赣榆区作为连云港市唯一的全国、省级双试点新时代文明实践县区，始终注重自身特色，依托当地地方文化。建立党组织引领、多元主体共同参与的建设机制；以"六馆一中心"构筑综合实践基地，整合共享资源；以立项目授品牌的方式，重点打造文明实践示范样板；创新"四单"工作法，推动基层志愿服务项目化运营，着力打造"赣榆样板"，助力乡村乡风文明。

关键词： 新时代文明实践　志愿服务　乡村乡风文明

---

* 沙茜，南京农业大学马克思主义学院硕士研究生，主要研究方向为农业伦理学；姜萍，南京农业大学马克思主义学院教授，主要研究方向为农业伦理学。

文明实践·时代新风 | 赣榆新时代文明实践中心获市品牌

近日，从市文明办获悉，为鼓励全市精神文明建设工作不断争先进位、创新创优，经组织推荐、专家评审、市文明委审定等程序，市文明办决定授予赣榆区"新时代文明实践中心先行先试"等 10 个项目第五届连云港市精神文明建设十大工作品牌，授予"赣榆籍博士专家团常态化返乡义诊"等 10 个项目第五届连云港市精神文明建设十大工作品牌提名奖。

赣榆区作为全市唯一的全国、省级双试点县区，肩负着为全市探索文明实践经验的使命任务。赣榆区文明实践中心建设从"个性化""精准化""常态化"方面做了积极的探索，打造村头、船头、码头文明实践载体，创新"四单"工作法。

摘自：连云港文明网

一　政策背景

2018 年 7 月 6 日，中央全面深化改革委员会第三次会议审议通过了《关于建设新时代文明实践中心试点工作的指导意见》，此次会议强调了建设新时代文明实践中心是深入宣传学习习近平总书记新时代中国特色社会主义思想的重要载体，建设新时代文明实践中心还要做到凝聚与引导群众、成风化俗、整合各种资源、调动各方力量以及创新方式方法，用中国特色社会主义文化和思想道德来牢牢占领农村的思想文化阵地，激励和动员广大农村群众积极投身社会主义现代化建设。

中共江苏省委江苏省人民政府发布的《关于贯彻落实乡村振兴战略的实施意见》中指出繁荣农村文化、营造乡村文明新风尚的重要性。深入推进农村公共服务、精神文明建设，完善党领导农村工作的体制机制。

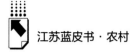

建设新时代文明实践中心，可以推动习近平新时代中国特色社会主义思想持续深入人心、落地生根，可以进一步加强和改进基层干部群众的思想政治工作，还可以满足农民对于精神文化生活的新期待，推动乡村文化建设全面振兴。深刻认识建设新时代文明实践中心的重大意义，准确把握实践过程中的各项要求，用高度的政治责任感与时代使命感，不断推动全社会的精神文明建设和基层宣传思想工作方面的守正创新。

二 赣榆模式建设现状

赣榆区紧紧抓住全省首批以及全国第二批新时代文明实践中心建设试点区的契机，明确目标定位，积极探索创新，全力打造出一个新时代文明实践的"赣榆样板"，最终达到为全省乃至全国新时代文明实践工作提供可以示范、参考以及复制的经验。赣榆区的新时代文明实践中心，是全区更好开展新时代文明实践的总平台，紧紧围绕"举旗帜、聚民心、育新人、兴文化、展形象"的使命和任务，不断探索"赣榆模式"，争做沿海示范。赣榆新时代文明实践模式如图1所示。

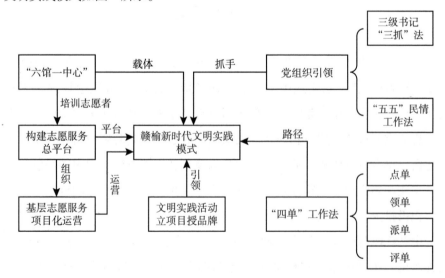

图1 赣榆新时代文明实践模式

　　赣榆区作为全市唯一的全国、省级双试点县区，在推动新时代文明实践中，获得了多个奖项，乡村风貌、社区和谐、村民文化水平、文明素质都有所提升。赣榆区"新时代文明实践中心先行先试"等 10 个项目获得第五届连云港市精神文明建设十大工作品牌；"赣榆籍博士专家团常态化返乡义诊"等 10 个项目获得第五届连云港市精神文明建设十大工作品牌提名奖；第五届江苏志愿服务展示交流会中，由连云港市赣榆区新时代文明实践中心打造的"乡'理'乡亲"理论走基层志愿服务项目获得银奖，同时荣获江苏省宣传思想文化工作创新奖以及江苏省社科普及工作创新奖。赣榆区在全国率先建设的新乡贤文化，获得了 2017 年度中宣部宣传思想文化工作创新奖，且被编入《宣传干部培训教学案例》，江苏省新乡贤文化建设现场交流会也于 2018 年 11 月在赣榆区召开。方敬获评"现代乡贤"称号，当选连云港市首位全国道德模范；税务局"爱心妈妈"团队、钟佰均获评江苏"时代楷模"。赣榆区先后荣获全省理论宣讲示范县区等省级等表彰共 27 项。

　　赣榆推进新时代文明实践工作的主要方向是建立工作机构、健全工作体系、落实工作制度。赣榆区委书记作为第一责任人来进行研究、部署和督查试点工作，试点开展以来，建立了"六馆一中心"综合实践平台，共有 12 个功能区、1 条文明实践探索长廊、1 条志愿服务实践长廊，占地面积达 4000 余平方米。实践中心的图书馆区域新增阅读面积 1200 平方米，景观面积约 1000 平方米，改建面积总共达到了 6000 余平方米。新增 8 大特色阅览室，新增图书 4500 余册。2020 年末，赣榆区建立了一套由 40 家区级部门单位参与的联席会议制度，共同推进区内各类资源统筹管理、有机整合、共享使用；择优选取了 15 家文明行业与 150 家文明单位企业，由这些文明行业和文明单位企业与实践所（站）建立了共建机制，以此实现工作共谋、资源共享、活动共做、阵地共建。自试点工作启动以来，赣榆区始终把新时代文明实践中心的建设进程作为重大政治任务，从"个性化""精准化""常态化"三个方面进行探索，相关做法和取得的成绩也得到了省市领导的充分肯定。赣榆区始终坚持把握政治站位、增强政治自觉，始终把新时代文明实践中心的建设当成一项基础性、长期性、战略性的重要工程，努力为基

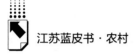

层宣传思想文化工作和精神文明建设开创新局面。实践中心不仅要精准对接基层需求，着力打造一支"为民、惠民、利民"志愿队伍，还要通过"四单"形式，因地制宜开展经常性和面对面的文明实践活动，从而进一步增强基层群众的满意度与获得感。

三 赣榆模式具体做法

（一）构建综合性文明实践中心

2019年11月2日，赣榆区举行了新时代文明实践中心启用暨图书馆改造升级开馆仪式，这座集志愿服务、交流展示、统筹调度、图书阅读等于一体的综合性实践场所正式启用。这是赣榆区努力打造新时代文明实践的"赣榆样板"，该做法在全市乃至全省的实践探索中都属于率先之举。实践中心设立了智慧云平台指挥中心进行志愿服务培训、理论宣讲示范中心进行宣讲培训、文化讲堂进行传统文化分享，还有志愿服务积分兑换超市、科普空间、创客空间、未成年人心理咨询室以及特色阅读空间等12个功能区，美术、书法、绘画、养生、手工、曲艺、写作、摄影8大特色阅览室，吸引了赣榆书协、作协、美协等7个协会在这里进行文化传承、交流创作与宣传教育。除此之外，实践中心还推出了高标准装修的书香咖啡馆、儿童借阅室、成人自习室，为有需求的市民提供阅读一站式服务。

此外，赣榆区还建设了新时代文明实践中心、乡风文明的教育基地——赣榆乡贤馆，赣榆乡贤馆是目前江苏省内第一家具有地方特色、充分展示文化魅力的县区乡贤馆，现在已经成为赣榆文化的重要标识、乡贤的荟萃之地、人民的精神家园。

（二）建立志愿服务总平台

志愿服务的质量是衡量一座城市文明建设的标尺，也是加强精神文明建设、培育和践行社会主义核心价值观的重要内容之一，更是新时代提升城市文明程度和市民素质的重要载体。

赣榆区新时代文明实践中心建成之后,实践中心的志愿服务站也正式投入使用,这将为全区学雷锋志愿者提供一个便捷的志愿服务平台,更方便为人民群众开展惠民系列志愿服务活动。为了使学雷锋志愿服务可以更优质、更惠民,赣榆区多方面筹集与投入资金,建设了新时代文明实践中心,使之成为全区开展新时代文明实践志愿活动的总平台。区级新时代文明实践中心组织和引导志愿者组建了新时代文明实践志愿服务总队。中心的志愿服务项目孵化中心等活动场所,方便了志愿者组织开展志愿活动,赣榆区的学雷锋志愿者服务中心和红榆伞、海英草等志愿服务队通过这一平台,不断加强志愿服务队的建设,深化志愿平台管理,拓展志愿服务范围,最终使志愿服务活动向着标准化、精准化、常态化三个方向发展。

例如"你点单,我送书"志愿服务活动。志愿服务平台投入使用当天,在赣榆的新华书店志愿服务站,学雷锋志愿者们耐心地向读者讲解活动的规则,并为读者提供必要的阅读指导,帮助读者找到适合自己并喜欢的图书。在区新时代文明实践中心的指导下,志愿平台广泛发展会员、壮大志愿服务力量,做到每月发布服务计划,以开展贴近群众需求的特色志愿服务项目。再例如以"春风三月学雷锋,文明实践暖福城"为主题的志愿服务月活动,在启动仪式上,颁发了赣榆区"新时代文明实践中心示范单位"的标牌,并现场宣读了《文明城市常态创建倡议书》。志愿者们进行留守儿童微心愿的认领活动,青口镇的应急救援队还在现场成立了雷锋班。还例如"书香润心,情暖榆城"等以乡村阅读关爱为目的的系列志愿活动,切实解决了村民"买书难、借书难、看书难"等问题,让农家书屋这个基层平台更好地发挥作用,农村群众的精神文明得到了提高,文化生活也更加丰富。

(三)举办特色实践活动

在实践活动内容上,赣榆区始终围绕"新思想引领群众奋进新时代"这一主题,用党和国家最新理论和政策来进行教育和宣传,从而激励广大群众切身投入社会主义现代化建设,为推进乡村振兴进程提供牢固的思想保障。向群众宣讲关于养老保险、生态文明、社会福利、教育政策等关系到广大民生的政策内容，帮助群众深入了解党和国家的各项政策。新时代文明实践中心举办的活动坚持做到以人民群众的需求为中心，注重贴近群众的实际生活。

在实践活动形式上，赣榆区抓住群众需求点、注重多样性，群众需要什么，活动服务什么，整合资源，尽力满足需求。在组织编排文化节目演出时，利用当地的文化风俗、优势产业、乡风传统等来创作有特色、贴近生活的文化作品。促使民众从自身实际生活的角度来思考文明实践的价值，丰富基层群众的精神文化生活，提升综合素质，让新时代文明实践活动真正起到服务基层与帮助人民的作用。

为丰富新时代文明实践内涵，由连云港市赣榆区新时代文明实践中心、赣榆区融媒体中心、赣榆区史志办主办，由柘汪镇新时代文明实践所承办的"百名好人进百个道德讲堂"暨"赣榆党史故事100讲"展映宣讲仪式成功举行。赣榆区以开展"百名好人进百个道德讲堂"宣讲系列活动为抓手，对身边人讲身边事，在潜移默化的宣讲中引导市民提升涵育精神文明素养、激发工作创业的热情。为庆祝中国共产党成立一百周年，区实践中心承办了"初心咏唱，红色旋律"主题歌咏比赛，以歌咏的形式充分展示了中国共产党的光辉历程和赣榆人民拼搏进取、开拓创新的精神风貌。

此外，赣榆区还注重用乡村红色资源推动文明实践。针对区内红色资源分布零散的情况，赣榆区政府整合资源、统筹规划，依托现有红色资源，建立了大树村红色文化体验区。2021年，大树村成为全市唯一入选中组部、财政部"推动红色村组织振兴建设红色美丽村庄"的试点村庄。大树村是赣榆革命老区和有名的红色堡垒村，抗日战争时期隶属于山东抗日根据地滨海军区，之后在赣榆较早建立村党组织，大树村留下了刘少奇等老一辈革命家战斗的光辉足迹。目前，村里每周末会组织党史事迹讲解志愿服务活动，主要是对大树村村史、符竹庭将军殉国处、刘少奇旧居、大吴山战斗纪念地开展系列志愿讲解。

四　赣榆模式的经验

赣榆区在建设新时代文明实践的探索过程中，取得了不少成绩，有不少建设经验值得借鉴推广。

（一）建立党组织引领、多元主体共同参与的建设机制

新时代文明实践中心是具有政策宣传、文化服务、志愿服务等多种功能的载体，所以实践中心的建设以及工作的开展需要政府、社会、群众的共同参与。政府承担主要的组织与指导职能，统筹各类文化资源高效运行。在此基础上，还要充分发动社会和群众的力量来共同参与新时代文明实践中心的建设与活动开展。

第一，三级书记带头抓。在深入推进赣榆区新时代文明实践活动的过程中，始终坚持系统性思维，统筹推动、通盘谋划，并与基层党建相结合。政府工作做到"三抓"。一是抓班子，围绕"选、爱、管、培、用"五个方面，选好村镇、社区书记，配合好村委、社区班子。抓好党员队伍管理，放大典型的带动作用，2019年赣榆区重点培育了30名标杆型书记和150名骨干型书记。二是抓阵地，扎实开展好村社党群服务中心的标准化建设，打造开放共享型的村社综合实践中心。三是抓机制，赣榆区坚持落实"一委三会"式的村社治理机制，村社定期开展村务公开日、村民议事日、矛盾调解日、党员活动日等活动。从严规范对"三资"的管理，做到"把产权交易统筹好、把财务管理抓紧实、把资产资源理清楚，把村级债务控制住、将'三资'明细亮出来"，净化基层治理的源头。赣榆区在邻里纠纷方面，高度重视多元化的调处方案，注重访调结合、纵横结合、法调结合，构造"369"立体调解网。纵向方面，建立以区级调处中心为龙头、以镇级调处中心为主干、以村级调解中心为基础的特色三级调解平台，实现区镇村调解全覆盖。全面推行建设规范化标准，全区调解组织实现了文书、标识、标牌、印章、程序、制度的"六统一"。横向方

面，六部门衔接联动，强化综治牵头、司法为主，与公检法私司访进行联动，干部派驻调解工作室，做到全领域推动医患矛盾、劳动争议、交通事故、住宅建设、婚姻家庭等9个专业调解委员会发挥作用。全区推进"9+n"式专门人民调解组织建设，目前赣榆区已经实现社会矛盾纠纷排查工作全覆盖。

第二，推行赣榆特色"五五"民情工作法①。赣榆区政府选调部分优秀机关干部担任民情助理，覆盖全区463个村（街道、社区），重点关注"矛盾焦点、弱势群体、边缘地带、薄弱环节、真空部位"，做到"外来流动人员、低收入户、信访户、留守人员、辖区内企业"必访，"重点人群异常情况、突发事件、安全隐患、不稳定因素、损害群众利益行为"必报，动态掌握基层管理中存在的突出问题与潜在隐患，工作阵地前移。为"发现萌芽、处理及时"布下"千里眼"和"顺风耳"。通过各类微信公众号、"民情"App，搭建起一个民情的收集与跟踪处理、结果反馈的综合平台，做到提供精准志愿服务。

以赣榆区的经验来看，要想推动实践中心建设进程，要充分发挥各级党组织的政治带头作用。由于新时代文明实践中心的建设覆盖范围较广，涉及的基层治理内容也较为烦琐，因此中心的建设和运转效果如何很大程度上取决于县区政府的组织动员力。政府相关部门需要打造一个具有强大凝聚力的各级党组织，来发动群众参与党委政府的工作。做到把新时代文明实践工作与全县区的经济发展各项工作结合起来，最终形成政府推动、各部门联动、资料成果共享的工作格局。此外，还要做到党组织引领、党员带头呼吁群众参与，发挥好群众在实践活动中的主体地位，尊重群众的首创精神。

---

① "五五"民情工作法：五必交（村干部、党员、有威望的老同志、致富能手、两代表一委员等必交）；五必访（外来流动人员、低收入户、信访户、留守人员、辖区内企业等必访）；五必到［党支部"三会一课"、组织生活会、主题党日、村（居）组织的社会公益文化活动、村（居）民议事会等必到］；五必报（安全隐患、突发事件、不稳定因素、损害群众利益行为、重点人群异常情况等必报，做到不泄密、不隐瞒、不误时、不夸大、不缩小）；五必清（党情、村情、社情、民情、企情必清）。

（二）以"六馆一中心"构筑综合实践基地，整合共享资源

开展新时代文明实践活动离不开阵地和载体，各县区应该大力整合阵地资源，秉持"就地取材、防止浪费、积极整合"的思路。例如赣榆区建设了以开展新时代文明实践活动为中心的综合实践场所，包含图书馆、博物馆、非遗馆、徐福文化馆、书画馆和方志馆，形成"六馆一中心"，兼具统筹、展示、交流、示范、服务、培训六大功能。启用的新时代文明实践中心建筑面积达到 2 万余平方米。其中赣榆乡贤馆、徐福文化馆等基地具有鲜明的当地特色。

一些经济基础较好且有文化特色的地区，可以借鉴赣榆区将当地特色文化与新时代文明实践活动相结合的做法，充分整合体制内各类阵地，利用基层公共服务资源如现有党群活动、公共文体设施、科普普法活动、医疗单位以及教育设施。全面盘活民间资源，突出地方文明实践活动特色优势，优化资源配置，提高对各类阵地资源的使用效率，形成以新时代文明实践中心为枢纽的机制共建、队伍共管、阵地共用、资源共享、活动共联，打造特色型、共享型、便民化、文化多元、全域化、精准化程度高的"大中心"。

（三）以立项目授品牌的方式，重点打造文明实践示范样板

第一，文明实践活动立项。赣榆区对新时代文明实践进行立项发展，并取得了优秀成果。在第五届江苏志愿服务展示交流会中，由连云港市赣榆区新时代文明实践中心实施的"乡'理'乡亲"理论走基层志愿服务项目获得银奖。该项目实施时，邀请了全区 120 余名党政负责人、463 名民情助理党建专员以及 100 多名专家，以此带动广大普通党员干部成为理论宣讲志愿者，通过传媒载体如"学习强国"App、"'理'与红旗有封信"活动、党员微信群等进行宣传，建立"立体宣讲微课堂"，创设"小康有'理'"朋友圈，党的创新理论成果以村头小喇叭、理论小常识、文艺小节目、文明小故事的"四小"形式送到群众身边。身边故事、惠民政策等广大老百姓关

心的难点热点问题通过"我想和你讲"专栏进行深入解读,争取做到让先进理论真正入脑入心。该项目自实施以来,累计开展理论宣讲次数达到上千场次,覆盖到全区百万干部群众,还荣获"江苏省宣传思想文化工作创新奖"以及"江苏省社科普及工作创新奖"。

第二,做好宣讲示范典型。赣榆区作为宣讲示范县区,坚持将理论层面与实践层面相结合,贴近群众、服务群众,打通"最后一公里"走到群众中去。可发布问卷调研群众偏好,统筹制订特色实践活动计划和内容。要让理论宣讲有效果,必须加强宣讲的针对性,文明实践一定要将人民群众的主体作用凸显出来,回答基层群众关注的热点和焦点,注重解答干部群众的认识难题和思想困惑。在开展政策理论类的宣讲活动时,部分群众因为受教育水平的局限,再加上有些宣讲的内容晦涩难懂,会降低活动参与者的热情和兴趣。理论宣讲时,要让广大人民群众坐得下来、听得进去、入脑入心。这就要求宣讲人员既要"接天线",又要"接地气",举行宣讲活动前有必要对宣讲人员的理论水平进行培训,提升宣讲技巧,用群众易于接受的语言进行宣讲。详细说明所有与群众利益相关的具体内容,用具体事例分析政策对生产生活发展等带来的帮助,让群众真正认识到党和国家政策的意义与先进思想观念的价值。也可以联合本区的行业能手,组建一支具有本土特色的宣讲团队,用群众理解的语言和方式进行宣讲。

第三,开展十大文明实践活动。赣榆区目前的新时代文明实践活动也十分丰富,主要有以下十大形式。一是乡"理"乡亲理论走基层。通过设立"学习朋友圈""理论网络主播"等传播平台,在广大农村和社区融入一股鲜活的、新颖的理论之风,使党的大政方针、惠民政策走进基层一线,让群众深入了解。二是"立树传晒移风易俗"。即立乡约、树村规、传家训、晒家风,弘扬勤劳节俭、邻里互助、崇德向善的传统美德。并且充分发挥红白理事会的功能,划定统一操办标准,倡导婚丧简办,减轻农民负担。三是孝善文化润万家。在全区各村和社区举办以孝老爱亲为主题的宣传活动,开展好公婆、好媳妇等系列评比活动。四是法律咨询一点通。建立多种法律咨询渠道如网络、电话、短信等,方便群众获取法律信息。五是医疗保健进农家。深入宣传农村健康知识，开展卫生保健义诊，组织群众参加卫生知识普及培训，增强健康卫生意识。六是文化演出周村晚。一些有条件的村每个周末会组织文艺演出，为农民提供丰富的精神食粮。七是最美系列评比。开展系列评比，如最美庭院、最美乡村、最美街巷、最美邻居、最美军嫂等，引导群众向上向善。八是"家门口"农技培训。组织专业农业技术人员深入农户、田地开展相关技术指导，方便农民在家门口学到需要的实用技术，九是就业创业指导。组织中青年群众参加岗位技能培训，促进就业创业。十是举办乡土趣味运动会。在有条件的村镇、社区组织与群众日常生产、生活相关的比赛活动，丰富群众文化生活。

（四）以"四单"工作法为抓手，把文明实践活动做实做强

赣榆区推动实践活动项目式运行、订单式服务。推动基层志愿服务项目化的运营，需要充分认识到基层志愿服务队伍建设在新时代文明实践中心工作中的地位和作用，利用好新时代文明实践中心（所、站），结合志愿服务工作中的区域资源和文化特色，因地制宜、因人而异地设计各类志愿服务项目，建立基层志愿服务项目库，实现资源共享。坚持以群众需求为导向，为其提供精准化服务，始终围绕村民最关心的问题来制定志愿服务清单，掌握群众关注的热点、难点问题，策划一批党政组织需要、社会需求、群众满意的项目，突出基层志愿服务的价值引领与精神文明创建功能，努力打造一个基层志愿服务综合实践平台。

赣榆区志愿订单式服务的方法：注重落实"四单"。"四单"法是以群众需求为导向、以群众满意为标尺，志愿服务工作由镇村所、站"点单"，由各志愿服务队伍"领单"，由区级中心"派单"，由广大群众"评单"。

（五）推动基层志愿服务项目化运营，使文明实践管理高效有序

目前我国文明实践中心（站、所）覆盖范围广，实践内容多，但是仅依靠三级组织的力量并不能完全支撑实践开展。文明实践的队伍依托于各试

点单位组成的志愿者队伍，具有公益性与临时性特征，志愿服务是基层治理的典型形式，是乡村社会有效有序管理的重要手段，具有促进乡村经济和社会发展的重要功能。由于我国的志愿者服务缺乏统一的权威性法律法规，还没有形成一套完整的、科学的运行机制，很多志愿者活动不够规范。推进完善基层志愿服务建设，尤其是乡村的志愿服务，有利于促进乡村全面振兴和建设乡村治理体系和治理能力现代化。新时代文明实践中心的建设，要把志愿服务当作调动各方力量和资源的总抓手，确立志愿者在中心建设中的主体地位，赋予志愿服务新的时代内涵。

赣榆区目前非常注重新乡贤文化建设，政府深入实施了新乡贤文化涵育、荐评以及示范等六大工程。要加大对志愿服务队伍的专业化培训，通过对群众的志愿服务系列培训，鼓励大家加入志愿服务队伍，提升和扩大基层志愿服务的整体服务能力和覆盖范围。基层志愿服务的良好发展，必须重视建设基层志愿服务人才队伍。突出志愿服务骨干的作用，培育出一支经验丰富、服务专业、特色明显的优秀志愿服务队伍。一方面政府要加大财政投入力度，扶持志愿服务组织和培育专业志愿服务人才；另一方面要充分利用机关干部的工作优势，整合各部门和机构的人才资源，如相关的志愿者协会、文明办、民政、团委、妇联等，从已有的志愿管理工作人员中选拔专业人才，加入基层志愿服务队伍，从而形成良好的志愿服务长效机制。此外还要打造以群众为主体的志愿服务队伍，充分激发出基层群众参与本地志愿服务的热情。赣榆区群众熟知当地文化和民情，在新时代文明实践的志愿服务中具有先天优势。因此要重视当地乡贤的带头作用，提升群众志愿服务切身体验，培养群众的公共服务意识，提高其社会责任感。

五　赣榆区新时代文明实践发展方向

赣榆区政府未来将争取加强组织保障，将新时代文明实践中心建设经费列入同级工作财政预算，建立区级新时代文明实践中心联席会议制度，把新时代文明实践中心建设工作纳入党政领导班子和领导干部实绩考核，以及意识形态工作责任落实情况督查检查和目标考核，确保试点工作有序有力推进和试点任务圆满完成。自赣榆区成为新时代文明实践试点地区以来，通过发挥党组织带头引领发展、构筑综合实践基地和志愿服务平台、创新"四单"工作法和"五五民情"工作法、立项目授品牌、推动基层志愿服务项目化运营等方式进行先行先试，取得了明显成效。另外赣榆区文明实践建设也获得了省市多项表彰和奖项，赣榆区目前将按照现有的路径，紧抓工作重点事项和时间节点，不断完善创新，做到为全省探新路、为全国提供可参考经验。不过，赣榆区在活动宣传、志愿服务制度方面还存在一些不足，需要对此进行完善改进。

第一，利用大众媒体加强宣传。目前赣榆区新时代文明中心的新闻大部分都是通过连云港文明网、"赣榆红榆伞"和"文明连云港"公众号发布的，赣榆实践中心目前还没有自己的网站、微博和微信公众号等新媒体，致使民众想了解具体活动，却要花费大量的时间在不同的平台搜索。为强化宣传效果，文明实践中心一方面应该充分运用报纸杂志、各大新闻网站、微信公众号、微博等大众媒体，进行宣传报道，扩大影响；另一方面应该建立自己的网站、微博账号和微信公众号等，以便征集群众意见、招募活动志愿者、公开志愿服务项目、收集志愿服务反馈情况以及宣传好人好事等，有助于提升文明实践的针对性和有效性。

第二，完善志愿服务长效机制。基层志愿服务组织有临时化、持续性短的缺点，缺乏长效运行机制。在资金和人员方面，由于基层志愿服务资金和人员都相对欠缺，基层志愿服务组织的运行主要依靠当地财政奖励和补助，不足以维持志愿服务的常态化和可持续性，无法提供长效性跟踪服务。因此志愿服务的有序进行需要制度来保障。建立一支具有可持续性的志愿者队伍，同时完善志愿者服务的准入、退出、损害补偿、保险等相关制度。针对当地发展特色，出台与志愿服务相关的制度措施，确立志愿服务组织的法律地位，鼓励和吸引社会群众积极参与志愿服务；制定志愿服务的统一行业规范，建立完善的法制化、规范化志愿服务体系。

B.15
案例二
太仓市集体自主经营合作农场
助推乡村振兴

——以永乐村永发合作农场为例

许笑男　马贤磊*

摘　要： 农业现代化转型、村庄治理能力提升及农民生活水平与环境的改善是乡村振兴战略的重要内容。太仓市璜泾镇永乐村通过与承包户和职业农民建立双重合约关系，形成由村集体自主经营的农业生产管理模式。该模式通过土地权利的细分与优化配置，为实现农业现代化和提升基层治理能力提供了制度保障。模式中双重合约的制度安排能够激励与约束相关主体，为承包户提供稳定的地租收益，并降低农业生产活动的环境负外部性。在永乐村的实践中，合作农场自主经营模式成为推进农业农村现代化的重要抓手，并为实现乡村振兴提供了物质基础和制度保障。

关键词： 合作农场　集体自主经营　双重合约　乡村振兴

---

* 许笑男，南京农业大学公共管理学院硕士研究生，主要研究方向为土地经济与政策；马贤磊，南京农业大学公共管理学院教授，主要研究方向为土地经济与政策、资源经济与管理、农业发展。

农业现代化新路子——"合作农场"的太仓实践

成垄成片的标准化农田，已完全改变了昔日江南农家小块耕种的模式；按规划分片种植的各种农作物，正以茂盛的姿态展示着苏州农村的新魅力；整治后修建一新的村庄里，呈现各种新的气象……"合作农场"正在苏南太仓开辟"新天地"。

创新发展理念，在全省率先创办村集体合作农场。组建合作农场是推进土地规模经营的重要举措，是发展现代农业的重要手段。太仓市委、市政府在深入调查研究的基础上，提出了创新发展合作农场的工作意见，并在条件相对成熟的部分村先行先试。自2010年6月，太仓市城厢镇东林村诞生了太仓首家村级合作农场以来，全市合作农场被迅速复制推广。

强化政策扶持，整合资源加快合作农场发展。太仓市委、市政府研究下发了《关于发展合作农场的意见》，出台了加快发展合作农场的政策措施，市财政每年安排一定数额资金，作为贷款贴息，并在土地整治、农业基础设施、高标准农田建设等方面扶持合作农场发展。发展初期，合作农场经营所上缴的税金中地方留成部分实行全额奖励。对合作农场自主经营种植水稻的，市、镇两级财政给予每亩每年500元的专项资金扶持。

在农场化推进农业现代化过程中，经营的主体可以是集体、个人、工商企业，但最有效的主体应该能兼顾集体利益和个人利益，实现经济效益、社会效益、生态效益的有机统一。太仓，这个古有"皇帝粮仓"之称的地方，如今，在统筹城乡、跨越发展的道路上，它又书写着自己的生动实践。

摘自：新华网

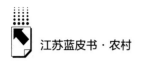

一　自主经营合作农场兴起背景

太仓市位于江苏省东南部,长江口南岸,拥有优越的自然条件和丰富的农业资源,是苏州市重要的"米袋子"。20 世纪 80 年代以来,受惠于工业化和城镇化的快速发展,苏南发达地区农村经济结构由以农业为主转变为以二三产业为主,非农收入成为家庭总收入的重要来源,当地农民种地意愿普遍降低,导致仅依靠当地农民已无法承担地方的农业生产任务。在历史起承转合的关键时点,大量外来经营主体的进入弥补了当地农业劳动力供给不足问题,成为地方农业发展的主力。但外地务农群体的无序膨胀,短期、非正式的租约加上不完善的市场环境,造成外来经营主体的机会主义行为。经营过程中常出现改种高收益经济作物、过量施肥等现象,进而导致粮食安全难以保障、农业生产负外部性突出等问题逐渐凸显。

为保护耕地,保障粮食安全,太仓市政府通过行政权威和制度供给来引导各村集体经济组织牵头兴办合作农场。太仓市于 2010 年出台了《关于发展合作农场的意见》,并在财政税收、基础设施建设、金融信贷、农业保险等多方面给予了合作农场强有力的政策支持。当前,太仓市已基本形成了稳定的村级合作农场经营体制。据统计,截至 2020 年 3 月,太仓市 92 个村已组建村级合作农场 81 个,自主经营面积已超过 13.8 万亩(见表 1)。

表 1　截至 2020 年 3 月太仓市村级合作农场数量及自主经营水稻面积

单位:个,亩

乡镇名称	村级合作农场数量	自主经营水稻面积
沙溪镇	20	31955.55
城厢镇	5	13404.87
科教新城	2	1711.50
璜泾镇	13	23889.50
浮桥镇	16	27262.53

乡镇名称	村级合作农场数量	自主经营水稻面积
双凤镇	9	13650.84
娄东街道	2	843.47
浏河镇	8	18306.80
陆渡街道	6	7867.32
总计	81	138892.38

资料来源：《2019 年合作农场自主经营水稻面积市级复核结果公示》，太仓市人民政府网站，2020 年 3 月，http：//www. taicang. gov. cn/taicang/sngg/202003/0f2d3d0ae5a24b629d2 0a0ee8fa4082c. shtml。

村级合作农场的出现体现了当前中国部分经济发达地区推进农业现代化、保障粮食安全的现实需求，其实质是在土地股份合作基础上形成的一项农村土地经营方式转型的组织和制度创新。从地方实践而言，村级合作农场改变了关乎农业农村根本的土地关系和生产组织方式，将对农业产业发展、乡村人居环境、村民生活水平、村庄治理能力等方面产生直接或间接的影响。

二 永乐村永发合作农场自主经营模式分析

永乐村位于太仓市璜泾镇东部，水陆交通方便，是长江三角洲经济发达地区之一，地区经济以工业生产和服务业为主。全村面积为 7.03 平方千米，有 42 个村民小组，748 户农户。2020 年末常住人口 2805 人，全村人均纯收入为 5 万元/年，耕地面积 3901 亩。永乐村于 2018 年响应政府号召实行村级合作农场自主经营模式，成立了永发合作农场。永发合作农场与村集体经济组织存在重叠，具有"政社一体、多组织合一"的制度特性。该农场的经营模式如图 1 所示，这一模式的核心在于村集体作为合作农场责任人，其通过与土地承包户、职业农民签订双重合约来保障合作农场的运营。

（一）合约一：永发合作农场与农户的土地流转合约

村集体为实现自主经营，首先需要与土地承包户签订土地流转合约，以实现土地要素的集中。一般来说，土地流转市场运行遵循价格调节市场产品

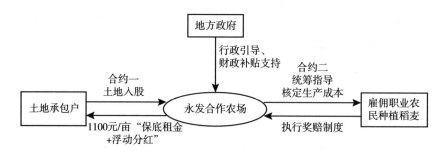

图1 永发合作农场双重合约经营模式

供求的规律，且随着农村外出务工人口增加和农地"三权分置"，土地承包经营权作为用益物权的价值功能逐渐凸显，租金水平成为影响农户土地流转决策的重要因素。因此，在实现土地集中方面，村集体首先以较高的种粮土地租金吸引农户将土地流转给永发合作农场，并且通过较长期限租赁合约来稳定农户土地流转预期。2017年底，永乐村周边流转市场种粮土地租金价格最高为800元/（亩·年），而永发合作农场对农民流转土地采用"保底租金+浮动分红"的分配方式，其中约定保底租金为1100元/（亩·年），年终盈余纳入村集体资产实行二次分红，流转合约期限为5年，且可延期到2028年。尽管村集体给予的种粮租金水平已然很高，但由于多年来永乐村有很多外来大户在此租地种植大棚蔬菜等经济作物，其提供的土地租金为1700~1800元/（亩·年），这导致本村很多土地承包户更愿意把土地流转给这些种植经济作物的大户，而非村集体。

　　在经济激励手段相对不足的情况下，永乐村村干部调整工作思路，在承诺长期有保障租金的基础上，还采取了人情关系网络动员手段来激励农户与村集体签订土地流转合约。永乐村村干部们经常在党员大会和村民代表大会上宣传由村集体来统一经营农地的好处和私下流转土地带来的弊端。比如一方面村集体可以保证对所有转入土地采取统一租金水平，不管土地质量如何，均一视同仁，且租金租期均有保障；另一方面向村民解释如果由外地人长期大量种植蔬菜瓜果等经济作物，不仅会损耗土壤肥力，也会影响村庄居住环境。农场负责人表示："当我们把自主经营模式讲解透彻，在得到老党员、村民代表的理解后，我们又联合村里有威望、有公心的能人以及一些优秀的年轻人和大学生来引导家里的老人，告诉他们如果把地给那些外地人种，我们村的环境会变差，过年过节就不想回村里住。"①

截至 2020 年底，永乐村已有 65% 的承包地流转给了永发合作农场，并且村支书表示："每年都会有新增流转土地，等农户私下流转给蔬菜大户的合同到期后我们就会把土地收上来的。"可见，永乐村村集体通过经济利益激励和人情关系网络动员两种相互补充的手段逐步实现了土地集中，这为永发农场扩大经营规模并种植粮食作物奠定了良好的基础。

（二）合约二：永发合作农场与职业农民的委托种植管理合约

在实现土地集中后，以村集体为核心的永发合作农场主导统筹了农业生产，是农业生产决策人。在苏州市政府给予的生态补偿金 400 元/（亩·年）和太仓市政府给予的自主经营水稻种植补贴 200 元/（亩·年）的支持下，其通过雇佣职业农民来实现粮食种植，并制定激励机制和约束机制去调动职业农民的责任心和生产积极性。

第一，合约内含的激励机制。永发合作农场每年与职业农民签订委托种植管理合约，职业农民根据各自生产经营能力来申请管理面积（一般为 150 ~ 300 亩），并按照农场的指导要求进行农业生产。永发合作农场将职业农民的工资规定为"基本工资"和"超产奖励"两部分。首先，其给予职业农民的田间管理基本工资核定为水稻 230 元/（亩·年）、小麦 140 元/（亩·年）。该管理工资包括合同规定的管理种植面积的日常田间管理费及播种人工费（包括植保、人工除草和职业农民外请农人的费用）。获得全部基本工资的前提是必须每年给村集体上交够足量的粮食，核定标准为水稻 1000 斤/亩、小麦 600 斤/亩，并对超出核定产量的部分进行 2∶8 分成（80% 作为对职业农民的奖励），而低于标准的减产部分按比例扣减管理费。这一激励机制通过对职业农民的种植管理结果制定报酬分享规则，将村集体和职业农民双方

---

① 资料来源于实地调研获得的访谈记录。

的利益进行了有效捆绑，大大调动了职业农民的生产积极性。

第二，合约内含的约束机制。首先，永发合作农场的种植管理合约规定农田核定综合成本为1150元/（亩·年），包括种子化肥农药等农资投入成本、农业灌溉费用、农业机械使用成本等。尤其是在农资投入方面，详细规定了农资产品使用品类与用量，并通过统一购买和发放化肥、农药、除草剂等农资产品的方式，避免职业农民自主决策而产生过度投入化肥和滥用农药等行为。职业农民需要根据实际经营面积和种植作物长势，合理使用领取的化肥与农药，如果产生超出核定的生产成本费用，需自行支付，村集体不会再为其报销。其次，在上交粮食方面，以产值考核为先，先看产值再看产量，若产量达标但产值不达标，那么亏损部分则由职业农民全额赔偿，如在职业农民的保证金或管理费中扣除。最后，职业农民收割的粮食必须全部缴到村集体指定的粮食收购点，粮食款由村集体统一结算后按合同约定事项给付。

第三，合约内含的其他事项。永发合作农场因为进行了必要的农田基础设施建设、种植保险等投入，并进行了农业生产成本的垫支，因此上级政府和财政对种粮的一切补贴全部属于合作农场所有。如遇不可抗力因素遭受严重的自然灾害（由官方气象部门和农业部门评定）而受损的，需经保险公司认定受损范围，其所得保险赔款归职业农民所有，上交的粮食量也会酌情调减。另外，农场会从当年盈余中按一定比例提取公共积累资金，用于农田基础设施维修和农场再发展基金。

三 自主经营合作农场助推乡村振兴的机制与实践

永发合作农场在自主经营模式的实践过程中，助推了永乐村乡村振兴的实现，其实现机制如图2所示。

（一）产业兴旺：基于三权分置与经营权细分的规模化经营和专业化分工

产业兴旺是乡村振兴的前提，农业作为乡村最基础的产业，实现农业现

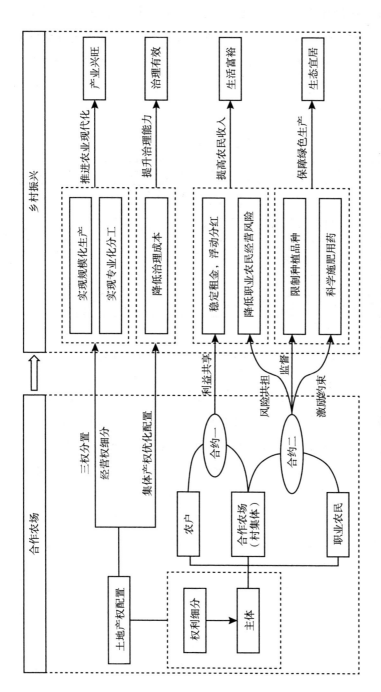

图 2　永发合作农场助推乡村振兴的实现机制

代化转型是产业兴旺的题中应有之义。永发合作农场基于对土地权利的细分，以及权能在不同主体间的合理配置，实现了农业规模化经营与专业化分工。通过三权分置实现了规模化生产，通过进一步细分经营权并配置给相应主体，实现了分工的进一步深化（见图3），为永乐村农业现代化发展提供了重要支撑。

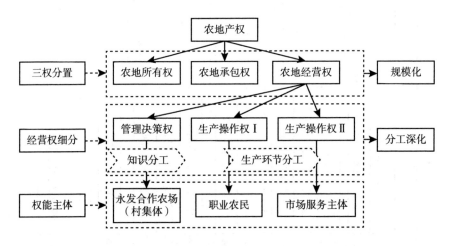

图3　永发合作农场规模化与分工深化的实现机制

第一，以三权分置为前提，永发合作农场转入农地经营权，为土地的适度规模经营和机械化生产提供了现实条件。在永发合作农场成立前，永乐村种植大户通过与本地村民或村民小组私下签订流转合同转入土地进行生产经营。但由于大户转入相邻土地需要承担较高的协商成本，且外来包地大户过多而村内农地总量有限，这种私下流转难以满足大户规模扩张的需求。永发合作农场成立后，通过与农民签订流转合约实现土地经营权的集中，并在转入土地后平整土地、修建道路、配套农田水利设施，为规模化、机械化生产提供适应的地块条件。一名20世纪90年代就从老家安徽来永乐村包地种粮，现被永发合作农场雇佣的职业农民表示："早期都要自己亲力亲为，包太多地的话怕管不过来，但后来用机械比较多，慢慢从50亩、60亩到了150亩，想包再多也包不到了。现在农场让我负责300亩，刚好。"

第二，农地经营权进一步细分为管理决策权和不同的生产操作权，并在主体间进行配置，促进分工的精细化和专业化，进而提升农业生产的经济效益。分工是行为主体之间的权利配置，将不同维度的权能分配给具有比较优势的相应主体，有利于拓展分工空间，从而提升生产效率。永发合作农场保留管理决策权，并将农业生产环节逐步分离，从而将不同的生产操作权匹配给具有比较优势的行为主体，使农业生产经营活动从传统的"农户家庭内部供给"转向"合作农场外部市场购买"。

具体而言，村集体作为合作农场管理经营主体，具有组织优势、信息优势和资本优势，将土地经营权和管理决策权配置给村集体能够降低交易成本。一是将土地统一转入集体自主经营的农场能极大降低流转环节的交易成本；二是由农场统一购买种子、农药、化肥等农资产品能降低新技术推广环节的交易成本；三是由农场配套建设农机库和烘干、仓储等设备并提供相应服务能进一步规范生产、运输贮藏环节的管理，从而提高各环节生产效率。

农场还通过与职业农民签订委托管理合约进行"划块包干"再分配，实际上是村集体根据以往农业生产经营情况，在外来种植大户中挑选出部分"种田能手"进行指定地块的生产操作。生产操作权根据不同生产环节得到进一步细分，匹配给具有比较优势的市场服务主体。农场聘任具有丰富农业生产经验的职业农民进行田间管护，职业农民通过雇佣劳动力或购买服务完成插秧、收割、整地，形成农业管理的"委托—代理"市场，培育农业的生产性服务市场，促进了管理知识和生产劳动的分工。这种深化分工客观上存在规模经济，体现为职业农民"委托—代理"市场和农业生产性服务市场的规模经济性，有利于现代技术要素的引入，进而提高农业生产效率。

（二）治理有效：通过优化土地产权配置降低治理成本，提高治理能力

治理有效是乡村振兴的基石，离不开基层组织的坚强领导。永发合作农场自主经营模式通过土地产权的优化配置使村集体拥有相对完整的物权，从而强化了集体权利，使集体权利与义务相统一。集体权利强化降低了集体完成上级下达的粮食安全任务、提供公共基础设施与公共服务、提升村庄人居环境、管理外来人口等事务的治理成本，提升了村庄治理效能。

第一，村集体通过自主经营合作农场拥有农业生产的管理决策权，降低了

农业治理成本。永发合作农场雇佣职业农民进行生产管理，仅让渡出生产操作权，依然保留村集体"种什么、怎么种"的决策权，并通过退出机制对职业农民的负外部性生产行为形成强约束，极大降低了村集体完成粮食指标任务、控制农业面源污染等的治理成本。此外，永乐村从事农业生产的农民大多来自外村，农场雇佣模式不仅能约束生产环节的负外部性行为，还能通过增加外来户与村干部的互动，增强二者间的信任与互惠，从而降低其他外来户相关事务治理的协调成本。

第二，合作农场通过强化村集体的土地权利，降低了村庄建设过程中关于土地问题的沟通协调成本。三星级康居村庄建设是苏州市提升乡村人居环境的重要项目，钱家巷自然村的三星级康居点的打造也是永乐村2020年的重点工作任务之一（见图4）。钱家巷规划面积共360亩，涉及农户44户，康居点建设过程涉及公共休闲场所土地置换、特色菜园打造、停车位和垃圾分类亭等基于土地的基础设施建设，必然涉及农户的承包地调整。在项目实施前，钱家巷区域内所有农地均流入合作农场，极大降低了村干部与村民关于土地问题的沟通协调成本。钱家巷康居点建设也带来了正向示范作用，进一步增强了村民与村干部间的信任，使村民更愿意将土地转入村集体进行统一规划管理。未来，随着更多土地转入村集体，永乐村将在永乐、利华、荷花三个自然村庄片区内，逐步推进康居点建设，最终实现康居点全村覆盖。

建设前　　　　　　　　　　　　　　建设后

图4　钱家巷康居点建设效果

（三）生活富裕：双重合约构建利益共享、风险共担机制，提高农民收入

生活富裕是乡村振兴的根本，让农民有持续稳定的收入来源也是实现乡村振兴的关键。虽然永乐村农户家庭收入以非农为主，但将土地流转给合作农场可以持续稳定地获得土地租金收入，为永乐村村民原本富裕的生活锦上添花。对外来职业农民而言，在永发合作农场内部以雇员形式拿管理工资和超产分红，相较之前自己租地种地自负盈亏模式，能够降低其承担的风险。

第一，永发合作农场与本村村民签订土地流转合约，并通过"保底租金+浮动分红"的分配方式实现利益共享，稳定并提高了村民土地收入来源。农场与农地承包户签订 5 年租期的土地流转合同，流转费每年以粮食价格浮动为调整依据，基本保持在 1100 元/亩左右，并将年终盈余纳入村集体资产实行二次分红。在永发合作农场成立前，由于永乐村本村农户家庭收入以非农收入为主，农地通常私下流转给外来经营主体，较偏远、零散的地块则处于撂荒状态。撂荒地无法产生租金收入，而以个人或以村民小组名义将农地私下流转给外来经营主体时，村集体难以发挥监管作用，本村承包户需承担一定毁约风险。除转入户毁约拒付租金外，永乐村永发合作农场以外的农地承包户还存在以下亏损情况。村民小组 A 于 2015 年将本组农地流转给外来蔬菜大户，并签订了为期 10 年、固定租金每年 800 元/亩的流转合同。而集体所有的永发合作农场充分保障农民利益，每年根据市场价格调整租金，2019 年起每亩的年租金达 1100 元。也就是说，A 组村民将承担每亩地每年至少 300 元的亏损，直至 2025 年合约到期后，才能将土地流转给永发合作农场获得较高租金。

第二，永发合作农场与外来职业农民签订委托管理合约，共担生产经营风险，稳定并提高了职业农民收入。委托管理合约规定合作农场支付给职业农民固定管理费，使农场替大户承担了粮食价格波动风险，从而稳定了大户的收益预期。此外，永发合作农场在与职业农民签订委托管理合同前，对职业农民的专业素质进行把关，仅挑选适量种田能手，并且严格控制大户数

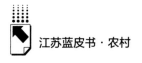

量。因此，单个大户较之前的私下流转能在农场内分得更大规模的土地进行种植，即使亩均收益不变，也能通过种植规模的扩大获得更高收入。

（四）生态宜居：通过委托管理合约的监督、激励与约束机制，保障绿色生产

生态宜居是乡村振兴的基础，降低农业生产带来的环境污染是生态和人居环境提升的重点工作之一。永发合作农场与职业农民签订委托管理合同，通过有效的合约安排减少分散经营中产生的环境负外部性问题，实现绿色生产，从而提升乡村人居环境质量。

第一，永发合作农场聘任种粮大户作为职业农民，通过限制作物品种并严格监督，减少经济作物种植带来的负面环境影响。永发合作农场雇佣职业农民进行生产经营，形成"委托—代理"关系。作为委托人的合作农场，其追求的目标是保障粮食安全以及经济与生态多维度的效用最大化，而作为代理人的职业农民仅追求单一的经济效益，倾向于种植具有较高利润的蔬菜、水果等经济作物。合作农场自主经营前，村内大多数土地都被外来大户租用种植蔬菜、水果等经济作物，他们在生产过程中因使用有机肥不当产生了恶臭，将烂叶垃圾随意堆放产生了腐烂，给村庄环境造成了严重的污染。并且由于频繁托运大量蔬菜和生产资料，还破坏了村庄道路基础设施，给永乐村人居环境带来了显著的负面影响。在分散经营中，由承包户私下流转土地给大户，村集体的话语权较弱，而本村承包户在蔬菜种植大户相较于种粮大户而言能给出更高租金这种直接、显性的经济效益吸引下，倾向于默默忍受由此带来的较差环境。永发合作农场自主经营后，由村集体清退蔬菜大户并雇佣种粮大户进行粮食生产。对种植品种的监督而言，合作农场与职业农民的信息不对称性极低，合作农场能够通过清退蔬菜种植户进行有效监督。当前永发农场仅从事粮食生产，蔬菜等易腐烂经济作物的种植面积和大棚面积大幅减少，农田的绿色风貌使村庄人居环境得到明显改善（见图5）。

第二，永发合作农场通过统一购买并按量发放绿色农资产品，降低职业农民绿色技术采纳的交易成本以激励绿色生产行为，将职业农民过量施肥用

散户经营蔬菜大棚的"脏乱差"

永发合作农场的农田绿色风貌

图5 永发合作农场成立前后的农地环境对比

药的外部成本内部化,以减少化肥、农药过量使用导致的农业面源污染。永发合作农场由合作社管理者(村干部)统一购买和发放化肥、农药、除草剂等农资产品,能降低农业技术推广的交易成本,解决环境友好型化肥、农药技术采纳"最后一公里"难题。稻麦测土配方施肥技术、病虫害绿色防控技术是近两年太仓市主推的农业技术,太仓市农业技术推广中心以项目招标方式采购缓释肥、测土配方肥和低毒高效农药等农业化学投入品,农场从中标供应商处统一购买并发放给职业农民使用。关于亩均化肥投入量和农药用量,由农业技术人员、村干部、职业农民多方协商确定,如果职业农民想超核定量施肥,只能自己多付额外成本进行购买。该模式通过将外部成本内部化,有效约束了职业农民非理性的过量施肥用药行为。

四 自主经营合作农场的现存不足

自主经营合作农场对保障粮食安全、推动乡村振兴具有重要意义。然而通过对永乐村永发合作农场的考察与分析发现,这种自主经营模式也面临一些问题,主要体现在以下几个方面。

第一,缺少农业新科技支撑。村级合作农场作为一种新的农业生产经营主体,有别于传统农业生产模式,在生产管理中应该更多地与农业前沿科技接轨,体现出农业机械自动化优势、品种优势和技术含量。但在实际经营中,永发合

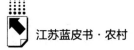

作农场存在农业机械自动化应用偏少、种植品种科学搭配程度较低、栽培技术主要依靠传统经验、规范化程度较差、农产品难以形成品牌效应等问题。

第二，金融保险政策支持力度不足。调研发现，合作农场购买的农业保险以政策性保险为主，商业保险供给不足且品种较少，合作农场对农业保险的有效需求没有得到满足。此外，农村金融服务的出发点是为了破解"三农"资金需求难题、促进农村经济发展，然而目前为农业生产提供贷款的金融机构数量较少，且不少机构都存在贷款门槛高、贷款手续复杂、贷款审批周期长、贷款周期与作物生长周期不匹配等问题，无法有效满足合作农场对生产资金的需求。

第三，职业农民缺乏后继人。尽管当前永发农场聘请的职业农民大多都是具有多年种植经验、综合素质相对较高的种田能手，但是实地调研发现，这些职业农民年龄大都在50岁以上，逐渐出现了无力续种的问题。一旦他们从农业生产中退出，是否有数量充足的后继农业人才，情况并不乐观。

第四，激励与约束机制有待完善。虽然永发合作农场与聘请的职业农民每年都签订正式的委托种植管理合同，但也面临监管机制和违约仲裁协调机制不健全等问题，导致违约发生后难以究责。在实际经营过程中，一些不符合合同规定的行为也时有出现，如合同规定职业农民收割的粮食必须全部出售到村集体指定的粮食收购点，调研发现有的职业农民可能只会将要求必须上交的核定产量的粮食出售给粮库，而将超产部分私自处置，自行卖给粮贩。职业农民违约动机源于合同约定超产部分由村集体和职业农民二八分成，而私自出售则可以获得全部超产产值。针对此种情况，永发合作农场目前并没有很好的监管和制约办法，合约约束力不足。

五 自主经营合作农场的优化建议

（一）加强农业新科技应用

自主经营合作农场要想实现繁荣发展，必须注重提升农业生产的科技内涵，快速补强村级科技短板，如促进农机农艺深度融合，并充分发挥区域优势，培育特色品牌，发展优质高效农业。首先，建议地方政府加强财政投入，创新农机农艺融合体制机制。如建立农机农艺共同研究、协作攻关的长效机制；完善农机、种子、土肥、栽培、植保等推广服务机构紧密配合的工作机制；强化农机农艺宣传教育培训的工作机制。其次，建议政府帮助合作农场建立并加强与高校、科研院所以及产业技术创新团队的密切合作，依托专业化的农业科技研发队伍，为其提供标准化种植、科学防治病虫害、配方施肥、机械化生产等技术服务，普及新品种、新技术、新工艺，在应用优秀农业科技成果的同时，注重发展适合本地特点的特色产业，建立规模化、标准化的农产品生产基地。通过建立标准化基地，培育农业特色产业和产品，推进品牌经营和提高品牌效益，以提升农产品的市场竞争力，最终带动乡村振兴。

（二）加强农业金融保险政策支持

金融保险是农业发展的坚强后盾，要加快创新金融保险的服务手段，促进合作农场农业生产提档升级。第一，建议政府鼓励保险公司创新农村金融保险服务模式，结合村级合作农场规模经营风险保障需求，采取面对面、点对点的服务模式，将金融服务与农业种植生产等市场活动有效衔接在一起，有针对性地制定金融服务方案，更好地满足合作农场的内在需求，让现代农业生产活动更加顺利、更加科学地开展。例如，以创新稻麦收入保险、农业机械意外事故综合险等保险产品为抓手，通过保险、担保、银行的综合融通，充分发挥市场机制的作用，有效解决乡村振兴建设中的农业发展资金不足难题。第二，建议政府相关部门制定并落实支农惠农措施，通过市场化运转加大营利性金融组织对农村的投资，缓解农村在金融发展中资金供给不足的难题，健全完善农村金融组织体系。第三，建议政府将农业保险纳入农业灾害事故防范救助体系，充分发挥保险在事前风险防范、事中风险控制、事后理赔服务等方面的功能作用。

（三）加强农业人才培养

在现行农村土地家庭长期承包经营体制和村级合作农场管理体制下，如何建立职业农民的退出与进入机制，如何鼓励和吸引有知识、有文化的年轻一代投入现代农业建设，加快构建一支有文化、懂技术、会经营的新型职业农民队伍，应当提到政府的重要议程上。如政府可以组织实施新型职业农民培育工程，对新型职业农民培训实行实名制管理，建立真实、完整和规范的培训档案，以生产技能和经营管理水平提升为重点，综合采用分段集中培训、参观考察和生产实践相结合的方式，全面提高其综合素质。此外，不仅要重视对职业农民的培训，还要突出加强对农业生产组织带头人（村干部）、农业委培生等在农业经营与管理等方面的培训，发挥人力资本在农业生产经营中的作用，尤其是在农业供给侧结构性改革中，要注重提升农业经营者运用现代经营理念引领现代农业发展的能力。

（四）完善合作农场的治理机制，优化合作农场的运行

一是政府相关管理部门要正确引导合作农场的发展方向，为合作农场的发展提供优质服务，加强对合作农场的科学考核，加大政策考核扶持力度，对规范性合作农场每年应给予一定的政策奖励和补助，进而推动合作农场不断提高经营管理水平，促进合作农场规范、健康、有序发展。同时，建议制定合作农场科学评价体系，对合作农场内部运行状况进行绩效评价，根据其分值划分等级并与上级政府扶持政策挂钩。二是永发合作农场要进一步完善激励和约束机制，建立涉及村集体、土地流转农户、职业农民等参与各方的合理的利益分配机制，调动各个利益相关者的参与积极性，以提升合作农场效益。三是实施有效的监督与制衡机制。建议由村庄廉情监督委员会监督合作农场的运作和收益分配，确保村集体收益用于村庄农业生产及农业可持续发展。

B.16

案例三

涟水县红窑镇：农房改善
助力乡村振兴

谈林沂　任广铖*

摘　要：　乡村振兴战略是新时代"三农"工作总抓手的政策部署，对于解决"三农"问题具有重要意义。农房作为广大农民的栖息地，却在苏北地区长期存在房屋破旧、布局混乱等问题。因此，改善农民群众住房条件成为推动乡村振兴的重要环节。涟水县红窑镇农房改善项目从完善配套设施、打造特色社区、优化规划布局三个方面开展工作，在产业发展、基层治理、公共服务和盘活闲置资源等方面助力当地乡村振兴。红窑镇农房改善的经验表明，农房改善项目的成功得益于坚持党的领导、提供多样化选择和因地制宜挖掘资源禀赋。红窑镇农房改善项目虽取得一定成效，但由于社区尚未全部建立，居民尚未全部搬迁，在农房改善项目后期物业管理、长效管护及社区管理问题上有待进一步完善。

关键词：　农房改善　乡村振兴　涟水县　红窑镇

---

* 谈林沂，南京农业大学公共管理学院硕士研究生，主要研究方向为土地经济与制度；任广铖，南京农业大学公共管理学院副教授，主要研究方向为土地经济与制度。

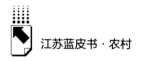

红窑镇：农房改善　改出农村社区新高度

近日，一座古朴清新的新型现代化社区令人眼前一亮，蔚蓝的天空下，绿树成荫，小桥流水，一排排、一栋栋小楼拔地而起，白墙灰瓦，错落有致，漫步其中，身临其境感受到新农村的舒适与优雅，令人惊叹！这里就是涟水县红窑镇红窑社区一期。红窑社区配套设施完善，水电燃气入户，道路蜿蜒平整，路灯排列整齐，监控系统完善，机动车位和非机动车位充足，绿化景观别致，小区内配有卫生服务中心、老年活动中心；周边配套红窑实验学校、中心卫生院、商业街、政务服务中心、市民广场、文化广场、河滨公园等，小区定位之高端、城市功能配备之完善，已成为红窑镇一处新的靓丽风景。

近年来，红窑镇始终坚持把农房改善工作作为改善农村人居环境的突破口，精心规划设计，高标准建设，让农民群众享受与时俱进的现代化城市生活。镇委、镇政府始终将"高质量、高标准"作为新型农房改善项目建设的宗旨，项目规划初期以打造省级农房改善示范项目为标准，高起点规划、高标准建设，让群众住上安心、放心的好房子。

"让群众住上饱含幸福感和归属感的高品质房子"，这是镇党委书记吉海多次强调的要求。为实现改善群众居住环境的同时，更让群众过上好日子，让群众"搬得出、留得住、能致富"的总体目标，红窑镇全力打造以新型芦笋产业基地、莲藕产业基地、双孢菇产业基地为一体的南北纵向产业基地群，大力发展本镇优势产业，拓宽就业渠道，增加就业岗位，实现全镇农房改善群众就近就业全覆盖，让群众实现家门口就业。

目前，红窑镇共实施五个农房改善项目，红窑社区一期、夏楼社区、义兴社区已竣工，红窑社区二期、浅集社区正在加紧建设中。

摘自：涟水县人民政府网站

　　长期以来，农业农村农民"三农"问题是党和国家高度重视的问题。改革开放后，农民外流现象加剧，农村面貌落后，农业基础薄弱，城乡差距逐渐增大。为改善乡村贫穷落后的现状，从根本上解决"三农"问题，习近平总书记在 2017 年提出乡村振兴战略，要求建设"产业兴旺、生态宜居、乡风文明、治理有效、生活富裕"的乡村。因此，乡村振兴成为党的十九大以来我国农村发展的重点目标。

　　江苏省位于我国东部沿海，是我国综合发展水平较高的省份之一。江苏北部地区（以下简称"苏北"）土地资源丰富，雨水充足，是江苏省农作物生产的主要地区。但江苏省内长期存在区域发展不平衡和城乡发展不平衡等问题，且这些问题在苏北尤为突出。因此，苏北农村能否实现乡村振兴，是江苏省能否实现乡村振兴的关键。

　　农房是农民生活和生产的重要场所，农房改善是乡村振兴战略中的重要一环。苏北农村面貌相对落后，农村居民点分散，危房旧房和"空心村"的现象较为普遍。农房恶劣的居住条件和杂乱的布局，严重制约了苏北农村的进一步发展，阻碍了苏北的乡村振兴。对农村而言，农房改善既是一项重大基础设施建设工程，也是一次土地资源优化配置、乡村空间规划重构和社区治理体制创新的契机；对农民而言，农房改善既是一种居住空间的重构，也是影响其生产方式和生活方式的一项重要因素。[①] 所以，农房改善极有必要在苏北农村实行。

一　红窑镇农房改善的背景

　　2018 年江苏省委省政府印发了《关于加快改善苏北地区农民群众住房条件推进城乡融合发展的意见》，徐州、宿迁、连云港、淮安和盐城等五个城市开始全面推进农房改善工作。淮安位于江苏省中北部，江淮平原东部。

---

　　① 许加明、刘海健：《农民住房分化与农房改善的多元化探索——以苏北 H 市农房改善项目实践为例》，《山东行政学院学报》2020 年第 6 期。

地处长江三角洲地区，是苏北重要中心城市，南京都市圈紧密圈层城市。2018 年以来，淮安坚持将加快农民群众住房条件改善作为实施乡村振兴战略的标志性工程来推进。截至 2020 年，淮安市竣工农房改善项目 97 个，改善农民群众住房条件 2.5 万户以上。①

红窑镇地处涟水县域中心，镇域面积 157.54 平方公里，辖 34 个行政村、3 个居委会，共有人口 10.26 万人。红窑镇是远近闻名的千年古镇、云锦之都、金鸡福地、红色热土。目前红窑镇已成功创建全国重点镇、国家级卫生镇、国家级生态镇、中华诗词之乡，获评"全国千强镇"；先后获得"省级生态文明示范乡镇、省级水美乡镇、省级文明镇、省级四星级乡村旅游点、省级特色旅游名镇"等荣誉。

2020 年以来，红窑镇相继启动实施夏楼社区、红窑社区一期、红窑社区二期、义兴社区、浅集社区等五个农房改善项目，总建筑面积 32 万平方米，改善农户 2361 户。其中红窑社区获评省小城镇类示范创建项目、浅集新型农村社区入选省级示范创建项目名单，农房改善取得显著成效，有力推动了乡村振兴。

下面将就红窑镇农房改善的具体做法、条件与经验，以及其对乡村振兴的影响展开论述。

二 红窑镇农房改善的具体做法

红窑镇的农房改善项目严格遵循"先规划后建设、先配套后盖房、先地下后地上"原则，保证农民"搬得出、稳得住、能致富"。在建设新型农村社区时突出传统建筑现代化、现代建筑本土化和居住条件人性化，对部分传统风貌保留较为完好的旧建筑进行整体改造提升。2020 年以来，红窑镇共实施夏楼社区、红窑社区一期、红窑社区二期、义兴社区、浅集社区五个

---

① 《淮安市竣工农房改善项目 97 个改善农民群众住房条件 2.5 万户以上》，江苏省人民政府网站，2021 年 1 月 11 日，http：//www.jiangsu.gov.cn/art/2021/1/11/art_ 33718_ 9639986.html。

农房改善项目，其中夏楼社区和红窑社区一期已有居民入住，义兴社区已完成修建。

（一）搬得出：完善配套设施，满足村民需求

"居者有其屋"是我国农民的朴素愿望。江苏省住房和城乡建设厅开展的专项调查结果显示，江苏全省66%的农房是1979~2000年建造，时间久远，存在安全隐患。在苏北农村，普遍存在卫生厕所普及率低、生活污水处理设施缺乏、生活垃圾难处理等现象，农村人居环境质量较差。随着生活水平的不断提高，广大农民对整洁的生活环境、高标准的居住质量等的需求与日俱增。涟水县红窑镇响应省厅政策，以高标准修建新型农村社区的房屋，让农民自愿入住。

为了让农民群众"搬得出"，涟水县的所有新型农村社区在建设中均结合居住人口和实际需求，完善社区及周边的配套设施。首先，在农房的基础设施和公共服务上，保障入住家庭就近入学、入住居民享受"15分钟医保服务圈"。完善党群服务和公共文化服务设施，使之与社区的其他功能配套。其次，在农房建设布局中，围绕交通干道和既有的公共服务设施布点，最大限度地方便群众出行。最后，在修建安置区上，围绕集镇布点，兴建1000户以上的小城镇安置区。这样既可壮大涟水县的副中心，又可打造高质量的区域增长极。

红窑镇更是将农房改善项目与乡村振兴、精准脱贫、人居环境整治、产业发展等统筹考虑，不断推进农村交通、自来水、生活污水、垃圾处理、电力、信息网络等基础设施建设，努力改善群众的生产生活条件。红窑社区和夏楼社区是红窑镇农房改善项目中修建的新型农村社区，它们充分体现了涟水县和红窑镇两级政府执行"搬得出"理念的成效。

红窑社区的农房改善项目占地总面积271亩，分一、二期修建。它由东南大学城市规划设计研究院设计，获评省小城镇类示范创建项目，是淮安市唯一入选的项目。红窑社区的住房依据村民的不同居住需求，分别修建了三层、小高层、高层三种楼栋，设计了大、中和小户型近1600套。其中一期

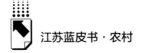

占地 100 亩，设有住宅 462 套，分为 38 栋三层别墅和 4 栋小高层楼房；二期为 29 栋多层和 15 栋小高层，内部设有 1114 套住宅，拥有大、中、小三种户型。

红窑社区的公共设施设计充分考虑了入住村民的年龄构成和生活需要。针对老年村民的医疗需求和休闲需求，红窑社区内修建了卫生服务中心和老年活动中心，社区附近还有河滨公园、中心卫生院；针对少年村民的教育需求，社区周边配套了红窑实验学校；针对青年及中年村民的娱乐需求和办事需求，社区附近配套了商业街、政务服务中心、市民广场、文化广场等。此外，社区内水电燃气入户，道路蜿蜒平整，路灯排列整齐，监控系统完善，机动车位和非机动车位充足，绿化景观别致。

夏楼社区占地 81.6 亩，建筑面积 25000 平方米，共 187 户。夏楼社区不仅依据入住村民的收入情况提供不同的户型，而且依据村民的居住习惯设置专门的菜地区域。在户型与价格方面，大部分老百姓拆迁后拿到的补偿款足以购买新居，还能有部分结余；针对个别经济特别困难或独居农户，社区设计了 48 平方米的小户型可供其选择。在居住习惯方面，夏楼社区西南角有镇里规划的 20 亩集中菜地，小区居民平均每家可分得 1 分多地，可实现蔬菜的自给自足。此外，红窑镇政府实施了金鸡坨大道、时码大桥、污水处理、四支渠提档升级、绿化亮化提升、景区牌楼、房屋外立面改造等系列工程，进一步提升了社区品质，完善了社区功能。

（二）稳得住：打造特色社区，留住村民乡愁

传统村落是守望乡愁，建设美丽乡村的主体和根基。乡愁浓缩了一个地方的生活，是文化认同的情感投射。实施农房改善，在提升居住环境质量的同时，往往能呈现原生态的田园风光、乡村风貌，能够让居住于此的农民群众产生归属感和自豪感。

涟水县根据每个新型农村社区特点，提炼乡村特色符号，设计能够代表社区资源禀赋、历史文化、发展愿景的徽标（LOGO），增强村民的认同感和归属感。涟水县还选择懂得农村、热爱农村、有丰富农村规划设计经验的

单位参与方案设计，聚焦资源禀赋，尊重农民意愿，深入了解群众需求和乡风民俗，留下"乡土味、烟火气"。新型农村社区以江淮风格为主，房屋设计注重质感，粉墙黛瓦、简朴自然，并设计了不同形式的辅房，便于传承农耕文化；将有价值的建筑材料、生产生活设施合理融入农村新型社区建设，充分体现地方特色，留住历史文脉，让村庄充满乡愁。

浅集新型农村社区位于红窑镇浅集居委会。浅集历史底蕴深厚，古时水广泽多，因此在农房改善项目中，浅集社区以古韵水乡为特点进行修建。社区依托传统村落加以集聚提升，住宅临水修建，营造"水在村中、村在水中"的水乡气韵。夏季周边万亩荷花盛开，村民可在社区附近享受到古色古香的荷韵美景。

（三）能致富：优化规划布局，促进产居融合

由于农村长期缺乏有实质指导意义的村庄规划，房屋普遍存在杂乱无章、布局零散、私搭乱建等问题。尤其是苏北农村，房前屋后庭院和相关生产配套设施占地面积偏大，土地利用效率较低。地方政府需要借助农房建设改造、推进集中居住的机会，节约建设用地，集聚资源要素，优化重构城乡布局。

涟水县围绕"一镇一业、一村一品"的目标，聚力培育优势新兴产业，以"农业＋旅游"为引领，培育创意农业，建成多个乡村旅游示范点；落实"一村一品一店"的建设行动计划，发展农村电子商务；围绕主导产业，研究出台专门的实施方案。

涟水县的农房改善项目按照"项目跟着产业定，产业跟着项目进"的思路，在统筹确定新型农村社区项目后，优先投放农村产业资金。此外，涟水县在新型农村社区周边，配套建设可出租的小型商业化设施，并预留5%的产业发展用地修建标准化厂房，为集体经济增收与群众自主创业提供发展空间。

夏楼社区邻近金鸡坨生态农庄，因此在农房改善项目的规划中保留了农家乐、茶室、手工作坊等小型旅游服务设施。这既满足了居民的生活服务需求，补充完善了周边乡村旅游服务功能，又为搬入新社区的农户提供了选择多样化家庭生计策略的机会。义兴社区位于义兴村十二支大沟南侧，靠近县

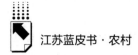

道，紧邻中小学、卫生院和商业街布点，区位优势明显。义兴社区东侧有工业集中区，西侧有双孢菇产业园，可提供600多个农业和非农业就业岗位，为入住村民提供了就业和收入保障。

三　红窑镇农房改善的条件与经验

（一）红窑镇农房改善的条件

1.农房改善的政策支持

苏北是江苏省经济相对落后和发展相对缓慢的地区，其农村面貌、农民住房质量和生活品质均低于苏中、苏南地区。经济的不发达制约了苏北农房的改善，而苏北农房质量的低劣又造成当地农民的大量流失，导致经济继续落后，形成恶性循环。在此背景下，苏北农房改善成为破解苏北经济落后难题的重要环节。

2018年8月江苏省委省政府印发了《关于加快改善苏北地区农民群众住房条件推进城乡融合发展的意见》，苏北农房改善工作全面启动。这是江苏省实施乡村振兴战略、推进城乡融合发展的重要行动。该意见的出台极大地增强了各地政府改善农房的积极性和主动性。

在江苏省委省政府的引领、淮安市委市政府的指导、涟水县委县政府的部署下，红窑镇抓住机遇，依据自身优势，突出镇区、夏楼特色田园乡村两大节点，提前规划项目、精心部署人员、主动对接部门，坚持高位推动农房改善工作。

2019年以来，苏北五市实施农房改善配套产业项目1556个，带动近6万户农户增收，其中2021年新增配套产业项目279个，包括特色种养类112个、工业和农产品加工类56个、产业融合类39个、生产服务类72个。① 截

---

① 《超过20万户苏北农民住房条件得到改善，江苏将这样做好"后半篇文章"》，现代快报网，2021年6月25日，http://xdkb.net/p1/188630.html。

至2020年底，江苏省实现苏北地区农村四类重点对象存量危房"清零"，超过20万户农民群众住房条件得到改善。

2. 地方政府的执行态度

从淮安市到涟水县再到红窑镇，农房改善项目在市、县、镇三级都获得高度重视，得到严格执行。

淮安市高度重视改善农民群众住房条件工作。2018年9月4日，江苏省专题部署以后，淮安市将此作为乡村振兴战略的标志性、基础性、引领性工程，列为全市"三农"工作三大攻坚战的重要组成部分，进行系统谋划，并大力推进。2019年，淮安将农民群众住房条件改善工作作为市委"6＋1"、市政府"十件要事"之一，坚持高起点规划、高标准建设，工作取得初步成效，年度任务全面完成，市级顶层设计方案、全面调查摸底、"一户一档"建设、省级财政专项资金管理等基础性工作的做法和经验在全省推广。

涟水县在推进农房改善工作中高度重视"让群众说话"，建筑风格、户型类别和代建企业的选定，都充分征求群众意见，得到群众认可。同时坚持"为百姓筑房"工作理念，因地制宜规划建设，最大限度保留原有村庄的自然风貌。涟水县对于农房改善项目始终贯彻"项目跟着产业定、产业跟着项目进"的思路，以"社区建设＋"为抓手，稳步推进特色产业项目建设，通过土地流转和产业配套双轮驱动，实现强村富民目标，确保每一个农房改善项目精准实施。

红窑镇始终以习近平新时代中国特色社会主义思想为引领，始终坚持把农房改善工作作为改善农村人居环境的突破口，精心规划设计，高标准建设，让农民群众享受与时俱进的现代化城市生活。镇委、镇政府始终将"高质量、高标准"作为新型农房改善项目建设的宗旨，优先进行"四类人群"危房改造，高标准完成新型农村社区项目建设。

3. 当地的资源禀赋

红窑镇区位独特，交通便捷。红窑镇东临盐河，西临公兴河，235省道贯穿全镇南北，连淮扬镇高铁穿境而过，距淮安涟水机场22公里。国家三

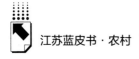

级航道—盐河在全镇沿线 20 公里，南连京杭大运河，北经灌河出黄海，单体承运能力可达千吨。

红窑镇的土地资源禀赋突出。耕地面积 6831 公顷，占全镇土地面积的 43%。西徐圩等村近 2 万亩土地已形成连片优势，有利于土地规模经营。土壤多为弱碱性沙土，适宜芦笋等作物种植，目前已形成芦笋种植产业链。

红窑镇的区位优势和土地资源优势，有利于产业的发展，降低了村民向外流动的可能性，增加了村民对农房改善的需求，客观上推动了红窑镇农房改善项目的实施。

（二）红窑镇农房改善的经验

1. 坚持党的领导，保障项目运行

红窑镇政府坚持从党员做起，充分发挥基层党组织"战斗堡垒"和党员先锋模范作用，第一时间成立镇推进农房改善工作领导小组和办公室，由镇党委书记任组长，明确实施农房改善项目的坚定决心，全力推进落实，努力形成上下联动、齐抓共管的整体合力。红窑镇政府先后组织相关人员赴盐城板湖镇、芦蒲镇，陕西礼泉县白村等地考察学习，进一步拓宽视野、打开思路，将农房改善各项工作向纵深推进。

红窑镇纪委在深入学习党史后，聚焦农房改善工作中的各项重点环节，把农房改善与建设美丽乡村相结合，加大监督检查力度，确保农房改善工作高质量公开、高标准推进。一方面，镇纪委全程监督、全速推进重点项目建设。研究分析可能出现廉政风险的突出环节、关键人群，提前约谈项目一线工作人员。另一方面，镇纪委深入农房改善一线，督促项目监管人员把好工程建设质量关。镇纪委重点聚焦土地确权、补偿款核算、相关方案执行等关键环节，杜绝优亲厚友、营私舞弊，全面推进各项工作阳光落实，充分确保选房环节公开透明。镇纪委还在涉及农房改善的村组设置投诉举报箱，主动公布举报电话，积极动员群众参与日常监督，构建起全方位、无死角的监督制度。

各村的党支部也为农房改善项目的推进贡献力量。红窑镇义兴村党支部

召开村民座谈会，宣传农房改善工作政策，了解群众的搬迁意向，听取群众的建议，为农房改善的顺利实施奠定了基础。

2. 提供多样化选择，满足村民需求

红窑镇在推进农房改善项目时，始终以农民需求为核心，在退出形式上提供入镇居住、进城居住、新建新型农村社区、在规划发展村庄就地新建翻建和货币改善等五种形式的多样化选择。

入住新建新型农村社区的农民，在入住社区的选择上也多种多样。每种社区的优势各不相同，农民可根据自身需求选择不同社区。红窑社区邻近卫生院、小学、文化广场和河滨公园等，拥有优质的医疗资源、教育资源和休闲娱乐资源。义兴社区周边有工业区和学校，交通便利，便于农民就近工作和接送孩子。夏楼社区毗邻金鸡坨生态农庄，青壮年农民可进入农庄就业，老幼村民可在农庄散步休闲。

3. 因地制宜，深挖资源禀赋

红窑镇的土地资源丰富，区位优势突出。凭借这些资源禀赋，红窑镇正在推进以农耕文化为主线的"生态旅游+"产业链、以芦笋产业为主导的现代农业格局。这些产业链和农业格局的形成，有助于农民积极参与农房改善、政府高效完成农房改善。

夏楼社区毗邻金鸡坨生态农庄。该生态农庄总投资2亿元，集农耕体验、爱国主义教育、休闲观光等功能板块于一体，目前已成为苏北乡村的重要旅游打卡地。为促进产居融合，红窑镇政府相继投入6000余万元实施产业配套、道路拓宽、绿化亮化提升等一系列工程，夏楼社区的品质和功能日趋完善。

四 红窑镇农房改善对乡村振兴的影响

（一）农房改善项目促进产业发展

产业兴旺是乡村振兴的关键，也是乡村振兴的物质基础。发展乡村产业

核心在人。没有产业留不住人，没有人发展不了产业。红窑镇农房改善项目从外部环境入手，吸引农民回乡就业，在一定程度上缓解了乡村产业"用工难"的问题。

农房改善项目的实施，改变了农民以往低质量的居住条件，为吸引在外农民回乡就业创造了有利条件，为当地产业发展提供了充足的劳动力。农房改善项目通过完善配套设施、打造特色社区提高了农民的住房质量，提高了农民对家乡的满意度。经过优化布局的新型农村社区邻近产业园，为返乡的农民提供了在家门口就业的机会。长此以往，越来越多的农民返乡就业，不断为当地的产业补充劳动力，产业发展加快，从而进一步吸引农民回乡，形成良性循环，乡村产业变得兴旺发达。

红窑镇农房改善后的新型农村社区增强了农民对家乡的眷恋感和归属感；社区内现代化的楼房和小庭院提高了农民的居住满意度；夏楼社区附近的金鸡坨生态农庄，义兴社区附近的双孢菇产业基地等，都为在外打工的农民回乡就业提供了机会。据《淮安日报》，受到农房改善项目的影响，村民张竹英和丈夫的居住环境得到极大改善，收入得到显著提高。张竹英家在夏楼社区，房屋的建筑面积达到130平方米。夫妻二人的收入主要来自流转土地所得的租金和丈夫的零工，家庭年收入超过8000元。

（二）农房改善项目优化基层治理

治理有效是乡村振兴的总要求之一，也是乡村振兴的社会价值目标。实现乡村治理有效，既是国家有效治理的基石，也是我国社会建设的基石。基层是社会治理的基础，是人民群众生产生活的场所。在推进国家治理体系和治理能力现代化进程中，基层治理的重要性日益凸显。基层治理是否有效，事关国家治理和社会治理的成效，事关人民群众切身利益的实现和维护，事关党的执政基础的巩固。

党的十九大报告中提出要"加强农村基层基础工作，健全自治、法治、德治相结合的乡村治理体系"，因此要达到治理有效的目标，需从基层治理入手。农房改善项目造就了一批新型农村社区，促进了乡风文明，降低了基层治理的难度，推动了基层治理的体系化与信息化，治理有效的目标逐步实现。

作为红窑镇农房改善项目所修建的新型农村社区之一，红窑社区和夏楼社区通过"德治"推动了基层治理的优化。红窑社区东临市民广场，西临河滨公园，可供儿童老人休闲娱乐，陶冶情操。夏楼社区附近是金鸡坨生态农庄，可供儿童老人漫步自然，享受绿色风景。红窑镇还发挥村民议事会、道德评议会、红白理事会等村民自治组织作用和新乡贤示范引领作用，通过"自治"和"德治"优化基层治理；突出围绕践行人情减负"涟6条"，推进移风易俗工作，通过"法治"优化基层治理。

（三）农房改善项目完善公共服务

农村基本公共服务体系建设是乡村振兴的有力保障，加强基础设施建设和公共服务供给是乡村振兴要解决的重点问题。《乡村振兴战略规划（2018—2022年）》提出，"继续把基础设施建设重点放在农村，持续加大投入力度，加快补齐农村基础设施短板，促进城乡基础设施互联互通，推动农村基础设施提档升级。继续把国家社会事业发展的重点放在农村，促进公共教育、医疗卫生、社会保障等资源向农村倾斜，逐步建立健全全民覆盖、普惠共享、城乡一体的公共服务体系，推进城乡基本公共服务均等化"。农房改善项目完善了社区内部及周边的基础设施建设和公共服务供给，提升了当地的公共服务质量，为乡村振兴提供了强有力的保障。

红窑镇农房改善项目真正使农民"住有所居"。2021年以来，红窑镇清除破败空心房62座，夏楼社区建成；红窑社区一期已建成，二期正在建设；义兴社区已完工待验收。同时，红窑镇农房改善项目保证了农民的"病有所治"。我国已经进入人口老龄化社会并将长期处于人口老龄化阶段，老年人的看病问题成为人口老龄化社会存在的难点。这种国情决定了我国在建立健全覆盖城乡居民的医疗卫生服务体系和医疗保障制度时，要适应不同需求、采取多种形式。党的十九大报告明确指出，"深化医药卫生体制改革"，让老百姓"病有所医"。红窑镇农房改善项目的红窑社区在内部修建了卫生服务中心,方便解决老年人的日常疾病;红窑社区附近还有中心卫生院,可治疗老年人的难病重病。

(四)农房改善项目盘活闲置资源

改善农民住房条件,本质上是对农民居住地的一种优化组合。农房改善盘活了农村闲置资源,增加了经济、社会和生态等综合效益。结合农村土地综合整治,为村集体经济发展提供物质基础和发展空间,为乡村振兴提供了工具和平台。[①]

江苏省通过政策倾斜大力支持苏北农房改善项目的用地数量和交易资金。在用地数量上,江苏省在省年度新增用地计划中单列农民建房用地计划,自 2018 年以来在用地指标的分配上重点向苏北地区倾斜。在交易资金上,江苏省自然资源厅充分运用土地指标交易政策,全面推行增减挂钩带空间规模交易和补充耕地指标交易,并平衡好两项指标交易地区和规模。2018年以来,苏北地区通过土地两项指标交易筹集资金 475.32 亿元,其中 2020年交易资金为 152.24 亿元。

涟水县积极实施城乡增减挂钩等农村土地综合整治,进一步完善了增减挂钩节余指标流转办法。该项目的实施,不仅优化了城乡建设用地布局、缓解了耕地占补平衡压力、改善了农村人居环境,而且节余指标还可通过省级交易平台为全县农房改善建设筹措资金,为项目配套建设提供资金保障。2019 年以来,通过省级平台交易城乡增减挂钩指标 1500亩,争取资金 21.02 亿元。红窑镇夏楼社区结合农房改善项目,开展农村人居环境整治专项行动,搬迁拆除各类房屋 89 户,架设太阳能路灯100 余盏,种植各类绿化苗木近万株,当地群众的居住环境得到了极大改善。

---

① 丁庆龙、叶艳妹:《乡村振兴背景下土地整治转型与全域土地综合整治路径探讨》,《国土资源情报》2020 年第 4 期。

五　讨论

（一）红窑镇农房改善的成效与不足

乡村振兴战略是新时代"三农"工作总抓手的战略部署，对于解决"三农"问题具有重要意义。农房作为广大农民的栖息地，却在苏北长期存在房屋破旧、布局混乱等问题。因此，改善农民群众住房条件成为推动乡村振兴的重要环节。红窑镇农房改善项目从完善配套设施、打造特色社区、优化规划布局三个方面开展工作，成功在产业发展、基层治理、公共服务和盘活闲置资源等方面助力当地的乡村振兴。红窑镇农房改善的经验表明，农房改善项目的成功得益于坚持党的领导、提供多样化选择和因地制宜挖掘资源禀赋。

苏北基础设施不足、公共服务落后，是农民群众反映最强烈的民生问题，也是城乡发展不平衡、农村发展不充分的直观体现。[①] 已建农村社区的配套设施和公共服务还不够完善，建设标准、服务质量也不够高，给农民群众生产生活带来了诸多不便。红窑镇农房改善项目虽取得一定成效，但由于社区尚未全部建立，居民尚未全部搬迁，在农房改善项目后期物业管理和长效管护问题上有待进一步完善。

（二）红窑镇农房改善的后续发展建议

目前，红窑镇农房改善项目在完善配套设施、打造特色社区和优化规划布局上均成效显著，但在后期物业管理、长效管护及社区管理上仍有提升的空间。

---

① 沈正平：《高质量推进农房改善　助力美丽乡村建设》，《群众》（决策资讯版）2020 年第18 期。

针对农房改善项目后期物业管理和长效管护问题,红窑镇可依据政策文件,因地制宜开展工作。要继续把同步配套各类设施作为加快农房改善、推进城乡融合发展的一项重要工作落实落细,特别是在集中进行老村改造和新村建设时,要同步建设好交通、通信、广电、给排水、垃圾收集处置等配套设施,同步配置好教育、医疗、文化、体育、商业等公共服务,全面提升农村基础设施和公共服务水平,让农民群众实现从"安身"到"安心"、从"住有所居"到"住有宜居"的质的跃升。

江苏省住房和城乡建设厅《省十三届人大三次会议第 1034 号建议答复——关于加强苏北农房改善集中居住社区物业管理的建议》① 中指出,可加强政策引导、强化财政支持和鼓励基层探索。指导各地在推进农房改善项目建设的同时,将项目物业管理摆上重要位置,探索建立相关工作协调机制,在充分尊重农民意愿的基础上合理选择物业管理模式,落实各方责任,健全物业服务管理长效机制,完善经费保障制度,确保物业服务正常运转。同时,指导各地结合苏北农房改善工作,健全村民自治机制和长效管护机制,广泛动员群众参与生活垃圾清运、农村环境保洁、社区物业管理维护等,推动形成共建共治共享的良好氛围。

在社区管理方面,红窑镇可提前谋划好基层党建、社会治理文章,按照党建品牌化、自治规范化、服务社区化、管理网格化、文化特色化的要求,健全党群服务中心、新时代文明服务站等配套设施,不断强化基层服务能力。

作为淮安市农房改善项目的另一个代表,盱眙县明祖陵村的明陵小区在社区管理方面取得一定成效。明陵小区结合农村人居环境整治,建立"六位一体"长效管护机制,将管护措施、管护责任落实到人,通过绩效挂钩,强化督查考核,彻底解决了以前农村普遍存在的污水横流、垃圾遍地的"脏、乱、差"问题。明陵小区还设立了警民联系点,充分发挥社区老党

---

① 江苏省住房和城乡建设厅网站,2020 年 7 月 15 日,http://jscin. jiangsu. gov. cn/art/2020/7/15/art_ 64301_ 9307409. html。

员、老干部、老同志的作用，加强小区治安管理，着力打造安全、稳定、和谐、幸福的小区。在这些举措下，明陵小区成功提高了居民的幸福指数和安全感，让社区真正成为人们回归幸福的精神家园。

因此，红窑镇还可多向其他区县、乡镇参考借鉴优秀的社区管理办法，求同存异，必要时可选取试点先行。

B.17

案例四
"五方挂钩"助力双游村乡村振兴

翟萍 黎孔清*

摘 要： 在政府、高校科研院所、企业集团等各方的助力下，双游村于短短几年间在产业、生态、民生三方面取得了较大的成就，从"市级经济薄弱村"跃居高淳区漆桥街道的前列。双游村的成功发展表明各方的合作助力将极大推动我国的乡村振兴事业，在农村脱贫致富的道路上扮演着重要角色。当然，双游村的持续高效发展也面临一些新问题，需要社会各方深化交流合作，进一步完善发展机制。

关键词： 村集体经济 产业升级 双游村

高淳区漆桥街道双游村：多样"造血"实现精准脱贫

慢城入口，游子山下，高淳区双游村静谧而秀美。登山俯瞰，整个双游村全部铺上了水泥道路，蜿蜒而充满着特殊的情调；水泥道路边上整齐的农家庭院，如同一条洁白的丝带，点缀于双游村之中。宛如《桃花源记》里面所描述的"屋舍俨然、阡陌交通"。在这阡陌交通中，充盈着独属于村民的田园幸福。

---

* 翟萍，南京农业大学经济管理学院农林经济管理专业本科生；黎孔清，南京农业大学人文与社会发展学院副教授，主要研究方向为资源管理与农户行为。

过去,双游村是出了名的经济薄弱村,"村集体收入一年只有二三十万元,承担村级日常开支都很勉强,更别说帮扶村民了"。村支书诸新良介绍,随着2016年国家深入推进精准扶贫政策,2017年底,村集体经济稳定性收入超过100万元,双游村成功"摘帽"。一年后,全村128户低收入农户年人均可支配收入超过9000元,双游村全面"脱贫"。

41岁的马礼福2011年遭遇车祸,随后妻子与他离婚,很长一段时间内,家里日子都过得很苦。记者刚进他家门,马礼福就指着一台崭新的32英寸液晶电视说,"今年终于可以看到春晚,过个好年了!"这台新电视是1月份区里看望贫困户的慰问物资,一同送去的还有电饭煲等物品和慰问金。马礼福说,家里原来的电视机还是2003年结婚时买的,坏了后一直没修,他和女儿已经很久没看过春晚了。"去年村里帮我安排了卫生院保安的工作,月收入有2000多元,眼看着日子越来越好,感谢村里对我的帮扶。"

在双游村,对于有劳动能力的贫困户,通过"扶持就业、鼓励创业、帮助入股"三个靶向进行帮扶,对于无劳动能力的进行"兜底保障","目前市级低保达到860元/月,全面超过了脱贫标准"。诸新良说,2018年,全村最后11个贫困户已经全部脱贫。

村民们满满的幸福感,还得益于村集体经济不断壮大带来的"红利"。

"村里每一个扶贫项目都是可持续的,全面激活了'造血'功能。"诸新良介绍,近年来,利用市委、市政府的扶持资金,高淳区统一在开发区建设厂房后出租,给每一个经济薄弱村的保底分红是每年10%,2018年双游村分红28万元;借助对口单位南京新工投资集团的帮扶,建设水稻基地750亩、草莓大棚50亩,安排村民就近就业,2018年共发放工资60多万元,同时年底对贫困户还有分红;成立电子商务公司,专门销售当地特色农产品,收购贫困户的农产品并给予保障性价格,2018年农产品销售额达120万元,利润15万元。

一家 4 口人中 3 个残疾的马善木，把自家养的鸡蛋卖给电子商务公司，再加上村里给两个儿子安排的工作，全家成功脱贫；20 户贫困户在草莓大棚打工，月收入均超过 2000 元，各家的生活都蒸蒸日上……大家纷纷表示："我们现在既有收入，还能兼顾照料家人，感谢村里为我们想的这么周到。"

2018 年，双游村又发展了新项目，利用村集体经济购买的门面房入股，与南京医药合作，在漆桥镇上开设了一家当地规模最大的药店，不仅供给药物，还承担起小"医疗站"的功能。这家药店不仅能给全村带来一定的收入，还方便了村民生活，可谓一举两得。近年来，随着双游村"家底"的不断壮大，村里的基础建设、便民设施、文化生活场地都在不断完善，乡村面貌焕然一新，这也促使越来越多外出打工的村民回乡创业，为贫困户提供了更多的就业机会。

"3 年脱贫攻坚，我们立足于激发更多的'造血'功能，村集体经济这个'大家庭'发展好了，必然会带动每一个'小家庭'的日子更加红火。"诸新良表示，双游村还会沿着这条路走下去，为村民提升更多实实在在的幸福感。

摘自：《南京日报》

双游村位于高淳区漆桥街道东部、国际慢城走廊入口处，与游子山国家森林公园相邻，有双望路、老桠路穿过，交通便利，生态环境优美。双游村下辖 8 个自然村，11 个村民小组，共 1132 户 3469 人，现有党员 101 人；地域面积 8.8 平方公里，耕地面积 3281 亩，山林 850 亩。

过去，双游村是典型的经济薄弱村。2015 年，双游村村集体经营性收入仅 53 万元，建档立卡低收入农户达 128 户 219 人，于 2016 年被确定为市级经济薄弱村。在国家精准扶贫政策的深入推进下，该村 2017 年的村集体经济稳定性收入达到 100 万元，成功"摘帽"；2018 年，全村 128 户低收入农户人均可支配收入超过 9000 元，实现"脱贫"。

短短几年间，双游村的容貌焕然一新，发展实现巨大突破。在脱贫攻坚战中，双游村多措并举，从一个市级经济薄弱村逐渐蜕变，到如今不仅实现脱贫目标，而且村集体收入和村集体经营性收入均在漆桥街道名列前茅。产业为基，打造生态农业、物业经济、电子商务；生态为先，全面改善村庄环境，补足基础设施短板，实现美丽乡村全覆盖；民生为本，落实政策保兜底，坚持扶智扶志相结合，持续提升扶贫成效。2019 年，双游村实现村集体经营性收入 126.2 万元，村集体稳定性收入 219.8 万元，人均可支配收入 2.88 万元；2020 年实现村集体经营性收入 204.2 万元，集体经营性净资产 6000 万元以上，农民人均可支配收入达到 3.18 万元。

一 过去双游村面临的发展问题

虽然双游村在土地资源、山林资源和水面资源等方面都具有一定的优势，但长年来双游村的发展都面临较大的困难，其在发展的过程中主要存在以下几个问题。

（一）缺乏相应政策的支持落实

双游村常年经济基础较为薄弱，经济发展的动力不足。在 2016 年被确定为市级经济薄弱村之前，虽然也存在相应的帮扶政策，但仍不够完善，且缺乏因地制宜的合理性与灵活性。

同时，双游村薄弱的经济基础、匮乏的基础设施和保守的小农思想未能为基层农村集体经济的发展创造有利的政策实施环境，导致部分政府相关政策举措难以落实，变得形式化，严重阻碍了双游村的产业升级与经济发展。此外，上述问题也对农村集体经济贷款和税收产生了不利影响，除保证基础开支运转的资金之外，过去的双游村几乎没有可以用于集体经济发展建设方面的资金。

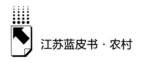

（二）农户思想守旧，分散经营

在新时代背景下，大部分基层的农户难以跟上社会经济的发展步伐，缺乏对经济发展规律的合理认知。双游村的农户普遍停留于分散的小户经营，缺乏统一的组织与规划。村民以各自家庭为单位，进行分散的个体决策，难以形成规模经济、取得规模效益。此外，分散的个体经营也造成双游村缺乏统一明晰的主导农产品，不利于双游村打造特色产品并形成品牌效应。

村民的保守思想使他们难以接受新兴概念，满足于过去形成的生产与生活方式，不符合现代经济发展的规律。

（三）农村干部年龄较大，缺乏创新精神

农村老龄化问题是阻碍我国农村发展的一个重要因素。随着经济社会的发展与城镇化进程加快，农村的大量年轻劳动力涌入城市，导致农村老龄化问题日益突出，农业生产效率大大降低。

在农村基层，许多农村干部与农民的综合文化素质都较低，对发展基层农村集体经济的意识较为薄弱，缺乏处理工作与解决问题的能力，不能采用创新的思维解决较难攻克的发展问题。部分村干部对农村集体经济的发展严重缺乏信心，观念陈旧保守，安于现状，视野格局狭小，没有创新与突破的精神，难以达到新时代基层农村集体经济的发展要求。

（四）农村集体经营收入欠佳，重视不足

由于双游村过去集体经营发展缺乏科学性与正确引导，多年来集体经营的收入欠佳。在发展基层农村集体经济的过程中，双游村仍然仅依靠出租村集体资产的方式来获益，缺乏可以真正实现盈利的长期产业项目，村集体经济的发展模式单一，且收入较低。这背后的原因主要在于双游村集体经济的发展思维与发展举措缺乏切合实际的创新，加之双游村的集体经济发展基础较为薄弱。这种创新精神的缺失，一是由于许多

村民与村干部的自身综合文化素质较差，二是缺乏政府等外界力量的正确引导。

双游村的村集体经济发展长年来较为萎靡，这也反向导致村民与村干部对村集体经济发展丧失信心，逐渐降低对村集体经济发展的重视程度。这种不重视客观上导致了村集体经济进一步萎靡，形成恶性循环。

（五）产业结构单一，农产品滞销

产业结构单一是许多经济薄弱村共同面临的难题，也是许多农村贫困的根源所在。单纯依靠农作物的种植与销售，难以满足村集体经济增长与村民个人生活水平提高的现实需求。过去双游村的发展仅仅依靠农业生产，产业结构单一，缺乏灵活性与抵御风险的能力，难以跟上社会经济快速发展的步伐。

过去双游村的农业生产不仅具有"靠天吃饭"的不稳定性，同时面临销路不畅的难题。销售渠道单一、农作物品质不齐等漏洞导致双游村农产品滞销严重，而农业产业应对风险能力薄弱、市场供需矛盾大、营销策略不合理等问题也阻碍了双游村的脱贫致富。

二 双游村取得的发展成果

近年来，双游村紧抓政府的精准帮扶机遇，通过召开村民大会来了解村民的真实诉求，并根据农户的生产、发展意愿，最终决定打造草莓、早园竹、药用蔬菜、高品质水稻和螃蟹养殖5个项目；同时建立了1个电子商务销售平台，初步形成"5+1"的发展模式，实现区域内种植、加工、销售一体化的发展格局，并依托"水美乡村"、游子山风景区的自然风光优势，逐步发展新型乡村旅游经济。在各方的助力下，双游村的村集体经济产业取得了长足的发展，并分别于2019年与2020年获得了"省级农村电子商务示范村"和"一村一品一店"示范村的荣誉称号。

（一）产业为基，大力发展强村经济

1. 生态农业

发展早园竹350亩，打造优质稻米基地650亩，投入750万元新建温室大棚8000平方米及连栋框架大棚3000平方米，注册成立营运南京绿竹园农业科技发展有限公司。同时，与九月花公司合作开发九月花月季园项目，充分利用双游村位于国际慢城的优势地理位置，吸引游客，以此来发展观光农业。

2020年5月，月季花田进入试营业阶段，前来参观的游客可凭参观券领取两盆香水月季，反响热烈。目前九月花公司主要经营项目是月季花的培育、高档月季嫁接和旅游观赏，后期将开拓二产，如香水、月季纯露、香皂及玫瑰皂等。九月花公司致力于用旅游撬动村级农业的产业融合发展，探索村集体经济可持续增长新途径，带动周边百姓脱贫致富。

2. 物业经济

投资近1500万元，购置总面积达1700平方米的门面房4处，投资近1000万元入股建设标准厂房，积极进行物业租金和经营管理。物业经济的发展打破了双游村集体经济薄弱的困境，成为双游村脱贫致富的有效路径。

目前，双游村正致力于打造完整供应链配套设施，如标准化的食品食材分拣、加工、包装车间和300立方米的冷库。未来双游村将实现农产品规范化、高效化的分拣、加工与包装，并整合优化物流快递资源。

3. 电子商务

成立电子商务公司，注册"双游"商标。同时，与南京多家企业合作打造优质农产品供应基地，专门负责销售当地特色农产品，收购贫困户的农产品并给予保障性价格，实现线上线下相结合的销售配送模式。此电子商务公司2018年的销售额达到120万，利润达15万。

同时，双游电子商务公司还引进了专业团队与技术人才，助力双游村电子商务的高效发展。2021年1月，双游电子商务公司即通过京东平台达成了第一批业务，将高淳当地的特色产品销往浙江。该笔业务的销售额达140万元，预计至2021年底，公司将实现2000万元的销售额，而3年后的销售额将增至 5000 万元以上。

4. 合作经营

利用村集体经济购买的门面入股,与新工集团旗下南京医药合作,以租赁和入股的方式合作开设 4 家百信药房连锁店。其中,在漆桥镇上开设的百信药房属于当地规模最大的药店,它不仅供给药物,还承担起小"医疗站"的作用。

这些连锁药店的开张,不仅给村民的日常生活带来了便利,也给村集体带来了一定的收入,可谓一举两得。同时,村里还拿出一部分集体收入补贴给村民买药,一定程度上减轻了村民看病的负担,让村民有获得感和自豪感。

未来双游村计划将药店增设至 10 家以上,形成村企协同发展的经营模式。

5. 产业升级

利用 1700 亩土地打造双游村农业产业园,建立农民创业园、农民培训中心,其中包括电子商务区、农创园艺区、月季花海区、水稻公园等部分,为壮大村集体经济、助推农民创业增收积极搭建优质平台。

目前,电子商务区已经入驻了两家企业,分别为自有的双游电子商务公司和以社区团购为主要销售渠道的南京预鲜购公司,这两家公司预计在 2021 年底的销售额可以突破 3000 万元。同时,农创园艺区也已有一家企业入驻,主要进行花卉展销、苗木培育和果蔬采摘活动。自 2020 年底入驻以来,销售额已达 100 万元左右,预计每年可以为村集体带来约 30 万元的收益。

月季花海区共种植有 260 亩八大系列 50 多个品种的月季。月季花具有花期长、花型美、颜色丰富的特点,除了可以发展观光旅游,还可以进行月季花相关衍生品的研发和销售,打造月季花的全产业链。

水稻公园的种植面积 800 亩左右,种植的主要为南粳 46 和籼优 63 等优质品种,亩产为 950 斤左右,2020 年为村集体带来约 35 万元的收入,为农户增收近 30 万元。

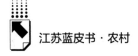

（二）生态为先，全面提升村庄环境

1.补足基础设施短板

安装路灯431展，道路黑色化12.74公里，清淤村庄河塘32个，基本消除了Ⅴ类水体。同时，新改建停车场32处、公厕30所，安装体育健身器材13套。目前，全村污水处理设施共8套，接户率达到95%以上。双游村投入大量资金进行公共基础设施建设，切实提高了村民的生活水平与生活质量。

2.实现美丽乡村全覆盖

作为"省级生态村"荣誉称号的获评者，双游村下辖的8个自然村也全部创成省级或市级美丽乡村，其中南者、马家宕分别创成省、市级"水美乡村"，南者还作为全国环境连片整治现场会的一个参照点，接受了中央5家主流媒体的集体采访。面对南者于美丽乡村创建之后在管护方面出现的问题，村集体积极采取相应措施，对南者进行全方位的提档升级，解决公共基础建设薄弱的问题，并聘用专人进行长效管理。

（三）民生为本，持续提升扶贫成效

1.落实政策保兜底

双游村对符合低保、五保条件的低收入农户，切实进行信息的整理上报，并由漆桥街道统一落实相关政策，确保低收入农户达到基本的生活水平。此外，双游村也采取了一系列灵活的措施为低收入农户增收，如由村里统一安排就业岗位，为其提供增收的途径；村集体时常赠予村民一些基本生活物资，提高村民的幸福感与获得感。

2.扶智扶志相结合

在双游村，对于有劳动能力的贫困户，村里根据"扶持就业、鼓励创业、帮助入股"三个靶向进行帮扶；对于无劳动能力的则进行"兜底保障"，目前市级低保达到860元/月，双游村村民的收入水平全面超过了脱贫标准。具体而言，双游村村集体统一安排了25名低收入农户在村企业务工；落实1.2万元创业资金，支持4名低收入农户创业脱贫。此外，村集体

还统一对接学校确保 7 名学龄人员不失学。

3. 整合资金入股份

利用"扶持就业、鼓励创业、帮助入股"三个靶向资金 29.7 万元，双游村成功帮助 68 名低收入农户入股企业。这些农民平均每年可以获得企业股金分红 4.14 万元，增收途径大大拓宽。

4. 强化监测防返贫

目前，虽然双游村已经实现了全面脱贫，但村集体清晰地认识到这并不是一劳永逸的，而是将其视为一项长期的事业进行奋斗。双游村致力于加强对低水平、易碎型脱贫户的长效帮扶，打造有针对性的长效帮扶机制，防止已脱贫农户因失劳、灾害、生病等因素返贫。

三 双游村成功发展的三点心得

（一）凝聚政府、企业、高校多方力量，打造村级集体经济发展新模式

1. 政府资金支持

2016 年以来，国家深入推进精准扶贫政策，在市委、市政府的资金支持下，高淳区统一在开发区建设厂房用于出租，并在经济薄弱村之间进行分红，2018 年双游村分红收入达 28 万元。同时，在政府的大力支持下，双游村投资 2600 多万元打造农民创业园，为壮大村集体经济、助推农民创业增收搭建优质平台。

2. 高校技术指导

自 2016 年以来，扬州大学园艺与植物保护学院在技术方面与双游村进行充分的交流与合作，为双游村的产业布局与发展提供可行建议，指导村民种植南粳 46 和籼优 63 等优质水稻品种，打造优质水稻生产基地。

3. 企业联合发展

2018 年，双游村与南京新工集团旗下的南京医药集团合作，成功在漆桥街道开设了百信药房，将经营收入在村民之间进行分红。同时，通

过与南京预鲜购公司合作，双游村解决了农产品的销路问题，带动了周边农产品的销售，2021年第一季度就实现了近500万元的营业额。

（二）大力发展现代农业，提高农产品附加值，激发集体经济发展新动力

1．选种优质水稻

在南京花山现代园艺有限公司和扬州大学园艺与植物保护学院等单位的技术指导下，双游村自2016年以来连续多年选种优质水稻，打造优质水稻生产基地，平均每年为村集体增收30余万元。

2．发展精品农业

双游村先后建成早园竹基地3处，面积达350亩。2020年该基地已开始进入收益期，带动村民增收10万元。此外，双游村正在打造草莓基地、月季基地等多种特色生产基地，将为村集体带来更多收益。

3．建设玻璃温室大棚

双游村自2019年开始便建设玻璃温室大棚8160平方米，利用流转的土地入股九月花月季园项目，吸引三家农业大户在双游村进行投资，开展贝贝南瓜、月季花、采摘园等高价值、高附加值的农业种植，发展观光农业，为双游村发展"花"的全产业链经济奠定基础。

（三）思路要活，尝试多种发展方式，探索村集体经济发展新途径

1．发展物业经济

近年来，双游村大力发展物业经济，投资近1600万元，在高淳区主城和双牌石集镇共购置了4处门面房，面积达1700多平方米。让物业经济普惠经济薄弱村，是村集体带领村民脱贫致富的有效途径。此外，双游村积极参与标准厂房建设，同时抓住区、街道统筹村集体增收的机遇，投资400万元参与经济开发区的标准厂房建设，投资560万元参与街道的标准厂房建设。物业经济的发展为村集体产业资产的保值增值和村集体增收提供了稳定保障，2020年村集体的物业收入达到99万元。

2. 发展电商经济

双游村于 2017 年初成立了双游电子商务有限公司，成功注册了"双游"牌商标，打造村自有农副产品品牌，每年为村集体增收不少于 10 万元；同时，双游村还引进了南京预鲜购公司，两家公司在 2021 年第一季度合力完成了近 500 万元的营业额，成功创建了省级农村电子商务示范村。

3. 探索连锁经营发展模式

2018 年，双游村主动对接挂钩帮扶单位南京新工集团，与其旗下的南京医药集团合作，入股开设连锁药店——百信药房。药企租用村集体门面房经营，村集体有了稳定房产收入的同时，也开创了村集体资本融入国有资本协同发展的有益尝试。

四 双游村发展的原因与动力

短短几年间，双游村取得的成就有目共睹。从市级经济薄弱村，到如今村集体收入和村集体经营性收入均处于漆桥街道前列，这一巨大的突破得益于江苏省推行的"五方挂钩"帮扶机制。

为充分调动社会各方力量参与扶贫开发工作，江苏省创造性地推出"五方挂钩"帮扶机制。所谓"五方挂钩"，就是在保证省级财政主体投入的基础上，组织省级机关部门、苏南发达市县、部省属企业集团、高校科研院所与苏北经济薄弱县挂钩帮扶，落实省规划确定的目标任务和措施，不脱贫不脱钩。目前参与单位共 246 个，其中省直部门 91 个、苏南市县 28 个、省属企业 73 个、高校院所 54 个。同时，引导苏南 100 个新农村建设示范村、先进村与苏北经济薄弱村结对帮扶。

双游村脱贫致富的成功密码与"五方挂钩"机制有异曲同工之妙，通过汇聚各方力量，双游村经济实现了质的飞跃。

（一）政府部门

长期以来，我国政府部门始终在脱贫攻坚战中发挥着中流砥柱的作用，

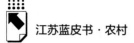

占据核心地位。自 2016 年起，国家深入推进精准扶贫政策，双游村紧紧抓住这一机会，借此来摆脱贫困的村貌，发展村集体经济。近年来，利用市委、市政府的扶持资金，高淳区统一在开发区建设厂房后出租，给每一个经济薄弱村的保底分红为每年 10%，2018 年双游村分红 28 万元。

双游村在近几年取得的成就与国家政府部门的相关政策扶持紧密相连。利用政府提供的大量资金，结合村上的具体情况，双游村购置了一系列厂房和门面房，建造了相关的基础设施和发展基地，找寻到一条符合自身实际的发展道路，带领村民走上了脱贫致富之路。

针对"五方挂钩"发展战略的执行，省委、省政府明确要求省直单位每年投入不少于 20 万元的资金支持。资金是帮助经济薄弱村摆脱贫困的重要基础，而财政作为一项以优化资源配置、公平分配及经济稳定和发展为目标的政府行为，是农村脱贫致富的关键所在。只有在保证财政投入切实到位的基础上，高校科研院所、企业集团等不同主体才能更好地发挥自身应有的作用。

（二）高校、科研院所

自 2016 年以来，双游村便持续加强与相关高校、科研院所的交流与合作。在扬州大学园艺与植物保护学院的理论技术指导下，双游村先后进行了早园竹、水稻、草莓的种植与培育，建立了生态农业产业园。

目前，双游村的种植项目开展顺利，进展较快，其中早园竹基地已建成 3 处，面积达 350 亩，2020 年该基地已开始进入收益期，带动村民增收 10 万元；水稻公园种植面积 800 亩左右，主要种植南粳 46 和籼优 63 等优质品种，亩产为 950 斤左右，2020 年为村集体带来 35 万元的收入，为农户增收近 30 万元。

近年来，作为脱贫攻坚主战场上的一支重要力量，众多高校、科研院所充分发挥学科、专业、人才、文化等优势，深度参与其中，为摆脱贫困贡献了有目共睹的力量和智慧，有效弥补农户在专业知识方面的不足，改善农民"靠天吃饭"的困境。根据双游村的气候条件、地理位置、市场需求与农民的实际种植偏好，扬州大学园艺与植物保护学院因地制宜为双游村制定了独一无二的种植发展计划。事实证明，早园竹、优质水稻等种植品种符合双游村发展的实际趋势，未来将会为村集体与各农户带来更大的收益，具有光明的前景。

（三）企业集团

自 2016 年以来，双游村不仅加强了与高校、科研院所的相关合作交流，也重视谋求与企业集团进行联合发展。双游村与南京花山现代园艺有限公司联合，注册成立了公司与"双游"商标。该公司的创立为双游村带来了众多新的工作岗位，有效缓解了村民就业困难的问题，每年为村集体增收 10 万元左右。

2018 年，双游村又与新的企业合作开发了新项目，利用村集体经济购买的门面房入股，与新工投资集团下属的南京医药公司合作，在漆桥街道上开设了一家当地规模最大的药店——百信药房。这家药店不仅能给全村带来一定的收入，还方便了村民生活，可谓一举两得。截至 2020 年，双游村一共开办了 3 家百信药房，这几家药房一年可以为村集体增收 30 万元左右。

此外，双游村还购置门面房开设了惠民超市，并聘请职业经理人经营管理，每年可为村集体增收约 15 万元。

随着我国社会主义市场经济的发展，各企业集团在乡村振兴的伟大事业中扮演着越来越重要的角色，承担的社会责任也愈加重大。产业发展是我国农村脱贫攻坚的"定心丸"，只有转变发展思路，变救助式扶贫为开发式扶贫，农村才能摆脱贫困落后的面貌，真正走上可持续发展的致富道路。企业集团需要有效发挥自身在"产业造血"方面的独特优势，与当地特色资源结合起来，与"三农"结合起来，对口帮扶。在此过程中，企业集团的主要作用并不仅仅是提供资金，而是利用自身在我国经济市场中发展立足的宝贵经验，来指导农村进行相应的产业打造与产业发展，帮助农村在我国的经济市场中谋求一席之地，具备生存与盈利的能力。

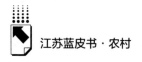

五　双游村发展困境与措施建议

在政府机关、高校科研院所、企业集团等各方的帮助下，双游村在短短的几年间取得了卓越的成就，经济发展实现了较大突破。然而高速发展至今，双游村的脱贫致富之路也出现了一些新问题。

一是知名度不高，阻碍了双游村农产品销量的进一步提高。虽然近几年双游村注册了"双游"商标，大力发展电商平台，但双游村农产品本身的知名度不高，导致购买双游村农产品的忠实消费者不多。销售渠道的拓宽增加了双游村农产品的销量，但这种增幅终究是有限的。只有提升农产品的品质，提高其知名度，形成品牌效益，才能为双游村农产品带来持久的生命力。针对这一情况，双游村可以通过加大在抖音、微博等新兴媒体的宣传力度来积攒人气，通过与相关知名品牌进行联名合作来提高农产品的知名度。

二是产品的附加值仍然较低，产业融合水平有待提高。苗木培育、花卉展销等一系列生产经营活动虽然在客观上提高了双游村作物的附加值，增加了产品的销售量，但这些产品的可复制性较强，缺乏自身特色，在市场上的竞争性不是很强。同时，双游村虽然具有紧邻国际慢城与游子山风景区的地理优势，但双游村自身的旅游业基础薄弱，缺乏经验，且村中有关旅游业发展的配套基础设施严重匮乏、餐饮住宿条件较差，导致双游村产业融合的水平不高。双游村可以通过聘请专业人才进行产品研发与设计，加强与高校农村发展与市场营销相关专业人才的交流来提高现有产品的附加值；投入资金推动旅游业的基础设施建设，鼓励村民开办民宿、农家乐等提供特色旅游服务，进一步探索新时代背景下双游村继续保持高速增长的成功密码。

B.18

案例五
徐州丰县：打造全国数字乡村示范县

刘云婷　韩正彪*

摘　要： 数字乡村是乡村振兴的战略方向，也是建设数字中国的重要内容。近年来，丰县致力于实现由传统农业大县向现代农业强县转变，积极探索出一条具有丰县特色的数字乡村"11358"发展路径，即1个发展目标、1套工作机制、3个发展方向、5大产业集群和8大平台建设。实践证明，丰县"11358"数字乡村建设路径，完全符合现代农业发展要求，完全契合乡村振兴发展方向，是一次自上而下的改革创新，更是一次自下而上的实践探索。

关键词： 数字乡村　数据赋能　徐州丰县

江苏徐州丰县：数字赋能　打造乡村振兴"丰县模式"

近年来，江苏丰县抢抓数字经济发展机遇，进一步解放和发展数字化生产力，推动"数字新动能"向农村延展，积极探索具有丰县特色的数字乡村建设路径，取得了明显成效。

抢占数字乡村建设制高点。近年来，在深入推进乡村振兴战略中，

---

* 刘云婷，南京农业大学信息管理学院硕士研究生，主要研究方向为农民信息行为；韩正彪，南京农业大学信息管理学院副教授，主要研究方向为农民信息行为。

丰县大力培育新型农业经营主体，持续做大做强"果菌菜牧木"五大特色产业集群，为建设数字乡村打下了坚实的产业基础。为实现从传统农业大县向现代农业强县转变，丰县坚持抓数字赋能、产业富农，全面贯彻中央一号文件关于"数字乡村试点"精神，以工业化思维谋划农业发展，将数字乡村建设纳入丰县"十四五"发展规划编制内容，确立了抢占全国数字乡村建设制高点的发展目标。

打造数字乡村"八大平台"。为确保数字乡村建设高质量发展，丰县瞄准生产经营精准化、管理服务智能化、乡村治理数字化的"三化"发展方向，精准发力，以大数据赋能乡村振兴战略，着力打造数字乡村"八大平台"，分别为农业大数据归集共享平台、数字农牧场管理平台、农产品安全溯源监测平台、城乡人居环境智能监测平台、农村电商培育平台、数字农业农村服务平台、乡村数字治理平台、智慧党建平台。

数字乡村是乡村振兴的必由之路。目前，丰县已采集涉农数据信息五大类79项，建立了智慧农场可视化联动管控系统、农产品价格监测预警系统、农业大数据分析研判系统、新型村务治理系统等16套农业农村数据系统。根据丰县数字乡村建设规划，丰县还将继续践行数字乡村发展路径，推动农业高质量发展，全面创建"互联网＋"农产品出村进城工程全国试点县、全国数字乡村试点县。

摘自：中国徐州网

2019年5月，中共中央办公厅、国务院办公厅联合印发了《数字乡村发展战略纲要》，并发出通知，要求各地区各部门结合实际情况，予以认真落实。该纲要的贯彻实施，立足于我国农村信息基础设施加快建设的背景下，在现代农业加快推进线上线下融合、农村信息服务体系加快完善的同时，也存在顶层设计缺失、资源统筹不足、基础设施薄弱、区域差异明显等问题。在这样的新时代国情农情下，将数字乡村建设作为数字中国建设的主要内容与乡村振兴的关键战略方向，有利于进一步发掘信息化在乡村振兴中的巨大潜力，促进农业全面升级、农村全面进步、农民全面发展，开启城乡融合和现代化建设新局面。

丰县位于江苏省西北部、苏鲁豫皖四省七县（区）接壤地区、淮海经济区中心地带，是江苏省的传统农业大县，自古有"丰沛收，养九州；丰沛不收，还养亳州"的美誉。丰县总面积1450平方公里，总人口121万人，其中农业人口100万人，耕地面积120万亩，粮食复种面积147.8万亩，果树面积45万亩，是享誉中外的"中国苹果之乡"、"牛蒡之乡"和"毛木耳之乡"。目前，丰县作为全国数字乡村试点地区，在各级党委、政府的高度重视和大力支持下，根据国家关于"数字乡村"的部署要求，紧密结合当地实际，坚持以工业化思维谋划农业发展，确立了大力发展农业农村数字经济、构建乡村数字治理体系、推动农业农村高质量发展、抢占全国数字乡村建设制高点的发展思路，[①] 进一步解放和发展数字化生产力，推动"数字新动能"向农村延展，积极探索具有丰县特色的数字乡村建设路径。

一　数字乡村建设的政策背景

2017年10月18日，党的十九大报告提出了实施乡村振兴战略；2018年中央一号文件《中共中央　国务院关于实施乡村振兴战略的意见》首次提出了"数字乡村"这一概念；2018年9月印发的《乡村振兴战略规划（2018年—2022年）》和2019年中央一号文件《中共中央　国务院关于坚持农业农村优先发展做好"三农"工作的若干意见》均提出了实施数字乡村战略；2019年5月印发的《数字乡村发展战略纲要》明确了不同时间段数字乡村的战略目标；2020年中央一号文件《中共中央　国务院关于抓好

---

① 鹿飞：《高质量推进国家数字乡村试点示范》，《群众》2021年第6期。

"三农"领域重点工作确保如期实现全面小康的意见》提出了开展国家数字乡村试点；2020 年 5 月印发的《2020 年数字乡村发展工作要点》明确了数字乡村发展工作目标并部署了重点任务；2020 年 7 月印发的《关于开展国家数字乡村试点工作的通知》提出了开展国家数字乡村试点工作；2021 年中央一号文件《中共中央 国务院关于全面推进乡村振兴加快农业农村现代化的意见》提出了实施数字乡村建设发展工程。由此，在经过二十多年农业农村信息化、近十年智慧城市建设后，我国数字乡村建设打下了良好的基础，并进入了全面推进的新时期。①

二 数字乡村的基本内涵

2019 年中共中央办公厅、国务院办公厅发布的《数字乡村发展战略纲要》简要阐释了数字乡村的概念，即"数字乡村是伴随网络化、信息化和数字化在农业农村经济社会发展中的应用，以及农民现代信息技能的提高而内生的农业农村现代化发展和转型进程，既是乡村振兴的战略方向，也是建设数字中国的重要内容"。也有学者认为，数字乡村是指第四次工业革命的技术成果，如大数据、人工智能、物联网、5G、智慧气候等。现代信息技术在农村各领域各环节广泛而深度的应用，一方面可以促进农业综合生产能力的提升，另一方面也可以提升乡村生活质量，促进农业农村高质量可持续发展。② 由此可知，数字乡村的前提是数字技术和信息技术的快速发展及其在农村生产生活中的广泛应用，数字乡村体现的是农业农村的现代化。

三 丰县数字乡村建设的路径

近年来，为实现从传统农业大县向现代农业强县转变，丰县以全国

---

① 苏红键：《我国数字乡村建设基础、问题与推进思路》，《城市》2019 年第 12 期。
② 李燕：《中国数字乡村的发展模式与实现路径》，《探求》2021 年第 2 期。

数字乡村试点地区建设、"互联网＋"农产品出村进城试点建设为契机，紧扣时代发展脉搏，抢抓数字经济发展机遇，扩大数字技术在乡村各领域的广泛应用，促进乡村产业数字化和数字产业化，推动"数字新动能"向农业农村延展，① 积极探索出了一条具有丰县特色的数字乡村"11358"发展路径、即1个发展目标、1套工作机制、3个发展方向、5大产业集群和8大平台建设。

（一）一个发展目标

以创新引领、数据驱动为核心战略，通过发展数字经济，加快推进现代信息技术与农业农村深度融合，积极探索具有丰县特色的数字乡村建设路径，为全国建设数字乡村、实现农业农村现代化贡献丰县智慧。

（二）一套工作机制

丰县专门成立了数字丰县工作委员会（简称"数工委"），由县委、县政府主要领导担任第一主任和主任，分管领导担任执行主任，相关职能部门为成员，全面领导数字乡村建设工作。同时，各部委办局和镇街均成立数据科（数据办），专门负责数据的归集应用。

（三）三个发展方向

一是生产经营精准化。以数字技术与农业农村经济深度融合为主攻方向，加快发展数字农情，利用航空遥感、地面物联网等手段，实现精准种植、精准施肥、精准饲喂、精准检测等精准化目标。二是管理服务智能化。依托农业农村资源体系，利用大数据分析挖掘和可视化等技术，建立相关知识库、模型库，为市场预警、政策评估、监管执法、资源管理等提供数据支撑，推动管理服务线上线下相结合，提高管理服务效能。三是乡村治理数字化。推动"互联网＋综合治理"向镇村延伸，健全"大数据＋网格化＋铁

---

① 鹿飞：《高质量推进国家数字乡村试点示范》，《群众》2021年第6期。

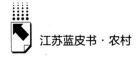

脚板"体系,强化综合网格员力量,逐步实现民情收集、信息发布、议事协商、公共服务等村级事务网上运行,实现精准治理。

(四)五大产业集群

丰县大力培育新型经营主体,形成了"果菌菜牧木"五大特色产业集群,年总产值达 310 亿元,为数字农业发展奠定了坚实的产业基础。一是形成了以苹果、白酥梨为主产品,总种植面积达 45 万亩、年均产量达 66 万吨的果业产业集群;二是形成了毛木耳种植规模全国第一、低温菇种植全省领先,年总产量达 50 万吨的食用菌产业集群;三是形成了以大蒜、洋葱、牛蒡、山药、芦笋为主产品,总种植面积达 65 万亩,年总产量达 200 万吨,产值约 67 亿元的特菜产业集群;四是形成了拥有 70 万头生猪、2.5 万头奶牛、100 万只肉羊、3000 万羽肉鸭,4 个国家级标准化养殖示范场的畜牧产业集群;五是形成了拥有林地面积87.3 万亩,活力木蓄积量 355 万立方米,年产值超百亿元,占据国内实木楼梯 70% 以上市场份额的木业产业集群。

(五)八大平台建设

在深入推进乡村振兴战略中,丰县瞄准生产经营精准化、管理服务智能化、乡村治理数字化的发展方向,打造并优化了数字乡村"八大平台"。

一是打造农业大数据归集共享平台。基于智慧丰县"城市公共信息平台""城市公共基础数据库"和"丰县经济大脑"建设成果,立足丰县农业大县的实际,拓展建设了包含 16 个子系统的农业大数据平台。目前已建成丰县农业大数据门户网站、丰县智慧农业大数据综合分析平台、生猪产业大数据分析平台、丰县农业资源数据概览云图、丰县农业经营主体云图,归集本地涉农数据 3.4 亿条,系统自动生成数据统计报告 3000 多份,汇集本地主导农业产业精品内参 52 篇,实现了系统之间的共享互通,为丰县农业科技创新、产城融合发展提供了科学的数据支持。

二是打造数字农牧场管理平台。采用"互联网+设施农业"模式,以及大数据、物联网、人工智能、GIS 等现代技术,打造数字化农牧场管理平台，努力实现智能采集畜牧和作物生长的大数据，建立本地区畜牧和作物生长模型，为畜牧和作物提供最优管理。与互联网公司合作建成了江苏省第一个林果类合作基地，实现从种、管、收、储、销、物流包装配送等全过程可视可追溯，从农场到餐桌全链闭环，打响了丰县苹果优质优价的口碑；依托江苏汉羊牧业生态科技有限公司湖羊繁殖基地，建成了"一场一码、一畜一标"智慧畜牧养殖场 160 亩，已完成自动称重、环境监测、自动上料等自动化改造。

三是打造农产品安全溯源监测平台。为了推进农产品可溯化，进一步完善农产品质量安全追溯管理信息平台，截至 2020 年 11 月初，已通过审核纳入 138 家溯源企业，建立溯源产品 256 个，创建生产档案 402 个，生成溯源批次 292 批，打印溯源标签 79130 张。在此基础上，正加快推进食用农产品合格证制度，完善农产品质量安全信息化监管，并建立追溯管理与风险预警、应急召回联动机制。

四是打造城乡人居环境智能监测平台。依托数字丰县"城市大脑"，建立了垃圾收运、污水治理、农废处置等全方位、全天候的城乡人居环境智能监测平台。截至 2020 年 11 月初，利用"慧眼守土""技防村三道防线"等1.3 万余个道路视频监控系统，已实现对全县 363 个涉农村居、14 座垃圾中转站、15 座污水处理厂、671 个规模养殖场、525 条河流等在线远程实时监测，有效破解了城乡公共空间治理、秸秆禁烧、疫情防控等领域巡察发现难、取证查处难、长效管理难等问题，正加快建设农药、农膜、医疗废弃物、工业固废等处置监管平台。

五是打造农村电商培育平台。围绕全国"互联网＋"农产品出村进城试点县建设，丰县与阿里巴巴集团开展多领域、全方位深入合作，先后实施农村电子商务千县万村示范县、淘宝镇（村）运营中心、"互联网＋"农产品出村进城示范县、阿里巴巴丰县数字乡村项目、阿里巴巴丰县客户体验中心（CCO）等多个合作项目，构建了"1＋1＋N"市场化运营机制，统筹推动特色农产品生产、加工、仓储、物流、品牌、认证等服务，全面打通农产品线上线下营销通道。已建成丰县数字农业经营促进中心 1105.91 平方米以及丰县电商培训基地 4000 平方米，打造了丰县智慧农业展示区、农业品牌孵化区、农业电商集聚区、无人超市示范区；完成阿里巴巴淘宝镇（村）运营中心打造，服务商家 1200 家，创业创新培训人次 2000 人次以上，组织创业分享沙龙、资源对接会、活动导流 30 场，策划"聚划算汇聚丰县 1127 专场活动" 1 场，同时组织 10 家电商企业参与活动报名，并跟阿里巴巴项目部负责人对接商家店铺和品类统计等事宜；拍摄丰县苹果和牛蒡的公共宣传素材短视频，开展丰县苹果和牛蒡 PR 宣传，以及农人农事收集等活动；同时进行淘宝每日 2~4 小时直播销售丰县大沙河苹果。据统计，全县共有电子商务企业 122 家，个人网商 36200 家，培育出"红高粱""福瑞达""小憨孩"等超亿元的丰县特产旗舰店 8 家，获评"淘宝镇" 1 个、"淘宝村" 3 个；丰县大沙河镇的"淘宝村"电商带头人王森获得中国"淘宝村十大年度人物"荣誉称号。

六是打造数字农业农村服务平台。围绕农业科技服务、农村普惠金融、城乡物流建设、农民就业创业等农业农村公共服务，将"益农社""城乡货运一体化""支付宝普惠金融"三大平台进行整合，打造了立足农业、覆盖农村、服务农民的数字农业农村服务平台。其中，益农社服务站点已实现所有行政村全覆盖，能够及时为农民提供农业气象信息预警、农产品价格监测预警等科技信息服务；城乡货运一体化利用 18 条遍布全县的城乡公交车客运网络，搭建县镇村三级零售网点和物流配送点，打造城乡公交"客货同网，农商共网"新模式，有效降低了物流运营成本，解决了农村物流最后一公里的问题；丰县普惠金融依托支付宝 App，在"城市服务"栏目中，增设"丰县普惠"菜单，丰县农户在申贷授权后，浙江网商银行通过对政府端土地确权、农业补贴等涉农数据调用分析，结合网商银行体系内的大数据，实现对农户的精确识别、精准画像、自动授信，运用"互联网+信用金融科技"模式，对丰县 90 多万农民实施无抵押、无担保贷款，让创业农民共享大数贷红利，实现了与支付宝 App、网商银行的全面合作，可实现农民 3 分钟申请、网商银行 1 分钟审核放款、无人工干预的无抵押、无担保金融贷款服务。截至 2020 年 11 月初，支付宝普惠金融平台为丰县农民授信

22.83 万人，总授信金额 43.92 亿元，累计放款 32.77 亿元，贷款余额为 4.53 亿元。此外，通过金融云图分析，从镇街分布来看，贷款人数最多的为中阳里街道，为 1.33 亿元；从年龄构成来看，贷款人数最多的为"90后"，占总数的 50.11%，其次为"80后"，占总数的 34.87%，这标志着智慧丰县便民服务和产业振兴领域实现了大数据应用的新突破，进一步增强了人民群众对丰县智慧城市建设的认同感和获得感。

七是打造乡村数字治理平台。围绕建设"城乡融合、便民惠民、和谐善治"的县域新型智慧城市，将公安、医疗、政府、城管、交通、环保、应急等 30 余家部门的指挥平台进行整合，统一入驻"数字丰县城市大脑"，集中办公、协同指挥，同时全县 1037 名社会信息网格员实时在线，在全省率先构建了"两级平台、三级研判、即时处置"的新型数字乡村治理平台，实现了基层社会治理高位协调和扁平化指挥。此外，丰县在全省率先获批设立正科级事业单位——丰县社会治理现代化综合指挥中心，统筹推进县域内跨部门、跨层级协调联动及综合指挥工作，并以审批服务综合执法一体化改革为契机，优化整合镇村资源，全面提升乡村数字治理能力水平。

八是打造智慧党建平台。丰县运用互联网、大数据等新一代信息技术，着眼探索"互联网＋党建"工作新路径，积极构建"丰县组工"微信公众号、微博账号、丰县党建网、"智慧丰县"信息平台和远教数字广场"五位一体"的网络多媒体矩阵，聚力打造正能量充沛、社会影响广泛、群众认可度高、使用方便快捷的网络云平台，实现党建信息资源融合共享，促使党的建设多维度全覆盖、党建措施智慧生成的实现，稳步提升新时代党建科学化水平，有效提升了党建工作的高度、效度和温度，从而提升党的执政能力和治理能力。

四　丰县数字乡村取得的成绩

自建设以来，丰县与阿里巴巴集团、中国移动、杭州锋度科技、江苏省广电信息网络股份有限公司等多家企业达成合作协议，并组织参与了"数字丰县建设暨网格化社会治理大会"、"第八届中国淘宝村高峰论坛"、"2020 江苏互联网大会"、"第二届中国县域数字发展高峰论坛暨 2020 县域社会治理现代化论坛"、"丰县新型农业经营主体数字农业培训班"、挂牌"建行大学·裕农学堂"、"2020 年江苏数字经济高峰论坛"等多项活动。

2020 年,丰县共获得 5 项荣誉:一是在 6 月 15 日,以苏北第一、全省第二的好成绩获评江苏省 2019 年"区域大数据开放共享与应用试验区";二是在 9 月 3 日,入选全省"互联网＋"农产品出村进城工程试点县;三是在 9 月,获批国家网信办、农业农村部等国家七部委联合确定的全国数字乡村试点地区;四是在 11 月 2 日,被评为"江苏省数字乡村试点地区(国家试点地区)";五是在 11 月 17 日,被评为"2020 全国县域数字农业农村发展水平评价工作先进县"。2021 年 3 月,江苏丰县被商务部流通发展司和财政部经济建设司列入电子商务进农村综合示范县名单。

五　丰县数字乡村面临的困难

一是信息基础设施仍需完善。信息基础设施建设是数字乡村建设的先行者和"领头雁",应加快信息网络基础设施建设与基础设施数字化转型,完善信息进村入户工程建设,推动农业生产性服务业发展。

二是相关技术人才较为短缺。数字化转型需要与之相匹配的人才体系,应结合乡村人才振兴计划,加大对数字乡村复合人才的培养力度,支持数字乡村创新创业,推动数字乡村持续发展。

三是农民群众数字获得感有待提升。应加快建设数字乡村平台,深化数字惠民服务,加强智慧教育平台应用,完善智慧医疗体系建设,提升智慧交通应用水平,加强风险监测防控。

六　经验启示

第一,实施数字乡村战略是农业高质量发展的必由之路。在信息化与农业农村现代化深度融合的背景下，由农业大县向农业强县转变的关键在于农业绿色化、优质化、特色化、品牌化水平全面提升，而数字乡村战略的实施全过程、全方位、全角度推动农业数字转型，充分利用数字技术解决现实问题，构建协同共生的数字生态，绘就农业强、农村美、农民富的美好图景。

第二，开展数字乡村试点是实现农村跨越式发展的新机遇。在城市化持续深入推进的今天，城乡发展拉开了差距，农村人口流失、设施落后、村落凋敝等，已经成为乡村振兴之路上的多重阻隔。唯有依托数字"下乡"，以创新驱动农业协调发展、绿色发展、开放发展、共享发展，才能缩小城乡数字鸿沟，进一步加快城乡一体化的进程。

第三，建设数字乡村的根本目的是助农惠农便农。一方面建立数字农业经营主体的培养体系，增强农民的信息化素养和数字化技能，积极化解农民数字知识贫困的问题，使其共享数字经济红利。另一方面建立数字化农村公共服务体系，聚焦农民生产生活实际需求，依托信息化推动基本公共服务向农村下沉，协同推进生态环保、医疗教育、交通运输等各领域信息化，让农民成为数字乡村建设的真正受益者。

B.19

案例六
"党建引领＋民主协商"：农村社区
环境治理策略
——以江阴市璜土村为例

周方玲　郑华伟 *

摘　要： 农村社区环境治理是推进我国美丽乡村建设，实现乡村振兴战
略，满足农村地区居民日益增长的美好生活需要的必然举措，
同时事关全面建成美丽中国的宏伟目标。但我国农村社区环境
治理起步晚，底子薄，使得目前农村社区环境治理成为制约我
国经济社会发展的突出短板。本报告以江苏省江阴市璜土村的
环境治理为例，总结了璜土村环境治理的经验，得出农村社区
环境治理的基础在于基层党组织的建设、核心在于村民主体性
的激发、关键在于党建引领和民主协商的有机结合的结论。最
后，从璜土村"党建引领＋民主协商"治理模式存在的不足之
处出发，认为可从加强制度规章建设、推进自然村民主协商议
事和培育村民自治组织等方面入手，进行进一步的优化，从而
通过"党建引领＋民主协商"的治理实践，来探寻化解农村社
区环境治理中村民参与度低的困境解决的策略。

关键词： 党建引领　民主协商　环境治理

---

* 周方玲，南京农业大学人文与社会发展学院研究生；郑华伟，南京农业大学人文与社会发展
学院副教授，主要研究方向为环境社会学、环境治理与农村发展。

一 工业化进程中的璜土村环境治理困境

（一）快速变迁的苏南村庄

璜土村坐落于江阴市西部边陲，位于璜土镇迎宾西路 107 号，北枕长江，西、南与常州无缝相融，占地面积 4.2 平方公里，企业用地 104.75 亩，耕地面积 280 亩，水域面积约 52.36 公顷。从璜土村的发展历程来看，现如今的璜土村是 2002 年由原先的行政村东贯村和璜土村合并而来，下辖 20 个自然村、34 个村民小组、1718 户人家。2020 年第七次全国人口普查数据显示，璜土村现常住人口 9000 多人，其中户籍人口 5089 人，外来人口 4000 多人。

由于璜土村地理位置优越，交通便利，因此璜土村自改革开放以来，便大力发展乡镇工业企业，村内的经济结构也逐渐由以农业种植为主转变为以工业生产为主，经济收入由以农业收入为主转变为以工资性收入为主。但自 2002 年以来，随着国民经济的工业体制改革和农村产业的结构调整，璜土村也开始对乡镇工业企业进行改革，重点发展以商业、房地产、服务业、旅游业等为代表的第三产业，稳守传统的小型工业，逐步减少大型重污染的化工企业，现在的璜土村工业生产以小型工业作坊为主。至 2018 年末，璜土村有工业企业 92 个，当年全村工业企业年产值 5.32 亿元，开票销售 5.28 亿元，入库国家税金 8017.2 万元，利润总额 6857.9 万元，固定资产 0.58 亿元，就业职工 2076 人，年平均工资 3.65 万元。也正因为包括璜土村在内的璜土镇工业生产较为发达，因此璜土村的外来人口较多，甚至一度超过璜土村本地的户籍人口数，如 2018 年，璜土村本村村民有 5500 余人，外来人口却达 7000 余人。

地理位置的优越、市场经济的发达、外来人口的不断增多、村庄传统的经济结构和村民收入来源的改变，都使璜土村处于快速的变迁之中。快速的村庄变迁，一方面改善了璜土村部分村民的生活居住条件，由原本散落的自然村搬入了集中居住小区，村民的生活相比之前更加便利，同时村民间的交往既有"线下"交流，也有"线上"联络；但在另一方面，村民对村庄集体事务的关注度和参与度都相较于人民公社时期有所下降，村民间的"原子化""异质化"特征日益明显，这些变化给璜土村的环境治理带来了诸多挑战。

（二）璜土村曾面临的环境治理困境

璜土村域紧邻璜土镇，位于迎宾大道旁，是江阴市发展的西大门之一。作为镇中心村，璜土村始终紧跟镇政府的决策，较早发展乡镇工业企业。但受多方面因素影响，璜土村在大力发展村镇工业时，并未注意对村庄环境的保护，以致璜土村在 21 世纪初期，一度面临严重的环境污染，如因工业生产导致河水污染，河水污染土地，最终导致农业生产减产、水稻变色。除此之外，村域内部各类小作坊生产也产生了大量固体废弃物垃圾，被随意堆放在村内道路中，这不仅严重影响到村庄的村容村貌，同时也很大程度上污染了村庄环境，对人体的健康也存在极大的危害。在此背景之下，璜土村于 2005 年开始，在现任村书记的带领下进行村庄环境治理。

综合来看，璜土村的环境治理主要存在以下问题。

第一，资金不足。农村环境综合整治是一项系统工程，涉及农村社区建设的方方面面，工程量大、周期长，因此需要大量资金的持续性投入。为解决农村社区环境治理的资金问题，国家出台了以奖代补的配套政策，并设立了专项资金，但在实际的调研中发现，这些资金远远不能满足农村社区进行环境治理的需求。首先，虽然璜土村较早发展工业企业，积累了一定的村集体资金，但总体而言，璜土村内的经济发展水平在全镇处于中等偏下水平，且不享受政府给予贫困村的财政补助；其次，因为多年的城镇化发展，璜土村的土地利用率已经达到饱和状态，村庄内已经没有多余的土地用来进行商业建设和工业开发，因此商业资金后续未能持续增长；再次，璜土村管理的自然村数量较多，范围较大，这就造成了用于村庄基础设施建设的资金耗额巨大，因而最终专门用于环境治理的资金数额较小；最后，受市场经济的低成本—高收益逻辑影响，村镇企业也缺乏参与环境治理的积极性。

第二，村民参与度低。农村社区环境治理的主体本应是农村居民，但是长期以来的政府主导型环境治理模式容易使农村居民对环境治理的主体产生认知偏差，如璜土村的部分村民仍然受惯性思维影响，认为农村社区环境治理就是政府包办的事情，是村委会的事情，与自身没有太大的关系。在调研过程中，部分村民就"如何看待村里的环境治理工作"回答道："这些本来就是村干部的工作，我们平时过好自己的就行了。就像我家门前的这个花坛，都长的野草，村委会还不如把它全都填平了，也好当停车场。"费孝通先生在研究中国的人际关系时，提出了"差序格局"的概念，即人们之间的交往是以己为中心，根据亲疏关系远近而愈推愈远。与此相类似，日本学者鸟越皓之在研究人们参与环境治理的积极性时指出，作为社会属性的人，他们对周围环境的关注度有一个物理距离，以居民自己的房间为中心，向外扩展，越往外，人们对环境的关注度越低。当然，除以上原因外，村民参与环境治理的积极性较低，可能也会在不同程度上受到个人的文化程度、政治身份和经济水平以及村民对村庄整体认同感和归属感弱化的影响。

第三，专业人才缺乏。人才缺乏是目前我国大多数农村社区面临的共同问题，璜土村环境治理过程中出现的人才缺乏问题主要表现在以下几方面。首先，缺乏村庄环境综合提升美化的艺术人才。保洁人员仅仅可以做到村庄日常生活垃圾清理，让村庄看起来干净。在村庄房屋整体建设和美观方面，还是需要更加专业的设计人才。其次，缺乏掌握企业生产安全质量指标的专业人才。化工企业是造成璜土村环境污染的最大源头之一，镇政府虽然赋予了璜土村更多的企业生产安全监管权力，但由于缺乏相应的专业知识，璜土村村民和村干部即使拥有监督的权力，也没有能够判断化工企业是否存在污染相关的能力。最后，缺乏环境治理的专业管理人才，例如垃圾治理方面，璜土村只有简单的垃圾清运人员，垃圾回收与处理则依靠镇级清运，缺少对

垃圾分类的有效回收利用机制，也没有相应的奖励机制，这就使璜土村的垃圾治理停留在简单的垃圾清理层面，不能有效调动村民参与垃圾治理的积极性。

二　璜土村环境治理实践

2005 年以来，璜土村在探索环境治理的过程中，为解决上述问题，逐渐形成了"党建引领＋民主协商"的环境治理模式，主要包括以下四方面内容。

（一）加强领导队伍建设

为引导村民积极参与村庄公共事务，形成典型示范，璜土村一是从党组织入手，于 2007 年制定了《璜土村党员干部廉政建设八条铁律》，要求"村干部一律不参加企业、村民宴请"，"村干部一律不得接受单位和个人的礼金和礼物"，"处理任何事不能谩骂伤害村民"，以此来规范村干部的个人行为，从根源上防止村干部贪污腐败，村民也可以随时监督村干部的行为；二是于 2008 年设立环境卫生长效管理办公室，配备 3 名专职人员，制定《璜土村环境卫生长效管理办法》，并组建由书记任组长、副主任为副组长的"璜土村环境卫生长效管理领导小组"，下设"长效办"，由党支部委员任办公室主任，具体负责长效办日常工作；三是加强党员思想教育，要求"党员亮身份"，实行"党员一句话"承诺，丰富党员实践活动，不断增强党员的身份责任感，带头参与村庄公共事务，保护村庄环境；四是打造党建文化长廊，按片区建设党员驿站，保证党员驿站覆盖全部自然村，以网格化形式划分党员中心户，并由党员中心户组织消化处理本小组内的问题，协助完成召集区域党员、宣传政策法规、收集民情民意、调解矛盾纠纷、维护环境卫生等工作；五是充分发掘乡村精英，鼓励村内退休的村组干部、乡村教师等具备良好个人品德的村民组建志愿者队伍，划归村党支部管理。

（二）创建村民共建共享机制

为解决环境治理资金不足的问题，璜土村一方面通过开发房地产、承接镇政府部分管理工作，广泛"开源"，另一方面将村内大小项目承包给本村村民，以期实现"节流"。相较于大多数村庄将村内项目承包第三方的方式，璜土村在进行环境治理时，更多是由村委会作为承包人，承接并设计村内的大小项目，然后再聘请本村的村民施工。这一工作方法也被璜土村总结为"省钱模式"，因为这一方法能够帮助村委会节省聘请第三方的设计费用和人工成本，如按照 2020 年的江阴市劳动市场价格，聘请一位工人的价格是 200 元/天，但由村委聘请本村村民的价格是大工 180 元/天、小工 150 元/天。又因为村委对劳动力的聘请标准没有市场要求严格，因此大多数本村村民都十分愿意承包村里的工程，这些村民又以男性为主，年纪大多为五六十岁，有些村民的年龄甚至在七十岁左右。

具体来说，璜土村的村民共建共享机制主要包括以下流程：首先由村民根据自身实际需求，提出相应的惠民工程，然后由村委会召开论证会，讨论决定是否可以开展；其次，召开现场会，由村民讨论总体要求，以及项目实施的具体方案、资金筹集方式、土地占用赔偿和各个自然村开展的先后顺序，一般资金筹集方式为村民出资 1/3，剩下的 2/3 由村委解决，施工顺序也以村民自愿筹项目所需款项的数额大小先后展开；然后，由村委负责将村民捐助款项进行公示，同时招聘村民施工，确定施工负责人，由村干部和村民共同对施工进度和使用资金进行监督；最后，当工程完成后，由村委会和村民代表共同进行验收，并由自愿出资的村民共同对所赞助的项目成果进行管理与维护。

（三）党建引领民主协商

在形成了完备的党组织体系和健全的村民共享机制后，为引领村民共同参与村庄公共事务，璜土村以文化大礼堂、党员驿站、文化广场为宣传阵地，号召党员干部学习国家政策，联系村庄实际，关注村民需求，主动为村民提供帮助。在社区环境治理中，璜土村党建引领的具体做法主要有以下几点：一是按时举办党组织生活学习会，将环境治理的政策宣传作为党组织生活会的常规内容之一，加深党员干部对环境治理工作的重视程度；二是由党员干部牵头，主动开展村庄环境整治志愿行动，用实际行动向村民宣传环保知识，并号召热心村民参与；三是以党员驿站为核心宣传基地，由各片区负责人根据村民意见及时召开村民小组会议，集中听取、反映最为强烈的生活需求，做好会议记录总结，向村委会报备，争取资源；四是利用党组织特性，广泛吸纳入党积极分子，由入党积极分子带头开展村庄环境整治工作；五是设立党员中心户，将党员干部深嵌在群众之中，方便党员干部与群众的密切交流，村民有任何困难与意见都可以随时向党员中心户反映。

（四）促进民主协商

为调动村民参与环境治理的积极性，发挥村民的主体性，璜土村不断完善村民自治体系，制定了民主协商议事会。该协商议事会由五个网格协商小组、五个党员驿站协商议事小组、百姓协商议事会、乡贤智囊团、老舅妈和事佬以及结缘茶话会组成，遵循的精神是广开言路、广泛团结、肝胆相照、共图发展，协商的内容主要是村级公共事务和村庄发展决策，目的是争取通过民主协商议事会，统一村民思想，做到"三个一"，即"心往一处想、智往一起聚、劲往一处使"，方法主要有四种，分别是会议协商、咨询协商、对话协商和网络协商。协商议事规则包含四个方面内容，一是征集意见不带偏见，广开言路博采众长；二是充分辩论不能随和，疑难问题多方协商；三是集思广益汇聚力量，提审议决遵照程序；四是表决议案服从多数，牢记宗旨为民至上。

民主协商议事会召开的流程一般分为两种：第一种是由村委会发起的自上而下的民主协商议事会，即村委会根据上级政府指示或是根据村庄发展需求，在广泛宣传后，召开民主协商议事会，让利益相关者共聚一堂，各抒己见，共同商讨村庄发展规划；第二种是由村民发起的民主协商议事会，即村民可以根据发展的实际需要，向村委会提出意见、建议和需求，然后再由村委会主持召开民主协商议事会。目前，璜土村已通过民主协商议事会开展了多项环境治理项目。

（五）多举措长效维护

为保障农村社区环境治理成效，璜土村首先对长效管理队伍进行了进一步划分，将长效管理队伍分为八支专业队伍和专人负责制，具体为：有一支专业保洁队伍负责 20 个自然村的日常保洁工作；有专业绿化队伍负责全村绿化的维护；有专业路灯维修队伍负责全村的路灯检修；有专业河道清洁员负责全村家河的卫生保洁；有专业厕所保洁员负责全村公共厕所的保洁工作；有专业垃圾桶保洁员负责全村垃圾桶的保洁及定期鼠药投放；有道路清扫车驾驶员驾驶清扫车负责全村道路的清扫；有专业机动突击队负责全村新出现乱堆放的处理及全村道路、公共设施等的维护；除专业机动突击队需要专业技术人员，由聘请的社会团队负责外，其余七支队伍的组成人员均由村里直接招聘，工资亦由村里直接支付。

再者是通过利用本村的特色生态环境，打造文化阵地，营造生态文化空间。文化阵地所需资金筹集方式均是"村民自筹＋村委支付"，由村民施工，结合原有的生态林和自然村空间布局而设计的文化广场。目前，璜土村依靠生态环境建成的文化阵地主要包括大后村的清廉文化园，钱家头的教子文化林、家教文化广场，生态公园的尚德文化步道，周家头的孝文化公园，胡家头和王家头的葡萄文化风情小村，以及贯穿周家头、华家头、南湖西的法治文化路。这些文化广场不仅充分结合了璜土村本土的自然生态环境和人文环境，为村民提供了休闲娱乐场所，也在潜移默化中提高了村民的综合文化素养，教育村民爱护环境。

最后是筑巢引凤，吸引优秀人才。为吸引人才，依靠村庄环境治理成效，发展乡村旅游，璜土村通过免费为优秀人才提供工作和居住场所，换取人才的留驻。如胡子小镇旅游项目便是璜土村通过吸引优秀人才而得以成功申报，胡子小镇艺术设计团队不仅每年负责为璜土村进行旅游项目的规划设计，还负责美化村容村貌，在村委会提供工具原料的前提下，为各自然村免费绘制充满美丽乡村前景的墙画；胡子小镇旅游公司则负责璜土村的旅游宣传、本土小吃街的开发和外来游客的招待。依托胡子小镇旅游项目，璜土村还吸引了南京设计院的加盟。

三　璜土村环境治理的成效及启示

近年来，依托于农村社区环境治理成效，璜土村先后获得了包括全国文明村、全国特色村、全国美丽乡村建设示范村、全国村庄整治示范村、江苏省卫生村、江苏省人居环境范例奖、江苏省森林村、省级生态村、江苏省美丽家园、江苏省特色田园乡村、无锡市美丽乡村、无锡市森林村等诸多荣誉称号。璜土村环境治理的模式主要是基于自身在探索破解环境治理困境、实现村庄发展转型、调动村民参与环境治理积极性、重塑村庄共同体的过程中逐渐形成的。虽然这一模式没有确切的形成时间，但其实际的运作模式发挥了村民主体性的积极效果，将基层党组织建设与村民自治进行了有效结合，不仅在农村社区环境治理方面取得了突出成效，也在丰富农村社区治理经验方面提供了典型案例。

（一）璜土村环境治理的成效

第一，夯实了基层党组织建设。璜土村的环境治理一直在村党支部的领导下进行，为密切党员干部与群众的联系，提升党员干部的工作能力，璜土村不仅制定了《璜土村党员干部廉政建设八条铁律》，实行"党员亮身份"制度和"党员一句话承诺"制度，还依靠网格化的管理方式设立党员中心户、成立党员议事小组，将党员干部嵌入基层民众中，以便党员干部能够更加及时有效地应对群众需求，接收到群众最真实的意见，从而真正做到"想群众之所想、急群众之所急、解群众之所困"。

第二，激发村庄内生动力，降低治理成本。在解决环境治理资金不足和村民参与度不高等问题方面，璜土村有效利用村民民主协商议事会，一方面充分发挥了村民自治的主体性，保障了村民参与自治的权利，另一方面也降低了环境治理成本，由村民在民主协商议事会中，共同商讨环境治理的资金解决方案。村民共建共享机制更是将村民自筹的资金通过村民出工的方式返还到村民手中，将村民共同出资治理的环境交由村民共同管理。这一举措不仅极大提升了村民的参与感，还因为有了村民参与这一过程，璜土村可以减少项目承包的第三方设计费和承包费以及用于项目监督的成本费。

第三，增强村庄凝聚力，实现生态文明。璜土村在治理环境问题时，不仅注重基础设施的完善和表面问题的解决，还注重生态文明的共赢，通过将生态环境建设与乡风文明建设相结合，营造生态文明共生的文化空间。此外，生态环境的改善，还为璜土村赢得了诸多荣誉，吸引了诸多前来参观学习的人群，带动了璜土村旅游业的发展，让在外地打工的一些村民看到了家乡发展乡村旅游的前景，纷纷返回家乡，兴建民宿。在与周围村庄的对比之下，璜土村村民对村庄的认同感和归属感也在不断增强，自觉爱护身边环境。

（二）璜土村环境治理的启示

璜土村环境治理的模式是在"半熟人社会"背景下产生的，在实践的过程中，不仅有效解决了璜土村由工业型村庄向三产融合型村庄的转型，还提升了村民对村干部的满意度，增强了村民与村干部的联系。这一治理模式带来的启示主要有以下几方面。

第一，实现农村环境有效治理的基础在于基层党组织的建设。璜土村在发展转型的过程中，也曾因市场化和现代化的剧烈冲击而导致干群关系紧张，在村庄环境治理初期，大多数村民对村干部的工作并不配合，甚至出现部分村民故意阻挠村干部开展工作的现象。针对这一点，璜土村村干部首先从自身角度出发，明确村干部内部务实的工作作风，同时在相关制度方面进行了改革，如为消除村民对村干部"贪污腐败"的固有印象，璜土村要求所有党员干部"一律不得参加村民宴请，一律不得接受任何单位和个人的礼物和礼金"；其次要求党员干部必须以身作则，每天都到自然村内进行巡查，了解村民的实际生活情况，如为加强村干部与村民的联系，璜土村直接让部分村干部担任村民小组长的职位，以锻炼村干部为民服务的工作能力；最后在村民监督方面，为全面畅通村民意见反馈渠道，以便村民更好地监督村干部工作，同时及时有效地反馈问题，璜土村先后开发了"三务直通车触摸屏""三务公开户户通电视屏"，村民可以随时随地进行意见反馈和村务监督。

第二，实现农村环境有效治理的核心在于村民主体性的激发。璜土村环境治理的模式之所以与周围其他村庄不同，最根本的原因在于璜土村找到了有效动员村民参与的方式。为调动村民参与环境治理的积极性，璜土村最先采取的动员方式是利益引诱，即利用村民经济理性的思维方式，通过给予村民工作机会，用相对可观的劳动报酬来吸引村民的参与。在长达数十年的农村社区环境治理中，村民不但切身感受到了环境的变化和村干部认真负责的工作作风，对村干部尤其是村书记的信任也由正式权威转为民间权威。如璜土村村民对村干部评价道："可以说钱书记，在我们这个璜土镇，就是这个（竖大拇指），他处处为老百姓着想"，"老百姓都支持干部，干部呢也为老百姓们，大家都是的（相互支持）。"由此可见，在现任村书记的带领下，村民与村干部之间的关系正在日益密切。正是在村庄环境的改善和对村干部信任的基础上，璜土村村民参与环境治理的积极性和主动性也不断提高，如部分村民在回答为什么愿意参与环境治理时给出的答案是"我很愿意啊，因为这个都是为我们老百姓自己办的事情嘛，都很愿意的。也有的人自己出钱，也有的出力，都很积极的"。因此，要想实现农村环境的有效治理，除了要发挥基层党组织的作用外，更重要的是要改变村民自身的想法，调动村民自身的主体性，从而激发村庄内生动力，进而降低环境治理成本。

第三，实现农村环境有效治理的关键是党建引领与民主协商的有机结合。基层自治的根本在于强调村民自治，但是在当前的农村社区环境治理中，普遍存在的一个问题便是村民的参与度不高，这其中不仅是村民综合素质低、存在环境治理主体认知偏差等因素的影响，也有村民自治权利无法得到充分有效地保障的影响。因此仅仅实现基层党建的建设和村民主体性的激发还远远不够，更重要的是要实现党建引领与民主协商的有机结合，也即在党建引领下，充分发挥村民自治的权利，让村民真正享有并行使当家作主的权利。璜土村保障村民自治权利的方式，是通过畅通村民意见反馈渠道，搭建民主协商议事平台，进而将有关环境治理的村庄公共事务交由村民自主讨论协商，村干部所起的作用主要是引导村民、组织村民协商、总结讨论结果和落实项目实施，这样一来，党建引领与村民自治便在民主协商议事会中实现了有机结合。因此，在农村人居环境治理中，一方面我们要注意基层党组织的建设，保证基层党组织清正廉洁和为民服务的工作作风，真正为群众做实事，让群众成为检验党组织成效的真正主体；另一方面我们一定要避免村干部的"一言堂"，要让村民成为环境治理过程中行动的主体、决策的主体和参与的主体。

四 璜土村"党建引领+民主协商"模式的优化路径

虽然璜土村的环境治理取得了初步成效，其中的"省钱模式"和"村民共建共享模式"也已成为璜土镇在全镇推广的模式，并为其他前来参观学习的村庄所借鉴，但是璜土村"党建引领+民主协商"的环境治理模式并不是非常完善，还需不断优化，应当主要从以下方面进行。

第一，加强规章制度建设，保障协商议事程序的规范性。目前璜土村"党建引领+民主协商"的运作流程并未形成一个明确的规章制度，还处于初步发展的阶段，村民反馈意见的渠道更是多种多样，既可以向村民小组长、党员中心户、村民代表反映，也可以向"老舅妈"志愿服务队反映，或者直接向村干部反映。这样一来，村民意见反馈的流程就比较复杂，导致村民对不同村干部分管的主要职责理解不清。因此，首先，应明确规章制度建设，将每位村干部的主要职责进行具体划分，并对不同问题进行分类，以发放宣传单的方式告知村民，或将不同村干部分管的主要职责和不同问题反馈渠道制作成小卡片，张贴在村民家中，以便村民根据不同的问题选择合适的意见反馈渠道，进而提高村干部的工作效率；其次，应保障民主协商议事会召开过程的规范性，防止沦为"形式主义"，保证每一位会议参与人员都提前知晓会议召开的目的、讨论的主要内容和参与的主要人员，并在会议结束时提交会议总结；最后，应在民主协商议事会结束后，由村干部做好会议记录，并通过村务公开进行会议记录的内容公示，便于其他村民知晓和监督。

第二，推进自然村民主协商议事，打通村民自治"最后一公里"。璜土村分管的自然村较多，不同自然村之间异质性较大，因此，在同一件事情上，不同自然村的村民可能会有不同的意见和需求。为尽可能多地满足不同自然村村民的需求，可推进自然村民主协商议事模式，将民主协商议事范围缩小，确立两级协商议事平台。一是在自然村民主协商议事阶段，由分管村干部参与，倾听村民意见，当下能满足的需求，便在自然村内部解决，当自然村内部无法满足时，再由村委会召开民主协商议事会讨论决定；二是在民主协商议事会阶段，主要讨论自然村内部无法解决的问题和涉及整个行政村的公共事务，参与人员要确保多方利益均有代表人，并确保在会议结束后给出会议结论和问题解决的方案，尽量避免"会而不议、议而不决"的无效会议组织。

第三，培育村民自治组织，丰富村民参与渠道。农村社区环境治理不仅包括对现有环境问题的治理和潜在环境问题的防治，还包括对村庄整体环境布置的规划设计。璜土村依托良好的环境整治成效和村庄文化的发掘，已经走上了乡村旅游的道路，这就意味着需要完善更多关于乡村旅游的配套服务设施，如发展民宿、酒店，搭建游玩广场，增设旅游景点，美化村容村貌等，而这一系列的建设不仅需要大量资金投入，还需要大量管理人才和规划设计人才。因此，可以通过发展与环境治理和发展乡村旅游相关的村民自治组织，增加村民参与的渠道，鼓励、吸引以种植大户、小企业家、专业技术人才等为代表的乡村精英参与，解决与发展乡村旅游有关的环境治理所需的资金和技术问题。此外，还可以举办更多与环保题材相关的村民活动，增强儿童保护环境的意识，养成良好的生活习惯，如在生态林中举办以环保为主题的亲子活动、艺术培训等，丰富村民参与的形式。

B.20
案例七
携手推进洋葱产业发展，
联镇村实现脱贫增收

纪浩杰　伽红凯*

摘　要： "产业兴旺"是乡村振兴的重点，是实现农民增收、农业发展和农村繁荣的基础。2019 年以来，联镇村通过大力发展洋葱产业，使其成为农户脱贫增收的强力引擎，改变了经济落后的面貌。联镇村以党建为抓手，发挥党组织"战斗堡垒"的作用；采用品牌销售的方式，积极拓展多元销售渠道；建立冷库和交易市场，打造农产品深加工延长产业链；等等，一系列措施成功打造了洋葱特色产业，解决了发展难题。联镇村在实践中探索出"乡贤引领、企业支撑、高校助力"的发展机制，总结出"党建引领 + 品牌宣传 + 消费扶贫 + 产业延伸"的发展模式，对于广大乡村特色产业的发展具有重要的参考价值。最后，本报告分析了联镇村洋葱产业仍然存在的发展短板，并提出解决对策，以期联镇村的洋葱产业在未来实现更好的发展。

关键词： 洋葱特色产业　品牌优势　乡贤引领　发展机制

---

* 纪浩杰，南京农业大学经济管理学院硕士研究生，主要研究方向为农业经济理论与政策；伽红凯，南京农业大学人文与社会发展学院副教授，主要研究方向为农业经济与农村发展。

兴化大营镇联镇村脱贫攻坚出实招，"洋葱村"迎来笑声

联镇村地处偏僻，20世纪80年代后期，村集体因酱醋厂经营不善，背上200余万元的债务。2001年村庄合并，村集体负债达到240万元。此后10多年，村集体一直在巨额债务下艰难维持运转。去年，兴化市委决定由兴化市供电公司挂钩帮扶联镇村，该村由此走上了脱贫增收的快速路。

拓销路，"消费扶贫"成典型经验

2020年5月，大营供电所"退二线"所长李廷胜到村任"第一书记"时，正逢洋葱采收季。当时，收购价每斤0.54~0.60元，多是山东商贩收购。按每斤0.6元，均产9000斤计算，亩产值为5400元，除去土地租金、肥、膜、种、用工等成本，亩纯收益在2000元左右，于葱农还是不错的收益。"村集体没有任何资源，能否在洋葱产业上做文章，富民的同时增加村集体收益。"李廷胜在心底盘算开来。螃蟹装入礼盒可以身价倍增，能否用"礼盒"包装销售洋葱？一方面既可助农增收，以高于商贩收购价收购洋葱；另一方面又可将礼盒销出去的利润归入村集体增加村集体收入。李廷胜的想法得到兴化市供电公司领导的支持。

目前，联镇村将农产品包装成礼品销往机关单位的创新之举，被省电力公司总结为"消费扶贫"典型经验，在全省电力系统推广。

辟财源，建保鲜库打造洋葱市场

大营的红皮洋葱大半由山东商贩收购。商贩在收获季节利用较低价格从农民手中大量收购洋葱，然后将其冷藏，选择价格上涨时上市，从而获得高收益。联镇村要想真正实现增收发展，就要建设自己的保鲜库，并利用产地优势兴办自己的洋葱市场。兴化市供电公司积极扶持冷库"造血"项目，使之成为村集体的新财源。

传帮带，引领更多农民发"洋葱财"

为保证种子供应，联镇村洋葱合作社积极到连云港农科院求援，最终获得了1000多斤的红皮洋葱种子。接下来，他们还将对种子进行试育，

然后指导广大种植户播种育苗。

为带动更多农户种植洋葱实现增收，联镇村成立了洋葱种植合作社。合作社采取党员干部"一对一"帮带措施，指导农户种植洋葱并统一代销。目前，联镇村洋葱种植户发展到 300 多户，都已加入合作社。

摘自：中国江苏网

一　联镇村基本概况及洋葱产业发展背景

（一）基本概况

联镇村隶属江苏省兴化市大营镇，位于市境东北部，东邻大丰区白驹镇，北接大丰区刘庄镇，以兴盐界河为分界线，南寺桥位于分界线上，是连接联镇村与盐城大丰区的桥梁。联镇村地势平坦、土壤肥沃，夏季高温多雨，冬季温和少雨，具有无霜期长、热量充裕、降水丰沛、雨热同期的特点。

2020 年末，联镇村共有农户 746 户，耕地总面积为 4077 亩，其中有 685 户农户经营面积不足 10 亩，即超过 90% 的农户属于小规模经营（见图 1），小农家庭经营为主要经营模式。2020 年联镇村农业总收入为 1755.6 万元，占总收入的 62.7%，是全村主要的收入来源，其中种植业、林业、畜牧业、渔业收入分别为 812.9 万元、31.9 万元、629.2 万元、281.6 万元，占总收入的比重分别为 29.0%、1.1%、22.5%、10.1%（见图 2），可见农业生产对于联镇村的经济发展至关重要。

2019 年以前，联镇村一直是泰州市确定的村级经济薄弱村，全村有建档立卡贫困户 92 户，脱贫攻坚任务艰巨。联镇村发展严重滞后的主要原因有以下几个方面。一是地理位置偏僻。联镇村地处兴化市东北角，距市政府

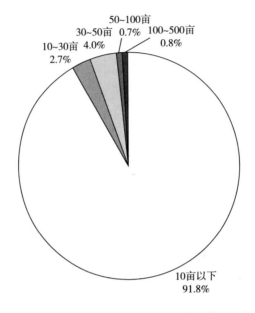

图1　2020年联镇村农户土地经营规模分布

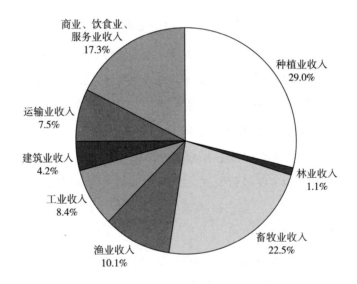

图2　2020年联镇村收入结构

60公里，距最近的盐城机场50公里。受地理位置的影响，一方面，联镇村距离市中心较远，受兴化市的辐射带动有限；另一方面，联镇村虽然与盐城市大丰区位置临近，但受行政区划影响，也难以实现协同发展。因此，地理位置偏僻和交通落后严重制约了联镇村的发展。二是集体债务沉重。20 世纪 80 年代后期，村集体因酱醋厂经营不善形成债务 200 万元。2001 年村庄合并，又汇聚了 240 万元的债务，村里边发展边偿还债务，到 2019 年时还有 370 万元的债务（见图 3），村集体债务包袱沉重。三是产业发展滞后。大多村民依靠种植传统农作物生存，部分村民为了增收，便引种了适合本地沙壤土的红皮洋葱，但由于洋葱种植分散且总体规模较小，在市场上没有议价权，产业"造血"功能严重不足。四是组织软弱涣散。联镇村党员老龄化严重，基础设施落后，党员活动无场所、干部办公无条件、群众诉求无去处，"三无"状况严重影响村两委工作的正常开展。

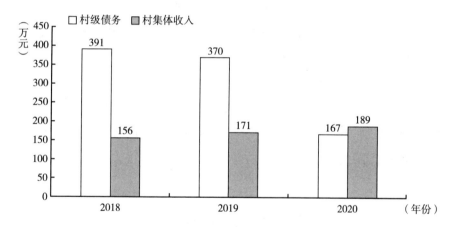

图 3　2018～2020 年联镇村村级债务和村集体收入

（二）洋葱产业发展背景

为解决经济发展滞后的问题，兴化供电公司作为对口帮扶单位，派兴化公司大营供电所原所长李廷胜到村任"第一书记"帮助联镇村脱贫。此后，李书记在联镇村大力发展洋葱特色产业，带领联镇村村民摆脱贫困，实现脱贫增收。

联镇村具有半沙半黏的独特土壤条件，热量充裕，降水丰沛，非常适合红皮洋葱的生长，因此出产的洋葱具有个头大、产量高、品相好、糖分高的特点。但是过去二十多年里洋葱种植始终以小农经营为主，规模小且地块分散，难以形成具有竞争力的特色产业。

为了充分发挥洋葱的品质优势，带动更多葱农增收，联镇村成立了兴化市联镇蔬菜专业合作社，合作社为葱农提供农资、农技、销售等"一条龙服务"，洋葱的产量逐年递增，品质也不断提高。

截至 2020 年，联镇村洋葱种植面积已达到 1610 亩，种植户发展到 371户，都已加入合作社。联镇村每季度洋葱亩净收入都在 3000～4000 元，是种麦收入的 8～10 倍。依托洋葱，联镇村还探索出一季洋葱、一季水稻的"水旱轮作"模式，不仅有效治理旱作物土传疾病，提高了洋葱品质，而且"葱叶还田"后还长出了高产优质水稻，进一步扩大了经济效益。在联镇村的影响下，大营镇洋葱种植面积迅速增长，2020 年已达到 8000 亩，还吸引了周边新垛、大丰白驹、盐都潘黄等乡镇的农户参加种植。

在洋葱产业的引领下，联镇村的经济迅速发展，贫困户全部脱贫摘帽，村集体收入大幅增加，农户也实现了丰产丰收。联镇村是如何借助洋葱产业摆脱贫困，实现发展的？总结其成功的经验对于中国广大乡村特色产业的发展具有重要的借鉴意义。

二 联镇村洋葱产业发展实践举措及成效

（一）坚持党建引领发展，加强党员联系群众

联镇村村支部书记现年 64 岁，78 名党员平均年龄为 56 岁，党员老龄化问题突出。2019 年以前，联镇村村支部用房是建于 20 世纪 80 年代初的村小学教室，只有 3 间不足 50 平方米的房间，年久失修，屋顶漏雨，墙皮脱落，门窗破败，党员活动无场所、干部办公无条件、群众诉求无去处，"三无"状况严重影响村两委工作的正常开展。

李廷胜任职以来，这些不利条件很快发生了改变，他曾担任过村支部书

记，有驻村工作经验，因此很快在联镇村找到了扶贫工作的重点。

针对组织涣散的问题，李廷胜从党建工作着手，完善组织阵地建设，团结支部成员，统一思想，形成脱贫致富的集体智慧和决心。通过党员大会、村民议事代表会以及上门走访等方式，与党员群众交流，说家底、谈问题、询良策。同时，加强与市供电公司的工作沟通，提出了"党建引领、结对帮扶"的建议，得到兴化市供电公司党委的高度重视，创新启动了供电扶贫党组织和村党支部结对模式，架起了选派单位与村党支部之间的桥梁，将党组织的组织力转化为推动村企联建的推动力。

针对村党支部党建设施不完善、党建工作开展场所不足的问题，李廷胜向上级申请，一座投入80多万元、面积300多平方米的党群服务工作站在联镇村建成，多功能会议室、办公室、便民中心、党群活动室等一应俱全，搭建起党群教育培训、学习科技的平台，党员活动无场所、干部办公无条件、群众诉求无去处的"三无"现象彻底得到解决。党支部"战斗堡垒"作用和党员先锋模范作用得到很好的发挥，党建规范化水平也得到了有力的提升。

李廷胜还通过进高校、下地块，为发展村级经济和村民增收身体力行、以身示范，使结对活动于潜移默化中开拓骨干党员视野，助其更新发展理念、活跃脱贫攻坚思维，为发展注入新的智慧。在兴化市供电公司相关部门的协助下，李廷胜主动与农业高等院校取得联系，邀请南京农业大学专家来村进行洋葱种植管理培训，探索在洋葱田套种龙香芋，最大化提升土地利用率。同时引进优良品种，重点培育更为优质的连葱8号和连葱9号中熟品种。在高校技术的培训和运用中，党员和农户不仅学到了技术，更重要的是改变了农业发展的理念。技术培训对联镇村洋葱种植结构优化、产品品质提升发挥了重要作用。在脱贫攻坚的氛围中，联镇村全体党员形成了因地制宜发展优质农产品产业脱贫致富的决心和乡村振兴的勇气。

在李廷胜的领导下，村里的党建工作日趋完善，硬件设施不断提升。党组织重新焕发活力，支部成员团结一心，形成强大的凝聚力，充分发挥了党组织的"战斗堡垒"作用，为实现脱贫致富打下了坚实的基础。因此，在

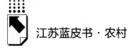

李廷胜任职当年，联镇村就摘掉了经济薄弱的帽子，群众对联镇村的发展也充满信心。

（二）充分发挥品牌优势，积极拓宽增收渠道

每年五六月是联镇村的洋葱采收季，由于没有冷库，大面积的洋葱必须在 10 天内采收完成，否则就会由于过度生长而开裂；同时又必须在短期内销售完，否则就要腐烂。"如何既能保证洋葱及时销售，又能让洋葱卖个好价钱"成为困扰葱农的难题。销售渠道是增产之外实现增收的黄金之道，联镇村红皮洋葱品质上乘，商家收购后多入库保鲜以供应春节市场，收购价从田头每斤 0.6 元，到出库每斤 2 元左右，零售价则为每斤 3 ~ 4 元。所以由外地商贩在田头统一收购，农户往往卖不出好价钱，带来的收益有限。

针对销售难、销价低的现状，李廷胜大胆尝试，想出礼盒销售的创意，成功地解决了困扰农户多年的难题。一方面，礼盒销售既可助农增收，以高于商贩收购价收购葱农洋葱；另一方面又可增加村集体收入，将礼盒销出去的利润归入村集体。随后，李廷胜又牵头销售 30 吨"南寺桥"牌洋葱和大米，为村集体创收近 20 万元；销售兴化特产龙香芋，获得利润 30 多万元。借助品牌销售的理念为村集体带来可观的利润，为迅速化解村级债务提供了强有力的支撑。仅 2019 ~ 2020 年，联镇村的村级债务便从 370 万元下降到167 万元，直接减轻了 200 多万元的债务压力。

礼盒销售离不开知名的品牌、精美的包装和充分的宣传，"南寺桥"牌红皮洋葱从默默无闻到成为知名的洋葱品牌，兴化市供电公司在其中发挥了重要的作用，宣传部门帮助设计礼盒，制作宣传图片，撰写广告词，为品牌的发展打好基础；此外，市供电公司还倡导相关企事业单位和机关食堂采购礼盒作为员工福利，等等，解决了联镇村洋葱礼盒销售渠道的问题，成为"消费扶贫"的典范。

此外，联镇村通过多种媒介加大宣传力度，积极做好品牌推广工作。联镇村的红皮洋葱先后被《人民日报》、《新华日报》和《中国电力报》等各大媒体宣传报道。此外，还通过国网企事业单位内部宣传，利用江苏广播电

台、电商平台直播带货，都收到了很好的宣传效果。正是在各大媒介报道、直播带货等方式的宣传推广下，"南寺桥"牌红皮洋葱迅速走向全国，收益显著增加，比常规销售增收十几万元。目前，在兴化市供电公司的支持和协调下，联镇村邀请南京农业大学的专家对红皮洋葱进行国家农产品地理标志申报认证，期望进一步放大"南寺桥"牌红皮洋葱的品牌效应。

"南寺桥"品牌名体现了农产品的生产地，正是生产地独特的土壤条件决定了其农产品的优质品质。品牌向消费者传递出以上这样的信息，将联镇村的农产品与同一类别的产品区分开，品质的差异性使消费者愿意为品牌溢价付费，从而使农产品的价值得以体现，农户收入得以增长。在未来，品牌效应将继续放大，不断增强联镇村洋葱的竞争力，形成良性循环。

（三）改变传统销售方式，降低潜在市场风险

以往在洋葱收获的季节，由于洋葱储存周期短，村里没有冷库，若洋葱不及时销售就要烂掉，所以农户只能低价售给外地商贩，获得微薄的利润。尤其是 2019 年洋葱价格仅为每斤 0.28 元，洋葱种植户不仅赚不到钱，还要承担一定的损失，相对于粮食作物，洋葱市场风险更大。

农业生产面临自然风险和市场风险的双重挑战，农户对自然风险的感知强烈，自然灾害、病虫害带来的减产是他们所密切关注的，因此可以通过调整品种或者增加投入来降低影响，取得稳定的产量；但是市场风险是难以预料的，收获季节集中上市往往导致供大于求、价格下降的局面，从而给农户带来损失。为降低市场风险，保障洋葱种植户的收益，联镇村通过反季节销售和订单农业的方式，打破原有困境，成功化解了难题。

一是实施反季节销售。为了避开洋葱集中上市的价格低谷，联镇村通过筹建冷库实施反季节销售，提高产品价格，从而大幅提高洋葱收益。经过多方筹措资金，联镇村于 2020 年建立第一座容量 800 吨的冷库，可以满足 160 亩洋葱产量的储藏要求。到 2021 年 2 号库建造完成，累计能够储存 2300 吨洋葱。洋葱正常收获上市时，价格仅为每斤 0.6 元，储藏到春节价格可达到每斤 2 元，因此冷库建成后，能够大幅带动周边村民增加收入。与此同时，

冷库能够增加村级经营收入，冷库建成后村集体仅承包收入便可增加几十万元，效益显著。联镇村预计再建两座冷库，累计能够实现4000吨洋葱的储藏量，将有更多的农户从中受益。

冷库是农产品流通中的重要一环，直接将冷库建在村里为农户服务，能够有效延长销售周期。洋葱不易储存，冷库的冷藏保鲜作用能够保证洋葱销售的时间由两周左右变为全年销售，生产者在市场中的地位由被动出售变为掌握自主权。反季节销售能卖出更优的价格，在除去储藏成本后，仍然能够获得较高的收益，避免出现"谷贱伤农"的问题。同时，冷库的承包收入也留在了村里，实现双赢的结果。村集体管理冷库，也能够让冷库能够真正为农户谋福利，大大降低转为其他用途的不确定性，从而减少了农户可能面临的风险。

二是发展订单农业。联镇村支部书记束必胜是洋葱种植带头人，通过近几年的品牌宣传，兴化市大林脱水蔬菜公司主动寻求合作，在充分考察调研后，以每斤0.4元的价格，与束必胜签订了150亩黄皮洋葱的种植合同，成为大营镇首个订单农业的案例，并取得了不错的成效。订单农业能够降低农户进入市场的交易成本，节约生产投入，进而提高农户收入。稳定的销售渠道也能够给农户带来稳定的预期收入，减低产品市场销售的风险，同时给企业带来品质的保证，是互利共赢的结果。此前黄皮洋葱虽然产量高，但是没有好的销路，在联镇村鲜有农户种植，而兴化市具有脱水蔬菜加工的优势，同时产生了大量的需求，为洋葱销售提供了一个良好的平台，因此订单农业能够有效规避"姜你军""蒜你狠"等类似的产业风险。

订单农业以市场为导向，以合同、协议等契约为纽带，有机链接了农业产业链两端和不同经营主体，进而实现了农业生产与市场的有机互动、新型农业经营主体和农户的有机联系，不但避免了农业生产的盲目性、随意性，推动农户调整生产结构，分享农业产业链拓展和市场扩大的成果，而且有利于农业产业化发展和经营方式的转变。[①] 联镇村通过建立冷库，解决了洋葱

---

① 刘建徽、张应良：《订单农业模式中主体纵向协作选择行为分析》，《农业技术经济》2017年第11期。

不易储存、销售周期短的难题，为反季节销售提供设施保障。反季节销售能够避免洋葱集中上市带来的低价风险，使生产者能够权衡市场价格变化，做出合理的销售决策，增加农业生产的利润。订单农业将企业和农户直接对接，农户按需生产、定价销售，实现稳定的销售合作关系，大大降低了农户种植的风险。因此，反季节销售和订单农业的销售方式，改变了集中上市的弊端，降低了农户的生产风险，实现了稳定、可观的收益。

（四）打造洋葱交易市场，延长相关产业链条

随着洋葱种植规模的不断扩大，2020年，联镇村洋葱种植面积达到1610亩，种植户发展到371户，同时大营镇洋葱种植面积达到8000亩，周边新垛、大丰白驹、盐都潘黄等乡镇农户也参加种植，迅速扩大了洋葱交易的市场规模。而在此之前大营镇以及附近乡镇并没有洋葱交易市场以及相关配套场所，难以发挥产地规模优势，不利于洋葱产业的发展壮大。

因此联镇村在兴化市的支持下，成功建立了洋葱交易市场，并在此基础上发展农产品加工，主动延伸产业链，成功打造了洋葱特色产业。

一是建设交易市场。为了更好地推动洋葱特色产业发展壮大，经过村委的申请，兴化市在联镇村规划出面积为1万亩的兴化市洋葱产业园，建有核心种植区、交易市场、全程机械化作业试验区等，联镇村成为全市洋葱产业发展的"先行者"和"领跑者"。兴化市洋葱交易市场占地12亩，在2020年洋葱上市期间，吸纳了周边村镇近2万吨洋葱进场集中交易。洋葱交易市场的建立，结束了兴化无专业洋葱集散地的历史。市场的建成还将对当地传统的香芋、大米等优质农产品的种植和销售产生促进效应，销售市场的场地出租费、管理费等多渠道收益也能带来村集体收入的增长。

联镇村在现有规模的基础上成功建立洋葱交易市场，并进一步扩大当地洋葱种植的规模，形成产业集聚，使洋葱产业不断做大做强，从而形成产地优势。一方面能够大大降低交易成本，使本村洋葱的流通渠道缩短，将流通环节的利润留在当地、留给农户；另一方面，洋葱交易规模的扩大，能够很好地发挥宣传当地洋葱的作用，使其优良的品质得到更多消费者的熟知和认

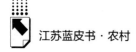

可，从而以可观的出售价格，带来稳定的收益。

二是进行洋葱深加工。与粮食作物不同，洋葱不仅可以用于鲜食，而且易于加工。其加工产品种类丰富，除洋葱酱外，常见的洋葱深加工产品还有脱水洋葱片、洋葱粉、洋葱精油、洋葱汁和多味洋葱，其中洋葱精油和洋葱汁在西方发达国家较为常见，是日常生活中必不可少的调味品之一。联镇村领导班子积极开展市场调研，并邀请专家现场指导，经过近三个月的努力，与农产品企业合作，成功生产出洋葱海鲜酱、洋葱果蔬脆片等相关产品，企业加工完后由村里负责销售，目前开发出的产品销量较好，深受消费者的喜爱。

深加工不仅能改变洋葱不易储存的劣势，更重要的是能够充分发掘洋葱的利用价值，增加其附加值。联镇村主动寻求与农产品加工企业合作，将产品销售带来的利润留在村里，带动村集体收入的大幅增长，进一步巩固品牌效应，分享产业链条终端的利润。

联镇村通过建立洋葱交易市场和进行深加工，使洋葱产业发展不断壮大，产业链不断延伸，实现洋葱产业的增值，让更多种植农户享受到产业链条上的利润，促进洋葱产业的转型升级和高质量发展，符合农业现代化的发展方向，洋葱产业因此成为乡村振兴、脱贫致富的强力引擎。

三 联镇村洋葱产业发展经验与模式

（一）乡贤引领

联镇村能够迅速发展，与"第一书记"李廷胜的组织领导能力密不可分。2019年5月，李廷胜同志积极响应泰州市委关于乡贤回流任职的号召，主动请缨驻村扶贫。经组织考察，李廷胜被泰州市委组织部任命为大营镇联镇村"第一书记"。李书记任职以来，尽心尽责，始终铭记着自己的使命，为联镇村的发展做出了重要贡献。李书记的个人特质与学者定义的新乡贤一致，即在新的时代背景下，有资财、有知识、有道德、有情怀，能影响农村政治、经济、社会、生态，并愿意为之做出贡献的贤能人士。李书记在联镇村真正发挥了乡贤的引领作用，彰显了乡贤的价值，从而推动了乡村经济的迅速发展。

1. 完善组织阵地建设，凝聚脱贫攻坚力量

李廷胜首先从党建着手，完善组织阵地建设，改变组织涣散的局面，凝聚党员力量，形成脱贫攻坚的"战斗堡垒"。李廷胜还积极推动村委硬件设施的建设与完善，党员活动无场所、干部办公无条件、群众诉求无去处的"三无"现象彻底得到解决，让群众看到希望，更加坚定了发展的信心。

2. 立足洋葱产业发展，增强自身"造血"能力

为了洋葱销售不被压低价格，他构思出礼盒销售的创意，实行品牌销售，打通了国电系统的销售渠道，使农户丰产又丰收；为了能够反季节高价销售洋葱，他借助多方力量积极推动冷库建设，实现村集体和农户双赢的局面；为了实现洋葱产业带来的增值，他带领村委与企业合作开发洋葱深加工产品，让村集体分享到产业链的更多利润。在李廷胜的带领下，联镇村的洋葱产业做大做强，村里贫穷落后的面貌逐渐改变，洋葱产业成为经济发展的内生动力，拥有良好的发展前景。

李廷胜以党建工作为抓手，构思出礼盒销售的创意，推动了保鲜冷库的建立，促成了洋葱深加工产品的开发，这些成就都是他不懈的努力换来的。李廷胜书记任职以来所做的一系列针对性措施，卓有成效地带动了村集体和农户增收，促进洋葱产业从落地到迅速发展，充分体现了一名书记的责任与担当，彰显了乡贤的能力与远见。

（二）企业支撑

兴化市供电公司作为联镇村的对口帮扶单位，承担着脱贫攻坚的重任，从各方面帮助和支持联镇村的发展，包括解决资金需求、技术需求、品牌推广等问题。兴化市供电公司尽心尽责，不遗余力地为联镇村的发展清除障碍，解决发展难题，成为联镇村的坚实后盾。

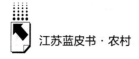

1. 发挥党建扶贫优势，满足建设发展需求

兴化市供电公司首先从公司系统挑选了政治坚定、作风硬朗、热爱农村工作的李廷胜同志担任驻村"第一书记"，为扶贫工作的顺利开展提供了坚强的人力支撑。同时充分调动广大干部员工参与扶贫工作的积极性，形成了"一人驻村，全员支撑"的扶贫格局。其间组织党员义工经过连续 52 天的不间断施工，投入 80 多万元，建成并装修一座 300 多平米的联镇村党群工作站，为党员活动提供了场所。

此外，公司还对冷库建设进行投资，解决融资难题，为反季节销售提供了保障。公司作为搭建联镇村与高校、科研院所、其他企业事业单位合作桥梁的平台，为联镇村的发展带来丰富的资源，解决众多难题，巩固并扩大其发展优势。

2. 主动开展宣传推广，全力推进消费扶贫

利用礼盒将洋葱包装成礼品销售离不开公司的全力支持，兴化市供电公司宣传部门帮助设计礼盒，制作宣传图片，撰写广告词，带动"南寺桥"品牌的发展。为了提高联镇村洋葱的知名度，公司党委书记主动带头宣传，并安排全系统食堂将联镇洋葱作为每天必配的蔬菜，而且以高于市场的价格收购洋葱；同时鼓励员工采购、发放员工福利等，为洋葱销售贡献了多元销售渠道。随后，省电力公司也给予大力支持，按照国务院扶贫办关于优先采购扶贫地区农副产品的通知要求，向各市县公司发出了采购联镇洋葱的倡议。一时间，倾力帮扶选购红皮洋葱的活动迅速展开，省电力公司系统纷纷向联镇洋葱合作社发来订单，仅 5 天时间就订购了红皮洋葱 11 万斤。此外，联镇洋葱还走进了其他机关、企事业单位食堂。短短的洋葱季，联镇村集体就因洋葱礼盒增收二十多万元。

2020 年，联镇村党支部将农产品包装成礼品销往机关单位的创新之举，被省电力公司总结为"消费扶贫"典型经验，并在全省电力系统推广。

（三）高校助力

联镇村洋葱产业的发展，离不开高校以及科研院所的支持。联镇村借助国网这一平台，主动与南京农业大学等科研院所联系，寻求合作关系。南京农业大学提供了技术支持、人才力量，为联镇村发展出谋划策，对其增强硬实力、提升竞争力发挥了重要作用。

1.科技指导对症下药，农业生产提质增效

科技扶贫是农村发展源源不断的活力。联镇村多次邀请南京农业大学专家到村里进行科技调研，南京农业大学园艺学院王教授针对当地洋葱生产存在的问题进行全面分析，为农户开展管理培训，提供洋葱生产环节的技术指导，使洋葱在增收的同时，品质也能得到保障。

此外，联镇村也多次邀请农科院专家进行洋葱种植等专题培训，通过办班培训、现场指导等形式，大力推广先进农产品种植经验（红皮洋葱、龙香芋交叉种植等），把科学技术、实用技术培训推广到农户田头，为洋葱产业发展提供了有力的科技支撑。

2.制定产业发展规划，申请农产品地理标志

"消费扶贫"只是辅助手段，联镇村要想真正实现增收发展，就要围绕发展洋葱产业开辟路径。兴化市供电公司邀请曾经包装千垛菜花品牌的南京农业大学教授卢勇等专家赴大营镇联镇村开展洋葱产业发展规划，专家们先是进行田头、地块、农产品品种考察，现场开展特色农产品质量溯源和农业产业化规律研究，搭建农民致富平台。南京农业大学应邀给全镇制定了洋葱产业的发展规划，联镇村将作为发展的核心区，规划的落实给联镇村的洋葱产业发展带来新的机遇。

此外，南京农业大学的专家正帮助当地申报农业农村部的农产品地理标志，"兴化洋葱"的品牌正在申请过程中，地理标志将继续扩大品牌效应，对于全域的农户增收具有重要意义。

科技是农业生产力发展的源泉，品牌是农产品实现增值的保障。南京农业大学等科研单位为联镇村的发展提供科技支撑，促进洋葱生产力的发展和品质的提升，适宜的自然条件与技术优势为洋葱生产增加了竞争力；品牌以及地理标志能够助力洋葱的销售，实现优质优价，在市场竞争中获得一定的优势。高校力量的加入，进一步增强了联镇村洋葱产业发展的竞争力，从而带动农业增效、农户增收。

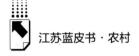
（四）发展模式

联镇村在实践中探索出"乡贤引领、企业支撑、高校助力"的发展机制，各主体充分发挥自身优势，携手推进特色产业发展。对各主体的举措进行归纳分析，可以总结出"党建引领＋品牌宣传＋消费扶贫＋产业延伸"的发展模式（见图4）。

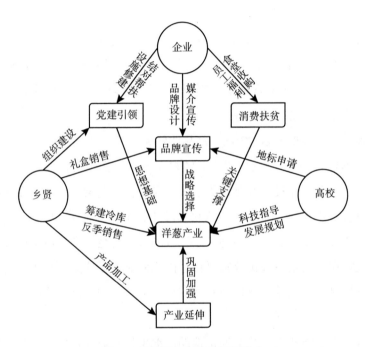

图4　联镇村洋葱产业发展模式

首先是"党建引领"。农村的经济发展离不开村里领导班子的带头作用，通过加强党支部的组织建设，形成统一的发展思想和稳定高效的决策机制，是乡村能够成功发展的思想基础。乡贤（李书记）通过加强组织建设进行思想引领，企业（兴化市供电公司）通过修建党建设施和结对帮扶，进一步巩固党建的引领作用。

其次是"品牌宣传"。品牌理论认为，品牌是给拥有者带来溢价、产生增值的一种无形资产，是实现优质优价的重要途径。品牌打造有助于提高农产品销售价格，从而增加农户收入。品牌农产品立足于地方特色，通过品质的差异化特征吸引更多的消费者，进而使生产者获得更高的收益。[①]我国农业农村经济进入高质量发展的新阶段，"质量兴农、品牌强农"已经成为转变农业发展方式、加快脱贫攻坚、提升农业竞争力和实现乡村振兴的战略选择。正是认识到品牌的优势作用，李书记在主动开展礼盒销售的同时，向兴化市供电公司寻求帮助，进行品牌设计与推广，并借助高校（南京农业大学）的力量申请地理标志农产品，借助品牌做大做强洋葱产业。

再次是"消费扶贫"。单个农户农产品的销售渠道有限，利润微薄而且缺乏稳定性，而社会力量的参与和介入，有利于打通销售渠道，建立稳定的供需关系，能够有效化解农产品销售的难题，在农业产业发展中发挥着关键作用。联镇村的洋葱销售正是借助兴化市供电公司的平台，通过各企事业单位食堂采购、员工采购、发放员工福利等开拓多元销售渠道，采购价格远超过去田头的收购价格，大大促进了农户增收。这种做法也得到省电力公司的认可，总结为"消费扶贫"的典型经验，具有重要的推广价值。

最后是"产业延伸"。农村的农业产业往往集中在生产环节，在流通和销售环节投入过少、关注不足，仅仅通过销售初级农产品难以实现可观的收益。而农产品更多的附加值在加工环节才会实现，通过建立产品交易市场和进行农产品加工，延伸产业链，能够分享到产业链条上更多的利润，带动农村发展、农户增收，也能够进一步巩固和加强特色产业的发展。在产业链延伸的理念下，联镇村积极开展与农产品加工企业的合作，开发洋葱海鲜酱、洋葱果蔬脆片等系列产品，将产品销售的利润留在村里，带动村集体收入的大幅增长，使葱农分享到产业链条上更多的利润。

---

① 徐大佑、郭亚慧：《农产品品牌打造与脱贫攻坚效果——对贵州省 9 个地州市的调研分析》，《西部论坛》2018 年第 3 期。

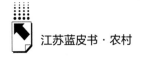

四　联镇村洋葱产业发展短板与解决对策

2019 年 5 月以来，联镇村发生了翻天覆地的变化，从经济薄弱变为产业兴旺，从组织涣散变为支部团结，贫困落后已成为过去，增收致富成为主旋律。这一切都离不开洋葱产业的发展，洋葱产业成为脱贫致富、推进乡村振兴的"金钥匙"。与此同时，联镇村的洋葱特色产业发展仍然存在不少问题，这些问题在农村特色产业发展中普遍存在，因此本报告指出相关问题，并提出相应的解决对策和建议。

（一）发展中存在的问题

1. 种植规模不足，生产基地建设有待加强

联镇村的洋葱种植较为分散，以小农户种植为主，大面积连片种植较少，不利于实现规模经营和规模经济，而且小农户在面临市场价格波动后对洋葱的种植面积可能会进行相应的调整，种植面积难以稳定，进而影响到生产基地的建设。同时，小农户分散种植会导致洋葱的品质参差不齐，难以实现标准化生产和统一管理，从而影响销售价格，也不利于地理标志农产品和特色品牌的打造。

2. 以初级产品的生产销售为主，产业链延伸不足

联镇村洋葱的知名度不断扩大使其销售渠道有稳定的保障，但是大多停留在初级农产品的销售环节。由于联镇村的洋葱品质好且耐储藏，在洋葱收获季节，大量外地客商直接从田间收购洋葱，甚至有部分客商直接购买洋葱种植地自行收获、储藏，等待市场价格上涨时再抛售，赚取差价。因此大部分洋葱在收获季节便销售出去，进入冷库并反季节销售的相对较少，产业链后端延伸不足，获取收益有限。

3. 经营管理经验不足，相关配套产业欠缺

联镇村的经营主体为合作社和小农户，经营管理模式单一，经营规模不足，效益有限，周边相关配套企业发展不足，严重制约了产业的发展。

（二）解决对策和建议

1.引导小农户进行土地流转，扩大基地建设规模

促进土地有序流转，形成集中连片土地种植，进行种植集中经营管理，实现规模化、标准化生产。借助已有洋葱产业基地的优势，政府部门可以协调周边适宜的地区稳步扩大洋葱种植规模，按照"依托市场，因地制宜，突出特色，规模发展"的原则，着力打造洋葱基地建设，提升农产品地理标志的知名度，增加品牌影响力。

2.提升产品附加值，深入拓展产业链价值链

一是依托洋葱品质好和耐储藏的优势，扩大本地的储藏能力，拓宽销售渠道，直接对接终端消费市场。过去洋葱的运销渠道主要是由收购商到零售商再到消费者，联镇村的洋葱也可以直接打通终端消费市场直通消费者，通过与农超和农贸市场的商户对接，将运销渠道和议价权掌握在自己手中，进而分享整个环节的产品增值。二是加大与本土食品加工企业的合作，在研发出洋葱酱、洋葱海苔、洋葱脆片等相关产品的同时，做好市场推广工作，提升产品知名度，使洋葱的价值最大化。

3.紧抓主体培育，带动产业发展

政府同时应当引导鼓励更多相关企业进入，壮大洋葱产业发展。一是大力培育龙头企业。努力建设体系配套、技术先进、辐射带动有力的农产品加工业孵化平台、现代化技术产业基地、生产要素汇集的产业洼地、特色农产品加工示范园区和农产品加工示范基地。二是大力培育中介组织。以市场为导向，以主导产业或优势产品为基础，积极探索发展专业大户、家庭农场、专业合作社等农业产业化生产经营主体，着力构建集约化、专业化、组织化、社会化相结合的新型农业经营体系。

（三）展望

联镇村的洋葱产业经过两年的迅速发展，已经取得了一定的成果，化解了集体负债，获得了可观的收入，村级集体经济重新焕发活力，带动了村民

增收致富，洋葱特色产业逐渐兴起，未来发展潜力巨大。联镇村的洋葱产业还需增强整个产业链的竞争力：首先，在生产环节，土地形成连片经营，进行机械化、规模化、标准化生产，降低生产成本，提高产品质量；其次，在流通环节，利用品牌宣传和反季节销售，实现优质优价，提高生产者收益；再次，对农产品进一步加工，形成高附加值产品，满足消费者的多样化需求，同时能够分享更多产业链条上的利润；最后，产业发展到一定程度，推进规模化生产基地和产品交易市场的建设，带来产业集聚，逐渐形成区域性优势产业，进而将特色产业做大做强，真正实现产业兴旺。

附　录

Appendices

B.21
2021年江苏乡村振兴发展大事记

1月5日　省政府召开各民主党派省委、省工商联负责人和无党派人士代表座谈会，听取对"十四五"规划《纲要》、《政府工作报告（征求意见稿）》、2021年度省政府民生实事和政府工作的意见建议。

1月5日　省政府召开老同志座谈会，听取对"十四五"规划《纲要》、《政府工作报告（征求意见稿）》、2021年度省政府民生实事和政府工作的意见建议。

1月8日　省政府召开省政府全体会议和省政府第七十五次常务会议，深入学习贯彻习近平总书记重要讲话重要指示和党的十九届五中全会、中央经济工作会议精神，讨论即将提请省十三届人大四次会议审议、省政协十二届四次会议协商的《政府工作报告》、"十四五"规划《纲要》等文件，研究部署推进长江"十年禁渔"、大运河文化带建设，还就进一步抓好安全生产专项整治、审计整改以及加强煤电油气保障确保群众温暖过冬等工作进行安排部署。

1月15日　省十三届人大常委会第二十次会议在南京闭幕。会议修订了《江苏省志愿服务条例》和《江苏省土地管理条例》。

1月20日 全省农村工作会议在南京举行。会议就有关乡村振兴和"三农"具体工做出专门部署。

2月18日 省委书记就全面推进乡村振兴,到省农业农村厅、省住房和城乡建设厅进行调研。

3月29~31日 省十三届人大常委会第二十二次会议在南京召开。会议上听取了关于《江苏省地方金融条例(草案)》《江苏省农民专业合作社条例(修订草案)》《江苏省殡葬管理条例(草案)》审议结果的报告,《江苏省社会信用条例(草案)》修改情况的报告,《江苏省各级人民代表大会选举实施细则修正案(草案)》《江苏省人民代表大会常务委员会关于促进和保障长江流域禁捕工作若干问题的决定(草案)》《江苏省信访条例(修订草案)》的说明,省政府关于2020年度环境状况和环境保护目标完成情况与依法打好污染防治攻坚战情况、《法治政府建设实施纲要(2015—2020年)》实施情况的报告,省人大常委会代表资格审查委员会关于个别代表的代表资格的报告。

4月27日 省人大常委会在南京召开《关于促进和保障长三角生态绿色一体化发展示范区建设若干问题的决定》执法检查汇报会。

5月25~27日 省十三届人大常委会第二十三次会议在南京召开。会议对两次全体会议听取事项,以及《南京市红色文化资源保护利用条例》《无锡市水环境保护条例》《苏州市太湖生态岛条例》《南通市质量促进条例》《连云港市农贸市场管理条例》《淮安市湿地保护条例》《盐城市人民代表大会常务委员会关于修改〈盐城市城乡规划条例〉的决定》《扬州市居家养老服务条例》《镇江市扬尘污染防治条例》《宿迁市人民代表大会常务委员会关于修改〈宿迁市住宅物业管理条例〉的决定》进行了审议。

5月28日 省政协召开十二届五十次主席会议,围绕"加强耕地保护、加快现代种业建设、全力推进乡村振兴"开展专题协商。

6月3日 省政府召开全省夏粮收购工作视频会议,分析研判今年夏粮收购形势,安排部署全省夏粮收购工作。

6月9日 省委常委赴宜兴检查夏粮收购、城市防灾减灾和危化品使用安全管理等工作。

6月9日 副省长赴宿迁市检查夏收、夏种、夏管工作。

6月9~10日 全省供销合作社农业社会化服务现场推进会在新沂市召开。

7月5~6日 省政府到徐州、连云港检查上半年经济运行情况，召开苏北五市经济运行座谈会，并赴连云港巡查沭河、新沭河河长制工作，组织召开座谈会，大力推动沭河、新沭河保护治理工作。

8月25~26日 省人大常委会副主任刘捍东带队赴连云港，就江苏省2020年重大产业项目推进情况、"十四五"期间促进产业优化升级和产业链布局调整完善情况以及《中国（江苏）自由贸易试验区条例（草案）》的修改开展调研。

9月7~9日 省人大常委会副主任魏国强率调研组赴上海、浙江学习考察乡村产业振兴、农民专业合作社立法，以及长三角生态绿色一体化发展示范区建设情况。

12月1~3日 省人大常委会副主任王燕文率调研组赴盐城、泰州，就省政府2020年十大民生实事项目落实情况开展调研。

12月16~17日 省人大常委会副主任曲福田率调研组赴淮安，就《江苏省土地管理条例（修订草案修改稿）》开展立法调研。

B.22
2021年江苏乡村振兴重要政策文件

《中共江苏省委　江苏省人民政府　关于全面推进乡村振兴加快农业农村现代化建设的实施意见》（苏发〔2021〕1号）

《江苏省农业农村厅关于印发〈江苏省农机装备与技术创新平台管理办法（试行）〉的通知》（苏农规〔2021〕1号）

《江苏省农业农村厅关于印发〈2021年全省秸秆机械化还田暨生态型犁耕深翻还田工作实施指导意见〉的通知》（苏农机〔2021〕7号）

《江苏省农业农村厅关于印发〈江苏省兽药经营质量管理规范实施细则〉的通知》（苏农规〔2021〕3号）

《农业农村部办公厅　财政部办公厅关于开展绿色种养循环农业试点工作的通知》（农办农〔2021〕10号）

《农业农村部办公厅关于深入学习贯彻〈中华人民共和国乡村振兴促进法〉的通知》（农办发〔2021〕4号）

《省政府关于表彰第九届江苏省农业技术推广奖的决定》（苏政发〔2020〕108号）

《省政府办公厅关于促进畜牧业高质量发展的实施意见》（苏政办发〔2021〕8号）

《省政府办公厅关于印发江苏省高标准农田建设标准的通知》（苏政办发〔2021〕21号）

《省政府办公厅关于印发江苏省"十四五"现代服务业发展规划的通知》（苏政办发〔2021〕34号）

《省政府办公厅关于印发江苏省"十四五"新型城镇化规划的通知》（苏政办发〔2021〕48号）

《江苏省农村农业厅关于印发〈江苏省农业机械报废更新补贴实施意见〉的通知》（苏农规〔2020〕10号）

《农业农村部关于全面推进农业农村法治建设的意见》（农法发〔2021〕5号）

《省政府关于印发江苏省国民经济和社会发展第十四个五年规划和二〇三五年远景目标纲要的通知》（苏政发〔2021〕18号）

《省政府办公厅印发〈江苏省"产业强链"三年行动计划（2021—2023年〉的通知》（苏政办发〔2020〕82号）

《省政府办公厅关于印发江苏省"十四五"自然资源保护和利用规划的通知》（苏政办发〔2021〕41号）

《省委办公厅　省政府办公厅关于开展富民强村帮促行动接续推进乡村全面振兴的实施意见》（苏办发〔2021〕4号）

《最高人民法院关于为全面推进乡村振兴加快农业农村现代化提供司法服务和保障的意见》（法发〔2021〕23号）

《江苏省农业农村厅　南京海关关于印发〈江苏省出口农产品示范基地（区）管理办法〉的通知》（苏农规〔2021〕4号）

《农业农村部关于印发〈农业农村系统法治宣传教育第八个五年规划（2021—2025年）〉的通知》（农法发〔2021〕11号）

《江苏省农业农村厅关于印发〈江苏省农业农村厅重大行政决策程序规定〉的通知》（苏农法〔2021〕4号）

《江苏省农业农村厅关于印发〈江苏省省级农民合作社示范社评定及监测暂行办法〉的通知》（苏农规〔2021〕7号）

《江苏省农业农村厅关于印发〈江苏省农业生产全程机械化智能化示范基地（园区）评价办法（试行）〉的通知》（苏农规〔2021〕8号）

《江苏省农业农村厅关于印发〈江苏省现代农机装备与技术示范推广项目管理办法（试行）〉的通知》（苏农规〔2021〕9号）

《省政府办公厅关于支持江苏南京国家农业高新技术产业示范区高质量发展的若干意见》（苏政办发〔2021〕94号）

皮书

智库成果出版与传播平台

✤ 皮书定义 ✤

皮书是对中国与世界发展状况和热点问题进行年度监测，以专业的角度、专家的视野和实证研究方法，针对某一领域或区域现状与发展态势展开分析和预测，具备前沿性、原创性、实证性、连续性、时效性等特点的公开出版物，由一系列权威研究报告组成。

✤ 皮书作者 ✤

皮书系列报告作者以国内外一流研究机构、知名高校等重点智库的研究人员为主，多为相关领域一流专家学者，他们的观点代表了当下学界对中国与世界的现实和未来最高水平的解读与分析。截至 2021 年底，皮书研创机构逾千家，报告作者累计超过 10 万人。

✤ 皮书荣誉 ✤

皮书作为中国社会科学院基础理论研究与应用对策研究融合发展的代表性成果，不仅是哲学社会科学工作者服务中国特色社会主义现代化建设的重要成果，更是助力中国特色新型智库建设、构建中国特色哲学社会科学"三大体系"的重要平台。皮书系列先后被列入"十二五""十三五""十四五"国家重点出版规划项目；2013~2022 年，重点皮书列入中国社会科学院国家哲学社会科学创新工程项目。

权威报告·连续出版·独家资源

皮书数据库
ANNUAL REPORT(YEARBOOK)
DATABASE

分析解读当下中国发展变迁的高端智库平台

所获荣誉

- 2020年，入选全国新闻出版深度融合发展创新案例
- 2019年，入选国家新闻出版署数字出版精品遴选推荐计划
- 2016年，入选"十三五"国家重点电子出版物出版规划骨干工程
- 2013年，荣获"中国出版政府奖·网络出版物奖"提名奖
- 连续多年荣获中国数字出版博览会"数字出版·优秀品牌"奖

皮书数据库　　　"社科数托邦"
　　　　　　　　微信公众号

成为会员

登录网址www.pishu.com.cn访问皮书数据库网站或下载皮书数据库APP，通过手机号码验证或邮箱验证即可成为皮书数据库会员。

会员福利

- 已注册用户购书后可免费获赠100元皮书数据库充值卡。刮开充值卡涂层获取充值密码，登录并进入"会员中心"—"在线充值"—"充值卡充值"，充值成功即可购买和查看数据库内容。
- 会员福利最终解释权归社会科学文献出版社所有。

数据库服务热线：400-008-6695
数据库服务QQ：2475522410
数据库服务邮箱：database@ssap.cn
图书销售热线：010-59367070/7028
图书服务QQ：1265056568
图书服务邮箱：duzhe@ssap.cn

社会科学文献出版社 皮书系列
SOCIAL SCIENCES ACADEMIC PRESS (CHINA)

卡号：867552897362
密码：

S 基本子库
UB DATABASE

中国社会发展数据库（下设 12 个专题子库）

紧扣人口、政治、外交、法律、教育、医疗卫生、资源环境等 12 个社会发展领域的前沿和热点，全面整合专业著作、智库报告、学术资讯、调研数据等类型资源，帮助用户追踪中国社会发展动态、研究社会发展战略与政策、了解社会热点问题、分析社会发展趋势。

中国经济发展数据库（下设 12 专题子库）

内容涵盖宏观经济、产业经济、工业经济、农业经济、财政金融、房地产经济、城市经济、商业贸易等 12 个重点经济领域，为把握经济运行态势、洞察经济发展规律、研判经济发展趋势、进行经济调控决策提供参考和依据。

中国行业发展数据库（下设 17 个专题子库）

以中国国民经济行业分类为依据，覆盖金融业、旅游业、交通运输业、能源矿产业、制造业等 100 多个行业，跟踪分析国民经济相关行业市场运行状况和政策导向，汇集行业发展前沿资讯，为投资、从业及各种经济决策提供理论支撑和实践指导。

中国区域发展数据库（下设 4 个专题子库）

对中国特定区域内的经济、社会、文化等领域现状与发展情况进行深度分析和预测，涉及省级行政区、城市群、城市、农村等不同维度，研究层级至县及县以下行政区，为学者研究地方经济社会宏观态势、经验模式、发展案例提供支撑，为地方政府决策提供参考。

中国文化传媒数据库（下设 18 个专题子库）

内容覆盖文化产业、新闻传播、电影娱乐、文学艺术、群众文化、图书情报等 18 个重点研究领域，聚焦文化传媒领域发展前沿、热点话题、行业实践，服务用户的教学科研、文化投资、企业规划等需要。

世界经济与国际关系数据库（下设 6 个专题子库）

整合世界经济、国际政治、世界文化与科技、全球性问题、国际组织与国际法、区域研究 6 大领域研究成果，对世界经济形势、国际形势进行连续性深度分析，对年度热点问题进行专题解读，为研判全球发展趋势提供事实和数据支持。

法律声明

"皮书系列"（含蓝皮书、绿皮书、黄皮书）之品牌由社会科学文献出版社最早使用并持续至今，现已被中国图书行业所熟知。"皮书系列"的相关商标已在国家商标管理部门商标局注册，包括但不限于LOGO（▨）、皮书、Pishu、经济蓝皮书、社会蓝皮书等。"皮书系列"图书的注册商标专用权及封面设计、版式设计的著作权均为社会科学文献出版社所有。未经社会科学文献出版社书面授权许可，任何使用与"皮书系列"图书注册商标、封面设计、版式设计相同或者近似的文字、图形或其组合的行为均系侵权行为。

经作者授权，本书的专有出版权及信息网络传播权等为社会科学文献出版社享有。未经社会科学文献出版社书面授权许可，任何就本书内容的复制、发行或以数字形式进行网络传播的行为均系侵权行为。

社会科学文献出版社将通过法律途径追究上述侵权行为的法律责任，维护自身合法权益。

欢迎社会各界人士对侵犯社会科学文献出版社上述权利的侵权行为进行举报。电话：010-59367121，电子邮箱：fawubu@ssap.cn。

社会科学文献出版社